●収録内容一覧

■2025年度中学受験用

女子美術大学付属中学校

4年間スーパー過去問

入試問題と解説・解答の収録内容

～本書ご利用上の注意～　以下の点について，あらかじめご了承ください。

★別冊解答用紙は巻末にございます。実物解答用紙は，弊社サイトの各校商品情報ページより，一部または全部をダウンロードできます。

★編集の都合上，学校実施のすべての試験を掲載していない場合がございます。

★当問題集のバックナンバーは，弊社には在庫がございません（ネット書店などに一部在庫あり）。

合格を勝ち取るための

『スーパー過去問』の使い方

本書に掲載されている過去問をご覧になって，「難しそう」と感じたかもしれません。でも，多くの受験生が同じように感じているはずです。なぜなら，中学入試で出題される問題は，小学校で習う内容よりも高度なものが多く，たくさんの知識や解き方のコツを身につけることも必要だからです。ですから，初めて本書に取り組むさいには，点数を気にしすぎないようにしましょう。本番でしっかり点数を取れることが大事なのです。

過去問で重要なのは「まちがえること」です。自分の弱点を知るために，過去問に取り組むのです。当然，まちがえた問題をそのままにしておいては意味がありません。

本書には，長年にわたって中学入試にたずさわっているスタッフによるていねいな解説がついています。まちがえた問題はしっかりと解説を読み，できるようになるまで何度も解き直しをしてください。理解できていないと感じた分野については，参考書や資料集などを活用し，改めて整理しておきましょう。

このページも参考にしてみましょう！

◆どの年度から解こうかな　「入試問題と解説・解答の収録内容一覧」

本書のはじめには収録内容が掲載されていますので，収録年度や収録されている入試回などを確認できます。

※著作権上の都合によって掲載できない問題が収録されている場合は，最新年度の問題の前に，ピンク色の紙を差しこんでご案内しています。

◆学校の情報を知ろう!!「学校紹介ページ」

このページのあとに，各学校の基本情報などを掲載しています。問題を解くのに疲れたら息ぬきに読んで，志望校合格への気持ちを新たにし，再び過去問に挑戦してみるのもよいでしょう。なお，最新の情報につきましては，学校のホームページなどでご確認ください。

◆入試に向けてどんな対策をしよう？「出題傾向＆対策」

「学校紹介ページ」に続いて，「出題傾向＆対策」ページがあります。過去にどのような分野の問題が出題され，どのように対策すればよいかをアドバイスしていますので，参考にしてください。

◇別冊「入試問題解答用紙編」

本書の巻末には，ぬき取って使える別冊の解答用紙が収録してあります。解答用紙が非公表の場合などを除き，（注）が記載されたページの指定倍率にしたがって拡大コピーをとれば，実際の入試問題とほぼ同じ解答欄の大きさで，何度でも過去問に取り組むことができます。このように，入試本番に近い条件で練習できるのも，本書の強みです。また，データが公表されている学校は別冊の１ページ目に過去の「入試結果表」を掲載しています。合格に必要な得点の目安として活用してください。

本書がみなさんの志望校合格の助けとなることを，心より願っています。

株式会社　声の教育社　編集部

女子美術大学付属中学校

所在地 〒166-8538 東京都杉並区和田1-49-8
電　話 03-5340-4541（代）
ホームページ https://www.joshibi.ac.jp/fuzoku/
交通案内 東京メトロ丸ノ内線「東高円寺駅」より徒歩約8分，「新中野駅」より徒歩約10分

くわしい情報はホームページへ

トピックス
★2025年度入試より，2月2日の「女子美 自己表現入試」は午前実施に変更（昨年度までは午後実施）。
★最大のイベントである「女子美祭」は，中・高・大合同で開催される。

創立年 大正4年　女子校　高校募集あり

応募状況

年度	募集数	応募数	受験数	合格数	倍率
2024	① 110名	314名	309名	119名	2.6倍
	②約10名	182名	111名	8名	13.9倍
	③約15名	297名	162名	17名	9.5倍
2023	① 110名	309名	307名	119名	2.6倍
	②約10名	170名	105名	8名	13.1倍
	③約15名	306名	162名	17名	9.5倍
2022	① 110名	356名	351名	121名	2.9倍
	②約10名	224名	143名	10名	14.3倍
	③約15名	347名	187名	13名	14.4倍
2021	① 105名	362名	354名	120名	3.0倍
	②約15名	223名	135名	10名	13.5倍
	③約15名	341名	189名	14名	13.5倍

2023年度の主な他大学合格実績

＜美術系大学（芸術系大学）＞
東京藝術大，武蔵野美術大，多摩美術大，東京造形大

＜私立大学＞
東洋大，杏林大，桜美林大，共立女子大，実践女子大，昭和女子大，女子栄養大，武蔵野音楽大

2025年度入試情報

○第１回〔２科・４科選択入試〕
試験日時：2025年２月１日７：20～８：10受付
試験科目：国算＋面接または国算理社＋面接
合格発表：2025年２月１日22：00頃～（HP）

○第２回〔女子美 自己表現入試〕
試験日時：2025年２月２日９：00～９：50受付
試験科目：記述＋面接
合格発表：2025年２月２日18：00頃～（HP）

○第３回〔２科入試〕
試験日時：2025年２月３日７：20～８：10受付
試験科目：国算＋面接
合格発表：2025年２月３日16：00頃～（HP）

付属推薦入試制度

付属高等学校の生徒には，女子美術大学芸術学部・短期大学部への推薦制度があります。「１年間の出席日数，１年次からの遅刻・早退・欠課総数が基準以内であること」「１年次からの成績が優良で，一定水準以上であること」「人物が優れていること」が推薦基準となっています。また，成績，出席ともに一定の基準を満たした者のうち，最優秀者は校長より特待生として推薦され，芸術学部の４年間ないし短期大学部２年間の授業料が免除（２年次以降は継続について審査あり）されます。

〔女子美術大学芸術学部／短期大学部への進学内訳〕
美術学科42名，デザイン・工芸学科55名，アート・デザイン表現学科61名（合計158名）／造形学科１名

編集部注―本書の内容は2024年4月現在のものであり，変更されている場合があります。正式な情報は，学校のホームページ等で必ずご確認ください。

算数　出題傾向＆対策

◆基本データ（2024年度１回）

試験時間／満点	50分／100点
問題構成	・大問数…５題 計算・応用小問１題（10問）／応用問題４題 ・小問数…21問
解答形式	解答のみを記入する問題がほとんどだが，グラフの完成も見られる。必要な単位などはあらかじめ印刷されている。
実際の問題用紙	Ｂ５サイズ，小冊子形式
実際の解答用紙	Ｂ４サイズ

◆出題傾向と内容

▶過去３年の出題率トップ３
１位：四則計算・逆算18％　２位：角度・面積・長さ17％　３位：体積・表面積12％
▶今年の出題率トップ３
１位：四則計算・逆算21％　２位：角度・面積・長さ14％　３位：体積・表面積など７％

大問１は小問が10問あり，四則計算のほか，□を求める逆算，縮尺，食塩水の濃さ，基礎的な特殊算とともに，場合の数，角度，長さ，面積を求める問題などが出され，なかには時間のかかりそうなものも見られます。

応用問題では，図形や数の規則性，速さ，旅人算，水量の変化などをグラフとセットにしたもの，解き方の経過を穴埋めするものが出題されています。難問は少なく，基本的な問題が多く出されていますが，丁寧な処理が要求されるので注意が必要です。

◆対策～合格点を取るには？～

受験算数の基本をおさえることが大切です。まず計算力を養うこと，次に特殊算などの基本的な解き方を身につけることが重要です。図形では，角度，面積，複雑な周の長さ，グラフでは，速さに関するグラフ，水量の変化に関するグラフなど，過去の出題形式は確実におさえておきましょう。本校の入試問題はパターン化されているとはいっても，基礎がしっかりしていないと手も足も出ない問題が多くなっています。教科書や参考書などのすべての例題に取り組み，基礎となる重要なことがらをしっかり身につけておきましょう。

分野	年度	2024		2023		2022	
		1回	3回	1回	3回	1回	3回
計算	四則計算・逆算	●	●	●	●	●	●
	計算のくふう						
	単位の計算						
和と差	和差算・分配算				○		
	消去算						
	つるかめ算						
	平均とのべ						
	過不足算・差集め算	○				○	
	集まり						
	年齢算						
割合と比	割合と比				○		
	正比例と反比例						
	還元算・相当算			○			◎
	比の性質						
	倍数算		○				
	売買損益			○		○	
	濃度	○	○	○	○	○	○
	仕事算	○	○				
	ニュートン算						
速さ	速さ	○	○		○	○	
	旅人算					○	
	通過算						
	流水算						
	時計算						
	速さと比						
図形	角度・面積・長さ	◎	◎	●	●	●	●
	辺の比と面積の比・相似	○	○		○	◎	◎
	体積・表面積	○	○	◎	◎	◎	◎
	水の深さと体積		○	○			
	展開図						
	構成・分割			○			
	図形・点の移動						○
表とグラフ		○	○	○	○	○	○
数の性質	約数と倍数						
	N進数						
	約束記号・文字式						
	整数・小数・分数の性質						
規則性	植木算	○					
	周期算						
	数列		○		○	○	○
	方陣算						
	図形と規則			○			
場合の数		○	○	○	○	○	○
調べ・推理・条件の整理							
その他							

※　○印はその分野の問題が１題，◎印は２題，●印は３題以上出題されたことをしめします。

社会 出題傾向＆対策

◆基本データ(2024年度１回)

試験時間／満点	理科と合わせて50分／50点
問題構成	・大問数…５題 ・小問数…25問
解答形式	記号選択と用語の記入が大半をしめるが，短文記述も出題されている。
実際の問題用紙	Ｂ５サイズ，小冊子形式
実際の解答用紙	Ｂ４サイズ

◆出題傾向と内容

地理と歴史の割合が高く，政治はやや少なめとなっています。用語の記入は漢字指定される場合もあります。

●地理…日本各地の地形や気候，産業などについてはば広く問うものが出されていますが，年度によっては農業・貿易などのように分野をしぼってほり下げた出題がされることもあります。また，地形図の読み取りが出題されることもあるので，注意が必要です。

●歴史…古代から近代までの歴史的なことがらについてはば広く出題されるのが，本校の歴史の問題の特ちょうといえます。しかし，あるひとつの時代についてくわしく問うものも出されています。地図と関連させた問題や，写真や資料を用いた問題も多く，問われる内容もさまざまな分野にわたっています。

●政治…時事的なことがらを題材とした問題が多いことが特ちょうです。日本国憲法や選挙，政治のしくみ，国際政治について問うものがよく出題されています。

分野＼年度			2024	2023	2022	2021
日本の地理		地図の見方	★		○	★
		国土・自然・気候	○	★	○	○
		資源				
		農林水産業	★	○		★
		工業	○		★	
		交通・通信・貿易			○	
		人口・生活・文化		○		
		各地方の特色	★	★	★	○
		地理総合				
世界の地理				○		
日本の歴史	時代	原始～古代	★	★	★	★
		中世～近世	○	○	○	○
		近代～現代	★	★	★	○
	テーマ	政治・法律史				
		産業・経済史				
		文化・宗教史				★
		外交・戦争史				
		歴史総合				
世界の歴史						
政治		憲法	○		○	
		国会・内閣・裁判所	○	○		○
		地方自治				
		経済		○		○
		生活と福祉		○		
		国際関係・国際政治	○	○	○	○
		政治総合	★	★	★	★
環境問題						
時事問題			○	○	○	
世界遺産			○			
複数分野総合						

※　原始～古代…平安時代以前，中世～近世…鎌倉時代～江戸時代，近代～現代…明治時代以降

※　★印は大問の中心となる分野をしめします。

◆対策～合格点を取るには？～

問題のレベルは標準的ですから，基礎を固めることを心がけてください。教科書のほかに，説明がていねいでやさしい標準的な参考書を選び，基本事項をしっかりと身につけましょう。

地理分野では，まず，地形図の地図記号の読み取り方を確かめておいてください。つぎに，日本地図とグラフを参照し，白地図作業帳を利用して地形と気候などの国土のようすをまとめ，そこから産業(統計表も使います)へと学習を広げていきましょう。なお，小学校では学習しない世界地理の問題が出題されることもあるので，世界地理の基本的な内容を学習しておいてください。

歴史分野では，教科書や参考書を読むだけでなく，自分で年表をつくってみましょう。できあがった年表は，各時代，各テーマのまとめに活用できます。本校では，古代から近代までの広い時代にわたって，さまざまな分野から出題されているので，この学習方法は威力を発揮するはずです。

政治分野では，日本国憲法の基本的な内容，特に平和主義や基本的人権に関する条文について，また，三権分立について必ずおさえておいてください。時事問題については，新聞やテレビ番組などのニュースで，国の政治や経済の動き，世界各国の情勢などをノートにまとめておきましょう。

理科 出題傾向＆対策

◆基本データ（2024年度１回）

試験時間／満点	社会と合わせて50分／50点
問題構成	・大問数…４題 ・小問数…19問
解答形式	記号選択と用語の記入が大半をしめるが，短文記述の問題も見られる。
実際の問題用紙	Ｂ５サイズ，小冊子形式
実際の解答用紙	Ｂ４サイズ

分野＼年度		2024	2023	2022	2021
生命	植物				
	動物	★			★
	人体			★	
	生物と環境		★		○
	季節と生物				
	生命総合				
物質	物質のすがた				
	気体の性質		★	★	
	水溶液の性質	★			★
	ものの溶け方				○
	金属の性質				
	ものの燃え方				
	物質総合				
エネルギー	てこ・滑車・輪軸			★	
	ばねののび方				
	ふりこ・物体の運動				
	浮力と密度・圧力				
	光の進み方				○
	ものの温まり方				
	音の伝わり方				
	電気回路		★		★
	磁石・電磁石	★			
	エネルギー総合				
地球	地球・月・太陽系		★		★
	星と星座				
	風・雲と天候	○		★	
	気温・地温・湿度				
	流水のはたらき・地層と岩石	○			
	火山・地震				
	地球総合	★			
実験器具					
観察					○
環境問題		○			○
時事問題		○	○	○	○
複数分野総合					

※　★印は大問の中心となる分野をしめします。

◆出題傾向と内容

生命・物質・エネルギー・地球の各分野からバランスよく出題されています。時事問題，環境問題も小問のひとつとして，よく出題されています。

●生命…メダカの育ち方，アメリカザリガニ，種子の発芽条件，食物連鎖，だ液のはたらきなどが出されています。

●物質…水溶液の性質，気体の発生と性質，ものの溶け方などが取り上げられています。実験器具の使い方や計算問題も出題されているので，注意が必要です。

●エネルギー…手回し発電機とLEDの性質，電磁石，電気回路と豆電球の明るさ，てこのつり合いなどが取り上げられています。力のつり合いに関する出題では，計算問題が出されています。

●地球…地層，月の満ち欠け，雲と天気，太陽と季節，台風の発生と影響などが出題されています。また，日食，小惑星探査機などの時事問題も見られます。

◆対策～合格点を取るには？～

さまざまな単元をもとにつくられており，基本的な知識を使いこなす応用力がためされます。各分野ともかたよりのない学習をこころがけましょう。

問題の多くは実験・観察の結果を総合的にとらえて，筋道を立てて考えていく必要があります。そのため，なによりもまず教科書を中心とした学習を重視し，基本的なことがらを確実に身につけていくことが大切です。教科書には実験・観察の例が豊富に取り上げられていますから，くり返し復習するなかで，実験・観察の目的や方法，過程と結果，結果を通じてどういうことがわかるかなどをノートにまとめていきましょう。

基本的な知識がある程度身についたら，標準的な問題集を解き，知識を活用する練習をしましょう。用語や説明の記述が多く出題されるので，要点を短い文章でまとめるなどして，練習を重ねておきましょう。

教科書の学習以外に必要とされる知識も少なくありません。日常の生活や環境問題など，日ごろから新聞などの科学に関するニュースもチェックし，ノートにまとめておいてください。

国語 出題傾向＆対策

◆基本データ（2024年度１回）

試験時間／満点	50分／100点
問題構成	・大問数…２題 文章読解題１題／知識問題１題 ・小問数…16問
解答形式	自由記述が多いが，記号選択や書きぬきも見られる。漢字の読み書きなども出題されている。
実際の問題用紙	Ｂ５サイズ，小冊子形式
実際の解答用紙	Ｂ４サイズ，両面印刷

◆出題傾向と内容

▶近年の出典情報（著者名）
小　説：森　絵都　吉田桃子　池田ゆみる　いとうみく　魚住直子　瀧羽麻子

●読解問題…小説・物語文から１題出題されています。大問が１題とはいっても文章がかなり長いので，落ち着いて内容を読み取ることが大切です。小問の多くは，内容を理解できているかを問うオーソドックスなものなので，しっかりと文脈をとらえて，場面のようすや登場人物の心情をつかむことが重要になってきます。

解答の形式については，多くの小問が自由記述なので，読み取った内容を的確に文にまとめる力が要求されます。

●知識問題…漢字の読みと書き取りのほか，慣用句・ことわざ，熟語，類義語などが出されています。

◆対策～合格点を取るには？～

小説・物語文を一定時間内に読み，設問の答えを出す読解力は簡単には身につきません。そこで，ふだんから小説・物語文を読み慣れておくことが大切です。読むさいの注意点は，①指示語の指す内容をとらえ，②物語や場面の展開をつかみ，③人物の性格や心情の移り変わりなどを読み取ることです。また，読めない漢字，意味のわからないことばが出てきたら，辞書で調べましょう。さらに，人物の心情や行動の理由などを文に書いてまとめる練習も大切です。

漢字は書き取りの問題集を毎日少しずつ続け，音訓の読み方や四字熟語などの読み書きもあわせて行いましょう。

分野		年度	2024		2023		2022	
			1回	3回	1回	3回	1回	3回
読	文章の種類	説明文・論説文						
		小説・物語・伝記	★	★	★	★	★	★
		随筆・紀行・日記						
		会話・戯曲						
		詩						
		短歌・俳句						
解	内容の分類	主題・要旨						
		内容理解	○	○	○	○	○	○
		文脈・段落構成						
		指示語・接続語	○				○	
		その他	○	○	○	○	○	○
知	漢字	漢字の読み	○	○	○	○	○	○
		漢字の書き取り	○	○	○	○	○	○
		部首・画数・筆順						
	語句	語句の意味						
		かなづかい						
		熟語	○		○	○	★	★
		慣用句・ことわざ	○	○	○	○	○	
	文法	文の組み立て						
		品詞・用法						
識		敬語						
	形式・技法					○	○	○
	文学作品の知識							
	その他							
	知識総合		★	★	★	★		
表現	作文							
	短文記述							
	その他							
放送問題								

※　★印は大問の中心となる分野をしめします。

カコを追いかけ
ミライをつかめ
「今の説明、もう一回」を何度でも
web過去問
ストリーミング配信による入試問題の解説動画
もっと古いカコモンないの?
カコ過去問
「さらにカコの」過去問をHPに掲載(DL)
声の教育社
詳しくはこちらから

2024年度 女子美術大学付属中学校

【算　数】〈第１回試験〉（50分）〈満点：100点〉

※定規，コンパスは使用してはいけません。

1　次の各問いに答えなさい。

(1)　$18 - 8 \times 2 + 2 \times 5$　を計算しなさい。

(2)　$2\frac{4}{7} + (1.35 - 0.9) \times \frac{20}{21}$　を計算しなさい。

(3)　$\left(\boxed{} - 2\frac{2}{5}\right) \div 1\frac{7}{15} = 3$　のとき，$\boxed{}$をうめなさい。

(4)　縮尺2000分の１の地図上で20 cmの長さの道のりを６分40秒で歩きました。このときの速さは時速何kmですか。

(5)　６％の食塩水Ａと濃《のう》度のわからない食塩水Ｂがあります。食塩水ＡとＢを２：５の割合で混ぜると，10％の食塩水になりました。食塩水Ｂの濃度は何％ですか。

(6)　友人にチケットを配るのに，１人に５枚ずつ配ると４枚余りました。そこで，１人に６枚ずつ配ったところ，１枚しかもらえない人が１人，１枚ももらえない人が１人いました。このとき，チケットの枚数は全部で何枚ありますか。

(7)　同じ種類の９つのお菓《か》子《し》を，自分と姉と妹の３人で余りがないように分けることになりました。分け方は何通りありますか。ただし，全員が少なくとも２つはもらえることとします。

(8)　下の図は，正方形ABCDをAPを折り目として折り返した図です。このとき，角xの大きさを求めなさい。

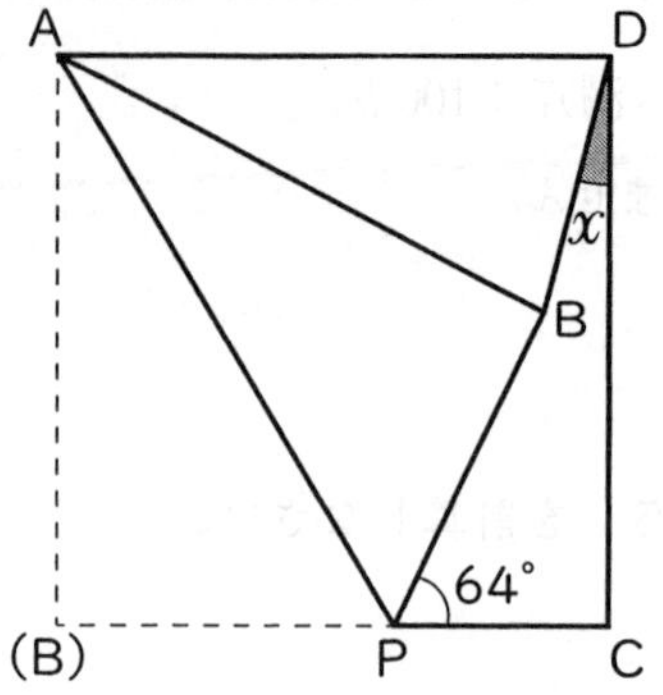

(9)　下の図は，一辺が16 cmの正方形の折り紙を，たてに四等分に折ってから，開いて，そのあと対角線で半分に折って開いた図です。斜《しゃ》線の部分の面積を求めなさい。

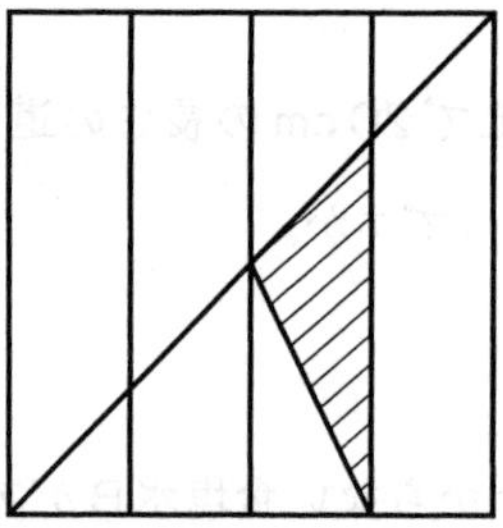

(10)　下の図のように，一辺の長さが６cmの正方形を８個並べました。この正方形にちょうど入る円を４個，辺の上に中心がある円を５個並べました。このとき，太線部分の合計の長さを求めなさい。ただし，円周率は3.14とします。

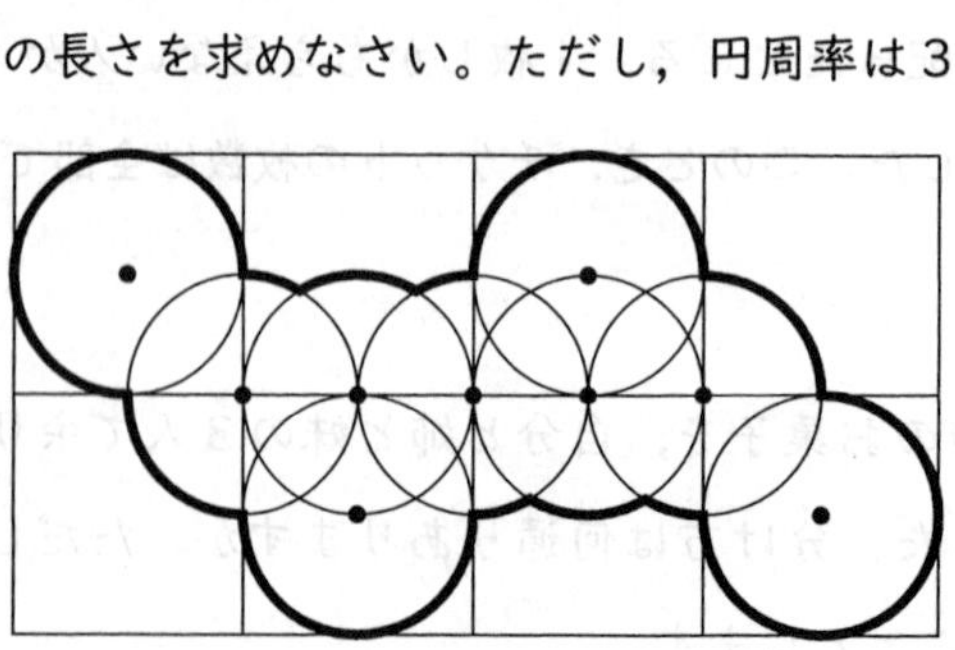

2 たて1cm，横5cmの長方形の形をした赤いセロファン紙と青いセロファン紙がたくさんあります。セロファン紙は，透《とう》明なので透《す》けて見え，赤いセロファン紙と青いセロファン紙が重なった部分は，むらさき色に見えます。
下の図のように，左から，赤，青，赤，青，…の順に，横が1cmずつ重なるように並べていきます。このとき，次の問いに答えなさい。

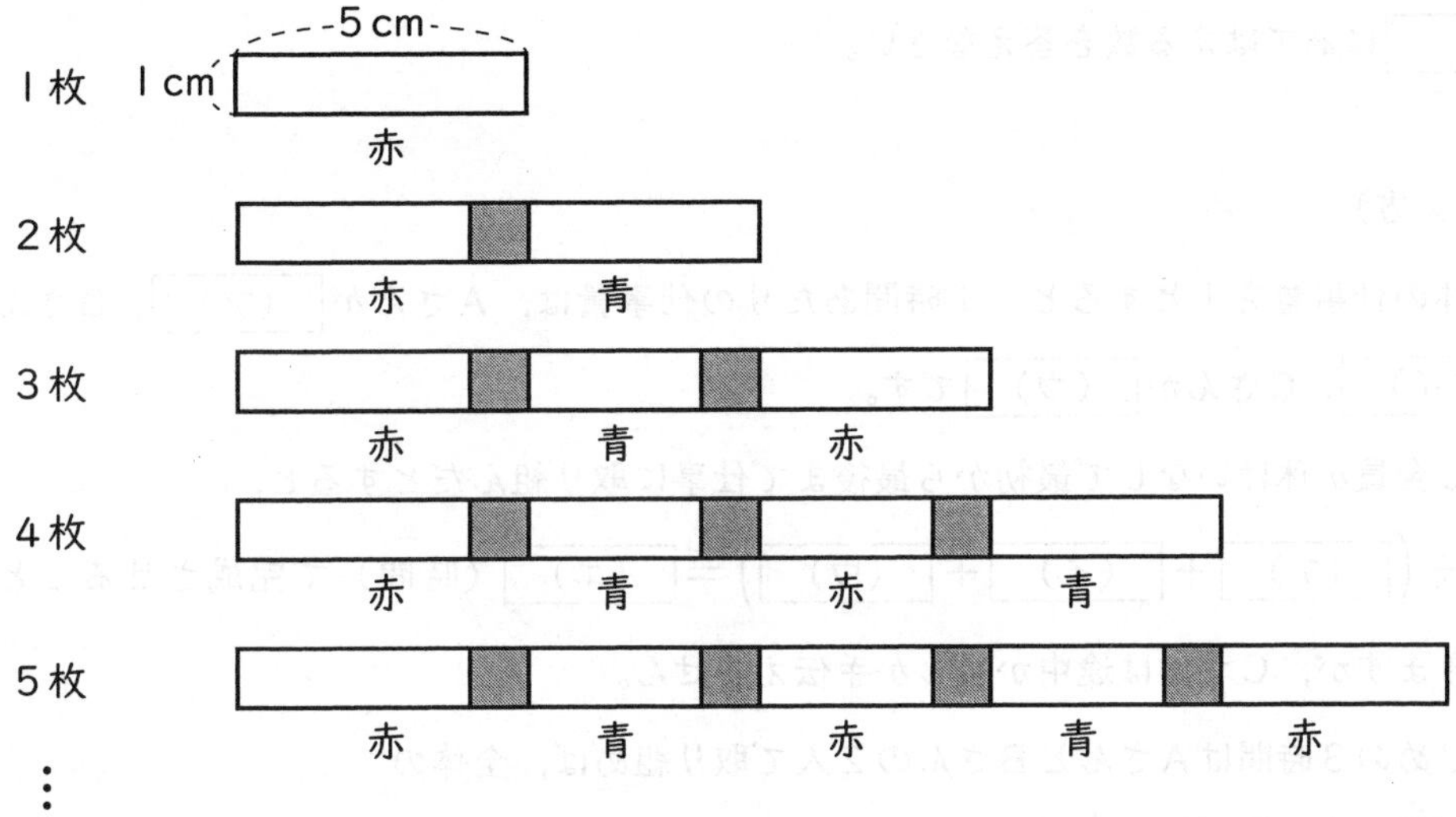

(1)　むらさき色に見える部分の横の長さが，合計で10cmになるのは，赤いセロファン紙と青いセロファン紙を合わせて何枚並べたときですか。

(2)　横の長さの合計がはじめて100cmを超《こ》えるのは，赤いセロファン紙と青いセロファン紙を合わせて何枚並べたときですか。

(3)　(2)のとき，赤く見える部分の横の長さの合計は何cmですか。

3 文化祭で教室をかざりつけるために，かべ一面を切り絵のお花でいっぱいにすることにしました。

一人で休まずに全ての仕事をしたとすると，Ａさんなら12時間，Ｂさんなら15時間，Ｃさんなら10時間かければ全てのかざりつけを完成させることができます。

Ｃさんは他の仕事があるため，作業を開始して３時間後から手伝ってくれる予定です。

交代で休けいをとりながらかざりつけを完成させるために，次のように考えました。

□にあてはまる数を答えなさい。

（考え方）

全体の仕事量を１とすると，１時間あたりの仕事量は，Ａさんが［（ア）］，Ｂさんが［（イ）］，Ｃさんが［（ウ）］です。

もし全員が休けいなしで最初から最後まで仕事に取り組んだとすると，

１÷（［（ア）］＋［（イ）］＋［（ウ）］）＝［（エ）］（時間）で完成させることができますが，Ｃさんは途《と》中からしか手伝えません。

はじめの３時間はＡさんとＢさんの２人で取り組めば，全体の

（［（ア）］＋［（イ）］）×３＝［（オ）］の仕事量をこなすことができます。

この後，Ｃさんが手伝いに来てくれるので，先にＡさんが休けいに入り，ＢさんとＣさんの２人で１時間取り組めば，全体の

（［（イ）］＋［（ウ）］）×１＝［（カ）］の仕事量をこなすことができます。

次にＢさんが休けいに入り，ＡさんとＣさんの２人で１時間取り組めば，全体の

（［（ア）］＋［（ウ）］）×１＝［（キ）］の仕事量をこなすことができます。

残りの仕事量は

１－（［（オ）］＋［（カ）］＋［（キ）］）＝［（ク）］なので，３人で取り組めば，あと

［（ク）］÷［（ケ）］×60＝［（コ）］（分）で完成させることができます。

4　ある一定の速さで流れる川に，Ａ地点と，それよりも上流にあるＢ地点があります。Ａ地点とＢ地点は12kmはなれています。船アはＡ地点からＢ地点に向かって出発し，Ｂ地点に到《とう》着後30分間とまり，Ａ地点に戻ります。グラフは船アがＡ地点を出発してからＡ地点に戻るまでの様子を表したものです。船イは，9時30分にＢ地点からＡ地点に向かって出発し，Ａ地点に到着後30分間とまり，Ｂ地点に戻ります。船アと船イの静水時の速さは同じで一定とします。

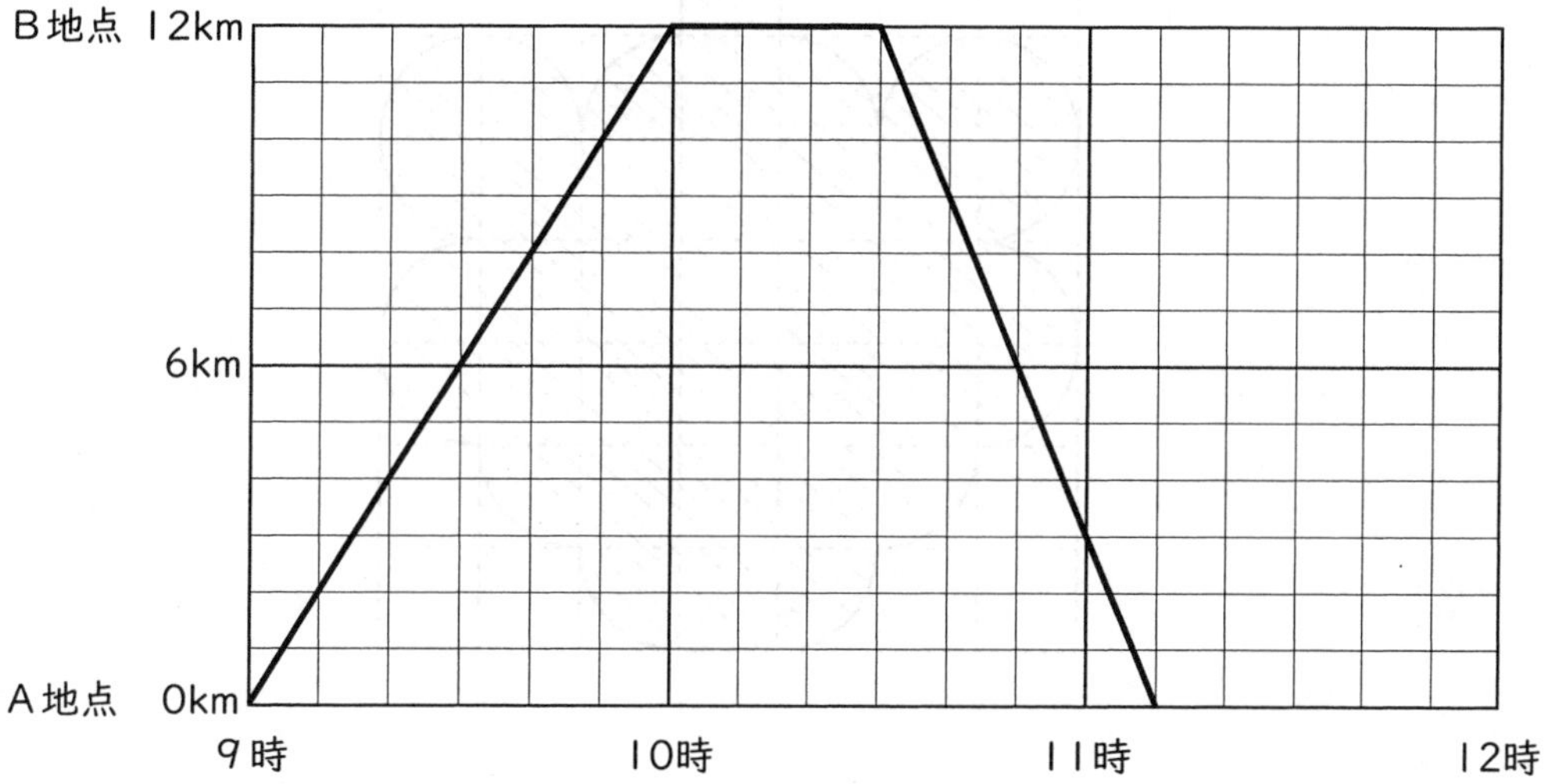

（1）　川の流れの速さは分速何ｍかを求めなさい。

（2）　船の静水時の速さは分速何ｍかを求めなさい。

（3）　船イがＢ地点を出発し，Ｂ地点に戻るまでの様子をグラフに表しなさい。

（4）　船アと船イが２回目にすれ違った時刻を求めなさい。

（5）　船アと船イが２回目にすれ違った時に，うきわが船から落ちました。うきわが川の流れによって，Ａ地点にたどり着く時刻を求めなさい。

5 下の図のように1めもりが2cmの方眼紙に，半径2cmのおうぎ形と一辺2cmの正方形を組み合わせてできた図をかきました。斜《しゃ》線部分を底面とする高さ10cmの立体について，次の問いに答えなさい。ただし，円周率は3.14とします。

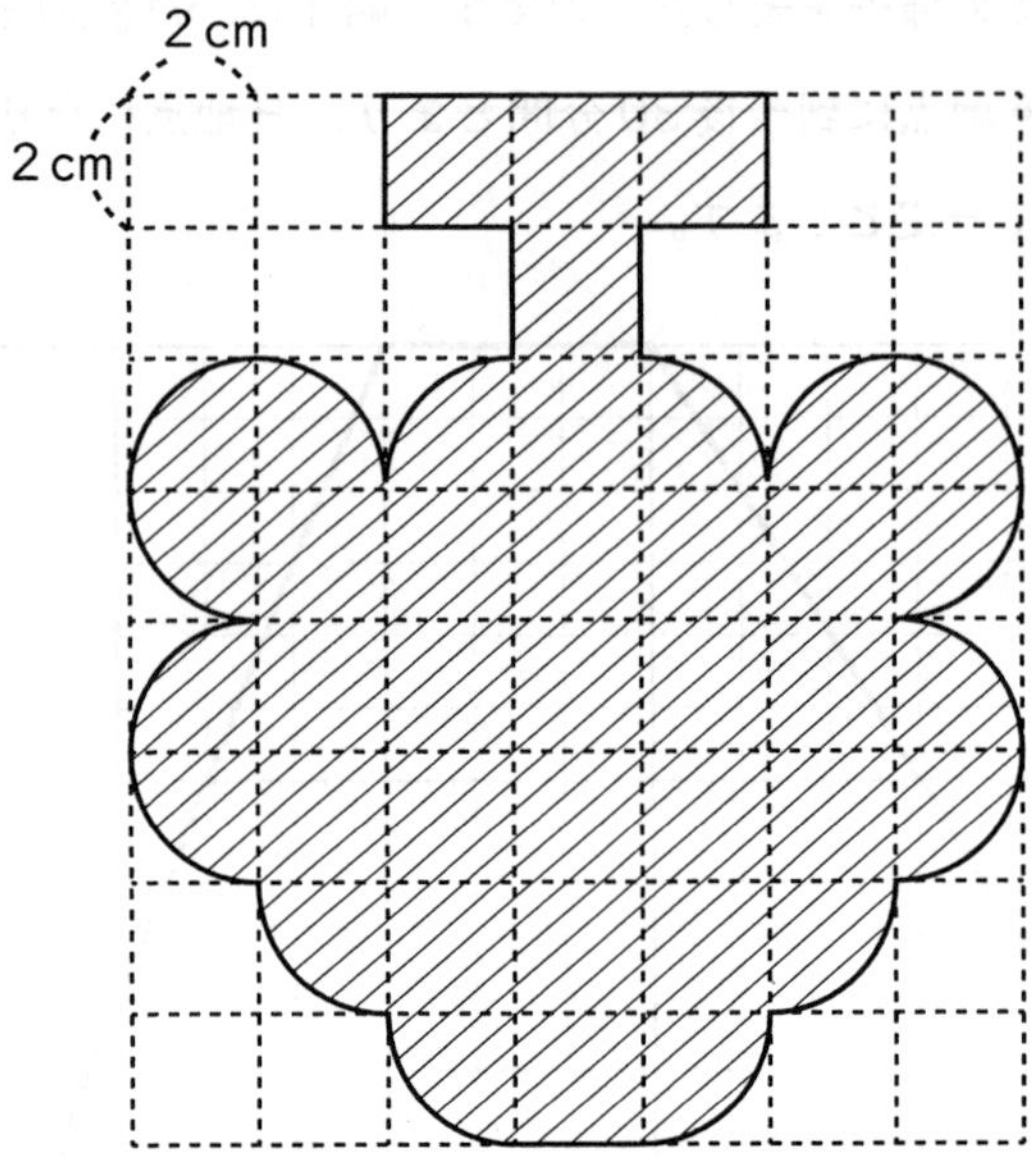

(1)　体積を求めなさい。

(2)　表面積を求めなさい。

【社　会】〈第１回試験〉（理科と合わせて50分）〈満点：50点〉

1　次の地形図を見て、あとの問題に答えなさい。

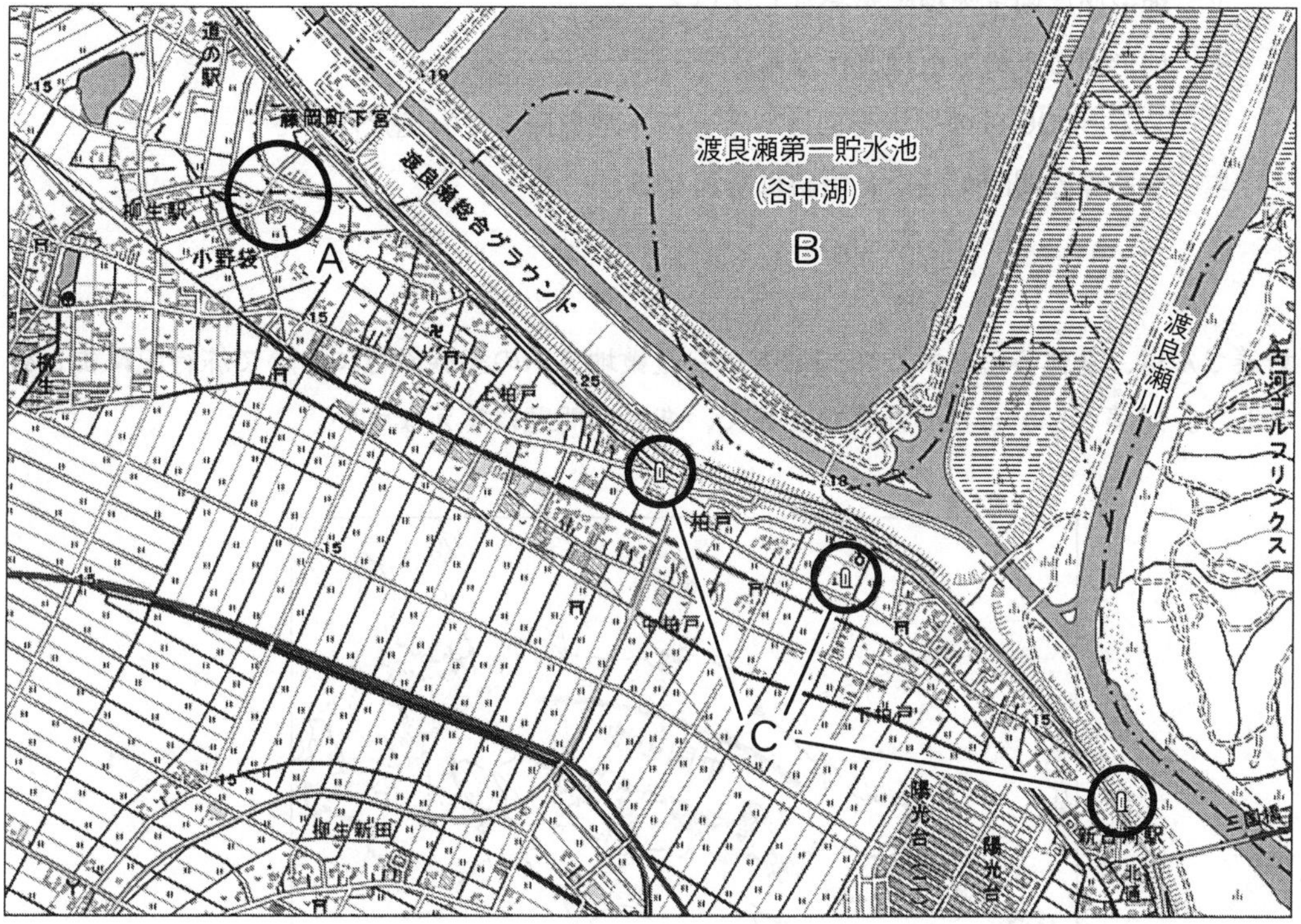

電子地形図25000から作成　一部加工　108%に拡大

（1）　地図内Aの地点は、３つの県の境界線になっています。図１のアに当てはまる都道府県名を答えなさい。

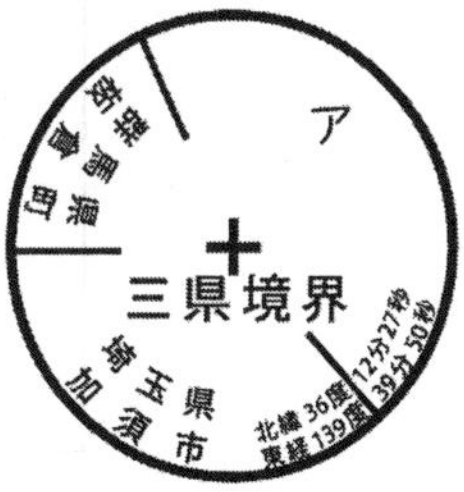

図１

（2）　地図内Bは日本最大の遊水地であり、水鳥の生息地として国際的に重要な湿地としてある条約に登録されています。この条約の名称を答えなさい。

（3）　地図内に点在するC 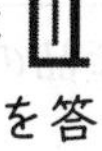 は2019年に新しく作られた地図記号です。この地域にこの地図記号が多い理由を答えなさい。

（4）　新しく作られた地図記号もあれば、現在ではなくなった地図記号もあります。明治43年ごろ、この地域周辺に広がっていた地図記号  は養蚕業の衰退とともに、数が減少し地図記号もなくなりました。この地図記号の名称を答えなさい。

（5）　地形図について述べた文章として誤っているものを一つ選んで、記号で答えなさい。

ア　地形図は国土地理院が発行している
イ　地形図の上の方位は北になる
ウ　２万5000分の１地形図は５万分の１地形図よりも縮尺が小さい
エ　等高線の間隔が狭いと傾斜は急になる

2　好美さんは、夏休みに訪れた中国地方から近畿地方への家族旅行について旅行記にまとめました。好美さんがまとめた資料を見て、あとの問題に答えなさい。

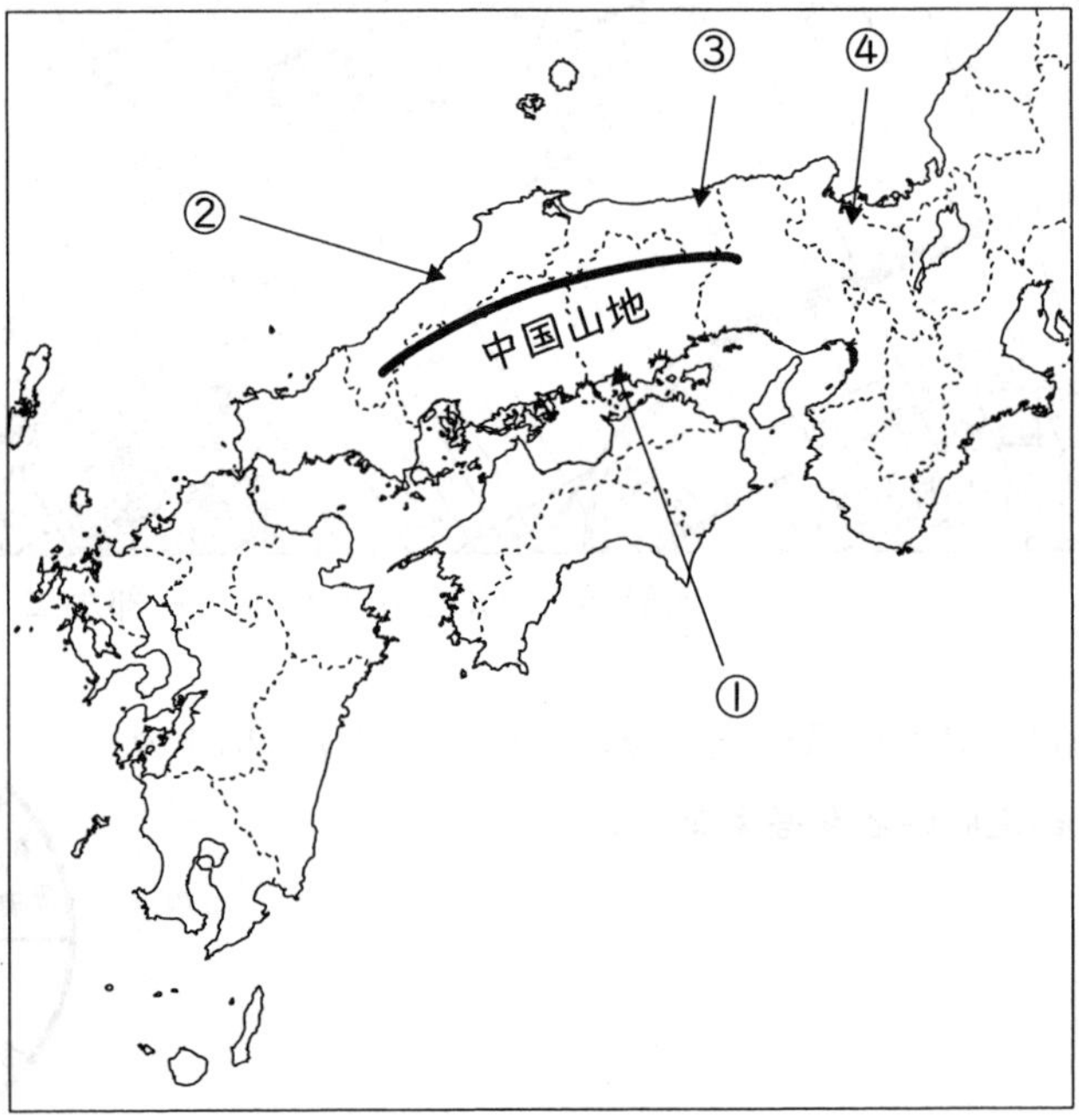

①８月19日	岡山県を移動中、海ぞいに大きなコンビナートを発見！ 港にはたくさんのタンカーが停泊していて、迫力がすごかった！
②８月23日	島根県に到着！　豊臣秀吉や徳川家康が開発した、世界遺産登録されている鉱山を訪れた。
③８月25日	鳥取県に到着！　鳥取砂丘を訪れた後、特産品の果物を食べた。 とてもおいしかった！
④８月27日	舞鶴市に到着！　市内にある、「舞鶴引きあげ記念館」を見学した。

(1)　中国地方のうち、中国山地より北側の地域を何と呼ぶか答えなさい。

(2)　①の内容について、この地域の工業生産品の出荷額を示すグラフとしてふさわしいものを一つ選んで、記号で答えなさい。

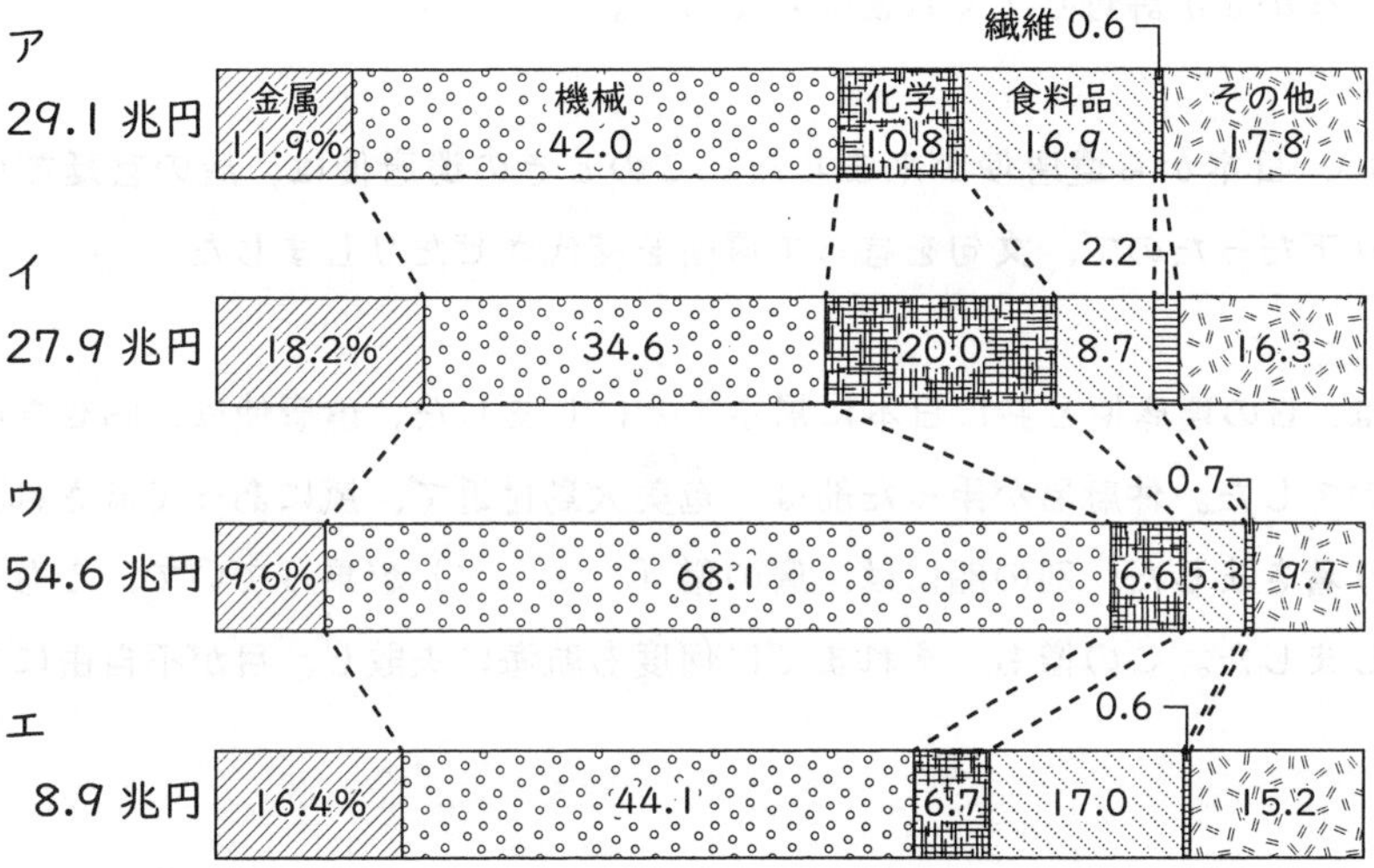

（2020　経済産業省「工業統計調査」）

(3)　②の内容について、この鉱山の名前を漢字４文字で答えなさい。

(4)　③の内容について、この果物を一つ選んで、記号で答えなさい。

ア　なし　　　イ　もも　　　ウ　みかん　　　エ　りんご

(5)　④の内容について、舞鶴市がある都道府県名を答えなさい。

(6)　④の内容について、「引きあげ」についての正しい説明を一つ選んで、記号で答えなさい。

ア　キリスト教布教のため来日した宣教師が、強制的に帰国させられたこと。
イ　日本人が外国に行くことが禁じられ（鎖国）、海外にいた日本人が帰国したこと。
ウ　政府の近代化政策に協力した外国人が、任期を終えて帰国したこと。
エ　第二次世界大戦後、海外にいた日本人が帰国したこと。

3 好美さんは、阿倍仲麻呂について調べて発表しました。次の発表を読んで、あとの問題に答えなさい。

A　717年、阿倍仲麻呂は、留学生として遣唐使の船で唐の長安に行きました。その後、唐の役人になって実力を発揮《はっき》しました。そのため、日本に帰りたいと思っても、唐の朝廷は、なかなか許可してくれませんでした。

B　752年に、日本から遣唐使が来ました。このときの遣唐使は、唐の宮廷で座る順番が新羅より下だったので、文句を言って場所を交代させたりしました。

C　仲麻呂は、Bの遣唐使と共に日本に帰ることにしました。遣唐使は、四せきの船で航海するものでした。仲麻呂が乗った船は、奄美《あまみ》大島付近で、嵐にあって流され、ベトナムにたどり着きました。別の船には、唐の僧〔　　　　〕が乗っていて、こちらは鹿児島に到着しました。この僧も、それまでに何度も航海に失敗し、目が不自由になっていました。

D　仲麻呂は長安に帰り、役人の仕事を続けました。その後、唐がベトナムに置いた役所に行って、70歳をこえて亡《な》くなるまで仕事をしました。

(1)　８世紀の国際関係について、次の中から誤っているものを一つ選んで、記号で答えなさい。

ア　唐には、周りの国々が使者を送ってきた。
イ　唐では、仏教が信仰されていた。
ウ　唐では、唐で生まれた人しか役人になれなかった。
エ　唐は、東南アジアの一部にも勢力をのばしていた。

（2）　奈良時代の遣唐使の航海はとても危険でした。右の地図上のア、イは、遣唐使の航路です。７世紀までは安全なアを通っていましたが、８世紀になると危険なイを通るようになり、多くの事故が起こるようになりました。なぜ、わざわざ危険なイに変えたのでしょうか。Ａ～Ｄの文章の中から、ヒントになる文を一つ選んで、記号で答えなさい。

（3）　Ｃの空らんにあてはまる人物の名を書きなさい。

（4）　阿倍仲麻呂が生きていた時代について述べたものを、次の中から一つ選んで、記号で答えなさい。

ア　かな文字を用いて、歌や物語が書かれた。
イ　祇園祭《ぎおんまつり》が始まった。
ウ　ふすまや障子《しょうじ》で仕切り、畳《たたみ》を全体にしきつめた部屋が造られた。
エ　貴重な紙のほかに、木簡が多く使われた。

（5）　阿倍仲麻呂のように、海外で学んだり仕事をしたりしたことがない人物を、次の中から一人選んで、記号で答えなさい。

ア　杉田玄白　　　イ　津田梅子　　　ウ　雪舟　　　エ　緒方貞子

4 年表を見て、あとの問題に答えなさい。

年号	出来事
1858年	日米修好通商条約
	①
1868年	五か条の御誓文を発表
1889年	大日本帝国憲法を発布
1894年	日清戦争が始まる
	②
1904年	日露戦争が始まる………………… a
	③
1914年	第一次世界大戦が始まる……… b
1937年	日中戦争が始まる………………… c
1941年	太平洋戦争が始まる…………… d

(1)　①の時期に新しい政治のしくみをつくる運動の中心になった人物と藩について（　A　）～（　D　）にあてはまるものをそれぞれ選んで、記号で答えなさい。

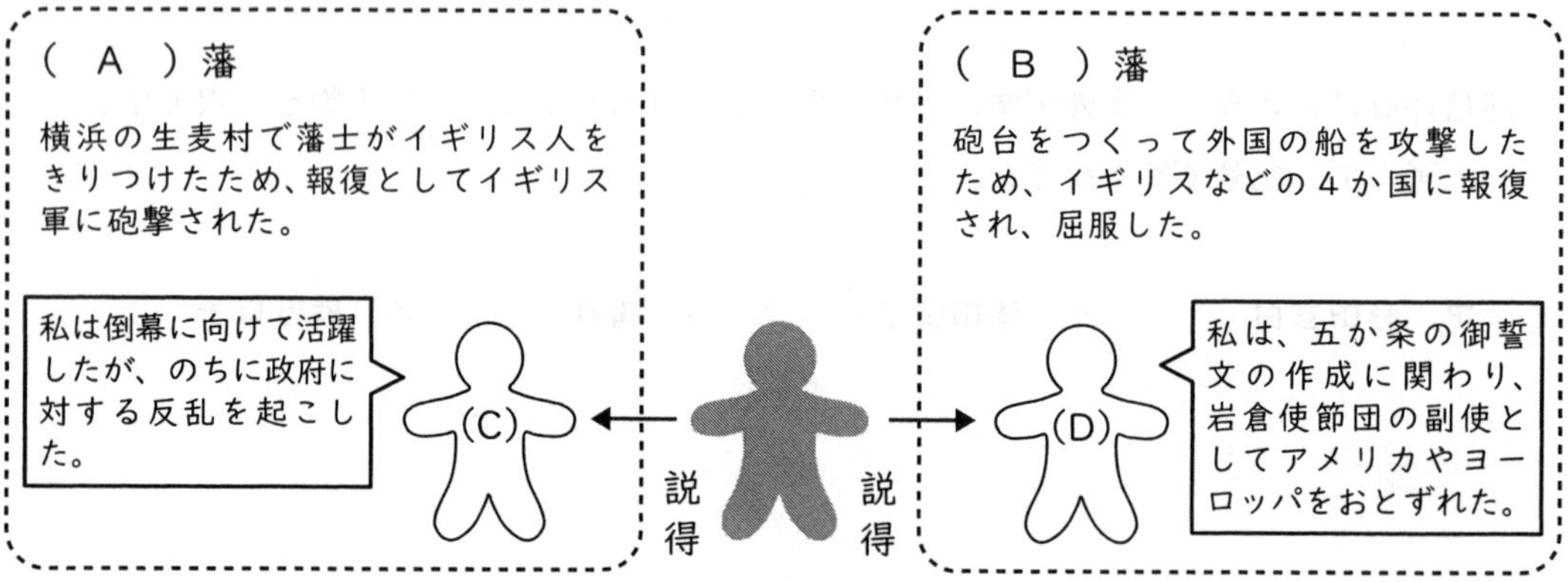

（　A　）藩
横浜の生麦村で藩士がイギリス人をきりつけたため、報復としてイギリス軍に砲撃された。
私は倒幕に向けて活躍したが、のちに政府に対する反乱を起こした。
(C)
説得
説得
（　B　）藩
砲台をつくって外国の船を攻撃したため、イギリスなどの４か国に報復され、屈服した。
(D)
私は、五か条の御誓文の作成に関わり、岩倉使節団の副使としてアメリカやヨーロッパをおとずれた。

ア　土佐　　イ　薩摩　　ウ　水戸　　エ　長州
オ　坂本龍馬　　カ　大久保利通　　キ　木戸孝允　　ク　西郷隆盛

(2)　②の時期に、日本は清に勝ったことで得た領土を返還することになりました。日本が返還した領土を右の地図のア～エから一つ選んで、記号で答えなさい。

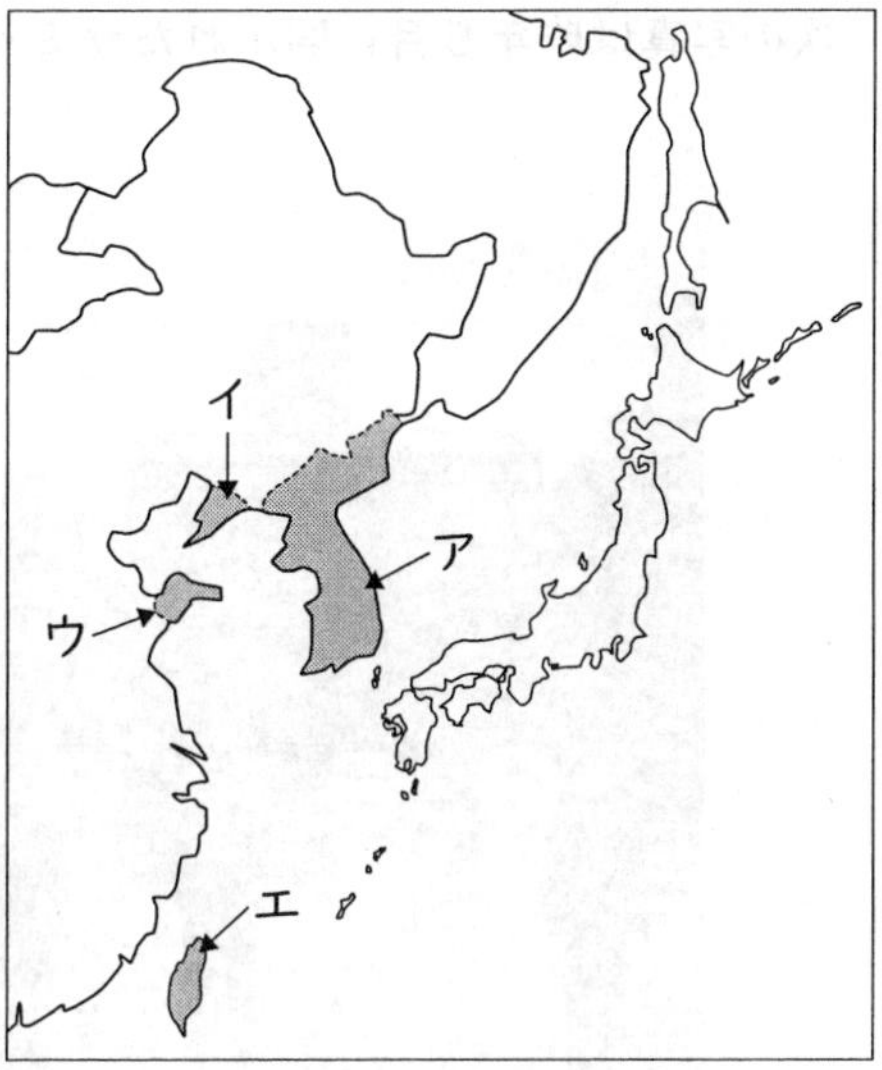

(3)　③の間に起きた出来事の説明としてふさわしいものを一つ選んで、記号で答えなさい。

ア　賠償金が得られなかったため、国民は重税に苦しんだ。
イ　戦争を終わらせるために下関で講和条約を結んだ。
ウ　領事裁判権が撤廃《てっぱい》され、不平等条約の改正が達成された。
エ　日本はイギリスと同盟を結んだ。

(4)　下の文章を読み、あとの問題に答えなさい。

ドイツ人のユーハイムは、中国におけるドイツの拠点であった山東省の青島で喫茶店を営んでいたところ、戦争が起きて日本軍によって捕らえられ、日本に連行された。戦後、日本でバウムクーヘンの製造と販売を始めると、人気を集めた。

ユーハイムが捕らえられた戦争は、年表中ａ～ｄのどれか記号で答えなさい。

5　次の写真は昨年５月に開かれたサミットのときに撮影されたものです。

(1)　この写真が撮影された都市名を答えなさい。

(2)　次のうち、このメンバーにいない国を一つ選んで、記号で答えなさい。

ア　アメリカ　　イ　フランス　　ウ　カナダ　　エ　ロシア

(3)　次の憲法第９条の条文の中の（　　　）にあてはまる語句を答えなさい。
「日本国民は、正義と秩序《ちつじょ》を基調《きちょう》とする国際平和を誠実に希求《ききゅう》し、国権の発動たる（　　　）と武力による威嚇《いかく》又は武力の行使は、国際紛争《ふんそう》を解決する手段としては、永久にこれを放棄する」

(4)　現在の日本で首相はどのように選ばれるか、次の中から一つ選んで、記号で答えなさい。

ア　国民からの直接選挙によって、首相に立候補した中から首相が選ばれている。
イ　国民が国会議員を選んだあと、天皇が国会議員の中から首相を選んでいる。
ウ　国民が国会議員を選んだあと、国会議員の投票で国会議員の中から首相が選ばれる。
エ　国民が国会議員を選んだあと、国会議員の投票で、国務大臣の中から首相が選ばれる。

(5)　国会で決められた予算や法律にもとづいて、政治を行う機関はどこですか。

【理　科】〈第１回試験〉（社会と合わせて50分）〈満点：50点〉

１　下の図のように導線をまいた物（図１）の中に鉄のくぎを入れ、電流を流し、電磁石をつくると方位磁針が図の位置で止まりました。(図２)
図２の導線の長さは十分にあり、常に同じ長さとします。余った導線は厚紙にまいています。つぎの問いに答えなさい。

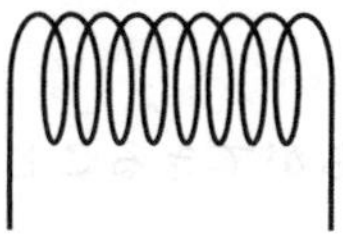
図１

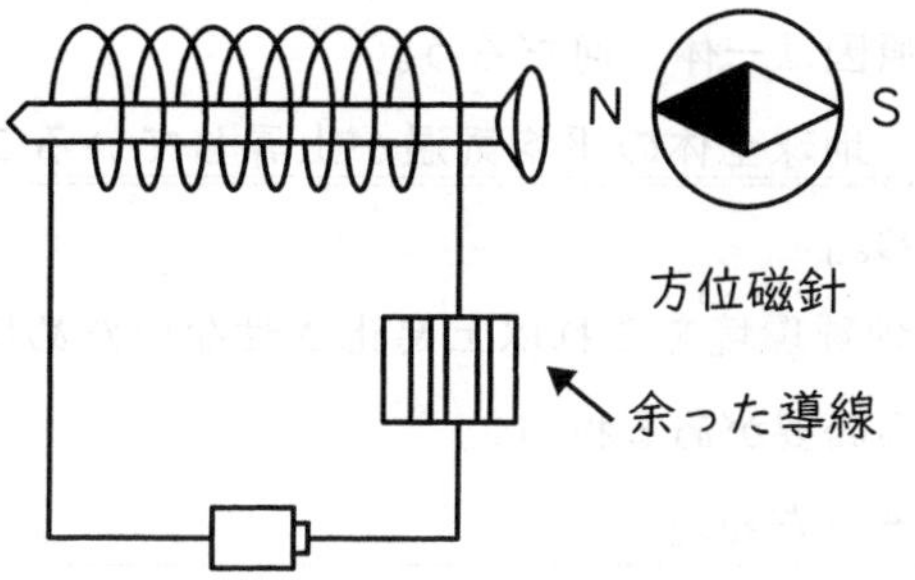

図２

問１　図１のように導線をまいたものを何といいますか。

問２　図２で電池の向きを逆向きにすると方位磁針はどうなりますか。

問３　図２で同じ種類の電池を２個使い、電磁石を強くするには電池を何つなぎにすればよいですか。

問４　図２で電池の種類と数を変えずに電磁石を強くするにはどうすればよいですか。

問５　電磁石につくものを以下のものから全て選びなさい。

砂鉄	金貨	スチールかん	アルミかん
10円玉	消しゴム	ペットボトル	

2 自然災害について話している好美さんとお父さんの会話を読み、つぎの問いに答えなさい。

好美さん　「ここ最近、毎年のように自然災害の話を聞くね。」
お父さん　「夏は、①大雨によるひ害も多かったなあ。」
好美さん　「大雨の後は、②河川がはんらんして、土砂災害が起こったり、日本各地でひ害があったよね。それにしても、異常な自然災害が増えた気がする。原因は一体、何だろう。」
お父さん　「③地球全体の平均気温が上昇していることが原因の一つと言われているね。」
好美さん　「地球環境《かんきょう》をこれ以上悪化させないためにも、私たちができることを考える必要があるね。」
お父さん　「そうだね。」

問１　下線部①の大雨をもたらす雲の名前を答えなさい。

問２　雨が降った後の水のしみこみ方は、地面の種類によってことなります。校庭の土、すな場のすな、じゃりの中で、一番速く水がしみこむものはどれですか。ただし、地面の種類以外の条件はすべて同じとします。

問３　下線部②の河川において、上流の石と下流の石では、大きさと形がことなります。上流の石について説明したつぎの文について、最も正しいものをア～エから答えなさい。

ア　角ばった大きな石が多く見られる。
イ　角ばった小さな石が多く見られる。
ウ　丸みを帯びた大きな石が多く見られる。
エ　丸みを帯びた小さな石が多く見られる。

問４　川の水のよごれ具合をけんび鏡を用いて調べる際に、にごっている水の場合は、うすめて調べることがあります。今、川の水１mLを100倍にうすめたものを（あ）とし、この（あ）からさらに0.1mLとって、じょうりゅう水を99.9mL加えると、これは川の水を何倍にうすめたことになりますか。

問５　下線部③の原因は何か簡単に説明しなさい。

3 つぎの問いに答えなさい。

問１　６種類の水溶《よう》液ア～カについてつぎの問いに答えなさい。

ア	塩酸	イ	砂糖水	ウ	食塩水
エ	アンモニア水	オ	酢《す》	カ	水酸化ナトリウム水溶《よう》液

(1)　赤色リトマス紙を青に変化させる水溶《よう》液を全て選び、ア～カの記号で答えなさい。

(2)　電気を通したときに１つだけ電気が流れないものがありました。この水溶《よう》液をア～カの記号で答えなさい。

(3)　水溶《よう》液ア～カのどれかに卵の殻《から》を入れたら激しく反応して気体が発生した。この水溶《よう》液ア～カの記号と発生した気体の名前を答えなさい。

問２　100gの水に溶《と》かすことができる固体の量を、その固体の水に対する溶《よう》解度といいます。多くの場合、温度が高い程固体の溶《よう》解度は大きくなります。温度による溶《よう》解度の差を利用すると、不純物の混ざった固体から、純粋な固体だけ取り出すことができます。これに関連してつぎの実験を行いました。あとの問いに答えなさい。

【実験１】　硝《しょう》酸カリウムに少量の塩化ナトリウムと砂が混ざった粉末Aが70gある。これを全てビーカーに入れ、水150gを加えて十分にかき混ぜた。このとき温度はつねに25℃で一定だった。

【実験２】　【実験１】のビーカーの中身をろ過し固体Bと水溶《よう》液Cに分けた。

【実験３】　水溶《よう》液Cを0℃まで冷やしたところ、硝《しょう》酸カリウムだけが沈澱した。これをろ過して固体と水溶《よう》液Dに分けたのち、固体の重さを調べると37.5gだった。

【実験４】　水溶《よう》液Dを加熱し、水を全て蒸発させたところ、29gの固体が残った。ただし、硝《しょう》酸カリウムと塩化ナトリウムの溶《よう》解度は下の表のとおりとし、砂は水に溶《と》けないものとする。また、水に２種類以上の物質が溶《と》けていても、それぞれの物質の溶《よう》解度はおたがいに影響を受けない。

温度[℃]		0	10	20	25	30	40	50
100gの水に溶《と》ける量	硝《しょう》酸カリウム[g]	13	22	32	39	46	64	85
	塩化ナトリウム[g]	35.7	35.7	35.8	35.9	36.1	36.3	36.7

(1)　25℃の水に硝《しょう》酸カリウムが最大に溶《と》けているときの濃度は何％ですか。小数第1位を四捨五入して、整数で答えなさい。

(2)　【実験２】のＢにふくまれている物質は何ですか。つぎのア～キから選び、記号で答えなさい。

ア　硝《しょう》酸カリウム	イ　塩化ナトリウム	ウ　砂
エ　硝《しょう》酸カリウムと塩化ナトリウム	オ　塩化ナトリウムと砂	
カ　硝《しょう》酸カリウムと砂	キ　硝《しょう》酸カリウムと塩化ナトリウムと砂	

(3)　【実験1】で用意した70ｇの粉末Ａには硝《しょう》酸カリウム、塩化ナトリウム、砂がそれぞれ何ｇふくまれていたか答えなさい。

4　ある夏の暑い日に、小学生たちが水辺でアメリカザリガニを見つけました。つぎの問いに答えなさい。

問1　アメリカザリガニの見た目や特ちょうを、４人の小学生が説明しています。正しいことを説明している人を1人答えなさい。

小学生①：「見た目がエビに似ているから、おもに海水で生活しているよ」

小学生②：「あしに節《ふし》（つなぎ目）があるから、こん虫のなかまだよ。あしの数もこん虫と同じだよ」

小学生③：「ほとんど水中にいるから、えらで呼吸するんだよ。魚と似たしくみだね」

小学生④：「名前にあるように、カニの一種だよ。歩く時は横にしか動けないよ」

問２　つかまえたアメリカザリガニを、教室の水そうで飼うことにしました。注意する点を正しく説明した文章を選びなさい。

ア　エサはスルメや野菜などいろいろなものを食べるが、食べきれる量を与える。

イ　水温が高くなるように、日の光が直接あたるところに水そうを置く。

ウ　水そうの中で動きやすくするため、砂や小さい石などを入れず、水だけにする。

エ　水がよごれている方がよいので、なるべく水をかえない。

問３　水そうにエアポンプ（水中に空気を送る機器）を入れると、アメリカザリガニがさらにすごしやすくなります。その理由を説明しなさい。

問４　エアポンプが手に入らない場合、どのような工夫をすればよいですか。最も適切な文章を選びなさい。

ア　一日一回、水そうの水をかきまぜる。
イ　砂や細かい石を入れ、水草を植える。
ウ　水の量を増やし、アメリカザリガニの全身がつかるようにする。
エ　陸地を多くつくり、アメリカザリガニが体を乾かせるようにする。

問５　エアポンプから送られる空気を気体検知管で調べると、酸素は約21%、二酸化炭素は１%以下でした。ヒトがはき出した息を同じように調べると、どうなりますか。ア～エから答えなさい。

ア　酸素が約19%、二酸化炭素が約３%になった。
イ　酸素が約25%、二酸化炭素が１%以下になった。
ウ　酸素が約25%、二酸化炭素が約３%になった。
エ　酸素が約19%、二酸化炭素が１%以下になった。

問６　問５では気体検知管を使ったが、空気に二酸化炭素がふくまれるかどうか調べるには、ほかにどんな方法があるか説明しなさい。

問７　2023年６月から、飼っているアメリカザリガニを野外にはなしたり、にがしたりしてはいけない、という法律ができました。アメリカザリガニが野外で増えてしまうとどのような問題につながるのか説明しなさい。

問二　次の①、②の（　　　）に、ある動物の名前が入ると、ことわざが完成します。（　　　）に入る動物の名前をそれぞれひらがなで答えなさい。

①　やぶをつついて（　　　）を出す

②　能ある（　　　）はつめをかくす

問三　次の①、②の（　　　）に、体の一部を表す共通の言葉が入ると、慣用句が完成します。（　　　）に入る体の一部を表す言葉を、それぞれ漢字で答えなさい。

①　あげ（　　　）をとる
（　　　）が出る
（　　　）を洗う

②　長い（　　　）で見る
（　　　）に余る
（　　　）もくれない

問十　――線⑨「作戦どおりってわけにはいかなかったけど……っていうか大失敗だったけど」とありますが、どのようなことが失敗だったのですか。答えなさい。

問十一　――線⑩「――感動、しました」とありますが、瑠雨はどのようなことに感動したのですか。答えなさい。

問十二　――線⑪「気がつくと、口からこぼれていた」とありますが、瑠雨はその理由をどのように考えましたか。答えなさい。

問十三　――線⑫「瑠雨ちゃんがいてくれてよかった。ほんとに助かった」とありますが、風香がそのように言ったのはどのような理由からだと考えられますか。答えなさい。

二　次の問いに答えなさい。

問一　次の①～④の――線部のカタカナを漢字に直し、⑤の――線部の漢字の読みをひらがなで答えなさい。

① ぶつけたところがはれてイタい。
② 神社をサンパイする。
③ 旅行がエンキになった。
④ 生徒をヒキいて試合にでかける。
⑤ 不当な要求を退ける。

問五　文中の［A］・［B］に入る最も適切な四字熟語を次から選び、それぞれ記号で答えなさい。

ア　異口同音　　イ　以心伝心　　ウ　一刀両断　　エ　百発百中　　オ　一石二鳥

問六　――線⑤「いますぐ作戦を決行したくなってしまったのだった」とありますが、風香がここで言っている作戦の目的はどのようなことですか。答えなさい。

問七　――線⑥「瑠雨ちゃんのまばたきはいっこうにおさまるところをしらない」とありますが、風香は瑠雨のまばたきを見てどのような気持ちのあらわれだと思いましたか。最も適切なものを次から選び、記号で答えなさい。

ア　おどろいている　　イ　こわがっている　　ウ　とまどっている　　エ　いやがっている

問八　――線⑦「ぜんぜん洋曲じゃなかった！」とありますが、風香のおじいちゃんがうたっているのは「洋曲」ではなく何ですか。それを**「風香の語り」**の文中から漢字二字でぬき出しなさい。

問九　――線⑧「そう気づくなり、ぐん、と耳の穴のおくゆきが広がった気がした」とありますが、この表現から、瑠雨はどのようなことを感じたと考えられますか。最も適切なものを次から選び、記号で答えなさい。

ア　おじいちゃんのいろんなうたをもっと聞きたい。
イ　むかしの言葉でうたっていたむかしの人に会ってみたい。
ウ　おじいちゃんのうたにある言葉の意味をもっと理解したい。
エ　おじいちゃんのうたにある言葉、音をもっと吸収したい、味わいたい。

ごうごうごう。

にぎやかな音に包まれて、わたしはなにか大きなものの内側に入れてもらった気がする。

―『あしたのことば』森　絵都　より―
小峰書店　刊

問一　――線①「最近はわりとすんなり書けるようになった。これにはちょっとしたコツがある」とありますが、先生が指示した言葉を「すんなりと」たくさんあげていく風香の「コツ」はどのようなことですか。次の□に入る言葉を、これより後の文中から四字でぬき出しなさい。

「場面や状況《じょうきょう》における□□□□で言葉を考えて書き出していくこと。」

問二　――線②「ひとりひとりがまいた種を、クラスの全員でわけあうってこと」とありますが、それは具体的にどのようにすることですか。答えなさい。

問三　――線③「瑠雨ちゃんはどんな『美しいもの』を書いたのか」とありますが、瑠雨が書いた「美しいもの」とはどのようなものですか。次の□に入る言葉を、これより後の文中から五字でぬき出しなさい。

「□□□□□美しいもの」

問四　――線④「このすごいヒミツ」とありますが、それはどのようなヒミツですか。答えなさい。

風香ちゃんらしくないしめった声。短調のひびき。

「わたし、話が長くて、しつこいでしょ。それに服もダサくて、ふでばこもジミだしね。だから、ほんとはだれからも好かれてなかったんだよね。ま、それはしょうがないんだけど。話がくどいのは自分でもわかってるし。でも……でもね、わたしのふでばこ、あれ、ママが買ってくれたやつなんだ。今だってそんなによゆうないのに、ママが買ってくれて、ハデじゃないけど、安いやつじゃなくて……」

風香ちゃんの声がふるえた。

「わたし、ママやターちゃんのこと悪く言われるの、すごくヤなんだよね。がまんできないくらい、ほんとに、ほんとにヤだったんだ。けど、四人とはなれてひとりになるのは、ほんとはすごくこわかったから、だから、⑫瑠雨ちゃんがいてくれてよかった。ほんとに助かった。っていっても、話がくどいのはまだなおってなくて、もし瑠雨ちゃんもわたしのこと、ほんとはうざいと思ってるんだったら……」

うざい？　そんなことないよ。

そう言いたいけど、声にならない。あせると、ますますのどがつまったみたいになる。

しょうがなく、手にした傘をぶるぶる横にゆすってみせたら、風香ちゃんが気づいて「ほんと？」と声を明るくしたから、こんどは傘を大きくたてにふった。

「そっか。よかったあ」

たちまち、風香ちゃんの傘がすっと上がった。傘の下の顔は笑ってた。

「あ。ね、そういえば、ターちゃんってああ見えて冒険家《ぼうけんか》でね、むかし、旅のとちゅうでおなかすいたとき、いちかばちかでどぎつい色のきのこを焼いて食べたら、それが毒きのこで、三日間くらい記憶《きおく》そうしつになっちゃって……」

ころっと調子をとりもどした風香ちゃんが、はねるようなテンポで、毒きのこをめぐるおじいちゃんの冒険話を語りだす。

そののびやかな音に、ときどき、雨と風の伴奏《ばんそう》がかさなる。

ぺちゃくちゃ。

しとしと。

風香ちゃんの名前には「風」が入っている。

雨と風。

だからってわけじゃないけど、風香ちゃんとは、むりしなくてもいっしょにいられそうな気がする。

「瑠雨ちゃん、ほんとありがとね。⑨作戦どおりってわけにはいかなかったけど……っていうか大失敗だったけど、わたし、ターちゃんのあんなよろこんだ顔、はじめて見た。いいもん見たって気がしたよ。自分のうたをあんなに一生懸《いっしょうけん》命《めい》きいてもらったの、きっとターちゃん、はじめてだったんだよね」

傘《かさ》をかしてくれた上に、とちゅうまで送るとついてきてくれた風香ちゃん。

風香ちゃんがうれしそうなのは、おじいちゃんがよろこんでたからだけじゃなくて、きっと、わたしがしゃべったからだろう。

⑩――感動、しました。

⑪気がつくと、口からこぼれていた。

自分でも、ええっ!?　とおどろいた。

家族以外のまえで、あんなふうに、ぽろっと言葉が出てくるなんて。

お面とか、外国の人形とか、ふしぎなものだらけだったおじいちゃんの部屋。でも、あそこにはなわがなかった気がする。みんなとわたしをへだてるなわ。おじいちゃんの自由ほんぽうな歌声が、なわをけちらしてくれたのかな。

そんなことを考えながら、ふと横を見て、あれっと思った。

風香ちゃんがおかしい。さっきまで高々とかかげていた傘を、頭すれすれの位置までさげて、しおれた草みたいにうつむいている。

きゅうにどうしちゃったの？

まじまじながめていると、

「瑠雨ちゃん、あのさ」

傘で横顔をかくすようにして、風香ちゃんがつぶやいた。

「はじめて言うけど、わたし、まえにいっしょにいた桃香《ももか》たちから、あんまり好かれてなかったんだよね」

最初からうたにきこえなかったのは、おじいちゃんがおそろしくオンチだからってだけじゃなく、たぶん、そこで語られているのがむかしの言葉だからだ。「若菜つむ」とか、「なお消えがたき」とか、「雪の下なる」とか。おじいちゃんのうたに出てくるのは、百人一首にあるような言葉ばかり。ってことは――。

これは、むかしの人がつくった、むかしのうたなんだ。

⑧そう気づくなり、ぐん、と耳の穴のおくゆきが広がった気がした。

わたしはむちゅうで音をひろった。遠い時代からやってきた、とびきりレアな言葉たち。いまの日本語よりもやわらかくて、耳がほっくりする感じ。

その言葉たちは、ゆったりとした節にのって、わたしが見たことのない世界を物語っている。

「山もかすみて」

「白雪の」

「消えしあとこそ」

「いかなる人にて」

「なにごとにて」

「あらおそろしのことを」

ああ、おもしろい。すごいのをひろった。

生まれてはじめての耳ざわりに、わたしはすっかりとりこになった。

こんな音があったなんて。

こんなうたがあったなんて。

大発見。人がむかしのうたをうたうっていうのは、むかしの音をよみがえらせるってことなんだ――。

帰り道は雨がふっていた。

わたしは雨の音が好き。たぶん、この世にある音のなかで一番。

それは、たぶん、わたしの名前に「雨」が入ってるからだと思う。

この人が、洋曲を？

わたしのおどろきがさめないうちに、

「ほほう、あんたがうわさの瑠雨ちゃんかい。こんなジジイの洋曲をきいてくれるたぁ、いやはや、かたじけない」

江戸っ子みたいなしゃべりかたでおじいちゃんが言って、さっそくうたいだそうとし、「待った！」と風香ちゃんに止められた。

「お客さんに、ざぶとん」

風香ちゃんが出してくれたざぶとんはゼブラ柄《がら》だった。わたしたちのむかいにすわったおじいちゃんは、やまぶき色のセーターの上から木彫《きぼ》りの首かざり（一角獣《いっかくじゅう》？）をたらしていた。部屋の角にある仏壇《ぶつだん》には赤いドレスを着たおばあさんの写真があった。ふしぎな世界にいるみたいだった。

「ごほ、ごほ。んんっ。では……」

そうして、おじいちゃんの洋曲がはじまった――ううん、⑦ぜんぜん洋曲じゃなかった！

わたしは耳をうたぐった。

洋曲どころか、それは音楽でさえなかった。

きいたことのない音。

コレハナニ？

まるでまぼろしの生きものがとつじょ出現したみたいだった。まぼろしの生きもののまぼろしの遠吠《とおぼ》え。そのきみょうな音ははげしく高まったり、うらがえったり、かすれたり、うんと低くなったりと、ちっともじっとしていない。とらえどころがない。

わたしは負けじと追いかけた。えたいの知れないこの音はなんなのか。お経《きょう》？　おまじない？　ちがう――耳のおくになにかがひっついた。節。そうだ。全体をつらぬくメロディはないけど、この音には、どうやら節がある。

節だけじゃない。じっと耳をすましているうちに、また新しい発見があった。言葉もある。そう、言葉。おじいちゃんはただガーガー吠えてるだけじゃなく、言葉を語っているんだ。そう気づいたとたん、まぼろしの生きもののまぼろしの遠吠えが、ちゃんと人間のうたにきこえてきた。

なんで自分だけこうなんだろう？

小さいころはふしぎだったし、さびしかった。いつも自分だけおいてけぼりをくっている気がして。

でも、ひとつひとつ年をとるうちに、わたしはそんな自分になれていったんだと思う。そうしていったんなれてしまうと、なわの外側には、外側にしかない平和があった。

むりして内側へ入りこもうとしなければ、なわに当たっていたい思いもしない。なわをふんずけて、みんなからせめられることもない。びくびくしながら他人の足に合わせなくても、自分のペースを守っていられる。

それに、なわの外側は、とても静かだ。

自分がしゃべらないぶん、ここにいると、いろんな音がよくきこえる。

風香《ふうか》ちゃんの家はなだらかな坂の上にあった。坂のとちゅうから水の音がきこえてきて、のぼりきったら、川が見えた。その川の手前に古い家と新しい家が交互《こうご》みたいにならんでいて、風香ちゃんの家は古いほうだった。

レンガ色の屋根がしぶい木造の一軒家《いっけんや》。

「ただいま！　ターちゃん、瑠雨ちゃんが洋曲ききにきてくれたよーっ」

大声をひびかせる風香ちゃんに続いて家のドアをくぐると、広い土間にはかいわれ大根のプランターがあって、玄関のかべには〈世界の毒きのこ88選〉という特大ポスターがはられていた。迫力《はくりょく》のある毒きのこのイラストつき。

「瑠雨ちゃん、えんりょしないで入って、入って。ターちゃん、きっと舞《ま》いあがってるよ」

風香ちゃんが言って、どしどし階段をかけのぼっていった。

ゆっくりあとを追いながら、わたしはヘビメタのおじいちゃんと対面する心のじゅんびをととのえた。革《かわ》ジャンなのかな。長髪《ちょうはつ》なのかな。バンダナまいてるのかな。声は出なくても、ちゃんと心のなかで「はじめまして」って言おう。

でも、いざ対面のときがくると、わたしはすっかりあっけにとられてしまい、心のなかまで「……」になってしまった。

満面の笑《え》みでむかえてくれたおじいちゃんが、あんまり想像とちがってたから。

第一印象は、「宝船にのった大黒さま」。顔がまるまるしていてつやつやかで、いかにもおだやかそうに目がたれている。

長髪なんかじゃないし、バンダナもまいてない。どうどうとはげていた。

せなかのあたりに、へんな感触《かんしょく》。ふりむくと、瑠雨ちゃんの細っこい指が、わたしのスウェットのわきばらのあたりをつまんでいた。

「瑠雨ちゃん……？」

瑠雨ちゃんの顔をのぞきこみ、あれっと思った。

長いまつげが動きを止めている。あいかわらずこまった顔をしているけど、その目はめずらしくわたしをまっすぐに見つめて、なにかをうったえかけている。

十秒くらい目と目を見合わせてから、わたしは「ええっ」とのけぞった。

「まさか、謡曲きいてくれるの!?」

瑠雨ちゃんがこくっとうなずいた。

「瑠雨の語り」

わたしはずっと外側で生きてきた。

口を閉じ、なにも言わないことで、いつもみんなの外側にいた。

わたしがイメージする「内」と「外」のラインは、大なわとびのなわだ。

なわの両はしをだれかとだれかがにぎって、大きくふりまわす。そのなわがえがく弧《こ》のなかに、まずはひとりが入って、ぴょんぴょんはねる。ふたり、三人――なわをよけてとぶ足の数がふえていく。つぎはわたしの番。どきどきする。足がすくむ。タイミングがつかめない。思いきってふみこもうとするたびに、むかってくるなわにじゃまされる。みんなは平気でとんでいるのに、どうしても、わたしだけそこに入っていけない。

話をしているみんなの輪にくわわれないとき、わたしはいつもそんな気分になる。

ひとりだけ、なわの外側にはみだしている感じ。

三つだったか、四つだったか、ものごころがついたときからそうだった。みんなとしゃべる。言葉をかわす。だれもがふつうにやっていることが、わたしにはできない。心のなかではいろいろしゃべっているのに、どうしても口から出てこない。

瑠雨ちゃんのまつげがはためく音がきこえてきそうな静けさ。

「話せば長くなるんだけどね、うちのおじいちゃん、町内会の謡曲愛好会に入ってて、毎日、うちでも大声で練習してるの。それがとんでもなくへたくそで、うるさくて、わたしもママもほんっとまいってるの。公害レベルでひどいの。なのに、本人は謡曲の才能があるってかんちがいしてて、やればのびるって言いはるの。ないないってわたしとママがいくら言っても、おまえらになにがわかるんだって、ぜんぜんきいてくれないの。で、よかったら、瑠雨ちゃんの天才の……じゃなくて、その、客観的な耳でおじいちゃんの謡曲をきいてもらって、感想を教えてもらえたらって……」

ターちゃんの謡曲。マジでこまっているせいか、しゃべりだしたら止まらなくなって、わたしはひと息にまくしたてた。

「瑠雨ちゃんの意見だったら、ターちゃんもすなおにきいて、目をさましてくれるかもしれないし」

瑠雨ちゃんをうちにまねいたら、一気に距離がちぢまって、ぐんと仲よくなれるかもしれない。ついでに、瑠雨ちゃんがターちゃんの謡曲を「才能なし」って判定してくれて、ターちゃんが自信をなくしてうたわなくなったら、

B だ。

そんなよくばりな作戦だったのだけど、⑥瑠雨ちゃんのまばたきはいっこうにおさまるところをしらない。

その正直なこまり顔をながめているうちに、わたしの頭はどんどん冷えていった。

やっぱり、むりか。それもそうか。しゃべったこともない（いつも相手から一方的にしゃべりかけてくるだけの）クラスメイトから、きゅうに遊びにこいとか、おじいちゃんの謡曲をきけとか言われたら、瑠雨ちゃんじゃなくてもだまりこんじゃうか。

「わかった。いいよ、いいよ。ごめんね」

人にしつこくしないこと。最近それを心がけているわたしは、いさぎよく引きさがることにした。

「ダメもとで言ってみたんだけど、やっぱり、へんだよね。わすれて、おじいちゃんの謡曲のことは」

おろかな作戦を立ててしまった。そう思ったらむしょうにはずかしくなって、耳までじわっと熱くなった。

赤い顔をふせ、瑠雨ちゃんから逃げるように足をふみだす。

そのわたしをなにかが引きとめた。

「だって、瑠雨ちゃん、しゃべってくんないし」

「真の友ってのは、しゃべらなくたって通じあえるもんだ。　A　ってやつよ」

「真の友っていうか、まだわたしたち、ともだちなのかもわかんないし。少なくとも、瑠雨ちゃんわたしのこと、ともだちと思ってないだろうな」

「じゃ、まずは仲よくなるこった」

ずいぶんザツなアドバイスだけど、ターちゃんの言うことは一理あった。

瑠雨ちゃんのことをもっと知りたい。クラスのだれも知らないヒミツにせまりたい。そのためには、まずはもっと瑠雨ちゃんに近づくことだ。今の距離《きょり》だと、瑠雨ちゃんの耳にきこえているものが、わたしにはきこえない。

そこで、わたしは作戦をねった。


「瑠雨ちゃん」

思いきって、さそった。

「今日、うちに遊びにこない？」

五時限目のあと、音楽室から教室へ移動しているときだった。

瑠雨ちゃんはしゃべらないけど、うたう。授業中にみんなで「まっかな秋」を合唱していたとき、瑠雨ちゃんの口がうっすら動いているのを見たわたしは、その新しい発見にこうふんして、⑤いますぐ作戦を決行したくなってしまったのだった。

早まったかな、と思ったときには、おそかった。

ろうかのとちゅうで立ちどまった瑠雨ちゃんは、ぽかんとした目でわたしをながめ、せいだいにまつげをふるわせた。

「ええっと……あ、あのね、じつは、瑠雨ちゃんにお願いがあって」

いまさらあとへは引けない。わたしは気合いを入れて続けた。

「できれば、瑠雨ちゃんに、ターちゃん……うちのおじいちゃんの謡曲《ようきょく》をきいてもらいたいの」

しーん。

音。

瑠雨ちゃんの紙にあったのは、ぜんぶが美しい「音」だった。

見るものじゃなくて、きくもの。

耳で感じる美しさ。

そんな発想、わたしにはこれっぽっちもなかった。たぶん、瑠雨ちゃん以外、クラスのだれも音のことなんて思いつかなかっただろう。てことは……。

瑠雨ちゃんはとくべつな耳をもってるってこと？

意外な発見をしたその日から、わたしが瑠雨ちゃんを見る目は変わった。

瑠雨ちゃんはただのしゃべらない子じゃないのかもしれない。瑠雨ちゃんの口は、この世のなににもきょうみがなさそうに閉じたまんまだけど、そのぶん、瑠雨ちゃんの耳はいつも全開で世界を感じているのかもしれない。年中無休でいろんな音をすいこんでいるのかもしれない。わたしたちにはきこえないものも、瑠雨ちゃんの耳にはきこえているのかもしれない。

瑠雨ちゃんの一挙一動（ときどき、動きを止めて、じっとなにかを見つめていたりする）に目をこらすほどに、わたしの好奇心はむくむくふくらんで、とうとう、④このすごいヒミツをだまっていられず、ターちゃんにだけうちあけた。

「ね、ターちゃん。しゃべらない瑠雨ちゃんは、もしかしたら、きくことの達人なのかも」

すると、ターちゃんはまたさらにすごいことを教えてくれた。

「べつだん、たまげた話じゃあないさ。目の不自由な人が、とくべつな聴力《ちょうりょく》をもってるってのは、ざらにあるこった。瑠雨ちゃんは、しゃべるのがにがてなぶん、人とはちがう耳をもってるのかもしんねぇな」

「えーっ」

わたしはたまげた。そして、シビれた。

「人とはちがう耳って、どんな？　もしかして、天才ってこと？　瑠雨ちゃんはきくことの天才なの？」

わたしがぐいぐいせまると、ターちゃんは「さぁな」と鼻の頭をかいた。

「おいらにきくより、瑠雨ちゃんにきいてみな」

時間もないから、あきらめた。

美しい顔

美しい目

美しい耳

やぶれかぶれの顔つながりに入ったところで、時間終了《しゅうりょう》。

「はい、おしまい。みんな、今回はわりといっぱい書けたんじゃない？　どんな言葉が集まったか楽しみだね」

わたしたちが書いた言葉は、先生がぜんぶパソコンにうちこんでプリントアウトし、つぎの国語の時間に配ってくれる。②ひとりひとりがまいた種を、クラスの全員でわけあうってこと。

「わ、すごい、三十以上も書けてるんじゃない？」

「なにこれ。美しいエリカ、美しいミナミ、美しいハルカ……女の子の名前ばっかりじゃない！」

村上先生がみんなに声をかけながら紙を集めているあいだ、わたしはななめ後ろの席にいる瑠雨ちゃんをそっと見た。

③瑠雨ちゃんはどんな「美しいもの」を書いたのか。きゅうにむずむず気になって、横目で紙の文字をチラ見し、あっと思った。

そこには、わたしが思いもしなかったものたちがつらなっていた。

美しい音楽

美しい歌

美しい雨の音

美しいメロディ

美しいせせらぎ――

と、そこまで読んだところで、先生の手がその紙を回収した。

見るものをなくしたわたしは、しばらくつくえのシミをながめてから、そっと視線をもちあげた。

目が合うと、瑠雨ちゃんはいけないひみつを見られたような、まつげのゆらしかたをした。

村上先生の言う意味は、わたしにはまだよくわからないけど、自分のなかに種をまくってイメージはおもしろい。

この日も、授業の終わりにはいつもの種まきタイムがあった。

「今日のテーマは、形容詞の『美しい』。美しい海とか、美しい馬とか、なんでもいいから『美しい』って形容詞を使える言葉をあげてみてちょうだい。三分間で書けるだけ」

三分はあっというまだ。先生が配った紙にむかって、わたしはさっそくシャーペンをかまえた。

五年生になりたてのころは、なかなか言葉がうかばなくておろおろしたけど、①最近はわりとすんなり書けるようになった。

これにはちょっとしたコツがある。

美しい空

美しい夕日

美しい星

美しい月

美しい雨

空つながりでそこまで書いて、ん？　と首をひねった。

美しい雨？　雨が美しいって、アリなのかな。軽く目を閉じて、想像する。

町をかすませる雨。霧雨《きりさめ》みたいな。うん、きっと美しい。消さずに残すことにした。

美しい森

美しい花

美しい野原

美しい山

美しい川

アウトドアつながりで一気に書いて、またシャーペンを止めた。

美しいタキって書きたいのに、タキって漢字がわからない。ひらがなじゃかっこ悪いな。

2024年度 女子美術大学付属中学校

【国　語】〈第一回試験〉（五〇分）〈満点：一〇〇点〉

一　次の「風香の語り」「瑠雨の語り」という文章を読んで、後の問いに答えなさい。

「風香の語り」

瑠雨《るう》ちゃんはしゃべらない子だ。

おとなしいとか、シャイとか、そういうレベルをこえてしゃべらない。

わたしは小一からずっと瑠雨ちゃんとおなじクラスだけど、「はい」と「いいえ」と「うん」と「ううん」と「うーん」以外の瑠雨ちゃんの声をきいたことがない。

瑠雨ちゃんはただしゃべらないってだけで、勉強の成績は悪くないし、日直や係の仕事もちゃんとする。なにを考えているのかわからないけど、なにかを考えていそうな節はある。変わった子だけど、めいわくな子ではない。

わたしの手が一度もボールにふれないままバスケの試合はぶじに終わって、体育のあとの四時限目は、国語の時間だった。

わたしは体育とおなじくらい国語がきらいだったけど、担任が村上《むらかみ》先生になってから、まえほどゆううつじゃなくなった。

村上先生の国語は、ほかの先生とはひと味ちがう。毎回、教科書に出てくることだけじゃなくて、いろいろな「言葉」をわたしたちに教えてくれる。

「いろんな言葉と親しんで、その使いかたをふやしていくっていうのは、自分のなかにたくさんの種をまくようなことよ。いつか芽が出て、花がさく。みんながこの世界で生きていくための、だいじな糧《かて》になるわ」

2024年度

女子美術大学付属中学校 ▶解説と解答

算 数 ＜第１回試験＞（50分）＜満点：100点＞

解 答

1 (1) 12 (2) 3 (3) $6\frac{4}{5}$ (4) 時速3.6km (5) 11.6％ (6) 79枚 (7) 10通り (8) 13度 (9) $24cm^2$ (10) 69.08cm **2** (1) 11枚 (2) 25枚 (3) 41cm **3** (ア) $\frac{1}{12}$ (イ) $\frac{1}{15}$ (ウ) $\frac{1}{10}$ (エ) 4 (オ) $\frac{9}{20}$ (カ) $\frac{1}{6}$ (キ) $\frac{11}{60}$ (ク) $\frac{1}{5}$ (ケ) $\frac{1}{4}$ (コ) 48 **4** (1) 分速50m (2) 分速250m (3) 解説の図２を参照のこと。 (4) 10時58分 (5) 12時10分 **5** (1) $1462.4cm^3$ (2) $994.88cm^2$

解 説

1 **四則計算，逆算，速さ，濃度《のうど》，過不足算，場合の数，角度，辺の比と面積の比，長さ**

(1) $18-8\times2+2\times5=18-16+10=12$

(2) $2\frac{4}{7}+(1.35-0.9)\times\frac{20}{21}=2\frac{4}{7}+0.45\times\frac{20}{21}=2\frac{4}{7}+\frac{9}{20}\times\frac{20}{21}=2\frac{4}{7}+\frac{3}{7}=2\frac{7}{7}=3$

(3) $\left(\square-2\frac{2}{5}\right)\div1\frac{7}{15}=3$ より，$\square-2\frac{2}{5}=3\times1\frac{7}{15}=3\times\frac{22}{15}=\frac{22}{5}=4\frac{2}{5}$ よって，$\square=4\frac{2}{5}+2\frac{2}{5}=6\frac{4}{5}$

(4) 縮尺2000分の１の地図上での20cmは実際の距離《きょり》で，20×2000÷100＝400(m)になる。これを，６分40秒＝$6\frac{40}{60}$分＝$6\frac{2}{3}$分で進むので，分速は，$400\div6\frac{2}{3}=60$(m)になる。これを時速になおすと，60×60÷1000＝3.6より，時速3.6kmになる。

(5) 食塩水Ｂの濃度を□％として図に表すと，右の図１のようになる。図１でaとbの長さの比は，重さの比の２：５の逆比だから，$a:b=\frac{1}{2}:\frac{1}{5}=5:2$となる。よって，$b$は，$(10-6)\times\frac{2}{5}=1.6$(％)にあたるので，□は，10＋1.6＝11.6(％)となる。

図１

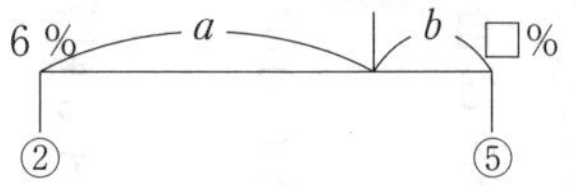

(6) 右の図２より，１人に６枚ずつ配るとき，最後の２人にも６枚ずつ配るためには，(６－１)＋６＝11(枚)チケットが不足する。このとき，１人に配る枚数の差が，６－５＝１(枚)で，全員に配るのに必要な枚数の差が，４＋11＝15(枚)になるので，友人の人数は，15÷１＝15(人)とわかる。よって，チケットの枚数は，５×15＋４＝79(枚)となる。

図２

５枚，…，５枚，５枚，５枚 →	４枚余り
６枚，…，６枚，１枚，０枚 →	すべて配る

(7) 全員が少なくとも２個はもらえるから，２×３＝６(個)は先に配り，残った，９－６＝３(個)の配り方を考える。そのとき，３人の個数の組み合わせは，(３，０，０)，(２，１，０)，(１，１，１)の３通りある。(３，０，０)の場合，３個をもらう人の選び方が３通りあるので，配り方は３通りある。また，(２，１，０)の場合，２個もらう人の選び方が３通り，１個もらう人の選び方が２通り，残りの１人が１通りなので，３×２×１＝６(通り)とわかる。(１，１，１)の場合は１通りだから，全部で，３＋６＋１＝10(通り)と求められる。

⑻　下の図３で，○の角度は折り返しのため等しいから，○＝(180－64)÷２＝58(度)になる。また，○と×の角度の和は90度だから，×＝90－58＝32(度)とわかる。すると，角BADは，90－32×２＝26(度)であり，三角形ABDはABとADの長さが等しい二等辺三角形だから，角ADBは，(180－26)÷２＝77(度)と求められる。よって，xの角の大きさは，90－77＝13(度)となる。

⑼　下の図４の三角形ABCと三角形ADEは相似であり，相似比は４：３だから，DEの長さは，$16\times\frac{3}{4}=12$(cm)になる。また，aの長さは，16÷４＝４(cm)だから，斜線《しゃせん》の部分の面積は，12×４÷２＝24(cm^2)となる。

⑽　それぞれの円の中心と円周上の点を結んでおうぎ形を作ると，下の図５のようになる。図５で，ア，エ，オのおうぎ形の中心角はそれぞれ，270度，180度，90度である。また，☆印の三角形は正三角形だから，イの中心角は，90－60＝30(度)，ウの中心角は，180－60×２＝60(度)となる。よって，おうぎ形の中心角の合計は，270×２＋30×４＋60×２＋180×２＋90×２＝540＋120＋120＋360＋180＝1320(度)になるから，太線部分の合計の長さは，$6\times3.14\times\frac{1320}{360}=22\times3.14=69.08$(cm)と求められる。

図３

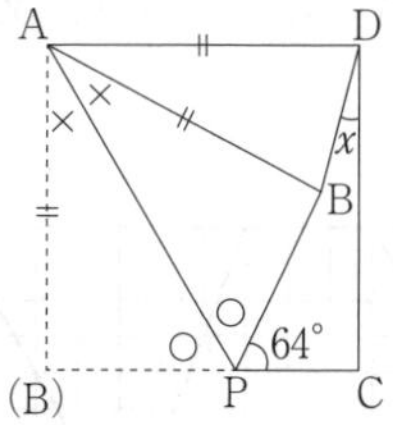

図４

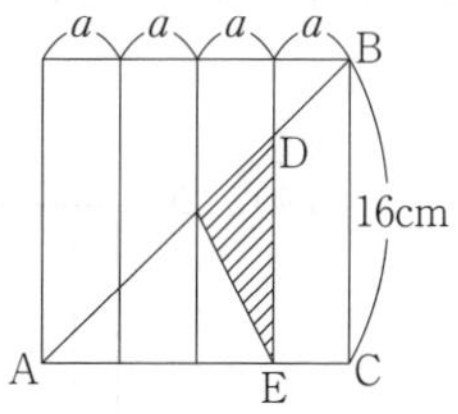

図５

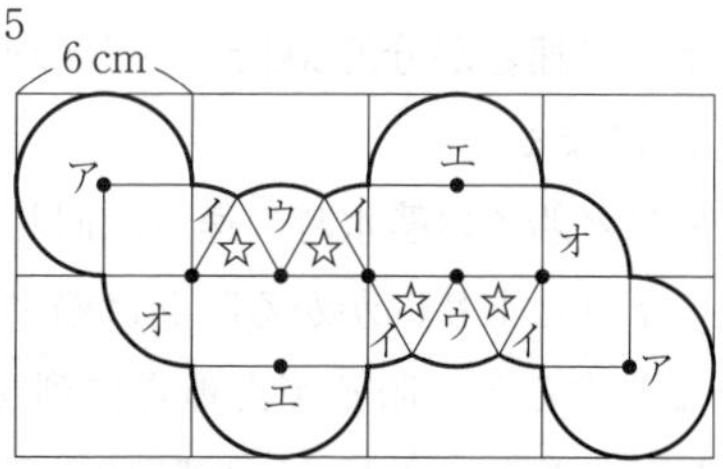

2　植木算

⑴　むらさき色に見える部分が10cmになるのは，重なった部分が，10÷１＝10(か所)のときである。よって，セロファン紙を全部で，10＋１＝11(枚)並べたときになる。

⑵　横５cmのセロファン紙を，重なりが１cmになるように並べるので，２枚目以降は１枚並べるごとに，５－１＝４(cm)ずつ長くなる。すると，合計で100cmを超《こ》えるのは，(100－５)÷４＝23あまり３より，最初の１枚を並べた後に，さらに，23＋１＝24(枚)並べたときになる。つまり，並べたセロファン紙は合計で，24＋１＝25(枚)になる。

⑶　⑵で求めた25枚のうち，１枚目が赤色なので，赤いセロファンの枚数は，(25＋１)÷２＝13(枚)になる。この13枚のうち，最初と最後の１枚ずつは片側しか重なっていないので，赤く見える部分の横の長さは，５－１＝４(cm)になり，残りの，13－２＝11(枚)は両側が重なっているので，赤く見える部分の横の長さは，５－２＝３(cm)になる。よって，赤く見える部分の横の長さの合計は，４×２＋３×11＝41(cm)とわかる。

3　仕事算

全体の仕事量を１とすると，１時間あたりの仕事量は，Aさんが，$1\div12=\frac{1}{12}$(…㋐)，Bさんが，$1\div15=\frac{1}{15}$(…㋑)，Cさんが，$1\div10=\frac{1}{10}$(…㋒)になる。もし全員が休けいなしで仕事に取り組んだとすると，$1\div\left(\frac{1}{12}+\frac{1}{15}+\frac{1}{10}\right)=1\div\frac{1}{4}=4$(時間)(…㋓)で完成させることができる。また，はじめの３時間をAさんとBさんだけで取り組むと，できる仕事量は全体の，$\left(\frac{1}{12}+\frac{1}{15}\right)\times3=\frac{3}{20}\times3=\frac{9}{20}$(…㋔)になる。その後，BさんとCさんの２人で１時間取り組むと，全体の，

$\left(\frac{1}{15}+\frac{1}{10}\right)\times 1=\frac{1}{6}$(…(カ))の仕事量をこなすことができる。さらに，ＡさんとＣさんの２人で１時間取り組むと，全体の，$\left(\frac{1}{12}+\frac{1}{10}\right)\times 1=\frac{11}{60}$(…(キ))の仕事量をこなすことができる。このときの残りの仕事量は，$1-\left(\frac{9}{20}+\frac{1}{6}+\frac{11}{60}\right)=1-\frac{4}{5}=\frac{1}{5}$(…(ク))となる。よって，残りの仕事に３人で取り組むとき，完成するまでの時間は，$\frac{1}{5}\div\left(\frac{1}{12}+\frac{1}{15}+\frac{1}{10}\right)\times 60=\frac{1}{5}\div\frac{1}{4}\times 60=48$(分)(…(ケ)，(コ))と求められる。

4 グラフ—流水算

(1) 問題文中のグラフより，12km(12000m)を上るのに60分，下るのに40分かかることがわかるので，上りの速さは分速，12000÷60＝200(m)，下りの速さは分速，12000÷40＝300(m)と求められる。よって，右の図１のように表すことができるので，流れの速さは分速，(300−200)÷２＝50(m)となる。

図１

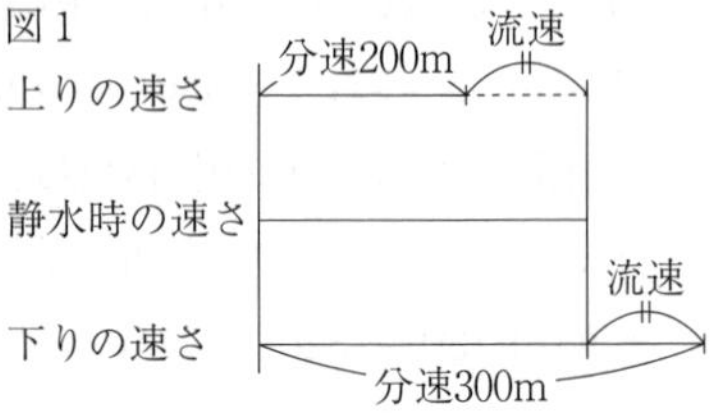

(2) 下りの速さが分速300m，流れの速さが分速50mだから，船の静水時の速さは分速，300−50＝250(m)になる。

(3) 船アと船イの静水時の速さは同じだから，船イの下りと上りにかかる時間は船アと同じになる。すると，船イがＡ地点に到着《とうちゃく》する時刻は，９時30分＋40分＝10時10分であり，Ａ地点を出発する時刻は，10時10分＋30分＝10時40分となる。また，Ｂ地点に到着する時刻は，10時40分＋60分＝11時40分なので，船イが進む様子は右上の図２のようになる。

図２

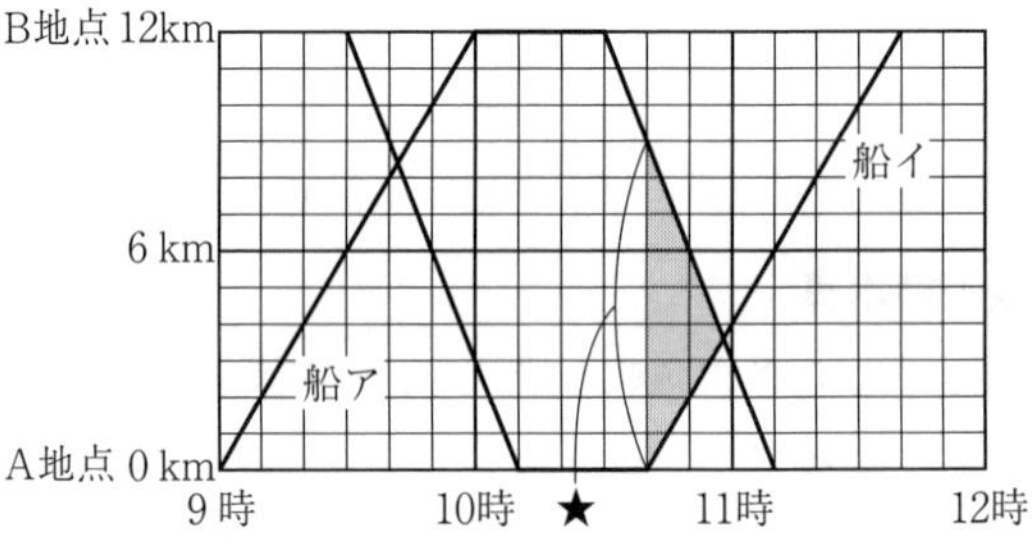

(4) 船アはＢ地点を出発して10分間で，300×10＝3000(m)進むので，図２のグラフの★の部分の距離は，12000−3000＝9000(m)と求められる。すると，10時40分から２つの船が出会うまでにかかる時間は，9000÷(200＋300)＝18(分)となる。よって，２回目にすれ違《ちが》うのは，10時40分＋18分＝10時58分とわかる。

(5) (4)より，２回目にすれ違ったのはＡ地点から，200×18＝3600(m)の地点だとわかる。ここで，うきわが流れる速さは川の流れの速さと同じ分速50mなので，うきわがＡ地点にたどり着くまでにかかる時間は，3600÷50＝72(分)となる。よって，求める時刻は，10時58分＋72分＝10時58分＋１時間12分＝12時10分となる。

5 立体図形—体積，表面積

(1) 問題文中の図の斜線部分の中には，一辺２cmの正方形24個，半径２cmの四分円が16個あるから，正方形の面積の合計は，２×２×24＝96(cm^2)，四分円の面積の合計は，$2\times 2\times 3.14\times\frac{1}{4}\times 16=50.24$($cm^2$)になる。よって，立体の底面積は，96＋50.24＝146.24(cm^2)で，高さは10cmなので，その体積は，146.24×10＝1462.4(cm^3)と求められる。

(2) 立体の表面積のうち，底面積の合計は(1)より，146.24×２＝292.48(cm^2)になり，側面積は図の斜線部分の周りの長さに高さの10cmをかけたものになる。ここで，斜線部分の周りの長さのうち，直線部分の合計は，２×10＝20(cm)とわかる。また，曲線部分は半径２cmの四分円の弧《こ》が16個分あるので，その長さは，$2 \times 2 \times 3.14 \times \frac{1}{4} \times 16 = 50.24$(cm)になる。よって，斜線部分の周りの長さは，20＋50.24＝70.24(cm)だから，側面積は，70.24×10＝702.4(cm^2)と求められる。以上より，表面積は，292.48＋702.4＝994.88(cm^2)とわかる。

社　会　＜第１回試験＞（理科と合わせて50分）＜満点：50点＞

解　答

1 (1) 栃木(県)　(2) ラムサール条約　(3) （例） この場所で何度も災害や水害が起こったから。(自然災害が起こったことを伝えるため。)　(4) 桑畑　(5) ウ　2 (1) 山陰(地方)　(2) イ　(3) 石見銀山　(4) ア　(5) 京都(府)　(6) エ　3 (1) ウ　(2) B　(3) 鑑真　(4) エ　(5) ア　4 (1) A イ　B エ　C ク　D キ　(2) イ　(3) ア　(4) b　5 (1) 広島(市)　(2) エ　(3) 戦争　(4) ウ　(5) 内閣

解　説

1 地形図の読み取りとその場所についての問題

(1) 栃木県は関東地方の北部に位置する県で，群馬県，茨城県，福島県，埼玉県と接している。Aの地点は栃木県の南部にあり，群馬県，埼玉県との境になっている。

(2) ラムサール条約は正式には「特に水鳥の生息地として国際的に重要な湿地《しっち》に関する条約」といい，1971年にイランのラムサールで採択《さいたく》された。条約に参加する国は，渡《わた》り鳥などの生息地として重要な湿地を登録し，その保全を図らなければならない。

(3) （）は自然災害伝承碑《ひ》を表す地図記号で，2019年に記念碑の地図記号（）に碑文を示す縦線を加えてつくられた。自然災害伝承碑は，過去に発生した津波，洪水《こうずい》，火山災害，土砂災害などの情報を伝えるために建てられた石碑やモニュメントで，その場所で起こった災害の様子や被害の状《じょう》況《きょう》，後世に伝えたい教訓などが刻まれている。

(4) （）は桑《くわ》畑の地図記号で，桑は生糸をとるための蚕のエサとして栽培《さいばい》された。かつては日本各地で桑畑が見られたが，日本の養蚕業の衰退《すいたい》とともに桑畑も減少し，地図記号も使われなくなった。

(5) 縮尺とは，実際の大きさをどれくらい縮めたかという割合のことで，２万5000分の１の地形図の方が５万分の１の地形図よりも縮めた割合が小さいため，地形などが実際の大きさに近くなり，一定の大きさの地形図上で示される範囲《はんい》は狭《せま》くなる。つまり，縮尺の分母が小さいほど地形などが実際の大きさに近い大きさで表されることになり，これを「縮尺が大きい」という(ウ…×)。

2 中国地方と近畿地方の産業や特徴《とくちょう》についての問題

(1) 中国山地を境に中国地方を見るとき，瀬戸内海側を山陽，日本海側を山陰《さんいん》という。一般《いっぱん》に山陰(地方)といった場合，中国地方の島根県，鳥取県と山口県の北部に加え，近畿地方の兵庫県と京都府の北部を含《ふく》むことがある。

(2) 岡山県を含む瀬戸内海沿岸には，瀬戸内工業地域が広がっている。この地域には複数の石油化学コンビナートが立地しているため，瀬戸内工業地域の製造品出荷額等に占《し》める化学工業の割合は

およそ２割と，他の工業地帯・地域に比べて高めである。また，学生服やジーンズの生産がさかんな岡山県を含むため，繊維《せんい》工業の割合も他の工業地帯・地域に比べると高い(イ…○)。なお，アは関東内陸工業地域，ウは中京工業地帯，エは北九州工業地帯(地域)のグラフである。

⑶　石見《いわみ》銀山は島根県中部の大田市大森にあった銀山で，16世紀前半から本格的に開発が始まり，最盛期には世界有数の銀の産出量をほこった。戦国大名がその領有をめぐって争い，江戸時代には幕府が直接ここを支配した。2007年には，「石見銀山遺跡とその文化的景観」としてユネスコ(国連教育科学文化機関)の世界文化遺産に登録された。

⑷　鳥取県では，二十世紀という品種を中心としたなしの栽培がさかんで，2021年の鳥取県のなしの収穫《しゅうかく》量は全国第６位であった。なお，イのももは山梨県や福島県，ウのみかんは和歌山県や愛媛県，エのりんごは青森県や長野県の収穫量が多い。

⑸　舞鶴《まいづる》市は京都府の北西部に位置する都市で，若狭湾《わかさわん》に面する沿岸部はリアス海岸となっている。この地形を生かし，かつては軍港が置かれていた。

⑹　第二次世界大戦(1939～45年)が終わった後，海外に残された日本人を帰国させる「引きあげ」が行われ，舞鶴港はその拠点《きょてん》の１つとなった。その記録などをまとめた施設が「舞鶴引揚《ひきあげ》記念館」である(エ…○)。

3　奈良時代の人物や外交を中心とした問題

⑴　Ａの文章から，日本からの留学生である阿倍仲麻呂《あべのなかまろ》が，唐(中国)の役人として活躍《かつやく》したことが読み取れる(ウ…×)。

⑵　遣唐使船は当初は朝鮮半島を回る地図中のアのルートを通っていた。しかし，朝鮮半島を支配していた新羅《しらぎ》との関係が悪化したため，東シナ海を横切る危険なイへとルートを変えたのである。座る順番をめぐって新羅ともめたというＢの文章からも，新羅との関係が良好なものではなかったことが読み取れる。

⑶　鑑真《がんじん》は唐の高僧で，朝廷の願いを受けて来日を決意すると，遭難《そうなん》したり失明したりする苦難を乗り越《こ》え，753年に念願の来日を果たした。鑑真は日本に正式な戒律《かいりつ》(僧が守るべきいましめ)を伝え，平城京に唐招提寺《とうしょうだいじ》を建てるなどして，日本の仏教発展に力をつくした。

⑷　阿倍仲麻呂は飛鳥時代後半の698年に生まれ，奈良時代後半の770年に亡くなったと考えられている。当時は紙が貴重だったため，役所間の連絡《れんらく》や税の荷札などに，木簡《もっかん》と呼ばれる木の札が使われた。木簡には墨《すみ》で字を書き，用が済んだら削《けず》って字を消して再利用した(エ…○)。なお，アは平安時代，ウは室町時代の出来事である。イについて，一般に「祇園《ぎおん》祭」と言った場合は京都八坂神社の祭礼を指し，これは平安時代に始まった。

⑸　杉田玄白《げんぱく》は江戸時代の医者・蘭学《らんがく》者で，前野良沢《りょうたく》らとともにオランダ語の医学解剖《かいぼう》書『ターヘル・アナトミア』を翻訳《ほんやく》し，『解体新書』として刊行したことで知られる。杉田玄白の生きた時代には鎖国政策がしかれており，日本人の海外渡航は認められていなかった(ア…○)。なお，イの津田梅子は，明治時代に日本人初の女子留学生としてアメリカに渡った。ウの雪舟《せっしゅう》は室町時代に明(中国)に渡って絵を学び，帰国して日本風の水墨画《すいぼくが》を大成した。エの緒方貞子《おがたさだこ》は平成時代に日本人初，そして女性初の国連難民高等弁務官に就任すると，ヨーロッパやアフリカの紛争地域に自らおもむいて問題の解決に力をつくした。

4　明治～昭和時代の外交についての問題

⑴　A　江戸時代末の1862年，生麦村(神奈川県)で，薩摩《さつま》藩(鹿児島県)の藩士がイギリス人を殺傷する生麦事件が起こった。イギリスはその報復として，翌1863年に艦隊《かんたい》を鹿児島に派遣し，砲撃《ほうげき》を行った(薩英戦争)。　B　日本国内で攘夷《じょうい》(外国人を追い出そうという運動)の機運が高まる中，1863年に長州藩(山口県)は関門海峡《かいきょう》を通過する外国船に砲撃を行い，攘夷を決行した。翌1864年，その報復として，イギリス・フランス・オランダ・アメリカの４か国が軍艦を派遣し，下関の砲台を攻撃してこれを一時占領《せんりょう》した。　C　西郷隆盛《さいごうたかもり》は薩摩藩士で，旧幕府軍と新政府軍の戦いである戊辰《ぼしん》戦争(1868～69年)では江戸城の無血開城を実現するなどし，倒幕に貢献《こうけん》した。明治新政府でも要職についたが，征韓論争に敗れて政府を去り，1877年には地元鹿児島の不平士族におし立てられて西南戦争を起こし，幕府軍と戦った。西郷軍は敗れ，西郷は自害した。　D　木戸孝允《たかよし》は長州藩士で，倒幕に活躍するとともに，明治新政府の政治方針である五か条の御誓文《ごせいもん》の作成にもかかわるなど，明治維新に大きく貢献した。また，1871年には岩倉使節団の一員として欧米を訪問した。　なお，土佐藩(高知県)出身の坂本龍馬《りょうま》は，西郷隆盛・大久保利通《としみち》を中心とする薩摩藩，木戸孝允らを中心とする長州藩の仲立ちをして，1866年に薩長連合(同盟)を成立させた。水戸藩は現在の茨城県を治めた藩で，徳川氏が治める江戸幕府の御三家の１つであった。

⑵　1894～95年の日清戦争に勝利した日本は，清(中国)から多額の賠償《ばいしょう》金を得るとともに，エの台湾やイの遼東《リヤオトン》半島などを譲《ゆず》り受けた。しかし，日本が大陸に進出してくることをよく思わなかったロシアは，フランスとドイツを誘《さそ》って遼東半島を清に返還《へんかん》するように日本に求めた。これが三国干渉《かんしょう》で，これらの国に対抗する力がなかった日本は，賠償金の増額と引きかえに返還に応じた。なお，アは朝鮮半島，ウは山東半島を示している。

⑶　1905年，日露戦争の講和条約として結ばれたポーツマス条約では，日本はロシアから賠償金を得ることができなかった。日露戦争の軍事費は日清戦争の軍事費を大きく上回るものだったが，賠償金が得られなかったことで国内では増税が行われ，人々はその負担に苦しんだ(ア…○)。なお，イは，1895年に日清戦争の講和条約として結ばれた下関条約について説明している。ウについて，領事裁判権は1894年に撤廃《てっぱい》されたが，不平等条約の改正が達成されたのは，外務大臣の小村寿太郎《じゅたろう》が関税自主権の回復に成功した1911年のことである。エは，1902年に結ばれた日英同盟について説明している。

⑷　1914年に第一次世界大戦が始まると，日本は日英同盟を理由としてこれに参戦し，中国山東省の青島《チンタオ》に拠点を置いていたドイツ軍と交戦した。日本軍はドイツ軍に勝利し，このとき捕虜《ほりょ》として捕らえられたドイツ人の中に，後に日本で人気を集める菓子店を開業するユーハイムがいた。

5　2023年のサミットと日本国憲法，日本の政治のしくみについての問題

⑴，⑵　2023年，広島県広島市でサミット(主要国首脳会議)が開かれた。サミットは，Ｇ７と呼ばれるアメリカ，イギリス，フランス，ドイツ，日本，イタリア，カナダの首相とEU(ヨーロッパ連合)の首脳が参加して行われる会議で，政治や経済，そのとき国際的に問題となっていることなどが話し合われる。

⑶　日本国憲法第９条は平和主義(戦争放棄《ほうき》)を明記した条文で，国権の発動による戦争や武力行使を行わないこと，戦力を持たないこと，国が戦争することを認めないことなどが定められている。

⑷　首相(内閣総理大臣)は，国民が選挙で選んだ国会議員の中から指名される。首相の指名選挙では国会議員が投票し，過半数を得た議員が首相に指名される(衆議院と参議院の指名が割れた場合

には，衆議院の指名が優先される）。その後，天皇による任命を受け，正式に首相となる。

⑸　内閣は内閣総理大臣とその他の国務大臣からなる組織で，予算や法律にもとづいて政治を行う。政治を行う権限である行政権の行使について，内閣は国会に連帯してその責任を負うことが定められている。

理　科　＜第１回試験＞（社会と合わせて50分）＜満点：50点＞

解　答

1 **問１**　コイル　**問２**　（例）　逆向きになる。　**問３**　直列つなぎ　**問４**　（例）　コイルのまき数を増やす。　**問５**　砂鉄，スチールかん　**2** **問１**　積乱雲　**問２**　じゃり　**問３**　ア　**問４**　100000倍　**問５**　（例）　化石燃料の燃焼により大量の温室効果ガスが放出されること。　**3** **問１**　⑴　エ，カ　⑵　イ　⑶　ア，二酸化炭素　**問２**　⑴　28％　⑵　ウ　⑶　**硝酸カリウム**…57ｇ　**塩化ナトリウム**…9.5ｇ　**砂**…3.5ｇ　**4** **問１**　小学生③　**問２**　ア　**問３**　（例）　水中の酸素が増えるから。　**問４**　イ　**問５**　ア　**問６**　（例）　石灰水に混ぜてよくふり，白くにごるか確かめる。　**問７**　（例）　ほかの動物の食べ物やすみかをうばう。

解　説

1 **電磁石についての問題**

問１　導線を同じ向きに何回もまいたものをコイルという。

問２　鉄のくぎを入れたコイルに電流を流すと磁石としてはたらく。これを電磁石という。電磁石では電池の向き（コイルに流れる電流の向き）を逆にするとＮ極とＳ極は逆になる。よって，図２の方位磁針も逆向きになる。

問３，問４　電磁石を強くするには，コイルに流れる電流の大きさを大きくする，コイルのまき数を増やすといった方法がある。よって，電池を２個使う場合は，電池を直列につないで，流れる電流の大きさを大きくするとよい。

問５　磁石につく金属は鉄，ニッケル，コバルトなどの限られた金属である。よって，ここでは鉄でできている砂鉄とスチールかんが選べる。

2 **環境《かんきょう》についての問題**

問１　局地的な大雨をもたらすのは積乱雲（入道雲）である。積乱雲は夏に多く見られ，にわか雨を降らせる。

問２　土砂に水がしみこむ速さは，土砂のつぶの大きさにより変わり，つぶが大きいとすき間も大きいため，水が速くしみこむ。校庭の土，すな場のすな，じゃりの順につぶが大きくなるので，最もつぶが大きいじゃりに一番速く水がしみこむ。

問３　河川に見られる岩石は，流水によってたがいにぶつかりあい，下流に行くほどくだけて細かくなり，角が取れて丸くなっていく。そのため，上流は角ばった大きな石が多く見られる。

問４　㋐の液体0.1mLに99.9mLのじょうりゅう水を加えると，0.1＋99.9＝100.0（mL）になるので，100.0÷0.1＝1000より，全体の体積が1000倍になる。最初に川の水１mLを100倍にうすめているので，最終的には，100×1000＝100000(倍)にうすめたことになる。

問５　地球全体の平均気温の上昇《じょうしょう》は，化石燃料の燃焼などによって排出《はいしゅつ》される二酸化炭素などの温室効果ガスが増加することで急速に進んでいる。また，森林を伐採《ばっさい》することで，植物が二酸化炭素を酸素に交換《こうかん》するはたらきを低下させていることなども原因となっている。

3　水溶液《すいようえき》についての問題

問１　(1)　アンモニア水，水酸化ナトリウム水溶液はアルカリ性の水溶液で，赤色リトマス紙を青に変化させる。　(2)　塩酸と酢《す》は酸性，砂糖水と食塩水は中性の水溶液である。酸性とアルカリ性の水溶液は電気を通す。中性の水溶液は溶《と》けている物質によって異なり，食塩水は電気をよく通すが，砂糖水は電気を通さない。　(3)　塩酸は卵の殻《から》にふくまれる炭酸カルシウムと激しく反応し，二酸化炭素を発生させる。

問２　(1)　表から，25℃の水100ｇには，硝酸《しょうさん》カリウムを最大39ｇまで溶かせるので，このときの濃度《のうど》は，39÷(100＋39)×100＝28.0…より，28％となる。　(2)，(3)　水溶液Ｃには硝酸カリウムと塩化ナトリウムが溶けている。実験３で水溶液Ｃを０℃まで冷やすと，溶けきれなくなった硝酸カリウムだけが沈殿《ちんでん》したので，水溶液Ｄには硝酸カリウムが０℃の水150ｇに限界まで溶けていて，その重さは，$13\times\frac{150}{100}=19.5$(ｇ)となる。よって，水溶液Ｃにふくまれていた硝酸カリウムは，沈殿したものとあわせて，37.5＋19.5＝57(ｇ)とわかる。また，水溶液Ｄを加熱して取り出した29ｇのうち，硝酸カリウムを除いた，29－19.5＝9.5(ｇ)が水溶液Ｄにふくまれていた塩化ナトリウムの量となる。ここで，硝酸カリウムは25℃で水150ｇに，$39\times\frac{150}{100}=58.5$(ｇ)まで溶けるので，実験１で粉末Ａに硝酸カリウムが58.5ｇより多くふくまれていた場合は，溶け残った硝酸カリウムも固体Ｂにふくまれることになる。しかし，そのときは水溶液Ｃに硝酸カリウムが58.5ｇ溶けているはずだから，水溶液Ｃ中の硝酸カリウムが57ｇだったことより，固体Ｂは砂のみであったことが確認できる。以上より，粉末Ａにふくまれる硝酸カリウムは57ｇ，食塩は9.5ｇ，砂の重さは，70－(9.5＋57)＝3.5(ｇ)とわかる。

4　アメリカザリガニについての問題

問１　アメリカザリガニは，淡水《たんすい》の中で生活する甲《こう》かく類で，エビの仲間である。えらを持ち水中で呼吸することができる。なお，足に節があるがこん虫の仲間ではなく，歩くときは横ではなく前に進む。

問２　アメリカザリガニを教室の水そうで飼うには，自然に生息している環境に近い状態にするとよい。エサが多すぎると，水や水そうをよごして環境を悪くしてしまうので，食べきれる量を与《あた》えるのがよい。なお，水そうに日光が直接当たると水温が高くなりすぎてしまう。また，アメリカザリガニは砂を触角《しょっかく》の根元に入れることでバランスを取っているが，脱皮《だっぴ》するときに捨てて新しい砂を入れるので，水そうに砂や小さい石を入れておく。アメリカザリガニは水質の変化には比較的《ひかくてき》強いが，あまりに水がよごれていると病気になったりするのでよくない。

問３　エアポンプは水中に空気(酸素)を送りこむものなので，えら呼吸をするアメリカザリガニは過ごしやすくなる。

問４　エアポンプがないときは，水草の光合成のはたらきを利用して水中に酸素を送るとよい。なお，水をかき混ぜるだけでは十分空気と混ざり合わず，酸素を十分に送ることができない。また，アメリカザリガニは，水から出てえらを空気に触《ふ》れさせて呼吸することがあるので，全身が水につかるのはよくないが，陸地を多くしすぎて体が乾《かわ》くとえら呼吸ができなくなってしまう。

問５　ヒトがはき出した息は，呼吸のはたらきにより酸素が減少し二酸化炭素が増加するため，エアポンプから送られる空気よりも，酸素が少なく，二酸化炭素が多くなる。よって，アを選ぶ。

問６　石灰水に二酸化炭素を通すと白くにごることを利用するとよい。

問７　アメリカザリガニは，従来から生息していたほかの動物の食べ物やすみかをうばい，絶滅《ぜつめつ》危《き》惧《ぐ》種をふくむ水生こん虫や魚類まで食べてしまうため，2023年６月１日に条件付特定外来生物に指定され，野外にはなしたりにがしたりすることが禁止された。

国　語　＜第１回試験＞（50分）＜満点：100点＞

解　答

一　**問１**　つながり　**問２**　（例）　みんなが書いた言葉を先生がパソコンにうちこんでプリントアウトし，つぎの国語の時間に配ったものをみんなで互いに読み合うこと。　**問３**　耳で感じる　**問４**　（例）　瑠雨ちゃんはきくことの達人なのかもしれないということ。　**問５**　**A**　イ　**B**　オ　**問６**　（例）　瑠雨ちゃんのことをもっと知り，クラスのだれも知らないヒミツにせまるため瑠雨ちゃんと仲良くなること。　**問７**　ウ　**問８**　謡曲　**問９**　エ　**問10**　（例）　ターちゃんが自信をなくして，謡曲をうたわなくなるようにすること。　**問11**　（例）　生まれてはじめて，むかしの人がつくったむかしのうたをきいて，その耳ざわりにすっかりとりこになり，人がむかしのうたをうたうことによって，むかしの音をよみがえらせることができるということに気づいたこと。　**問12**　（例）　おじいちゃんの自由ほんぽうな歌声がなわをけちらしたのか，おじいちゃんの部屋には，おじいちゃんや風香ちゃんと自分をへだてるなわがなかった気がしたから。　**問13**　（例）　前にいっしょにいた桃香たち四人から，あまり好かれていないと感じていたし，ママやターちゃんのことを悪く言われることにがまんができないくらいいやだったが，一人になるのはすごくこわかった。けれど，何も言わず自分の話を聞いてくれる瑠雨ちゃんがいてくれてありがたかったから。　**二**　**問１**　①～④　下記を参照のこと。　⑤　しりぞ(ける)　**問２**　①　へび　②　たか　**問３**　①　足　②　目

●漢字の書き取り

三　**問１**　①　痛(い)　②　参拝　③　延期　④　率(いて)

解　説

一　**出典：森絵都《もりえと》「風と雨」（『あしたのことば』所収）。**友人たちとうまくいかなくなり，一人でいることが多くなった風香《ふうか》が，同じクラスの「しゃべらない」瑠雨《るう》に興味を持ち，仲良くなったいきさつを，風香と瑠雨の両者の視点からえがいている。

問１　国語の時間に村上《むらかみ》先生から，「美しい」という形容詞を使った言葉をあげてみるように言われた風香は，「空つながり」「アウトドアつながり」「顔つながり」で，次々に言葉を思い浮《う》かべている。さまざまな「つながり」から言葉を書き出すのが，風香の「コツ」だと判断できる。

問２　村上先生の国語の時間に行う「言葉と親しんで」「使いかたをふやしていく」作業を，風香は「種まきタイム」と呼んでいる。「ひとりひとりがまいた種」は，生徒それぞれが書いた言葉の

ことで，それらは「先生がぜんぶパソコンにうちこんでプリントアウトし，つぎの国語の時間に配ってくれる」ので，「クラスの全員でわけあう」とは，みんなが書いた言葉を全員で読み合う，という内容に言いかえられる。

問３　瑠雨が書いた言葉は，「美しい音楽」「美しい歌」「美しい雨の音」「美しいメロディ」「美しいせせらぎ」など，「ぜんぶが美しい『音』」であった。それらは，「見るものじゃなくて，きくもの」で，全て「耳で感じる美しさ」を持つものだったのである。

問４　風香は，国語の授業で瑠雨の書いた言葉を目にしてから，「わたしたちにはきこえないものも，瑠雨ちゃんの耳にはきこえている」のかもしれない，瑠雨は「とくべつな耳」を持った「きくことの達人」なのかもしれない，と考えた。そして，ターちゃんに「しゃべらない瑠雨ちゃんは」「きくことの達人なのかも」とうちあけているので，「瑠雨ちゃんはとくべつな耳をもっているかもしれないこと」のように書くとよい。

問５　**A**　直前で，ターちゃんが「真の友ってのは，しゃべらなくたって通じあえるもんだ」と言っていることから，言葉を用いなくても互《たが》いの気持ちや言いたいことが伝わることを意味する，イの「以心伝心」が合う。　　**B**　風香は，瑠雨が家に来てくれたら，瑠雨と親しくなれるかもしれないうえ，「とくべつな耳」をもつ瑠雨が，ターちゃんに謡曲《ようきょく》の才能がないと判定して，ターちゃんが自信をなくせば，自分もママも助かると考えた。よって，一つの行動で二つの利益を得ることのたとえである，オの「一石二鳥」が選べる。なお，「異口同音」は，多くの人がみな，同じことを言うようす。「一刀両断」は“すばやく決断して，思い切ってものごとを処理する”という意味。「百発百中」は，弾丸《だんがん》や矢が全てあたること。転じて，計画や予想が全てねらいどおりになること。

問６　「瑠雨ちゃんのことをもっと知りたい。クラスのだれも知らないヒミツにせまりたい」と思った風香は，そのために「まずはもっと瑠雨ちゃんに近づくこと」が必要だと考えた。風香がねった「作戦」は，瑠雨と仲良くなることを目的としていたのである。

問７　瑠雨は，それほど親しくもなかった風香から，突然《とつぜん》，家に来て，祖父が歌う謡曲をきいてくれと頼《たの》まれたので，どうしていいかわからず，とまどったのだと想像できる。風香が最初に話しかけたときは，少し驚《おどろ》いて「ぽかんとした目」で風香を見ていた瑠雨だったが，話を聞いているうちに，その顔は，「正直なこまり顔」になっていったので，アよりウがふさわしい。

問８　風香は「謡曲」と言っていたが，瑠雨は「謡曲」という言葉を知らなかったため，「ようきょく」という音から，「洋曲」，つまり外国の音楽だろうと誤解したのである。風香の「おじいちゃん」が歌っていると瑠雨が想像していた「ヘビメタ」は，「ヘビーメタル」の略で，早いリズムと重厚《じゅうこう》な音を特徴《とくちょう》とするロック音楽のこと。

問９　風香の「おじいちゃん」が発する「えたいの知れない」音は，「むかしの人がつくった，むかしのうた」であることに，瑠雨は気がついた。そのとたんに，瑠雨は，その言葉や音をもっとき き取って鑑賞《かんしょう》したいと思い，聴覚《ちょうかく》がさらに鋭《するど》くなったように感じて「むちゅうで音をひろった」のである。

問10　瑠雨が，ターちゃんの謡曲を「一生懸命《けんめい》」きいただけでなく，感動してほめたために，ターちゃんはすっかり喜んでしまった。その結果，瑠雨を家に招いて「もっと瑠雨ちゃんに近づく」という，風香の目的は果たせたようにみえたが，ターちゃんの謡曲を瑠雨に「才能なし」と判定してもらうことで，ターちゃんの自信を失わせ，謡曲を歌わないようにさせるという，もう一つの目的は失敗したといえる。なお，設問では，「失敗」自体の具体的な内容をきかれているものととらえ，「ターちゃんの自信を失わせて，謡曲を歌わなくさせたかったのに，うまくいかなかったこと」のようにまとめてもよい。

問11　ターちゃんの謡曲をきいた瑠雨は，それが「むかしの人がつくった，むかしのうた」であることに気づいて，「ああ，おもしろい」「すごいのをひろった」と感じている。さらに，「生まれてはじめての耳ざわり」に，「すっかりとりこ」になり，「人がむかしのうたをうたう」ことによって，「むかしの音をよみがえらせる」ことができる，という「大発見」をした。よって，瑠雨が感動したと考えられる，これらの内容をまとめるとよい。

問12　瑠雨は，弧《こ》をえがいてまわる「大なわとびのなわ」のように，自分だけどうしても「内側」に入っていけず，いつも「みんなの外側」にいるという疎外《そがい》感をいだいていた。幼いころから，みんなとうまくしゃべれないことも，「なわの外側にはみだして」「自分だけおいてけぼりをくっている気」がする原因だったが，風香の「おじいちゃんの自由ほんぽうな歌声が，なわをけちらしてくれた」せいか，「おじいちゃんの部屋」には，瑠雨と他者を「へだてるなわ」がなかった気がした。そのために，瑠雨は，自分の口から「ぽろっと言葉が出て」きたのかもしれないと考えている。

問13　「まえにいっしょにいた桃香《ももか》たちから，あんまり好かれてなかった」と瑠雨にうちあけた風香も，友だちグループの中で疎外感を味わっていた。風香は，桃香たち四人に，「ママやターちゃんのこと悪く言われる」のはすごくいやだったものの，「四人とはなれてひとりになるのは，ほんとはすごくこわかった」。そんなときに，いつも風香から一方的にしゃべりかけるだけの関係ではあったが，自分の話をだまって聞いてくれる瑠雨がいたことは，風香にとってありがたいことだったのである。

二　漢字の書き取りと読み，ことわざの完成，慣用句の完成

問１　①　音読みは「ツウ」で，「苦痛」などの熟語がある。　②　神社や寺などで，神仏や死者の霊《れい》を拝むこと。　③　期日や期限を延ばすこと。　④　音読みは「ソツ」「リツ」で，「引率」「比率」などの熟語がある。　⑤　音読みは「タイ」で，「引退」などの熟語がある。

問２　①「やぶをつついてへびを出す」は，やらなくてもいいことをしたために，かえって悪い結果を招くことのたとえ。　②「能あるたかはつめをかくす」は，本当に才能や実力がある人は，むやみにそれをひけらかさないものだ，という意味のことわざ。

問３　①「あげ足をとる」は，“他人のちょっとした間違《まちが》いや言葉じりをとらえて，大げさに非難したりからかったりする”という意味。「足が出る」は，“予算や収入より出費が多くなる”という意味。「足を洗う」は“よくないことをやめる”という意味の慣用句。　②「長い目で見る」は，“今だけを見て判断せず，時間をかけて気長に見守る”という意味。「目に余る」は，“黙《だま》って見過ごせないほどひどい”という意味。「目もくれない」は，全く関心を示さないさま。

2024年度 女子美術大学付属中学校

【算　数】〈第３回試験〉（50分）〈満点：100点〉

※定規，コンパスは使用してはいけません。

1 次の各問いに答えなさい。

(1) $36 \div 3 \times 2 - 2 \times 6$ を計算しなさい。

(2) $3.2 \times \frac{5}{6} \div \frac{2}{7} \div \frac{4}{3}$ を計算しなさい。

(3) $\left(2\frac{4}{7} - \square\right) \div 1\frac{1}{2} = 1\frac{3}{7}$ のとき，$\square$ をうめなさい。

(4) 美子さんは，家から駅に向かって３分間で180ｍ歩きました。これは家から駅までの道のり全体の２割にあたります。家を出てから駅まで13分間で行くためには，残りの道のりを秒速何ｍで歩けばよいですか。

(5) ある濃《のう》度の食塩水300ｇから，水を60ｇ蒸発させ，さらに食塩を10ｇ加えると，10％の食塩水になりました。はじめの食塩水の濃度は何％ですか。

(6) 何枚かの折り紙を姉と妹で分けます。姉と妹の枚数の比を４：３になるように分けると，５：３になるように分けたときよりも妹の枚数が12枚多くなります。このとき折り紙は全部で何枚ありますか。

(7)　３日間の修学旅行において，１日１カ所の見学先を選びます。１日目，２日目，３日目それぞれで見学できる場所は以下の表のようになっています。３日間すべて異なる見学先を選ぶことにすると，何通りの選び方がありますか。

１日目	２日目	３日目
・美術館 ・博物館 ・和菓子《わがし》づくり体験館	・動物園 ・美術館 ・和菓子《わがし》づくり体験館	・動物園 ・水族館 ・和菓子《わがし》づくり体験館

(8)　下の図は正方形ABCDと正三角形CDEを組み合わせてできた図です。角xの大きさを求めなさい。

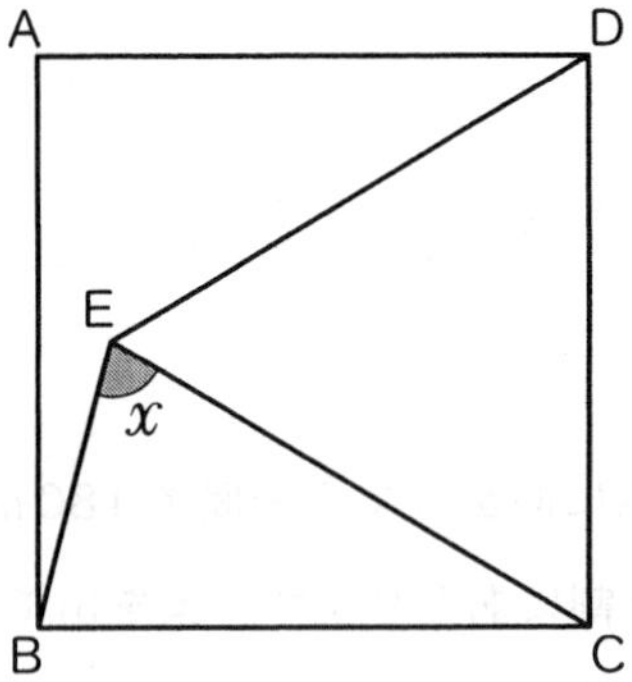

(9)　下の図の正方形ABCDで斜《しゃ》線部分㋐と㋑の面積の比を求めなさい。ただし，２点E，Fは辺ABを３等分する点とし，比は最も簡単な整数の比で表すこと。

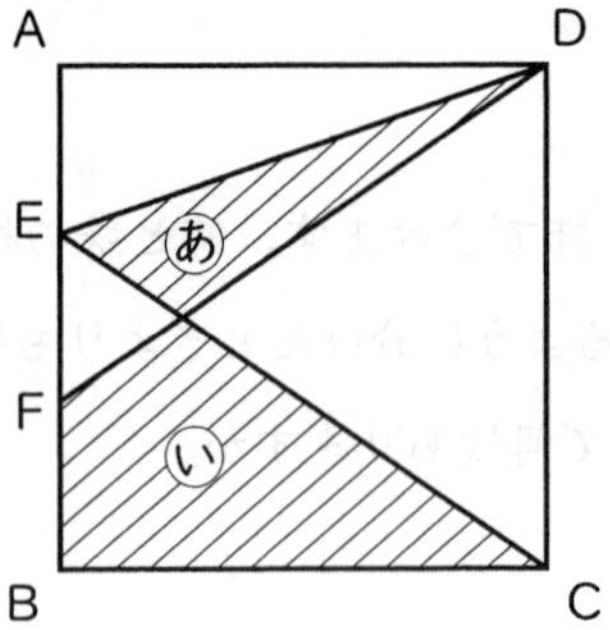

（10） 半径６cmの４つの円を下の図①，図②のようにそれぞれ並べました。図①，図②において，太線部分の長さをそれぞれ求めたとき，その差は何cmですか。ただし，円周率は3.14とします。

図①

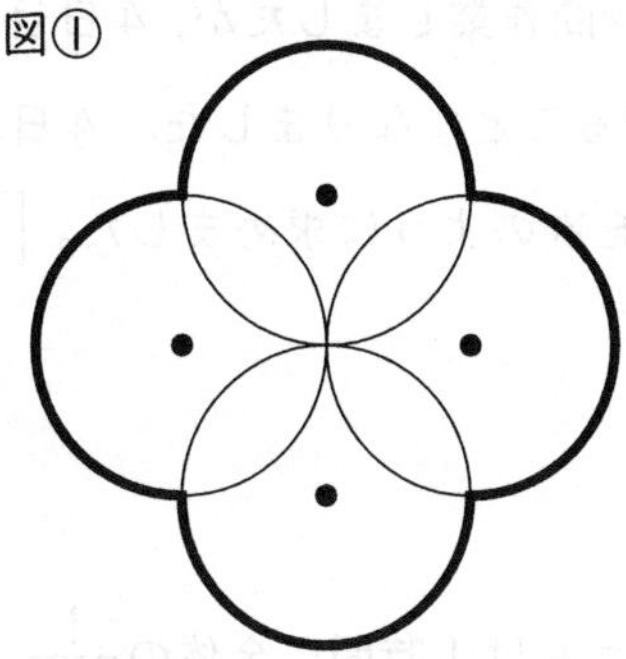

図②

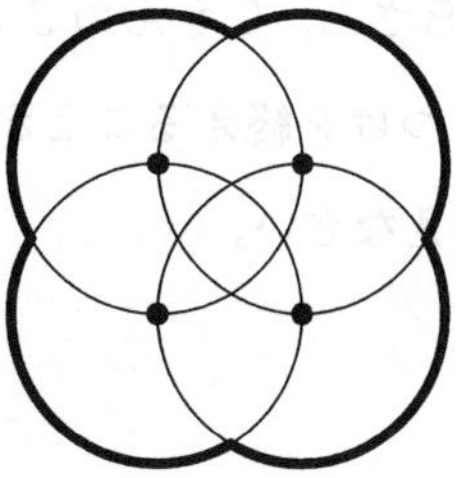

2 下の表のように，ある規則にしたがって数が並んでいます。このとき，次の問いに答えなさい。

	A列	B列	C列	D列	E列
１行目	1	2	3	4	5
２行目	3	6	9	12	15
３行目	5	10	15	20	25
４行目	7	14	21	28	35
５行目	9	18	27	36	45
…					

（1） 10行目のＣ列の数を求めなさい。

（2） 10行目のＡ列からＥ列の数の合計を求めなさい。

（3） Ａ列からＥ列の数の合計がはじめて2024をこえるのは，何行目ですか。

3 教室のかべのかざりつけを，3人で行うことになりました。Aさんだけで作業すると36時間，Bさんだけで作業すると27時間，Cさんだけで作業すると36時間かかることがわかっています。1日目はAさんとBさんで3時間，2日目はAさんとBさんで4時間作業しました。3日目はAさんだけで3時間作業しましたが，4日目はCさんも加わり，Aさん，Bさん，Cさんの3人で作業することになりました。4日目に何時間作業すればかざりつけを終えることができるかを次のように求めました。□にあてはまる数を答えなさい。

（考え方）

かざりつけ全体の仕事量を1としたとき，Aさんは1時間に全体の$\frac{1}{36}$，Bさんは1時間に全体の$\frac{1}{27}$作業するので，1日目と2日目でする作業は全体の仕事量の

$$\left(\frac{1}{36}+\frac{1}{27}\right)\times(3+4)=\boxed{\text{（ア）}}$$

となります。

また，3日目にする作業は全体の仕事量の

$$\frac{1}{36}\times\boxed{\text{（イ）}}=\boxed{\text{（ウ）}}$$

となるため，4日目の作業は全体の仕事量の

$$1-\left(\boxed{\text{（ア）}}+\boxed{\text{（ウ）}}\right)=\boxed{\text{（エ）}}$$

となります。

Aさん，Bさん，Cさんの3人が1時間でする作業は全体の仕事量の

$$\frac{1}{36}+\frac{1}{27}+\boxed{\text{（オ）}}=\boxed{\text{（カ）}}$$

なので，かざりつけを終えるのに4日目に必要な作業時間は

$$\boxed{\text{（エ）}}\div\boxed{\text{（カ）}}=\boxed{\text{（キ）}}\text{（時間）}$$

となります。

4 下の図１の水そうは，直方体を組み合わせた形をしています。

この水そうに，図１のＡの水道から一定の割合で水を入れていき，この水そうが，まん水になるまで水を入れ続けました。下の図２のグラフは，水を入れ始めてからの時間（分）と水そうについているめもりで測った水面の高さ（cm）との関係を途《と》中まで表しています。このとき，次の問いに答えなさい。

図１

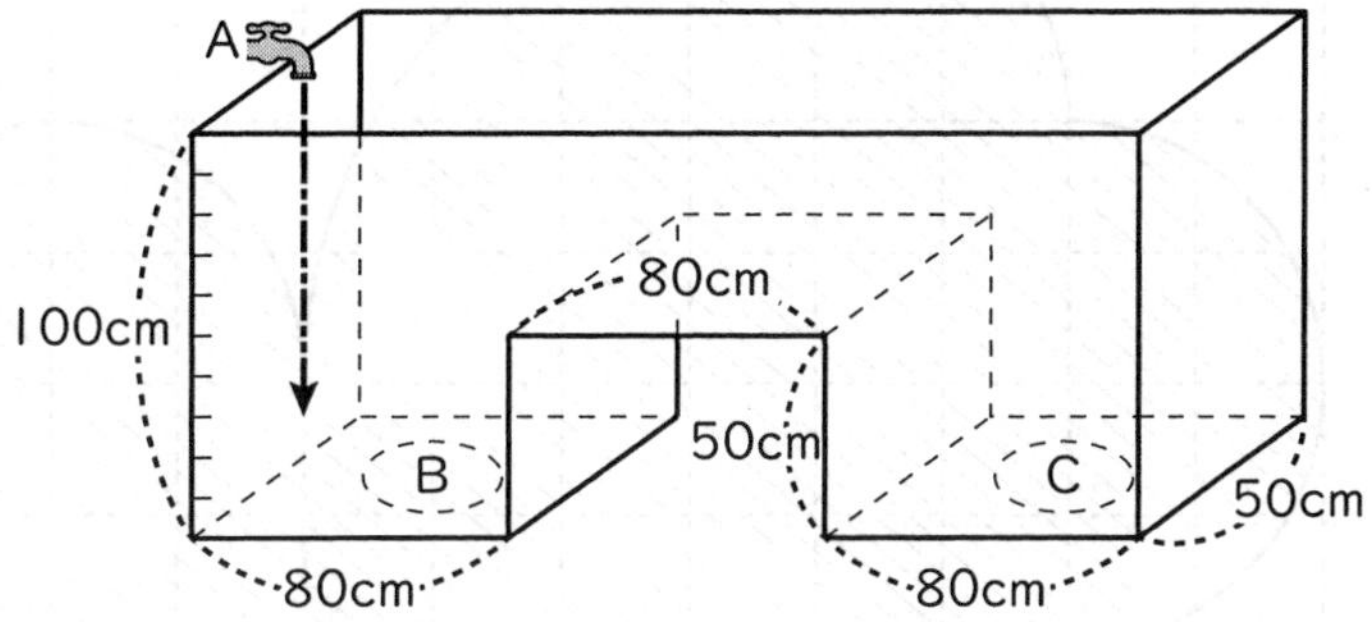

図２

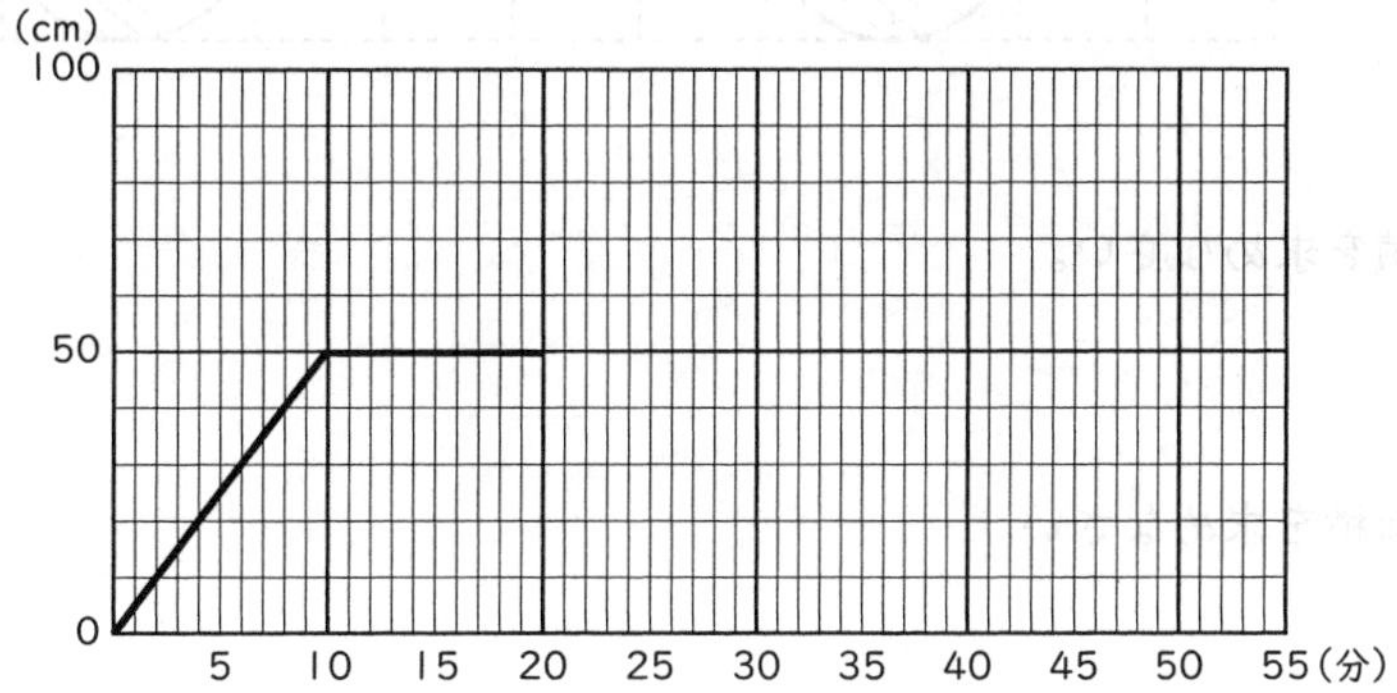

（1）　Ａの水道から，毎分何Ｌの割合で水を入れましたか。

（2）　この水そうが，まん水になるのは，水を入れ始めてから何分後ですか。

（3）　この水そうが，まん水になるまでのグラフをかきなさい。

（4）　この水そうが，まん水になった後，Ａの水道を閉めました。数日後に，水を全部抜《ぬ》くことになりました。Ｂ，Ｃの穴を開けると，どちらの穴からも，毎分１６Ｌずつ水を抜くことができます。ＢとＣの穴を同時に開けて，まん水の水を全部抜くのにかかる時間は，何分何秒間ですか。

5 下の図のように1めもりが2cmの方眼紙に，半径2cm，半径4cm，半径8cmのおうぎ形と，一辺2cmの正方形を組み合わせてできた図をかきました。斜《しゃ》線部分を底面とする高さ10cmの立体について，次の問いに答えなさい。ただし，円周率は3.14とします。

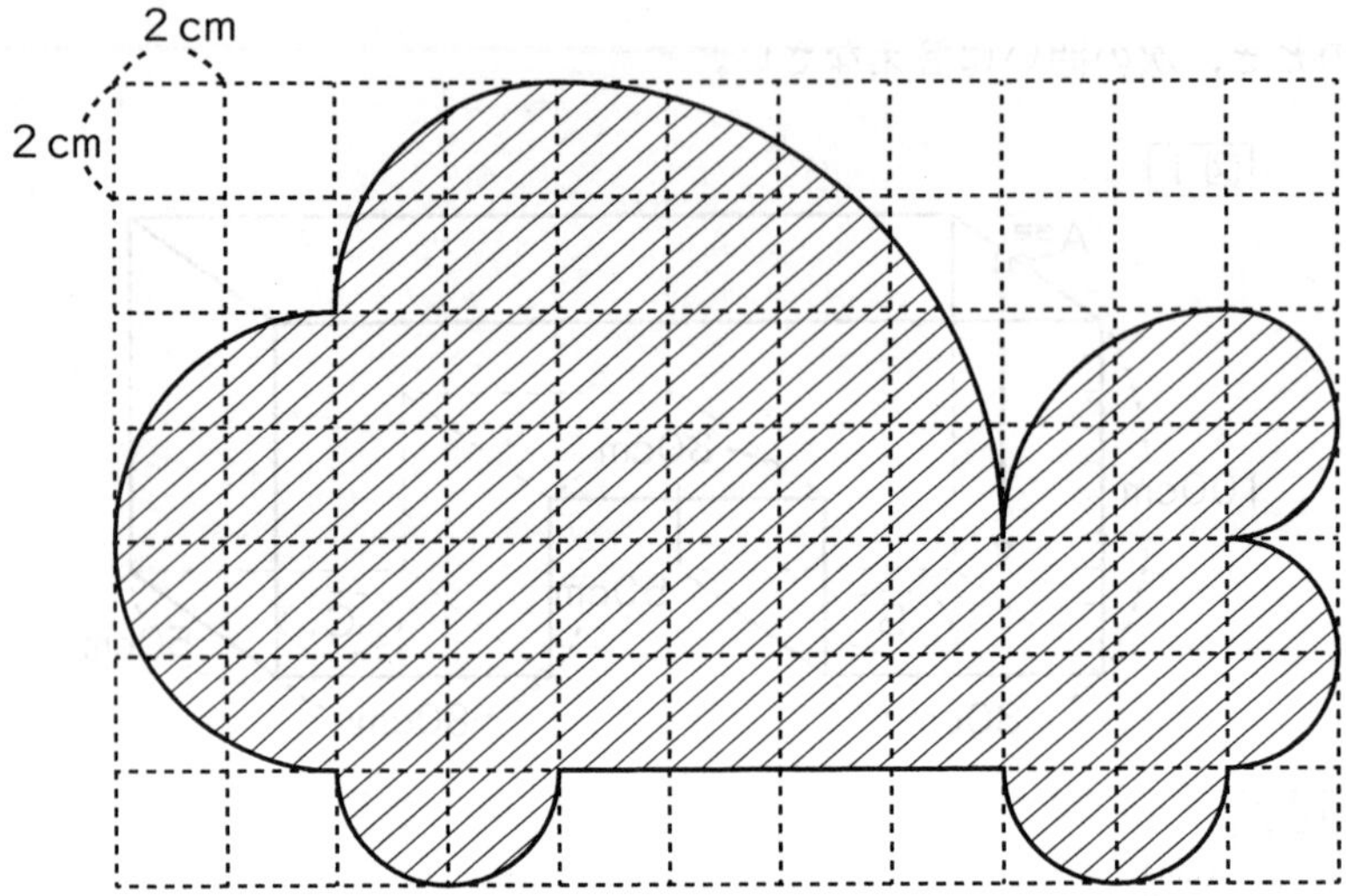

（1） 体積を求めなさい。

（2） 表面積を求めなさい。

二 次の問いに答えなさい。

問一 次の①～④の――線部のカタカナを漢字に直し、⑤の――線部の漢字の読みをひらがなで答えなさい。

① ずっと前からうちにいたんだ、みたいなタイドでドッグフードを食べている。

② 生存キョウソウを勝ちぬく。

③ 俳句のキゴを考える。

④ 湖に月がウツる。

⑤ 金属の断片を観察する。

問二 次の①、②の（　　）に、ある動物の名前が入ると、ことわざが完成します。（　　）に入る動物の名前をそれぞれひらがなで答えなさい。

① （　　）の耳に念仏

② 捕《と》らぬ（　　）の皮算用

問三 次の①、②の（　　）に、体の一部を表す共通の言葉が入ると、慣用句が完成します。（　　）に入る体の一部を表す言葉を、それぞれ漢字で答えなさい。

① 打つ（　　）がない
（　　）が足りない
（　　）をこまねく

② 開いた（　　）がふさがらない
（　　）が重い
（　　）を合わせる

問十　――線⑦「お寿司のなかのわさびをまちがってたくさん飲み込んでしまった時のように、鼻の奥がジワーッとしてきて、そこからあついものがわきあがってきた」とありますが、このとき「わたし」は自分のことをどのように思っているのですか。説明しなさい。

問十一　――線⑧「わたしは、むっつりだまったままご飯を食べていた」とありますが、このときの「むっつり」とはどのような感情ですか。最も適切なものを次から選び、記号で答えなさい。

ア　不快　　イ　悲しみ　　ウ　後悔《こうかい》　　エ　苦悩《くのう》

問十二　――線⑨「わたしはちょっとホッとして聞き耳をたてた」とありますが、みおが質問してくれたことにより、「わたし」が「ちょっとホッとし」たのはなぜですか。答えなさい。

問十三　――線⑩「鼻の奥がつーんとして、涙がじわじわっとわいてきた」とありますが、どのようなことがあって「涙がじわじわっとわいてきた」のですか。説明しなさい。

問三　文中の（　　あ　　）に入る言葉として最も適切なものを次から選び、記号で答えなさい。

ア　のんきな　　イ　いじわるな　　ウ　がっかりした　　エ　はにかんだ

問四　――線③「おねえちゃんって何歳だっけ」とありますが、みおがこう言ったのはなぜですか。答えなさい。

問五　――線④「わたしったら、なにをおかしなことを考えているんだろう」とありますが、「おかしなこと」とはどのようなことですか。文中から十四字でぬき出しなさい。

問六　文中の（　　い　　）に入る言葉として最も適切なものを次から選び、記号で答えなさい。

ア　間　　イ　たち　　ウ　きげん　　エ　歯切れ

問七　――線⑤「うちに来るのは、あの子だと思う」とありますが、そう思ったのはなぜですか。答えなさい。

問八　――線⑥「その瞬間、心臓がヒュッとちぢんだみたいになって息がつまった」とありますが、それはなぜですか。その理由となる一文を文中から探し、初めの七字をぬき出しなさい。

問九　文中の（　　う　　）に入る言葉として最も適切なものを次から選び、記号で答えなさい。

ア　ぼそぼそ　　イ　もこもこ　　ウ　つやつや　　エ　とげとげ

そうだ、なんでもない顔をして、わたしもみんなにまざったらいい。

だけど……。

そんなに簡単に気持ちを切りかえられない。

あの犬がわたしの好きな山辺先生の犬だとわかったところで、チワワがほしかったという気持ちは消えない。

「ちひろ」

お母さんを無視して、わたしは二階へ上がった。

ベッドでふとんをかぶっていると、コンコンとドアがノックされた。

「ちひろ……」

お母さんだ。

このまま、寝たふりをしていよう。

「ごめんね、アンナのこと……」
⑩わたしがなにも言わないでいると、お母さんは「寝ちゃったかな」と言って、部屋のドアを閉めた。
鼻の奥がつーんとして、涙《なみだ》がじわじわっとわいてきた。

―『アンナは犬のおばあちゃん』吉田　桃子　より―
講談社　刊

問一　――線①「今日は、リビングの戸を開けていた」とありますが、「わたし」が「戸を開け」たのはなぜですか。答えなさい。

問二　――線②「心臓の鼓動がどきどきはやくなっていく」とありますが、それはなぜですか。答えなさい。

ここは、がまんしてだまっていよう。

「先生、今、どうしてるの？　どこにいるの？」

みおが質問してくれたので、⑨わたしはちょっとホッとして聞き耳をたてた。

お母さんの話によると、山辺先生は身の回りのお世話をしてくれる介護士《かいごし》さんがいつも付き添《そ》ってくれる施設《しせつ》で暮らすことになったそうだ。

山辺先生の家族は、アンナだけだった。

施設でペットを飼うことはできない。

「山辺先生には、本当にいろいろお世話になったもんな。なにか恩返しをしたいってずっと思ってたんだ」

お父さんが言った。

夜ご飯が終わると、わたし以外のみんなはアンナと遊び始めた。

「お手！」

アンナがお父さんの右手にタッチすると「わあっ」という歓声《かんせい》があがった。

「すごい、すごーい」

「さすが先生が十七年飼っていた犬だね、おりこうさん」

お父さんも、お母さんも、みおも、ゆずも、すっかりアンナが好きになっていた。

そうじゃないのは、わたしだけ。

アンナが山辺先生の犬だと知った時は、仲よくしなきゃと思ったけれど、一度こうして意地をはってしまうと、なんだか引っ込みがつかなくなってきた。

「ちひろ」

みんなにまざらないわたしに気づいたお母さんが声をかけてきた。

あ、チャンスだ。

一瞬、そう思った。

わらかくしていた。

本当なら、あそこには、わたしの大好きなチワワがいたはずなのに。

いらいらするので、わたしは犬を見ないようにした。

「アンナは、山辺《やまべ》先生の犬なんだ」

お父さんが言った。

あの犬は、山辺先生の……。

アンナという名前が最初からついていたのは、そういうわけだったんだ。

山辺えり子先生。

山辺先生は、一年に二、三回はうちへ遊びに来てみんなでご飯を食べたりしている。

血のつながりはなくても、わたしにとって、親せきのおばさんみたいな存在だ。

山辺先生は、お父さんとお母さんが高校生のころ、学校にいた家庭科の先生だった。

山辺先生の犬だとわかったら、いらいらしていた気持ちが少しだけおさまった。

なぜなら、やさしくていつも明るい笑顔を見せてくれる山辺先生が、わたしは好きだからだ。

そういえば、最近は山辺先生、来ていないな。

前に会った時から、もう一年くらい経《た》ったかもしれない。

山辺先生は、わたしの家から車で十五分くらいの所に住んでいる。

もしかして、なにかあったのかな。

「山辺先生が病気になったの」

お母さんが言った。

えっ、うそ！

びっくりして、心臓が、ぎゅんとちぢんだ。

「だいじょうぶなの？」と、言おうとして、あわてて声を飲み込んだ。

今、わたしは犬のことで怒《おこ》っています、というアピールをしているんだ。

下から、妹たちとお母さんの声が聞こえてくる。

「あはは、アンナったらくすぐったいよー」

「きゃー」

みおも、ゆずも、あんなにはしゃいでばかみたい。

ううん、一番ばかなのは、お父さんが「犬を飼う」と言ったとたん、それがどんな犬かなんて考えもせず、すべてが自分の思いどおりになると信じてやまなかったわたしだ。

ケージのなかにいた、オオカミみたいな顔の犬。

口を閉じていても、横から赤い舌がだらりとはみ出して、なんだかこわかった。

こんなこと考えちゃいけないのかもしれないけれど、ちっともかわいいと思えない。

お母さんが言っていた。

十七歳なんだって、あの犬。

自分のひざにおでこをくっ付け、声をおしころして泣いた。

学校から帰ってくるまで、わたしの頭のなかでは小さくて、真っ白なチワワが飛びはねていた。

ショッピングモールで出会ったあの犬が、わたしの運命の犬だと思っていたのに。

うちに来た犬は、だれが見ても、よぼよぼのおばあちゃん犬。

これで、わたしがチワワを飼える可能性は完全になくなってしまった。

こんなことなら、犬を飼いたいだなんて言わなきゃよかった！

お父さんが帰ってきて、夜ご飯の時間になった。

⑧わたしは、むっつりだまったままご飯を食べていた。

こうしている間にも、リビングのはじっこには、あの犬がいる。

ずっと前からうちにいたんだ、みたいなたいどでドッグフードを食べている。

おばあちゃん犬だから、歯が半分以上ないらしい。それで、食べやすいようにとお母さんがドッグフードをお湯でや

どうして？　どうして？という思いが、頭のなかでぐるぐるまわっている。

「ちひろ、ずっと犬を飼いたいって言ってたもんね。すっごくいい子なのよ。メスで、十七歳なの。名前はね」

「アンナ！」

お母さんの言葉をさえぎって、ふたりの妹が声をそろえて言った。

「あははっ」

せーの、で合わせたわけじゃないのに声がそろったことがおかしいのか、妹たちは大笑いしている。

アンナ？

名前も、もう決まっているの？

どうして……。

ケージのなかの犬は、こっちを見ながら、「はっ、はっ」と、息をはずませている。

ああ、そっか。

わたしは、ようやく、今、なにが起こっているかを理解した。

うちで飼う犬がチワワだっていうのは、わたしの勝手な思い込みだったんだ。

今までのことをよく思い出してみれば、お父さんも、お母さんも「うちで飼う犬はチワワだよ」なんて一言も言っていなかった。

わたしが、ひとりで、勝手に盛り上がって……。

⑦お寿司《すし》のなかのわさびをまちがってたくさん飲み込んでしまった時のように、鼻の奥がジワーッとしてきて、そこからあついものがわきあがってきた。

「ちひろ、どうしたの？」

お母さんが呼び止めるのも聞かずに、わたしはだまってリビングを出た。

玄関には、わたしが放り出したランドセルが転がっている。

それをそのままにして、わたしは階段を上がった。

自分の部屋へ行き、ベッドの上でひざを抱《かか》えた。

スニーカーをぬぎすて、ランドセルもその場に放り出し、リビングに飛び込《こ》む。

「あっ、おねえちゃん」

みおとゆず。

ふたりの妹はケージにはりつくようにして、なかにいる犬を見ていた。

わたしと犬の視線が、ぱっとぶつかる。

えっ！

⑥その瞬間《しゅんかん》、心臓がヒュッとちぢんだみたいになって息がつまった。

「………」

トーストした食パンみたいなきつね色の毛。

ぴん、と立った三角の耳。

切れ長の、するどい目は、片方が青い色で、もう片方は白くにごっている。

鼻先はツンととがっていて、口の片側から赤い舌がだらりとはみ出していた。

……なに、この犬。

わたしのチワワはどこ？

ケージのなかにいる犬は、チワワとはぜんぜんちがう。

大きさだってチワワの五倍はありそうだ。

犬っていうより、オオカミみたいな見た目だな、と思った。

しかも、犬を飼ったことのないわたしでも、この犬は年をとっているとわかるくらいくたびれていた。毛が（　う　）していて、古い毛布に似ている。

ケージの前でぼうぜんとしていると、キッチンからお母さんがやってきた。

「はい、新しいお水よ。今日は暑いからあっという間に飲んじゃうわね」

お母さんはお皿を犬の前に置いた。

砂ばくのスフィンクスみたいな体勢だった犬は、立ち上がり、お皿の水をぺちゃぺちゃ飲み出した。

学校に着くと、わたしはすぐにこむぎちゃんとはるなちゃんに話した。

今日、うちにチワワがやってくることを！

ふたりは「えーっ！　うそ！」と目を見開いてびっくりしていた。

「どういうチワワ？　何色？」

こむぎちゃんが聞いてきた。

わたしの頭のなかには、ショッピングモールで見た、あの子がかけまわっている。

⑤うちに来るのは、あの子だと思う。

「たぶんね、真っ白な、ロングコートチワワだよ」

わたしが言うと、こむぎちゃんとはるなちゃんは「わあ」と声をあげた。

はあ、はあ。

苦しい。

でも、一秒でも早く家に帰りたい。

ひたいから流れてきた汗《あせ》が目に入って、しみた。

かまわずにわたしは走り続ける。

背中のランドセルががちゃがちゃ鳴った。

早くわたしの犬に会いたい！

この手でさわって、抱《だ》きしめたい！

もう少し、もう少し……！

うちが見えてきた。最後の力を振りしぼる。

玄関のドアを開けた時には、口から心臓が飛び出しそうなほどドキドキしていた。

「ただいまーっ！」

「えっ？」

お母さんが聞き返してきたので、わたしは「犬だよ」と言った。

「あ、ああ。犬のことね、えっと、お昼くらい、かな……」

「えー！　もう、わたし、学校早退したい！」

「なに言ってるの、ちひろ」

「うそうそ。ちゃんとするよ。お母さん、わたしが帰ってくるまで、しっかり見ててね。家の外に出しちゃだめだよ。子犬って、まだ外があぶないって知らないから、いきなり飛び出したりしたらキケンでしょ」

「子犬……？」

今日のお母さんは、なんだか（　い　）が悪い。もしかして、寝不足《ねぶそく》なのかな。お母さんもチワワのことを考えたら、緊張で眠《ねむ》れなかったのかも。

「あのね。ちひろ、今日、来る犬は……」

お母さんが言いかけたその時、玄関でみおの声がした。

「おねーちゃん、早くー！　遅刻《ちこく》するよー」

「今、行くー。お母さん、また後でね！」

犬のことなら、ずっと話をしていたいけど、今は学校へ行くのが先だ。

「なんてさわやかな朝だ！　学校まで走ろう」

わたしは、みおの手を引いて走り出した。

「えっ、ちょっと、おねえちゃん」

とちゅうまで走ると、みおは「離《はな》してよ」と言って、わたしの手を振りはらった。

「先、行くねー」

わたしは走るのをやめない。

わくわくが止まらなくて、じっとしていられないんだ。

いつもの通学路が、今日はぴかぴかにかがやいて見えるのは、うちにチワワがやってくるから！

ショッピングモールでお母さんと話したことを思い出す。

あの時、お母さんはしっかりと聞いてくれた。

わたしの「犬がほしい」という気持ちを真剣《しんけん》に受け止めてくれた。

うちにやってくるのは、きっと、あのチワワだ！


朝になった。

ああ、どきどきする。

きのうは、緊張《きんちょう》して夜中に何度も目がさめてしまった。

今日、学校から帰ってきたらチワワがいるんだ。

わたしは「あーっ」とさけび出したい気分になった。

でも、だめだ。がまん、がまん。

いきなり、そんなことをしたら、みんなびっくりしちゃうもんね。


朝ご飯を食べて、歯みがきをしていた時だった。

洗面所の鏡越《ご》しに、お母さんと目が合った。

「なーに？」

「あのね……」

そこまで言って、お母さんは「やっぱり、いいか」と首を横に振《ふ》った。

「なんでもないよ」

なんだろう、へんなお母さん。

歯みがきを終えて、うがいもする。

お母さんはわたしの後ろで洗濯《せんたく》の準備をしていた。

「ねえ、何時に来るの？」

この前の誕生日、家族みんなでケーキを食べた。

その時は、今年も一番ほしかった犬というプレゼントはもらえなかったなあと思ったけれど、こんなサプライズがあったなんて！

おどり続けるわたしを見て、みおはあきれ顔だ。

「今のおねえちゃん、十二歳とは思えない姿だよ」

小学四年生のみおは、こうやってすぐにわたしを子どもっぽいと言う。自分のほうが年下なのに。どんなに時間が過ぎようと、わたしの年はぜったいに追いこせないのに。

でも、今はなにを言われてもいい。

うれしい！　うれしい！　うれしい！

「ちひろ、早くランドセル置いてきなさい。手も洗ったの？」

「はーい！　すぐに洗いまーす」

お母さんに言われて、わたしはおどるのをやめた。

ランドセルを置いてきて、洗面所で手を洗う。

あのケージのなかに、白くて小さなチワワがいるところを想像してみる。

……………。

……チワワにしては、ずいぶんケージが広いなあ。

あのケージの広さだったら、チワワを五匹《ひき》は飼えそうだ。ううん、ぎゅうぎゅうにつめたら、もっとたくさん……。

ふと、わいたなぞが、わたしの心にぶら下がっていた。

もしかして。

うちに来る犬はチワワじゃない……とか？

なんてね。④わたしったら、なにをおかしなことを考えているんだろう。

――「……さっき見た、チワワがいいんだ」

――「そうだね。ああいう小さなワンちゃんなら、おさんぽもそんなに大変じゃないのかな」

②心臓の鼓動《こどう》がどきどきはやくなっていく。
「こ、これ、なに？　どうしたの？」

ケージにかけより、わたしはお母さんに向かって聞いた。

お母さんは、にこっと笑い、こう言った。

「お父さんが帰ってきたら、みんなに話すね」

待ちきれない！

「犬でしょ？　犬だよね！」

わたしが言うと、下の妹のゆずが、

「えーっ、これ、犬のおうちだったの？」

と、（　あ　）声で言った。

「お母さん、本当に犬のおうち？」

さらに、ゆずはお母さんに向かって聞いた。

すると、お母さんは、たしかにうなずいたのだ。

「そうだよ」って。

体のなかで、うれしさが打ち上げ花火のようにパーン！　とはじけた。

「やった、やった！　イエーイ！」

わたしは、ランドセルをせおったまま、その場でおどった。

うれしくて、じっとしていられない。

「③おねえちゃんって何歳《さい》だっけ」

すぐ下の妹のみおが、あきれたように言った。

「十二歳でーす」

わたしはおどけて言う。

わたしの誕生日は五月。

2024年度 女子美術大学付属中学校

【国語】〈第三回試験〉（五〇分）〈満点：一〇〇点〉

一　次の文章を読んで、後の問いに答えなさい。

五月も、もうすぐ終わり。夏みたいに暑くなってきた。

「ただいま」

わたしは、先に二階の自分の部屋へ行ってランドセルを置いてきたり、洗面所へ向かって手をよく洗ったり、その日の気分によって行動を変える。

①今日は、リビングの戸を開けていた。

なぜなら、妹たちとお母さんが楽しそうにしている声が玄関《げんかん》まで聞こえてきたからだ。

「なにかあったの？」

お母さんの「おかえり」という声が返ってくる。

えっ。

心臓がどきっとはねる。

あれって、もしかして……。

朝、家を出てくる時には、なかったものがあった。

リビングのはじっこ、出窓の下に金属製のケージがある！

わたしが両手を広げたより、少し幅《はば》の長い四角のケージ。

あれ、犬が入るやつみたいじゃない？

いや、でも、まさか……。

2024年度 女子美術大学付属中学校 ▶解　答

※　編集上の都合により，第３回試験の解説は省略させていただきました。

算　数 ＜第３回試験＞（50分）＜満点：100点＞

解　答

1 (1)　12　　(2)　7　　(3)　$\frac{3}{7}$　　(4)　秒速1.2m　　(5)　５％　　(6)　224枚　　(7)　14通り　　(8)　75度　　(9)　３：７　　(10)　12.56cm　　**2** (1)　57　　(2)　285　　(3)　68行目　　**3** (ア)　$\frac{49}{108}$　　(イ)　3　　(ウ)　$\frac{1}{12}$　　(エ)　$\frac{25}{54}$　　(オ)　$\frac{1}{36}$　　(カ)　$\frac{5}{54}$　　(キ)　5　　**4** (1)　毎分20L　　(2)　50分後　　(3)　右上の図　　(4)　31分15秒間　　**5** (1)　$2056cm^3$　　(2)　$1119.2cm^2$

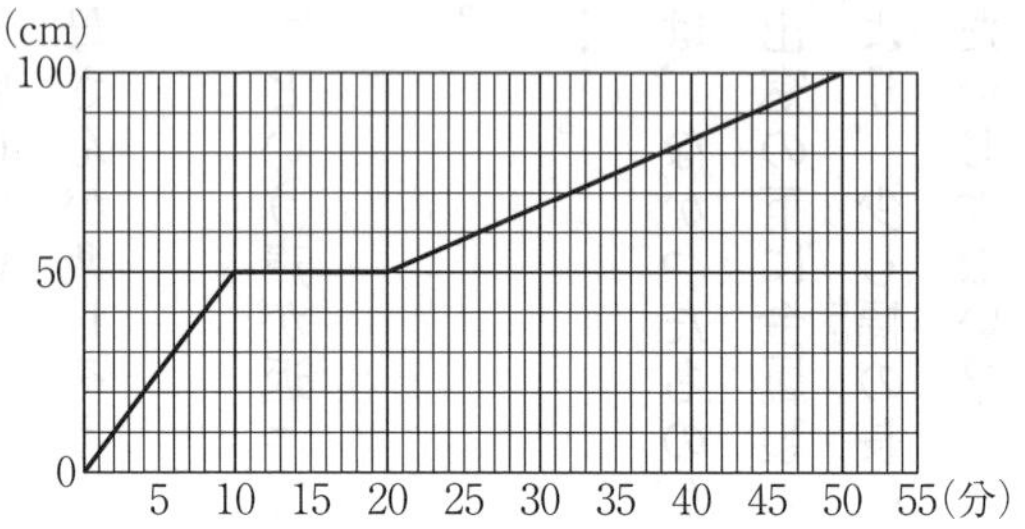

国　語 ＜第３回試験＞（50分）＜満点：100点＞

解　答

一 **問１**　（例）　妹たちとお母さんが楽しそうにしている声が玄関まで聞こえてきて気になったから。　**問２**　（例）　リビングに犬が入るようなケージがあり，家に犬が来るかもしれないと思い，期待で気持ちが高ぶってきたから。　**問３**　ア　**問４**　（例）　わたしの子どもっぽい様子にあきれているから。　**問５**　うちに来る犬はチワワじゃない　**問６**　エ　**問７**　（例）　わたしがショッピングモールで見たチワワをいいと言っていたことをお母さんはしっかりと聞いてくれて，わたしの「犬がほしい」という気持ちを真剣に受け止めてくれていたと思っていたから。　**問８**　ケージのなかに　**問９**　ア　**問10**　（例）　家に犬が来ると知り，子犬のチワワが来ると思い込んでいたが，実際にやって来たのは，オオカミのようなかわいくない老犬で，心底がっかりし，チワワが来ると勝手に盛り上がっていた自分のことを情けなく思っている。　**問11**　ア　**問12**　（例）　山辺先生のことを知りたかったが，今，自分は犬のことで怒っていますというアピールをしているので，自分からお母さんに質問したくなかったところ，みおが質問してくれたおかげで知ることができそうだから。　**問13**　（例）　アンナが山辺先生の犬だと知って，みんなにまざって仲良くしたいと思いながら，チワワがほしかったという気持ちは消えず，うまく気持ちを切りかえられないために，お母さんの声かけや謝罪に対して無視をしてなにも答えられないこと。　**二** **問１**　①～④　下記を参照のこと。　⑤　だんぺん　**問２**　①　うま　②　たぬき　**問３**　①　手　②　口

●漢字の書き取り

二 **問１**　①　態度　②　競争　③　季語　④　映(る)

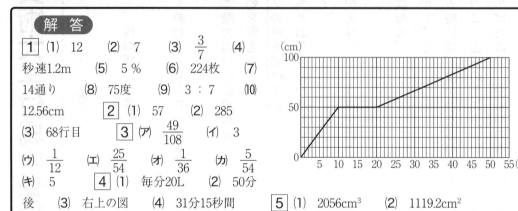

2023 年度 女子美術大学付属中学校

【算　数】〈第１回試験〉（50分）〈満点：100点〉

※定規，コンパスは使用してはいけません。

1　次の各問いに答えなさい。

(1)　$10-14\div2+4\times6$　を計算しなさい。

(2)　$2\frac{3}{7}\div\left(5-\frac{3}{4}\right)-\frac{1}{2}$　を計算しなさい。

(3)　$\left(\frac{13}{4}+\square\right)\div1\frac{1}{4}=4$　のとき，$\square$をうめなさい。

(4)　仕入れ値が１kgあたり2500円のいちごに，仕入れ値の６割の利益を見込んで定価をつけました。20kgのいちごが売れたときの利益は何円ですか。

(5)　７％の食塩水Ａ 200ｇに，ある濃《のう》度の食塩水Ｂ 300ｇを混ぜたところ，10％の食塩水になりました。食塩水Ｂの濃度は何％ですか。

(6)　縦８cm，横７cm，高さ１cmの直方体の形をしたチョコレートがたくさんあります。このチョコレートを，一辺が15cmの立方体の箱につめていきます。最も多くつめるとき，何個つめられますか。

(7)　運動会で，はちまきと半そでシャツと短パンの色を選んで着ることになりました。はちまきは，赤，白，黄色の３種類の色があります。そして，半そでシャツは，赤と白の２種類の色，短パンは，緑，黒，白の３種類の色があります。はちまきと半そでシャツと短パンの色の選び方のうち，同じ色がないような選び方は，何通りありますか。

（8）　下の図は，平行四辺形ABCDを対角線ACで折り返してできた図です。AB＝ACであるとき，角xの大きさを求めなさい。

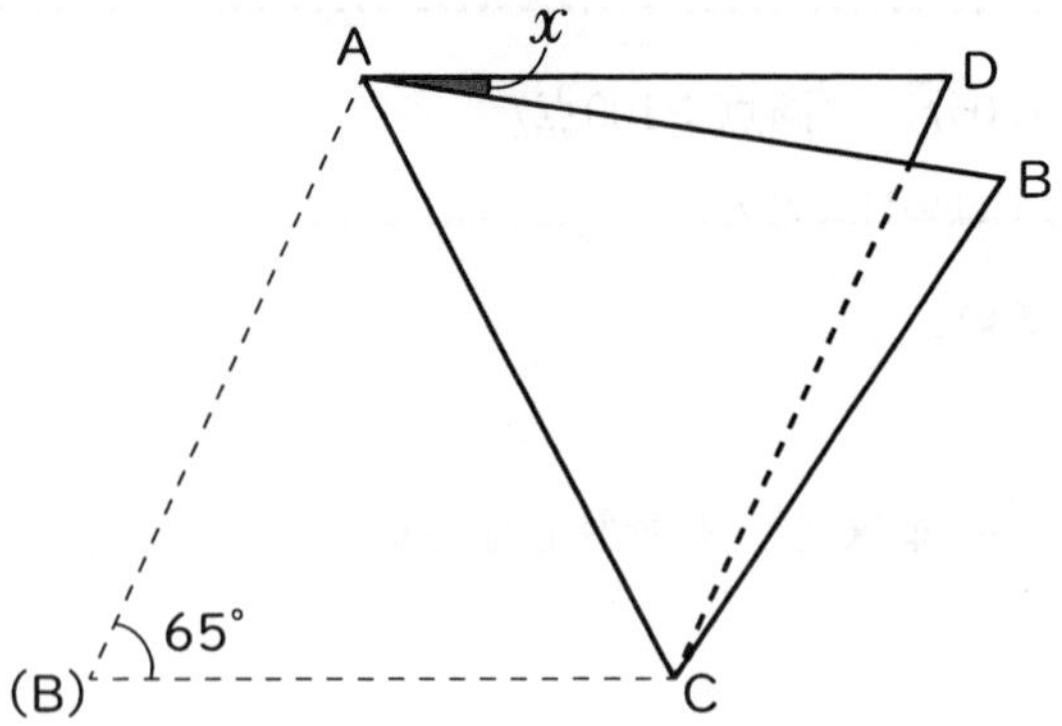

（9）　下の図は，一辺が１０cmの正方形ABCDと直角三角形CDEを組み合わせてできた図です。線分BEとCDの交わる点をF，台形ABFDと三角形BCFの面積の比を３：２とするとき，三角形CEFの面積を求めなさい。

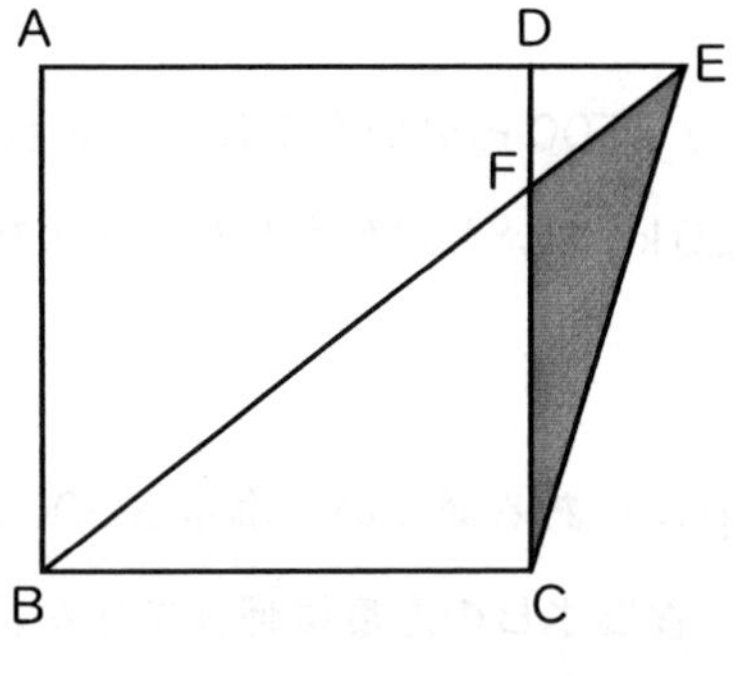

（１０）　下の図のように，たて４cm，横８cmの長方形の辺に半径２cmの円を並べました。各点は円の中心を表しています。このとき，太線部分の合計の長さを求めなさい。ただし，円周率は３.１４とします。

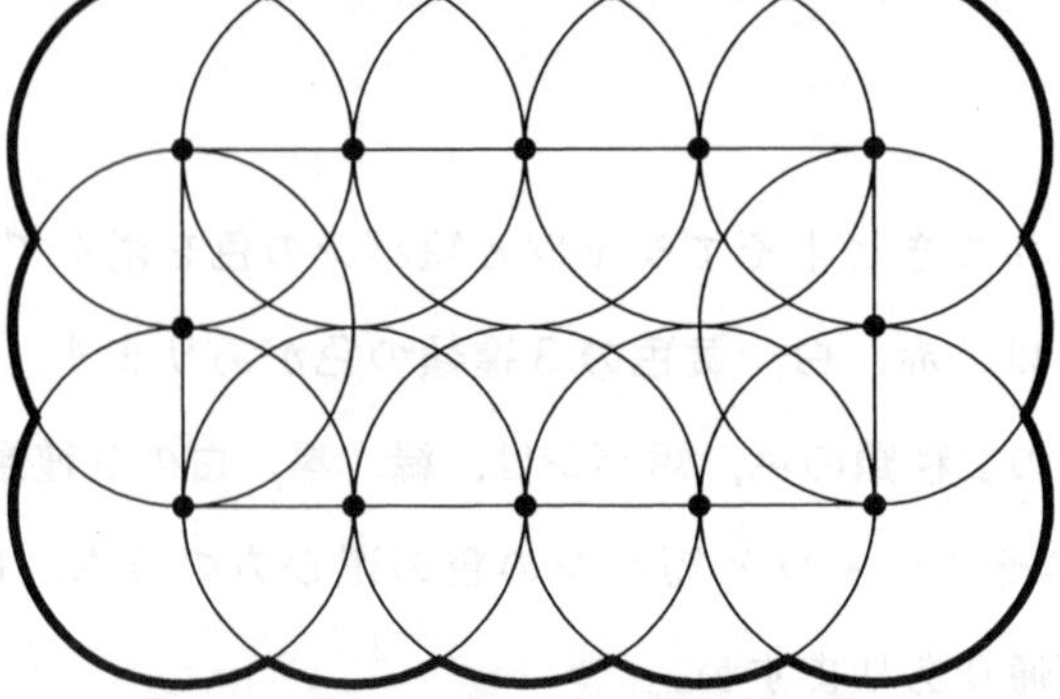

2 下の図の【1番目】のように，長さが1cmの棒を順番に並べて，正三角形を組み合わせた六角形を作ります。六角形は，【2番目】，【3番目】のように右にのばしていきます。このとき，次の問いに答えなさい。

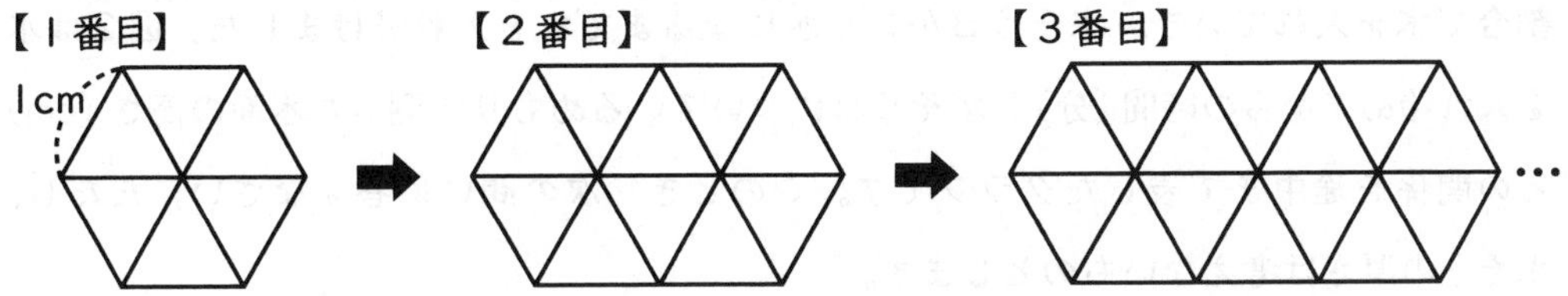

(1) 【6番目】まで右にのばしたときに使った棒は全部で何本か求めなさい。

(2) 【1番目】から【15番目】まで右にのばしたとき，一辺の長さが1cmの正三角形は【1番目】から何個増えましたか。

(3) 棒を250本使って，図のように六角形を右にのばしていきました。このとき，一辺の長さが1cmの正三角形は何個ありますか。

3 赤，黄，白の3色の絵の具を混ぜて新しい色を作ります。

最初，白は黄の半分の量，赤は白の$3\frac{1}{3}$倍の量にして混ぜたら，思っていた色と少し違っていたので，黄を5g増やしたところ希望する色になり，使った3色の絵の具の重さの合計を計ったら100gでした。

このとき，最初に使った赤，黄，白それぞれの絵の具の重さを次のように求めました。

□にあてはまる数を答えなさい。ただし，分数の場合は約分をすること。

（考え方）

最初に使った各色について考える。

黄を1とすると，白は黄の半分なので，白は（ア）となり，赤は白の$3\frac{1}{3}$倍なので，

赤は（ア）×$3\frac{1}{3}$＝（イ）となる。

次に，黄を5g増やして重さの合計が100gになったので，増やす前の重さの合計は

（ウ）gである。

1＋（ア）＋（イ）＝（エ）なので，これが（ウ）に等しいから，

（ウ）÷（エ）＝（オ）より，黄は（オ）gとわかる。

これより，白は（オ）×（ア）＝（カ）(g)，

赤は（オ）×（イ）＝（キ）(g) とわかる。

4 一辺の長さが40cmの立方体の水そうAと，一辺の長さが80cmの立方体の水そうBがあります。水そうBの中に水そうAを設置した図１のような透明《とうめい》な容器に，はじめは，水そうAの外側と水そうBの内側にあるすき間の位置に水が入るように，一定の割合で水を入れていき，水そうBがまん水になるまで水を入れ続けました。図２は水を入れ始めてからの時間（分）と水そうBについているめもりで測った水面の高さ（cm）との関係を途《と》中まで表したグラフです。このとき，次の問いに答えなさい。ただし，水そうの厚さは考えないものとします。

（１）　水は毎分何Lで入っていますか。

（２）　水面の高さが40cmとなってから，水そうBの水面の高さがふたたび増え始めるまでに何分かかりますか。

（３）　水そうBがまん水になるまでの様子を表すグラフをかきなさい。

（４）　水そうBがまん水になった後，水そうAだけを水そうBの外側に出しました。このときの水そうBの水面の高さを求めなさい。ただし，水そうAを取り出すときに，それぞれの水そうから水はこぼれないものとします。

水そうA

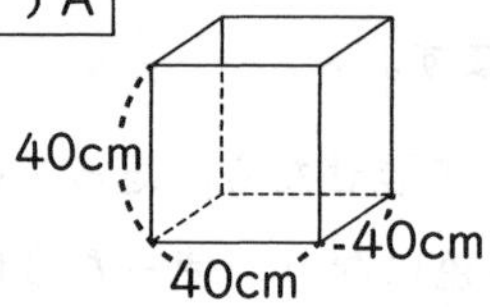

水そうB

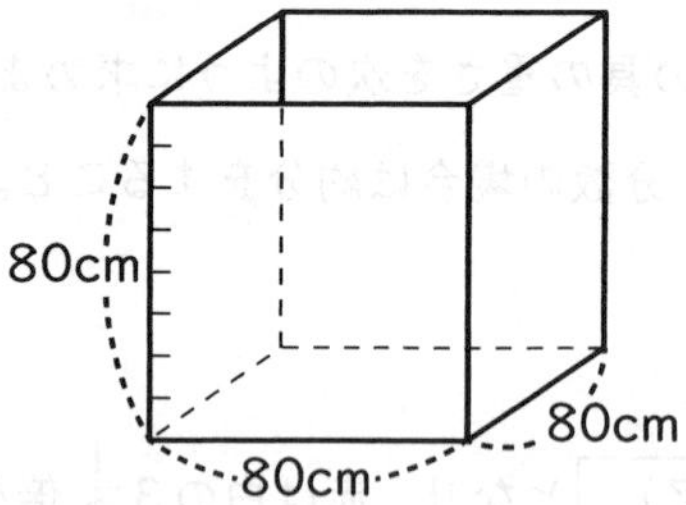

図１

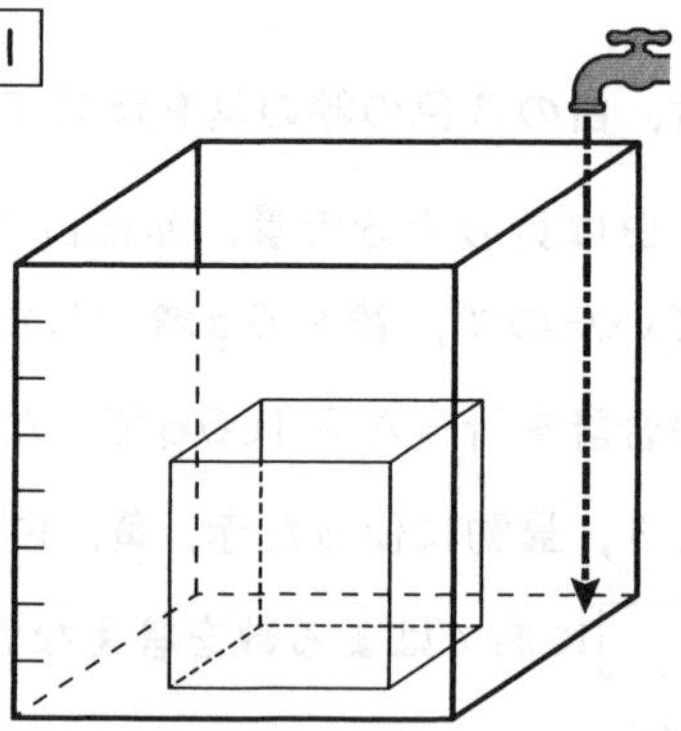

図２

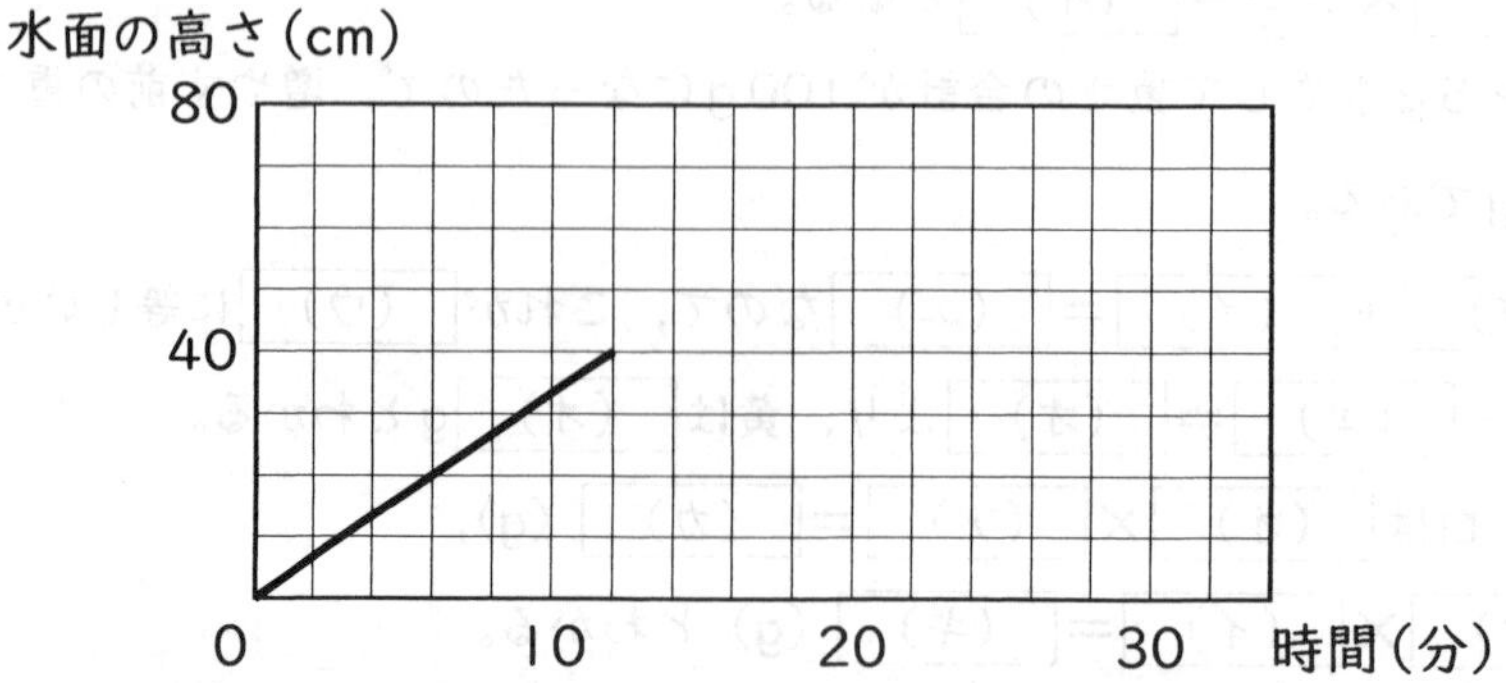

5 下の図のように１目もりが２cmの方眼紙に，半径２cmのおうぎ形，半径４cmのおうぎ形，１辺２cmの正方形を組み合わせてできた図をかきました。斜《しゃ》線部分を底面とする高さ10cmの立体について，次の問いに答えなさい。ただし，円周率は3.14とします。

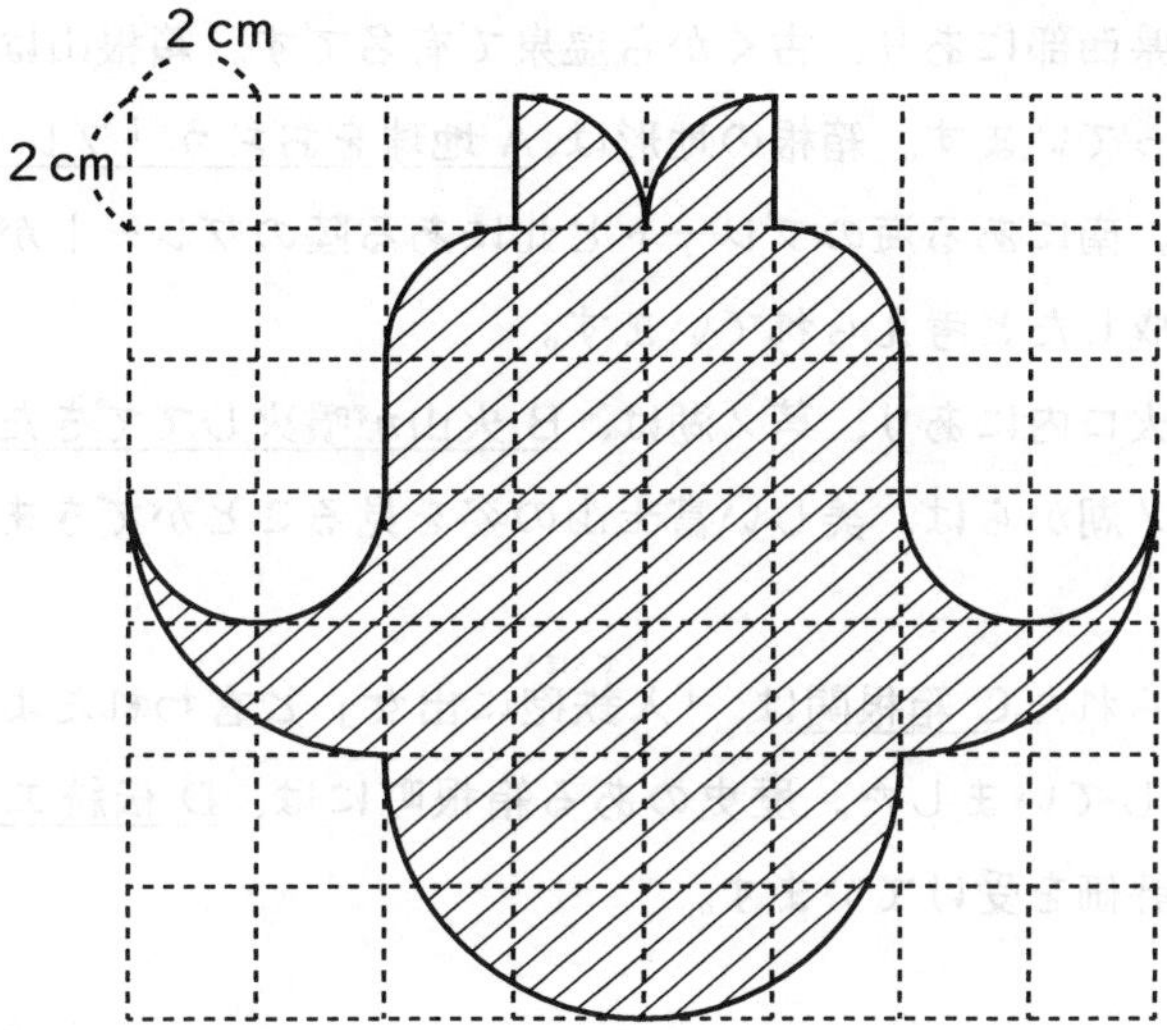

(1)　体積を求めなさい。

(2)　表面積を求めなさい。

【社　会】〈第１回試験〉（理科と合わせて50分）〈満点：50点〉

1　中学１年生の好美さんは、スケッチ旅行で訪問する箱根町について調べた内容をまとめました。次の文章を読んで、あとの問題に答えなさい。

箱根町は神奈川県西部にあり、古くから温泉で有名です。箱根山は、この地域にまたがる火山の総称となっています。箱根の地形は、A 地球をおおう「プレート」の力によって、形作られています。南にある海のプレートと北にある陸のプレートがぶつかり、南北に伸びる箱根火山を形成したと考えられています。

箱根町は火山の火口内にあり、芦ノ湖は、B 火山が噴火してできた窪《くぼ》地に水が溜まってできた湖です。芦ノ湖からは、美しい富士山の姿を見ることができます。

江戸時代に設けられたC 箱根関は、「入鉄砲《いりでっぽう》に出女」と言われたように、江戸から出る女性を厳しく監視していました。歴史のある箱根町には、D 伝統工芸もあり、その美しさは世界でも高い評価を受けています。

現在、箱根町では人口が減少し、少子高齢化が進んでいます。E 箱根町の人々が働いている業種はかたよっており、それを改善することで人口増加を図る取り組みも始まっています。

図１

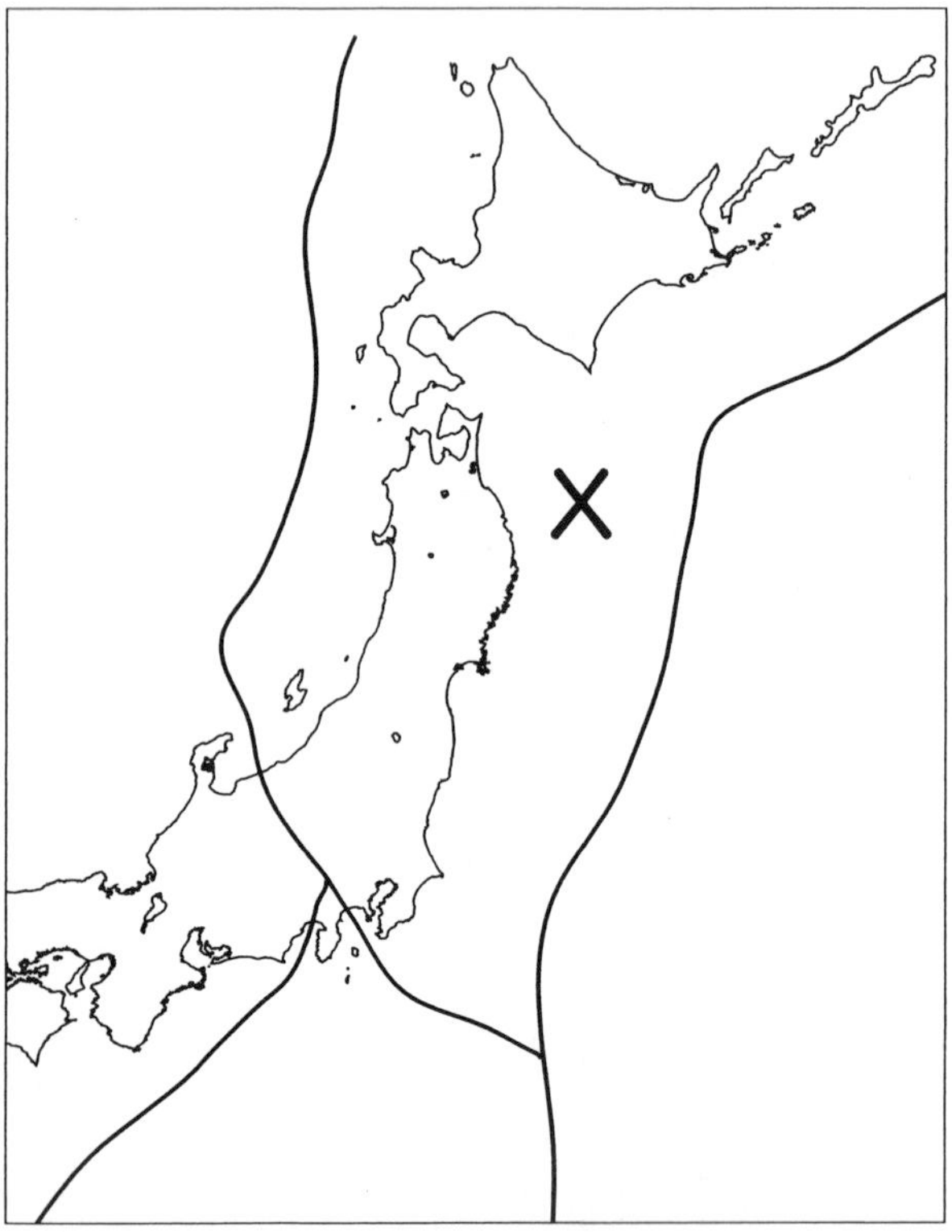

図２

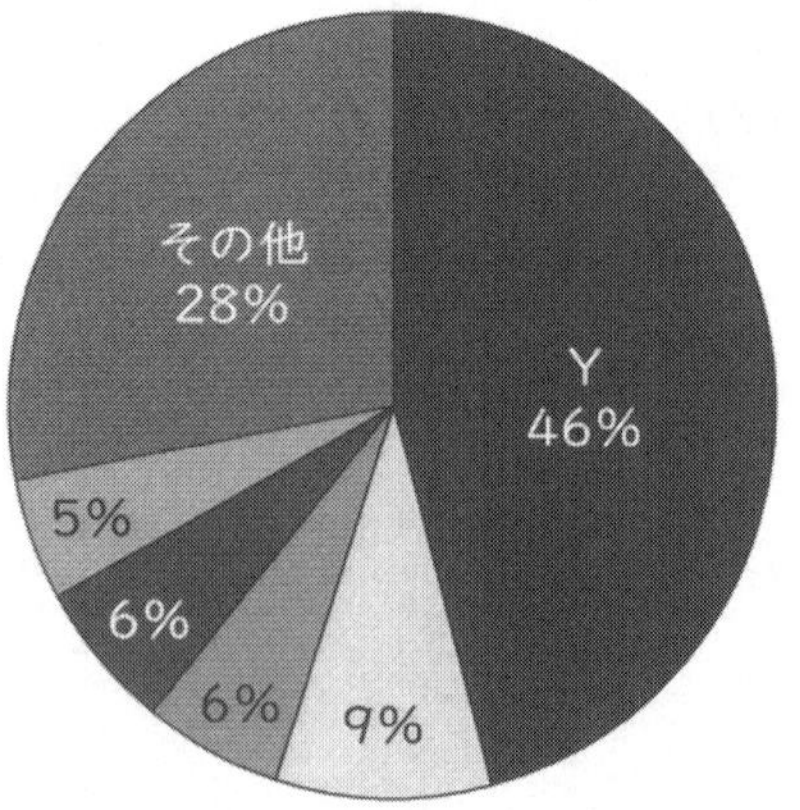

箱根町の産業構成

（１）　下線部Aについて、図１は日本近辺のプレートを模式化したものです。箱根火山に影響を与えている、Xのプレート名を次のア～エの中から一つ選んで、記号で答えなさい。

ア　太平洋プレート　　　　イ　フィリピン海プレート
ウ　北アメリカプレート　　エ　ユーラシアプレート

（２）　下線部Bのような湖を何と呼びますか。

（３）　下線部Cの箱根関は、どの街道に設けられた関所ですか。街道名を答えなさい。

（４）　下線部Dについて、箱根町の伝統工芸を、次のア～エの中から一つ選んで、記号で答えなさい。

ア　竹細工　　イ　寄木細工　　ウ　陶器　　エ　人形

（５）　下線部Eについて、箱根町の産業構成を表した図２のYにあてはまる業種を、次のア～エの中から一つ選んで、記号で答えなさい。

ア　林業　　　　　　　イ　教育・学習支援業
ウ　医療・福祉業　　　エ　宿泊業・飲食サービス業

2 次の地図を見て、あとの問題に答えなさい。

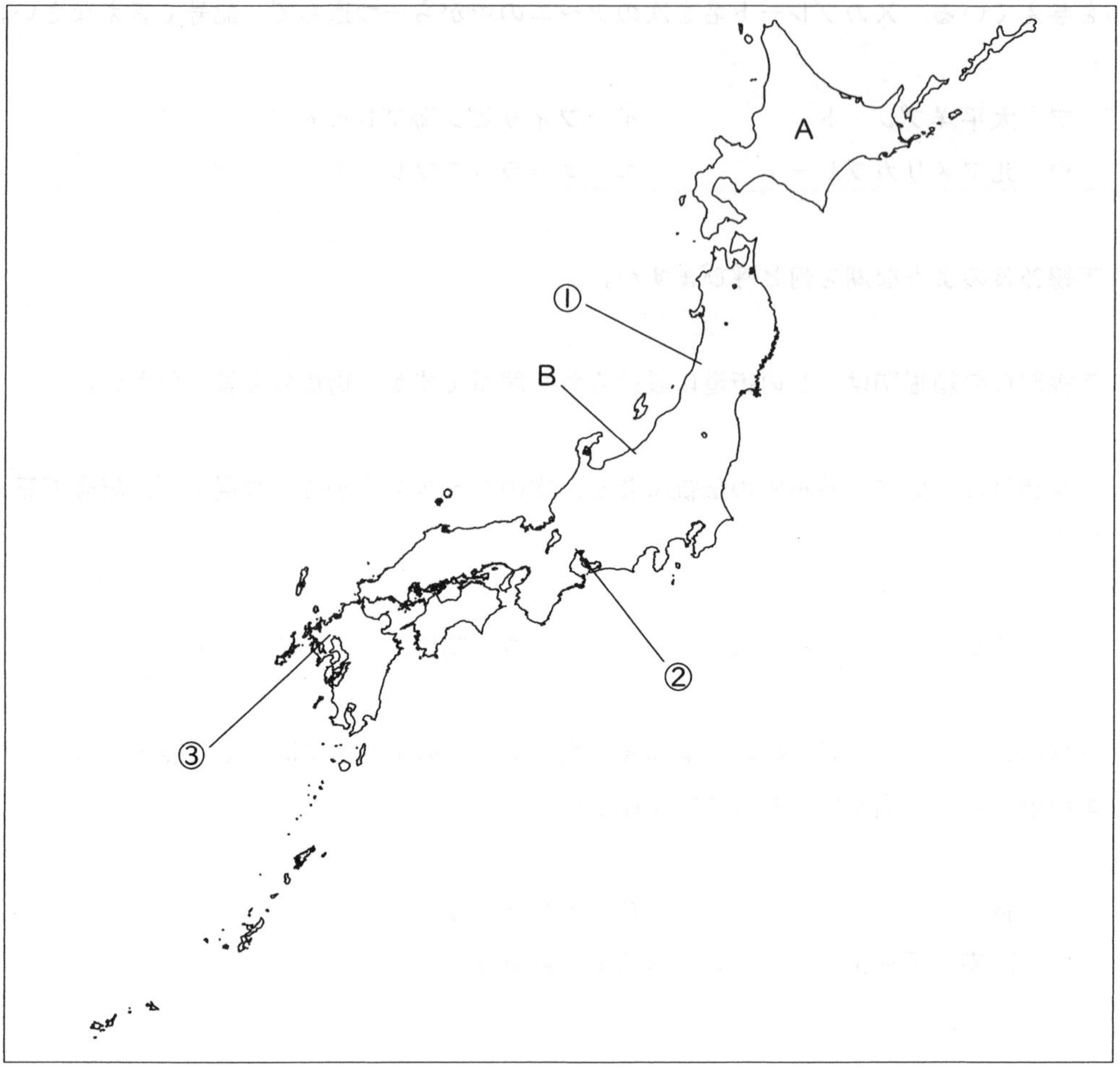

（1）　地図上のAの地域の先住民族を何といいますか。

（2）　Bの場所の雨温図として、あてはまるものを、次のア～エの中から一つ選んで、記号で答えなさい。

ア

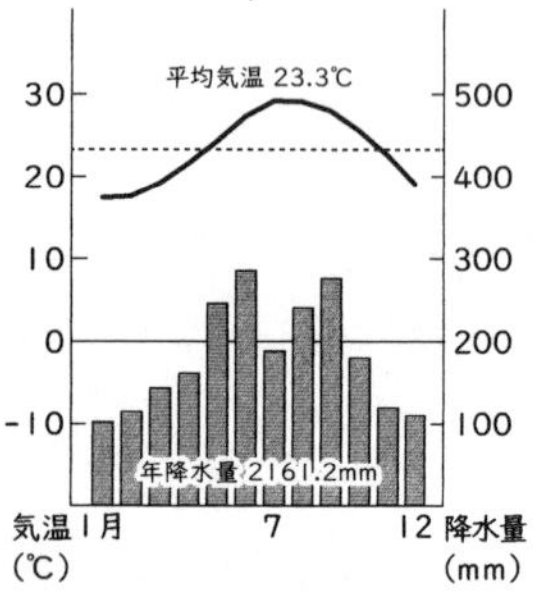

イ

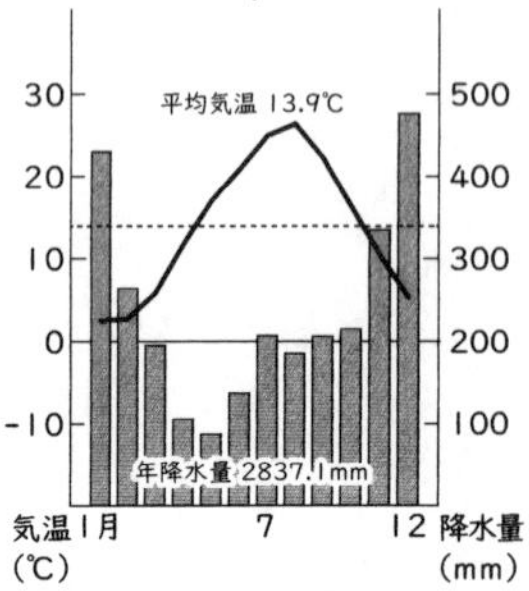

ウ

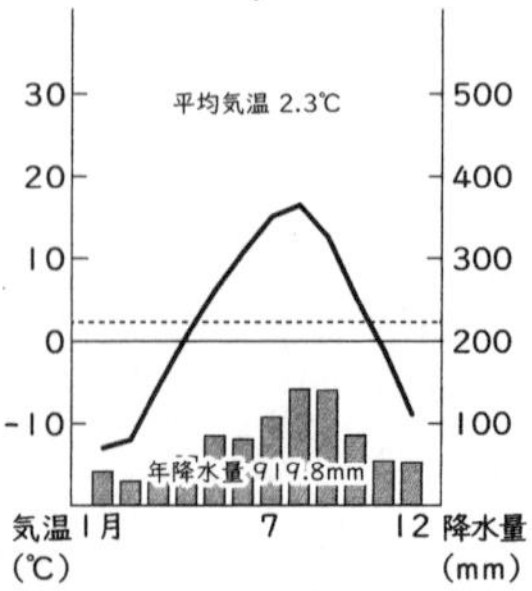

エ

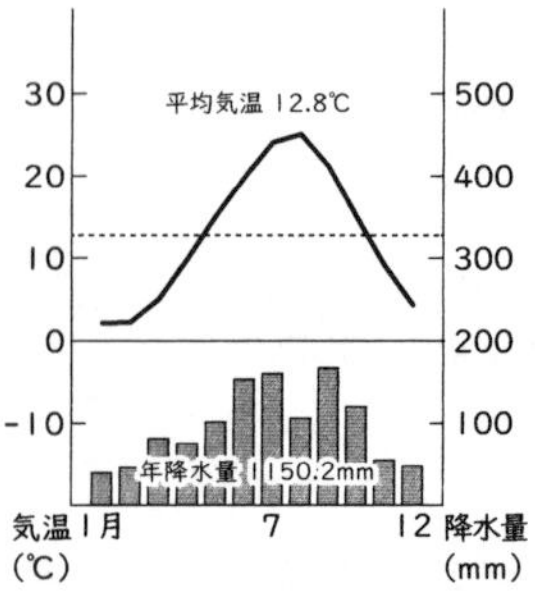

(3)　地図上の①～③の説明として正しいものを、次のア～クの中から一つずつ選んで、記号で答えなさい。ただし、同じ記号は一度しか使えません。

ア　木曽川などの大きな川に囲まれた土地で水害が起きやすいため、堤防を築き輪中に住んでいます。
イ　夏に涼しく、キャベツ畑が広がっています。収穫したキャベツを大都市に出荷しています。
ウ　最上川などの水が豊富にあり、米作りがさかんで、果樹栽培もさかんです。
エ　日本の大きい漁港のひとつです。県内の九十九里浜では昔からイワシ漁が行われていました。
オ　のりの養しょくがさかんです。県内では有田焼など伝統工業も行われています。
カ　畜産業がさかんで、ブランド牛が輸出されています。トマトやピーマンなどの栽培もさかんです。
キ　みかん栽培がさかんです。また、県内の熊野古道は世界遺産に登録されています。
ク　高度経済成長のときに工場から出た水銀が海に流れ、水俣病が発生しました。

3 好美さんたちは、修学旅行で東大寺大仏殿を訪れました。次の会話を読んで、あとの問題に答えなさい。

好美　大きいなあ。（　ａ　）天皇はどうしてこんなに大きな仏像を造ったのですか？
先生　仏教の力で国を守ろうと思ったんだ。
好美　たくさんの人が働いたんでしょうね。
先生　そうだね。Ａそのころの民衆に人気があった行基という僧が大仏造りに協力したから、人々が集まったんだ。大仏の完成式では、インドの僧が大仏に目を入れ、日本、中国、韓国、ベトナムの音楽やおどりが上演されたんだよ。
好美　Ｂ国際的ですね！　奈良時代の大仏が、今も見られるなんてすごいです。
先生　残念ながら、今の大仏は、奈良時代のままではないんだ。長い歴史の中で、大仏は、何度か壊れたり、焼け落ちたりしているんだよ。特に、源氏と平氏の戦いのときには、東大寺が放火され、大仏も焼け落ちたんだ。鎌倉時代になって、東大寺が再建されたとき、さっき、集合写真をとった南大門と、金剛力士像が造られたんだよ。
好美　（　ｂ　）たちが造った仏像ですね！　筋肉がすごかった！

(1)　（　ａ　）（　ｂ　）にあてはまる人名を、次のア～キの中から一つずつ選んで、記号で答えなさい。なお、同じ記号は一度しか使えません。

ア　鑑真　　イ　運慶　　ウ　空海　　エ　雪舟
オ　桓武　　カ　推古　　キ　聖武

(2)　下線部Ａについて、行基はなぜ民衆に人気があったのですか。説明しなさい。

(3)　下線部Ａの「そのころの民衆」の様子として間違っているものを、次のア～エの中から一つ選んで記号で答えなさい。

ア　口分田が与えられるのは、男性だけだった。
イ　租・庸・調などの税を納めなければならなかった。
ウ　生活が苦しくて、逃亡する者もあった。
エ　戸籍に登録された。

(4)　下線部Ｂについて、正倉院には、遠い西の国のガラス器や楽器が収められています。それらのものは、ローマから長安を経て奈良にいたる道を通ってきました。この道を、何と呼びますか。

4 好美さんは、「女子美術大学と付属中高の歴史」をテーマに発表を行いました。好美さんがまとめた年表を見て、問題に答えなさい。

□女子美術大学と付属中高の歴史

1900年　A「私立女子美術学校（現在の女子美術大学）」ができる

1915年　菊坂（文京区）に「女子美術学校付属実科高等女学校（現在の付属中高）」ができる

①
◇1915年～1925年ころの生徒の様子
⇒　先生たちは個性的で、生徒たちは音楽会に出かけたり、美術に親しんでいました

1934年　女子美術学校の校舎が杉並に移転する

◇1930年～1945年ころの生徒の様子
⇒　絵の具はきびしい統制下におかれており、多くの生徒が画材店で配給を待ちました

1945年　B 菊坂校舎が全焼し、佐藤高等女学校も杉並に移転する

1951年　C 中学・高校の名称が「女子美術大学付属高等学校・中学校」に変わる

◇1950年～1970年ころの生徒の様子
⇒　制服のデザインや特徴的な行事など、現在の女子美の形が作られました

(1)　次は、①のころの日本と世界の様子を説明したものです。正しい説明を、〈日本の様子〉はア～ウ、〈世界の様子〉はカ～クの中からそれぞれ一つずつ選んで、記号で答えなさい。

〈日本の様子〉

ア　白黒テレビが普及し、人々の生活が変化した。

イ　女性の権利など、さまざまな権利を求める動きが生じた。

ウ　労働力が不足して、中学生や女学生も工場で働くようになった。

〈世界の様子〉

カ　国際連盟が作られた。

キ　アメリカとソ連を中心に、世界が２つの陣営に分かれて対立した。

ク　ヒトラーが周辺諸国へ侵攻した。

(2)　下線部Aのころの様子を描いた絵として最もふさわしいものを、次のア～エの中から一つ選んで、記号で答えなさい。

ア

イ

ウ

エ

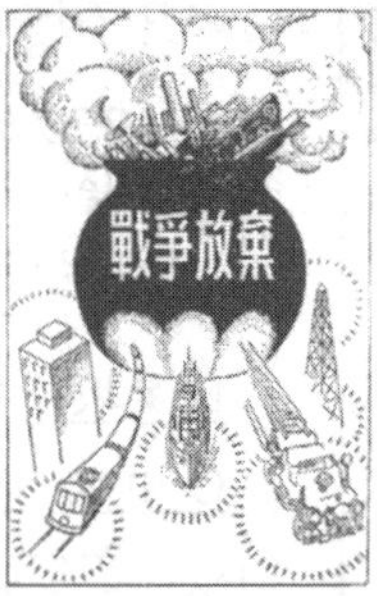

(3)　下線部Bについて、校舎全焼の原因を、次のア～エの中から一つ選んで、記号で答えなさい。

ア　軍人が総理大臣などを襲撃《しゅうげき》し、付近で戦闘が生じたから。
イ　米の安売りを求める運動が起き、付近で暴動が生じたから。
ウ　関東大震災が発生し、倒れた家屋から出火して燃え移ったから。
エ　B29による空襲で、付近に焼夷弾《しょういだん》（爆弾）が落とされたから。

(4)　下線部Cは、戦後の改革によって教育制度が変更されたことと関係があります。次のア～エの中から、戦後に行われた改革ではないものを一つ選んで、記号で答えなさい。

ア　25歳以上の男子に選挙権を認めた。
イ　労働者の権利が保障された。
ウ　独占的な大企業が解体された。
エ　言論や思想の自由を認めた。

5 昨年の１学期終業式での高校３年生の会話を読んで、あとの問題に答えなさい。

好美　A 参議院議員選挙の投票に行った？
友人　６月に18歳になったから行ったよ。投票前に新聞を読んでいたら、B 新型コロナウイルスやそれにともなう日本とアメリカの金融政策の違い、ロシアによる[　①　]侵攻などの影響を受けて、[　　　　　　　　　　②　　　　　　　　　　]
各政党、その問題への考え方や対策が違うからいろいろ考えたよ。
好美　そうだね。私も考えさせられた。
友人　エネルギーと言えば、国民のほとんどが［　③　］を信仰しているサウジアラビアは、輸出の約90%が石油に関連したものだよね。やっぱり影響あるのかな？
好美　あるかもしれないよね。そうだ！　今度の調べ学習はそれについて調べてみようよ！

(1)　下線部Aについての説明としてふさわしくないものを、次のア～エの中から一つ選んで、記号で答えなさい。

ア　投票所でしか投票することができない。
イ　参議院は、６年任期で解散がない。
ウ　投票日に行くことができない場合は、事前に投票することができる。
エ　参議院議員には30歳以上の人が立候補することができる。

(2)　下線部Bの感染拡大防止対策のように国民一人ひとりの健康で衛生的な生活を確保するための取り組みをしている行政機関を、次のア～エの中から一つ選んで、記号で答えなさい。

ア　環境省　　イ　文部科学省　　ウ　防衛省　　エ　厚生労働省

(3)　[　①　]にあてはまる国を、右の地図のア～エの中から一つ選んで、記号で答えなさい。

(4)　[　②　]にあてはまる文としてふさわしいものを、次のア～エの中から一つ選んで、記号で答えなさい。

ア　日本の食品やエネルギーの価格が上がって、円の価値も上がったらしいよ。
イ　日本の食品やエネルギーの価格が上がって、円の価値は下がったらしいよ。
ウ　日本の食品やエネルギーの価格が下がって、円の価値は上がったらしいよ。
エ　日本の食品やエネルギーの価格が下がって、円の価値も下がったらしいよ。

(5)　[　③　]にあてはまる語句を、下のア～エの中から一つ選んで、記号で答えなさい。

ア　キリスト教　　イ　仏教　　ウ　イスラーム　　エ　ヒンドゥー教

【理　科】〈第１回試験〉（社会と合わせて50分）〈満点：50点〉

1　手回し発電機を使い、電気をつくる実験を行いました。ただし、実験は機器をこわさないように注意してハンドルを回すとします。つぎの問いに答えなさい。

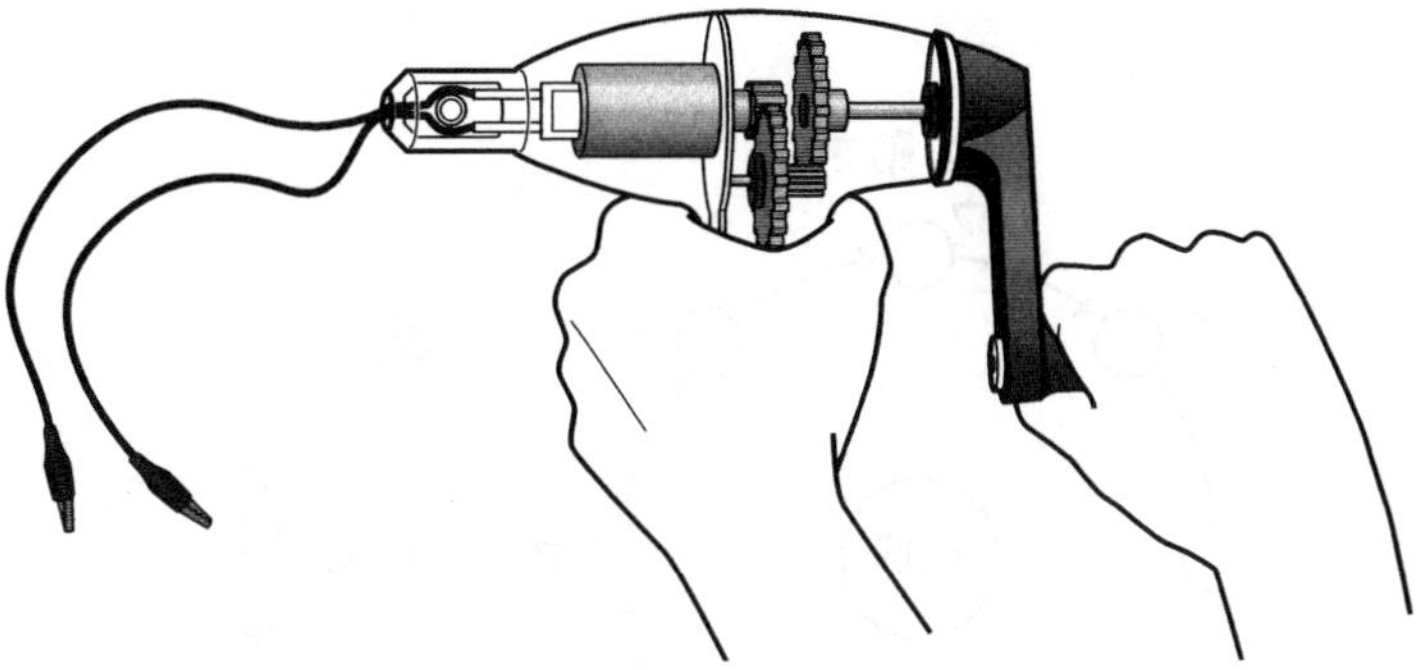

問１　手回し発電機に豆電球をつなぎ、ハンドルを回すと豆電球が点灯しました。ハンドルを回す速さを速くすると豆電球はどうなりますか。またそれはなぜか、理由を答えなさい。

問２　手回し発電機にLED（発光ダイオード）をつなぎ、ハンドルを回すとLED（発光ダイオード）が点灯しました。ハンドルを逆向きに回すとLED（発光ダイオード）はどうなりますか。またそれはなぜか、理由を答えなさい。

問３　手回し発電機にモーターをつなぎ、ハンドルを回すとモーターが回転しました。ハンドルを逆向きに回すと、モーターはどうなりますか。

2 つぎの問いに答えなさい。

問１　下の図は地球と月の位置を表しています。矢印の方向から太陽の光が当たっているとします。

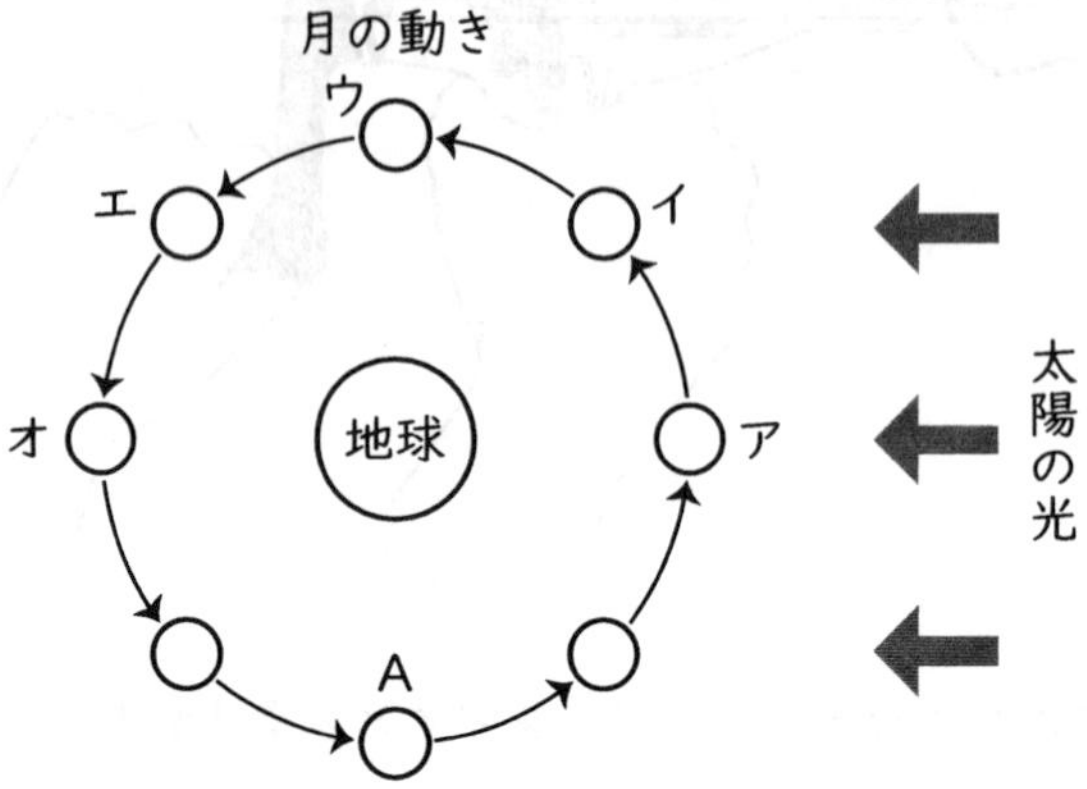

(１) 地球から月を見たとき、満月となるのはどの位置ですか。ア～オの記号で答えなさい。

(２) 地球から月を見たとき、三日月となるのはどの位置ですか。ア～オの記号で答えなさい。

(３) 地球から見たＡの位置の月の形を解答欄に描き、影の部分に斜線を引きなさい。

問２　2022年６月24日の朝、明け方の東～南の空で、太陽系の地球以外の惑星が一度に観測されました。以下の地球を含めた惑星をア～クの記号を使って、太陽に近い順に並べなさい。

ア	地球	イ	火星	ウ	水星	エ	木星
オ	金星	カ	土星	キ	海王星	ク	天王星

3 つぎの表はいろいろな物質に薄い塩酸を加え、その物質をすべてとかしたときに発生した気体の体積を調べたものです。つぎの問いに答えなさい。

とかした物質	その重さ[g]	発生した気体の体積[mL]
鉄	1	440
亜鉛	2	752
マグネシウム	0.5	506
アルミニウム	0.2	273
チョーク	3	672

問１　鉄をとかしたときに発生する気体の性質を１つ答えなさい。

問２　表の中でとかした物質の重さを同じにした場合、発生する気体の体積がいちばん多いのはどの物質をとかしたときですか。とかした物質の物質名を表から選び答えなさい。

問３　亜鉛１[g]とマグネシウム１[g]に薄い塩酸を加え全てとかしました。このとき、合計何[mL]の気体が発生しますか。

問４　表の中で、チョークをとかしたときだけ、発生する気体がほかと異なります。発生する気体の名称を書きなさい。

問５　問４の実験のときは、図１のように装置を作りました。

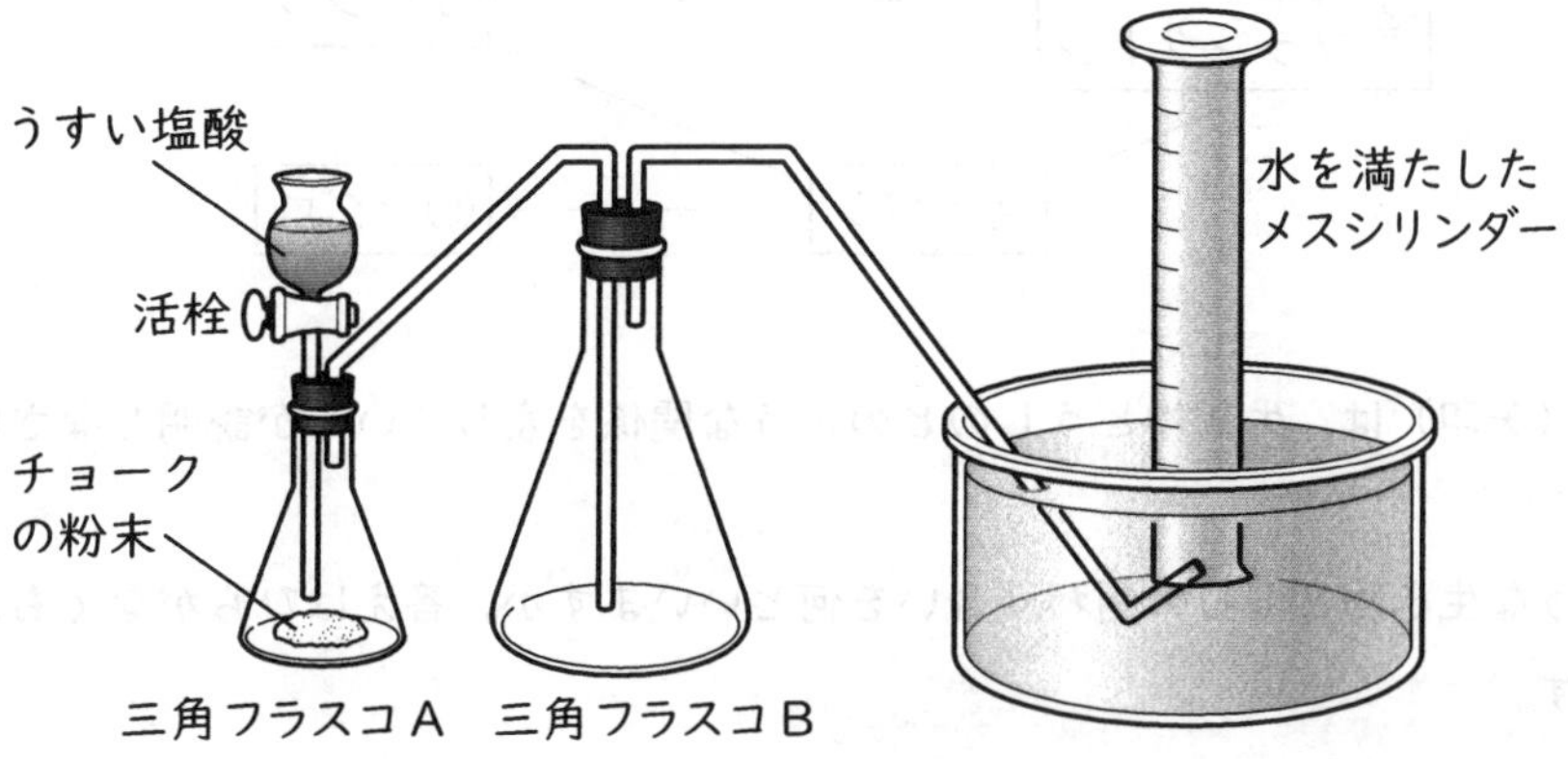

図１

図１のように三角フラスコＢを用いたほうがよい理由を説明したつぎの文の空欄にあてはまる語句を下より選び記号で答えなさい。

発生した気体は（　①　）ので、直接水上《すいじょう》置《ち》換法《かんほう》で集めると発生した気体の体積を正しくはかることができない。三角フラスコＢを置くと、発生した気体は（　②　）ため、長い管から出るとフラスコの底から空気を押し上げるようにして追い出し、追い出された空気がメスシリンダーにたまる。空気は（　③　）ため、発生した気体と同じ体積の空気がメスシリンダーにたまり、体積を正確にはかることができる。

ア　水にとける　　　イ　水にとけにくい　　　ウ　空気より重い
エ　空気より軽い　　オ　燃えやすい　　　　　カ　燃えにくい

問６　チョークの主成分は、貝殻《かいがら》や大理石《だいりせき》の主成分と同じことがわかっています。この主成分は何ですか。

問７　この実験で使ったチョークには不純物が含まれています。問６で答えた物質が100%のとき、粉末３[g]を使って、表と同じ実験をしたところ、700 [mL]の気体を集めることができます。チョークに問６の物質は何％含まれていたことになりますか。

4　下の図は、海の生き物どうしの関わり合いを表しています。なお、図中の生き物名は１つの種《しゅ》ではなく、その仲間全体を指すものとします。つぎの問いに答えなさい。

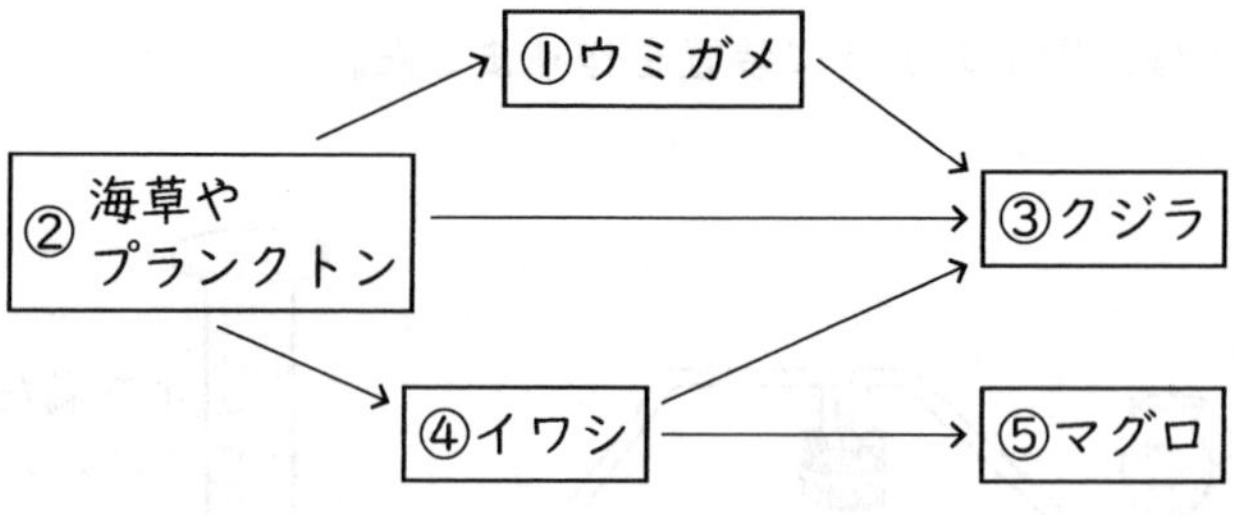

問１　図の→（矢印）は、生き物どうしのどのような関係を表しているか説明しなさい。

問２　図のような生き物どうしの関わり合いを何といいますか。答えはひらがなでもよいものとします。

問３　生き物の数（個体数）が最も多いと考えられるものを１つ、図中の①～⑤から選び、番号で答えなさい。

問４　あるときイワシが急に減ったとします。その直後、最も大きな影響《えいきょう》を受けると考えられるものを１つ、図中の①～③、⑤から選び、番号で答えなさい。

問５　クジラの仲間には、個体数が減り、絶めつが心配される種が知られています。つぎのア～エの文章のうち、その原因として正しくないものを１つ選びなさい。

ア　食用などを目的として、人間がとりすぎること。
イ　地球温暖化によって海水面が低下してしまい、住む場所が減ってしまうこと。
ウ　工場などから有害な物質が海に流れ、海がよごれてしまうこと。
エ　原油を運ぶ船の事故によって、原油が海に流れてしまうこと。

問６　図のような生き物どうしの関わり合いのうち、何かの原因で１つの生き物がそこから完全にいなくなると、どのようなことがおこりますか。つぎのア～エの文章のうち、正しいものを１つ選びなさい。なお、その生き物がいなくなった直後ではなく、数か月後や数年後までの長い期間でおこることとします。

ア　１つの生き物がいなくなっても、ほかの生き物はまったく変わりなく生き続ける。
イ　いなくなった生き物に直接関わる生き物（矢印がつながっている生き物）だけ、増えたり減ったりする。
ウ　直接関わっても関わらなくても、そこにいるほとんどの生き物が増えたり減ったりする。
エ　人間が食べ物を与えないと、そこにいる生き物すべてが減り続ける。

問７　海の生き物が絶めつしないようにするために、私たち人間ができることは何でしょうか。あなたの身のまわりでできることを考えて説明しなさい。

二 次の問いに答えなさい。

問一 次の①、②、③の――線部のカタカナを漢字に直し、④の――線部の漢字の読みをひらがなで答えなさい。

① お年玉を銀行にアズけた。

② 鏡には見事なサイクがほどこされている。

③ 「親コウコウな娘をもって幸せだ」と父が言った。

④ 問題の因果関係を調べることになった。

問二 次の①、②の四字熟語の意味として適切なものを、後からそれぞれ選び、記号で答えなさい。

① 無我夢中

② 流言飛語

ア 物事に心をうばわれ、ただひたすら行動するさま。

イ 迷って方針や見込みなどの立たないさま。

ウ 根拠がない情報や、無責任なうわさ。

エ 方針などが絶えず変わって定まらないこと。

オ なやんだすえにたどり着いた結論。

問三 後の□の中のひらがなを漢字一字に直して、①、②は対義語を、③、④は類義語をそれぞれ完成させなさい。

① 流動 ⇔ 固□　② 温暖 ⇔ □冷　③ 有名 ＝ □名　④ 便利 ＝ 重□

かん　ちょ　ほう　てい

問八　文中の[い]に入る言葉として、この場面に最もふさわしいものを次から選び、記号で答えなさい。

ア　急に冷え込んで
イ　ふっとゆるんで
ウ　ほんのり温かく
エ　ふいに流れ込んで

問九　文中の[う]に入る、適切な漢字一字を答えなさい。

問十　――線⑦「竜司は体の力がぬけていくような気がした」とありますが、どのような言葉に対して「体の力がぬけていくような気がした」のですか。答えなさい。

問十一　――線⑧「口の中がかわいて、のどがはりついたようになっている」とありますが、このときの竜司の気持ちとして、最も適切なものを次から選び、記号で答えなさい。

ア　絶望　　　　　イ　悲しさ
ウ　恥《は》ずかしさ　エ　緊張《きんちょう》

問十二　――線⑨「体が軽くなった気がした」とありますが、竜司はなぜこのように思ったのですか。説明しなさい。

問十三　――線⑩「竜司はにっこり笑ってみせた」とありますが、美紀と悠人に「にっこり笑ってみせた」ときの竜司の気持ちを説明しなさい。

問四　――線④「決まり悪そうにちぎれた部分を差しだした」とありますが、このときの矢田の気持ちとして、最も適切なものを次から選び、記号で答えなさい。

ア　竜司の本を無理やり取ろうとしたのは自分なので、自分も悪いと思っている。
イ　やぶれた本を自分では元通りにすることができないので、申し訳ないと思っている。
ウ　竜司が手をはなさなかったせいで本がやぶれたので、自分は悪くないと思っている。
エ　本を図書館から借りたのは竜司なので、本がやぶれたことを気の毒に思っている。

問五　文中の［あ］に入る言葉として最も適切なものを次から選び、記号で答えなさい。

ア　いそいそ
イ　へなへな
ウ　のそのそ
エ　おろおろ

問六　――線⑤「おれ、ちょっと用がある」とありますが、竜司はなぜ「ちょっと用がある」と言ったのですか。説明しなさい。

問七　――線⑥「美紀の目がつりあがった」とありますが、このときの美紀の気持ちを答えなさい。

「はい、気をつけます」

竜司は素直に返事をした。

「調べ学習をしているのよね。知りたいことがあればいつでも相談してね。いい資料を見つけるお手伝いをさせてちょうだいね」

そう言って女の人は、にっこりほほえんだ。

竜司はうなずくことはできたが、言葉を返すことはできなかった。

本をしまい、竜司は郷土資料室をあとにした。⑨体が軽くなった気がした。自然と笑みがこぼれる。うっかりすると、スキップなんかしてしまいそうだ。

ゲートを通りぬけ、出入り口にさしかかったとき、自動ドアが開いて美紀と悠人がころがるように飛びこんできた。

「どう、怒られた?」

そう言う美紀は、いきがあらい。悠人も走ってきたらしく、肩《かた》で大きくいきをしている。

「だいじょうぶだったよ」

⑩竜司はにっこり笑ってみせた。

――『川のむこうの図書館』池田　ゆみる　より――
さ・え・ら書房　刊

問一　――線①「べつに変えたっていいじゃないか」とありますが、何を「変えたっていいじゃないか」と言っているのですか。八字以内で答えなさい。

問二　――線②「矢田の言葉に、美紀は言いかえすことができずに、ただにらみつけている」とありますが、美紀はなぜ「ただにらみつけている」のですか。説明しなさい。

問三　――線③「竜司はだまって背をむけた」とありますが、なぜ「だまって背をむけた」のですか。説明しなさい。

「わざわざ買ってきてくれたのね。ありがとう」

ありがとうだって？　竜司は拍子《ひょうし》ぬけしてしまった。

大人にはいつもしかられてばかりだ。悪くないのに怒《おこ》られたこともある。たいていは竜司に原因がある。まして今回はそうとうな覚悟をしていた。それなのに、女の人はありがとうと言ったのだ。おまけに本をやぶいてしまったわけも聞かないでいてくれた。

「新しいのをいただくわね。こっちのは除籍《じょせき》して、あなたにあげましょう」

じょせき？　なんのことだろう。

「手続きをして、図書館の本ではないようにするの。それからやぶれた方は修理するから、ちょっと待っててね」

ぽかんとしている竜司に、女の人がゆっくりと説明してくれた。

竜司はうなずいた。

そういうことか。

待っているあいだ、竜司は館内をぶらつくことにした。気がつくと、心が軽くなっていた。するとふしぎなことに、この図書館ががぜん楽しいところに思えてきた。

竜司は、あらためて館内を見わたした。ほんとうにあきれるほど、たくさんの本がある。そのほとんどが、自由に、しかも無料で借りることができるのだ。これはすごいことだ。

本棚《ほんだな》の横に、一脚《いっきゃく》ずつ椅子が置かれている。竜司は、あいている椅子にすわってあたりを見まわした。ゆっくり本を選ぶ人、お目あての棚にまっしぐらにむかう人、返された本をワゴンに乗せ、次々と棚にもどしていく職員。いろいろな人が行きかう。館内はあたたかく、静かでここちよい。

「はい、お待たせ」

さっきの女の人が、修理した本を持ってきてくれた。透明《とうめい》なシートでぴっちりとおおわれて、ページもきれいになっていた。

「今度は気をつけてね」

最後にそう言われたので、竜司はかえってほっとした。そのくらい言われて当然だ。

竜司はおどろいて悠人を見た。

「ぼくね、小さいころに、借りた絵本なくしちゃったことがあるんだ。そのとき、親が同じ絵本を買って図書館に持っていったんだよ。ずいぶんあとになって、その本は出てきたけどね」

「それ、ほんとうか？」

「うん。だから、この本と同じものを買えばいいんだ」

「そうか！」

「でも、どこで売っているのかなあ。とりあえずネットで調べてみるよ」

「いいよ。自分でやる」

思わず言ってしまって、竜司は少し後悔《こうかい》した。売っているところを、うまく見つけることができるだろうか。そして無事に買うことができるのだろうか。

でも、これは自分の責任でなんとかしたかった。そうしなくちゃいけないと、竜司は思った。悠人にネットで調べてもらえば、すむのかもしれない。だけど、それではいけない気がした。

悠人のおかげで、買って返すという方法があることがわかった。

【この後、竜司は本を買った。そして、図書館の郷土資料室に行った。】

カウンターには、いつものメガネの女の人がいた。竜司はゆっくりと近づいて行った。

カウンターの前に立つと、トートバッグから本を出した。心臓がばくばく音をたてている。⑧口の中がかわいて、のどがはりついたようになっている。

一番上に置いた本を見て、女の人の目がメガネの奥《おく》で大きくなった。

「あの……、ごめんなさい。あ、でも弁償します。新しいのを持ってきました」

あせって声がかすれた。

文書館《もんじょかん》で買った二巻を、下から引っぱりだして、一番上に置きなおした。すると、女の人の頬《ほお》がふわっとゆるんだ。

教室には三人のほかには、もうだれも残っていない。空気が[い]、夕暮れの気配がする。

ついに竜司はあきらめた。机の中からやぶれた本を取りだすと、美紀の目の前に置いた。

ふたりが、同時に[う]をのんだ。

「どーしたの、それ？」

美紀が本をじっと見つめている。

「またハデにやっちゃったね」

悠人は小声で言った。

「貸してくれって言われてさ。無視していたら、無理やり取ろうとしたんだ」

「だれが？」と美紀が聞く。

だまっていると、「矢田でしょ」と言った。

竜司は小さくうなずく。

「あいつ！」

美紀がこぶしをにぎる。その手がわなわなとふるえる。

竜司はあわてて言った。

「すぐにわたせば、こんなことにならなかったんだ。悪いのは、たぶん、おれだ」

声がだんだん小さくなる。

「きっと山本は悪くないよ。矢田って、いつだって強引《ごういん》なんだから」
⑦竜司は体の力がぬけていくような気がした。てっきり美紀には、頭ごなしにどなられると覚悟《かくご》していたからだ。
「でも、こまったわね」

「うん」竜司はしゅんとして、うつむいた。

すると悠人が、落ちつきはらって言った。

「あのさ、たぶん同じ本を買って弁償《べんしょう》すればいいんだと思うよ」

「え、そうなの？」

美紀の目が三角になる。悠人はだまってまばたきをくりかえしている。

「だってそうじゃないか」

そうでないときもたしかにあった。でも竜司には、今はあれこれ考える余裕《よゆう》がなかった。

やぶれた本を持ちだせないまま、竜司はランドセルをつかんで、逃げるように教室から出た。美紀に腹が立ったのか、自分に腹を立てているのかわからなかった。

　このままではいけないと、竜司はあせっていた。やぶれてしまった本を、なんとかしなくてはいけない。でも、いったいどうすればいいのだろう。

竜司は頭をかかえていた。

「もうすぐ冬休みになるから、今日こそ集まってよね！」

授業が終わると、美紀がまた竜司と悠人に自由研究の相談をもちかけてきた。

「いいよ。やろう」

悠人はすぐに賛成した。

なんとかしてこの場から逃げだしたい竜司は、必死にいいわけを考えた。それを見すかすように美紀が言った。

「どういうふうにまとめるか、そろそろ決めていかないとまずいのよ！」

みんなが次々と教室をあとにする。そのざわめきの中で、美紀はいちだんと声を張りあげる。

「おれ、ちょっと……」

竜司が言いかけると、とたんに⑥美紀の目がつりあがった。

「いいかげんにしなさいよ！」

金縛《かなしば》りにでもあったように、竜司は動けなくなった。悠人もつられて、背すじをぴんとのばした。

美紀は竜司から目をはなさずに、自分の机の中から図書館から借りている本とメモ帳を引っぱりだした。

「それぞれが持っている本を、今すぐ持ってくるの！」

「はい！」と言って、あわてて悠人がかけだす。

しばらくしてわれに返った竜司は、ちぎれた部分をページのあいだにはさんで、急いで机の中につっこんだ。あらい呼吸がおさまらず、指先は冷たいのに、顔はカッカとしている。

休み時間が終わるころ、なにも知らない悠人がやってきて、本を交換《こうかん》しようと言った。

「ごめん。もうちょっと読みたいんだ」

竜司は、目を合わさずにことわった。

「ずいぶん、熱心だね」

「そ、そういうわけじゃないけど」

竜司は顔をしかめた。

悠人はいやみで言ったわけではない。そんなやつではないことはよくわかっている。でもこのときばかりは、たのむから一刻も早く消えてくれと竜司は思った。

それよりもめんどうなのは美紀だ。このことを知られたら、なにを言われるか、なにをされるかわかったものでない。

それに、図書館へはどうあやまったらいいのだろう。これって、あやまってすむことなのだろうか。

悠人は自分の席にもどっていった。竜司は頭の中が混乱して、どうしたらいいのかわからなかった。

放課後、これからどんなふうに自由研究を進めていくか、残って相談しようと美紀が言いだした。帰りのしたくをしていた竜司は青ざめた。

⑤「おれ、ちょっと用がある」

そう言いながら、教科書や筆箱をランドセルに押しこんだ。

「ふーん、山本にも用なんかあるんだ」

美紀がいやみな言い方をする。

さすがに竜司もむっとした。

「勝手に決めていいよ。どうせ、いつだってそうしているじゃないか」

「なによ、その言い方！　いつ、あたしが勝手に決めたのよ」

竜司は返事をしなかった。すると矢田がむきになった。

「見せてくれって言ってるだろう」
③竜司はだまって背をむけた。
「おい、貸せよ！」

とうとう頭にきたらしく、矢田は大声を出しながら本に手をかけた。

竜司はとっさに二巻をかかえこんだ。

「貸せって言ってるだろ！」

矢田はあきらめず、力まかせに引っぱる。

「やめろよ！」

竜司も立ちあがって、引きもどそうとする。

「よこせよ！」

矢田も手をはなさない。竜司は取られまいと必死になる。とうとうもみ合いになった。

「はなせってば！」

「いいから貸せよ！」

そのときビリッといやな音がした。表紙がやぶれ、ページも何枚かちぎれた。遺跡を掘《ほ》る写真の人物が、まっぷたつになっている。

「なにするんだよ！」

竜司はさけび声をあげた。矢田の顔が青くなった。

「素直にわたさないからだろ……」

そうつぶやいた矢田は、④決まり悪そうにちぎれた部分を差しだした。

竜司はそれを、引ったくった。一発なぐってやろうとかまえたとたん、矢田はあわてて逃《に》げだした。

竜司は［　あ　］と椅子にすわりこみ、やぶれた表紙とページを見つめた。頭の中はまっ白になり、心臓はバクバク音をたてている。

横で話を聞いていた竜司も、腹が立っていた。ところが悠人は、ただ「へえ」と言っただけだった。

「へえ、じゃないわよ。真下《ました》、あんたはのん気ね」

「自由研究は競争じゃないと思うけど」

「そうだけど、まねされるのって、なんかくやしいじゃない」

矢田の班はたしか、この地域の特産品を調べることにしていたはずだ。市の北部は畑が多く、トマトやほうれん草を栽培《さいばい》している。果樹園もあって、梨《なし》やぶどうの栽培もさかんだ。海ではシラスがとれるし、ワカメの養殖《ようしょく》も行われている。それがいつの間にか、子森《こもり》遺跡《いせき》に変更《へんこう》になった。どうやら矢田が言いだしたらしい。

「あいつ、ぜったいにあたしらと勝負したいのよ！」

「山梨《やまなし》さん、考えすぎだよ」

放っておくと、矢田をけとばしにでも行きそうな美紀を、悠人はなんとかして落ちつかせようとした。

翌日は天気がよかった。風もなく外遊びにはうってつけの日で、昼休みの教室には竜司しかいなかった。

いつものように窓のところに行って、葉がまばらになったふるさと公園のケヤキの木を、ぼんやりながめていた。

そのとき、ふと図書館の本が気になった。もう一度、ざっと読んでおきたくなった。竜司は自分の席に行き、机の中から『大地に刻まれた歴史』の二巻を取りだした。

借りた三冊《さつ》の本は、二週間の期限が来たのでいったん返却《へんきゃく》し、ふたたび竜司の貸出カードで借りてきた。それをまた三人でまわし読みしていた。

足音が聞こえて、だれかが教室に入ってきた。でも竜司は顔を上げなかった。目のはしで、ちらりとだれかをとらえた。そいつがだんだん近づいてくる。竜司はゆっくり呼吸をした。やがてそいつが、ぴたりととまった。つま先が青いゴムの室内《しつない》履《ば》きに、〝矢田〟とマジックで書かれている。

「それちょっと見せて」

竜司は聞こえないふりをした。

「ねえ、聞いてる？」とふきげんな声がした。

2023年度 女子美術大学付属中学校

【国　語】〈第一回試験〉（五〇分）〈満点：一〇〇点〉

一　次の文章を読んで、後の問いに答えなさい。

「ちょっと、まねしないでよね！」

とつぜん大声がした。

給食をたっぷりおかわりし、昼休みにうとうとしていた竜司《りゅうじ》は、びっくりして椅子《いす》からころげ落ちそうになった。見ると、すぐ横で矢田《やだ》と美紀《みき》がにらみあっている。眠気《ねむけ》がいっぺんに吹《ふ》きとんだ。

「まねとか言わないでほしいな。きちんと話しあいで決めたんだから」

「なんで変えるのよ！」
①「べつに変えたっていいじゃないか。そんなの勝手だろ。同じものじゃダメだなんて決まりはないはずだよ」
②矢田の言葉に、美紀は言いかえすことができずに、ただにらみつけている。その視線にたえられなくなったのか、矢田はくるりと背をむけて行ってしまった。
美紀はすぐに、はなれた席にいた悠人《ゆうと》を呼んだ。

「なあに？」

悠人はのんびりやってきた。

「ちょっと聞いてよ。矢田の班、あたしたちとおんなじテーマで自由研究やるんだって」

美紀は、押《お》し殺した声で説明する。

「こうなったら内容で勝負だわ。いいわね。あいつらにはぜったいに負けないから」

美紀は、矢田の方をキッとにらんだ。

2023年度 女子美術大学付属中学校 ▶解説と解答

算　数　＜第１回試験＞（50分）＜満点：100点＞

解　答

[1] (1) 27　(2) $\frac{1}{14}$　(3) $1\frac{3}{4}$　(4) 30000円　(5) 12%　(6) 60個　(7) 9通り　(8) 15度　(9) $10cm^2$　(10) 37.68cm　[2] (1) 47本　(2) 56個　(3) 142個　[3] (ア) $\frac{1}{2}$　(イ) $1\frac{2}{3}$　(ウ) 95　(エ) $3\frac{1}{6}$　(オ) 30　(カ) 15　(キ) 50　[4] (1) 毎分16L　(2) 4分　(3) 解説のグラフを参照のこと。　(4) 70cm　[5] (1) $1062.4cm^3$　(2) $794.88cm^2$

解　説

[1] 四則計算，逆算，売買損益，濃度《のうど》，図形の構成，場合の数，角度，面積，長さ

(1) $10-14\div2+4\times6=10-7+24=3+24=27$

(2) $2\frac{3}{7}\div\left(5-\frac{3}{4}\right)-\frac{1}{2}=\frac{17}{7}\div\left(\frac{20}{4}-\frac{3}{4}\right)-\frac{1}{2}=\frac{17}{7}\div\frac{17}{4}-\frac{1}{2}=\frac{17}{7}\times\frac{4}{17}-\frac{1}{2}=\frac{4}{7}-\frac{1}{2}=\frac{8}{14}-\frac{7}{14}=\frac{1}{14}$

(3) $\left(\frac{13}{4}+\square\right)\div1\frac{1}{4}=4$ より，$\frac{13}{4}+\square=4\times1\frac{1}{4}=4\times\frac{5}{4}=5$　よって，$\square=5-\frac{13}{4}=4\frac{4}{4}-3\frac{1}{4}=1\frac{3}{4}$

(4) 1kgあたりの利益は，2500×0.6＝1500(円)になるから，20kg売れたときの利益は，1500×20＝30000(円)である。

(5) (食塩の重さ)＝(食塩水の重さ)×(濃度)より，7％の食塩水A200gにふくまれる食塩の重さは，200×0.07＝14(g)になる。また，混ぜてできる10％の食塩水，200＋300＝500(g)にふくまれる食塩の重さは，500×0.1＝50(g)なので，食塩水B300gには，50－14＝36(g)の食塩がふくまれる。よって，食塩水Bの濃度は，36÷300×100＝12(％)とわかる。

(6) 右の図1のように，チョコレートを4枚並べると，この4枚を1組として，15÷1＝15(段)つめることができる。よって，最も多くつめると，4×15＝60(個)になる。

図1

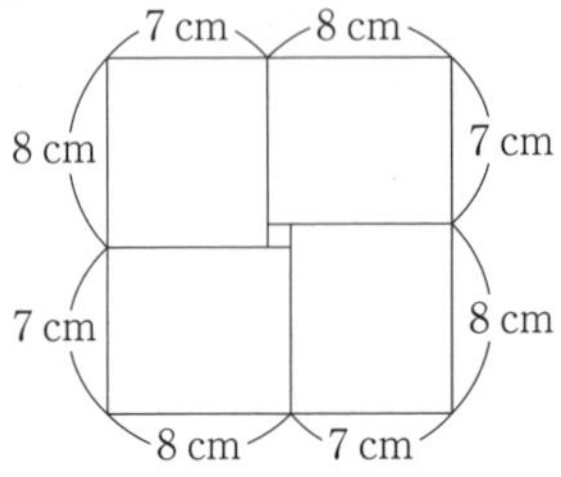

(7) はちまきが赤のとき，半そでシャツは白となり，短パンは緑と黒の2通りになる。はちまきが白のとき，半そでシャツは赤となり，短パンは緑と黒の2通りになる。はちまきが黄色で半そでシャツが赤のとき，短パンは緑と黒と白の3通りとなり，はちまきが黄色で半そでシャツが白のとき，短パンは緑と黒の2通りになる。よって，同じ色がないような選び方は，2＋2＋3＋2＝9(通り)ある。

(8) 下の図2で，三角形ABCは二等辺三角形だから，角アの大きさは65度になり，角イの大きさは，180－65×2＝50(度)である。また，平行四辺形では角ABCの大きさと角BADの大きさの和は180度になるので，角BADの大きさは，180－65＝115(度)となる。よって，角xの大きさは，115－50×２＝15(度)とわかる。

(9)　下の図３で，三角形BCEは底辺をBCとみると，高さはCDだから，面積は，10×10÷２＝50(cm^2)である。また，台形ABFDと三角形BCFの面積の比が３：２で，正方形ABCDの面積は，10×10＝100(cm^2)だから，三角形BCFの面積は，$100\times\frac{2}{3+2}=40$(cm^2)とわかる。よって，三角形CEFの面積は，50－40＝10(cm^2)と求められる。

(10)　下の図４で，○印をつけた三角形はすべて正三角形だから，アとイの角の大きさはそれぞれ，360－90－60×２＝150(度)，180－60×２＝60(度)である。よって，太線部分の弧《こ》の中心角の合計は，ア×４＋イ×８＝150×４＋60×８＝1080(度)だから，太線部分の合計の長さは，$2\times2\times3.14\times\frac{1080}{360}=37.68$(cm)とわかる。

図２

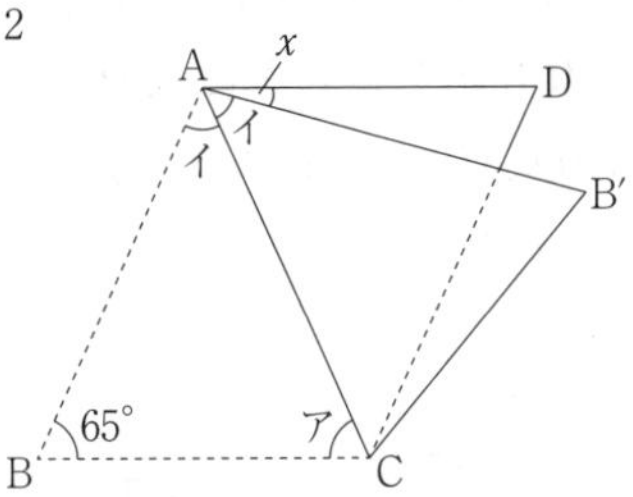

図３

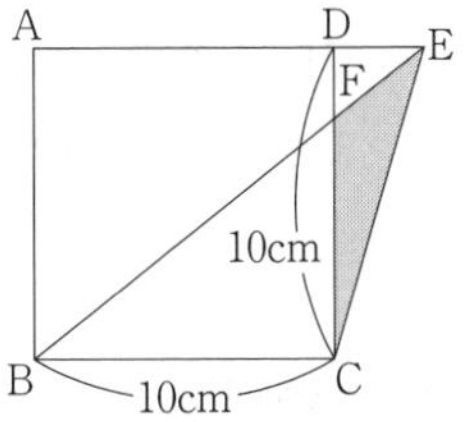

図４

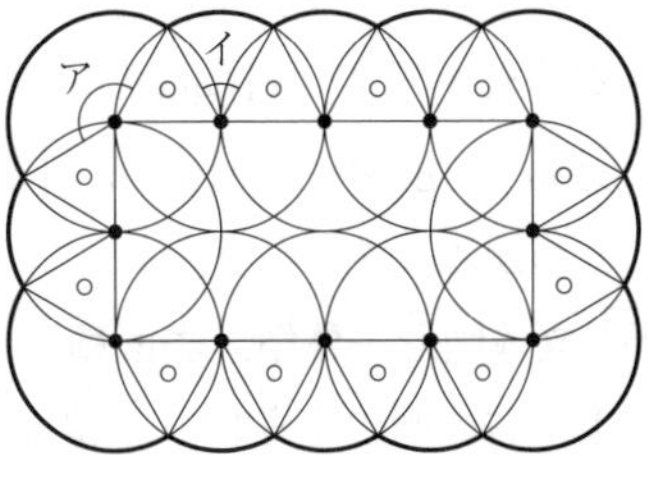

2　図形と規則

(1)　右の図で，【１番目】の六角形には棒が12本ある。これに太線の７本を加えると，【２番目】になり，さらに７本を加えると，【３番目】になる。このように，使う棒の本数は７本ずつ増えていくから，【□番目】に使う棒の本数は，12＋７×(□－１)で求められる。よって，【６番目】に使った棒の本数は，12＋７×(６－１)＝47(本)となる。

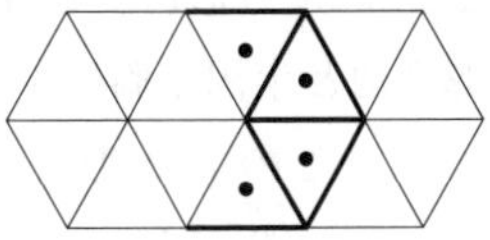
…

(2)　図で，【１番目】の六角形には正三角形が６個ある。これに●印をつけた４個を加えると，【２番目】になり，さらに４個を加えると，【３番目】になる。このように，正三角形の個数は４個ずつ増えていくから，【15番目】は【１番目】と比べて正三角形が，４×(15－１)＝56(個)増えている。

(3)　(1)と同様に考えると，12＋７×(□－１)＝250と表せるので，□＝(250－12)÷７＋１＝35(番目)とわかる。よって，正三角形は，６＋４×(35－１)＝142(個)と求められる。

3　相当算

黄を１とすると，白は黄の半分だから，白は$\frac{1}{2}$(…(ア))となり，赤は白の$3\frac{1}{3}$倍なので，赤は，$\frac{1}{2}\times3\frac{1}{3}=1\frac{2}{3}$(…(イ))となる。次に，黄を５g増やす前の重さの合計は，100－５＝95(g)(…(ウ))であり，これが，$1+\frac{1}{2}+1\frac{2}{3}=3\frac{1}{6}$(…(エ))に等しいから，黄は，$95\div3\frac{1}{6}=30$(g)(…(オ))とわかる。これより，白は，$30\times\frac{1}{2}=15$(g)(…(カ))，赤は，$30\times1\frac{2}{3}=50$(g)(…(キ))とわかる。

4　グラフ―水の深さと体積

(1)　問題文中のグラフより，水を入れ始めてから12分で，水面の高さが40cmになる。そのとき，水が入っている部分の底面積は，80×80－40×40＝4800(cm^2)なので，入れた水の体積は，4800×

40＝192000(cm^3)になる。よって，水は毎分，192000÷12＝16000(cm^3)，つまり，16Lの割合で入っている。

⑵　水そうＡに水が入っている間，水そうＢの水面の高さは40cmのままである。水そうＡに入る水の体積は，40×40×40＝64000(cm^3)だから，水そうＢの水面の高さがふたたび増え始めるまでにかかる時間は，64000÷16000＝４(分)となる。

⑶　⑵より，12分後から，12＋４＝16(分後)までは水面の高さが40cmのままである。水面の高さが40cmから80cmの部分に入る水の体積は，80×80×(80－40)＝256000(cm^3)なので，水面の高さがふたたび増え始めてから，まん水になるまで，256000÷16000＝16(分)かかる。よって，まん水になるのは，16＋16＝32(分後)だから，右上のグラフのようになる。

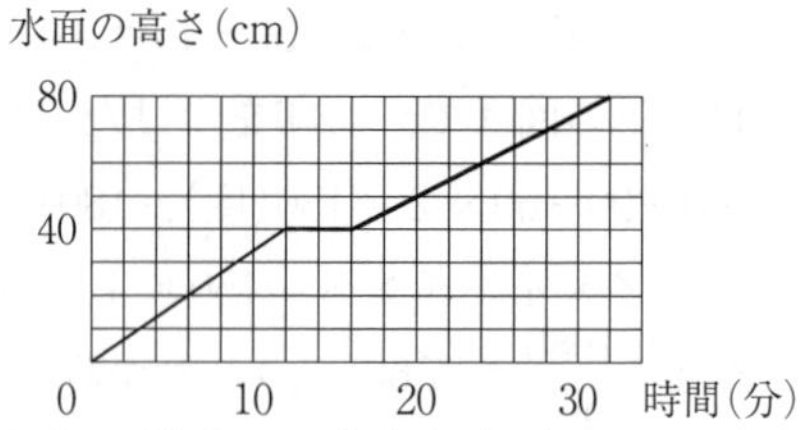

⑷　水そうＡには64000cm^{3}の水が入っているので，水そうＡを取り出したときに水面の高さは，64000÷(80×80)＝10(cm)下がる。よって，このときの水そうＢの水面の高さは，80－10＝70(cm)とわかる。

5　立体図形─体積，表面積

⑴　右の図のように，斜線《しゃせん》部分の一部を移動すると，この立体の底面は，半径が，２×２＝４(cm)で，中心角が90度のおうぎ形２個と，半径が４cmの半円１個と，一辺の長さが２cmの正方形14個を合わせた形になる。このうち，おうぎ形２個と半円１個は，合わせると半径４cmの円になる。よって，この立体の底面積は，４×４×3.14＋２×２×14＝106.24(cm^2)だから，体積は，106.24×10＝1062.4(cm^3)と求められる。

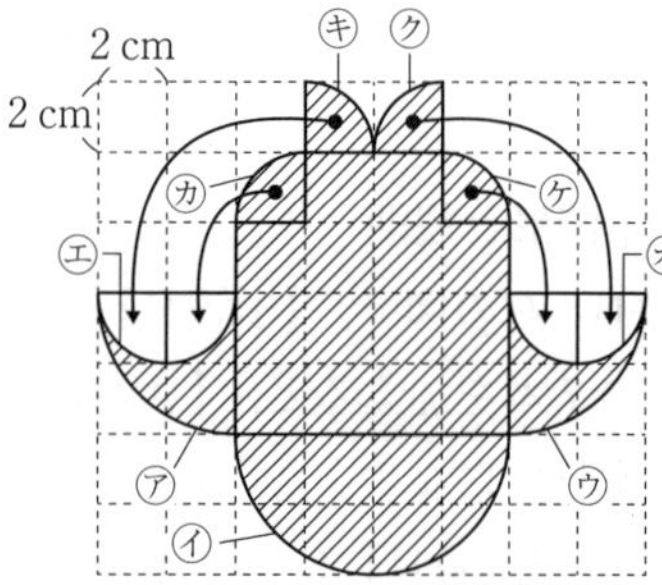

⑵　上下の底面積の和は，106.24×２＝212.48(cm^2)である。また，底面のまわりのうち，㋐，㋑，㋒の長さの和は，半径４cmの円の円周に等しく，㋓，㋔の長さの和は，半径２cmの円の円周に等しく，㋕，㋖，㋗，㋘の長さの和も，半径２cmの円の円周に等しい。さらに，㋐～㋘以外で２cmの直線部分が４か所あるので，底面のまわりの長さは，４×２×3.14＋２×２×3.14×２＋２×４＝58.24(cm)となる。よって，側面積は，58.24×10＝582.4(cm^2)だから，表面積は，212.48＋582.4＝794.88(cm^2)である。

社　会　＜第１回試験＞（理科と合わせて50分）＜満点：50点＞

解　答

1　⑴　ウ　⑵　カルデラ湖　⑶　東海道　⑷　イ　⑸　エ　**2**　⑴　アイヌ　⑵　イ　⑶　①　ウ　②　ア　③　オ　**3**　⑴　a　キ　b　イ　⑵　(例)　民衆に仏教を広め，橋をかけるなどの社会事業をしたから。　⑶　ア　⑷　シルクロード　**4**　⑴　イ，カ　⑵　ウ　⑶　エ　⑷　ア　**5**　⑴　ア　⑵　エ　⑶　ウ　⑷　イ　⑸　ウ

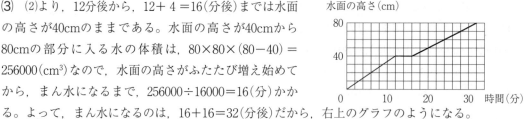

解説

1 箱根町を題材とした問題

(1)　Ｘのプレートは北海道や東北地方，関東地方などがふくまれており，ウの北アメリカプレートがあてはまる。アの太平洋プレートは，Ｘの東側，イのフィリピン海プレートはＸの南側，エのユーラシアプレートはＸの西側にあるプレート。

(2)　火山が噴火したあとにできた火口付近の窪地《くぼち》をカルデラといい，カルデラに水がたまってできた湖をカルデラ湖という。プレートの境界に位置し，火山の多い日本ではカルデラ湖が多くある。

(3)　江戸時代に，江戸に鉄砲が入ってくることと，江戸に住む大名の妻子が江戸から出ていくことを防ぐ，という意味の「入鉄砲に出女」とよばれる厳しい管理が行われた箱根関は，五街道のうちの太平洋側を通って江戸と京都を結ぶ街道である東海道に設けられた関所である。

(4)　箱根町の伝統的工芸品としては，寄木細工がよく知られている。寄木細工は，様々な種類の木材を組み合わせて，木材が持つ自然の色を活かして幾何学《きかがく》模様をつくり出す技術である。

(5)　古くから温泉が有名な箱根町では，観光に関わる仕事に就《つ》いている人が多いため，宿泊業・飲食サービス業の割合が最も大きいと考えられる。

2 日本の自然と産業などについての問題

(1)　地図上のＡは北海道を示している。北海道の先住民族であるアイヌの人々は，独自の言語と文化をもち，狩猟《しゅりょう》や漁を中心とした伝統的な暮らしをしていた。

(2)　Ｂは日本海に面している高田(新潟県)の付近を指している。高田は北西の季節風の影響《えいきょう》により，冬の降水量が多くなる日本海側の気候に属するので，冬の降水量が多いイの雨温図があてはまる。

(3)　①　山形県を流れる最上川は，山形県と福島県の県境に位置する吾妻《あづま》山群を水源として，米沢盆地・山形盆地・新庄盆地を通り，庄内平野の酒田市で日本海に注いでいる。山形県は米づくりや果樹栽培《さいばい》がさかんである。　②　岐阜県と愛知県にまたがる濃尾《のうび》平野南西部は低湿地《しっち》帯となっており，木曽川・長良川・揖斐《いび》川が集中して流れているため，昔から水害に悩まされてきた。そうしたことから耕地や集落の周囲を堤防《ていぼう》で囲む輪中が発達した。　③　佐賀県の伝統的工芸品には有田焼があり，有明海ではのりの養しょくがさかんである。　なお，イの「夏に涼しく，キャベツ畑が広がっている」のは長野県や群馬県にあてはまる。エの九十九里浜は千葉県にあり，「日本の大きい漁港のひとつ」は銚子《ちょうし》港と判断できる。カについて，畜産業がさかんでトマトの栽培もさかんな県には熊本県があり，畜産業がさかんでピーマンの栽培がさかんな県には宮崎県や鹿児島県がある。キについて，みかんの栽培がさかんで，県内に熊野古道があるのは和歌山県である。クについて，水俣病は熊本県で発生した。

3 東大寺大仏殿を題材とした問題

(1)　**a**　８世紀の中ごろ，仏教を厚く信仰した聖武天皇は仏教の力で国を安らかに治めようと願い，地方の国ごとに国分寺・国分尼《に》寺を建てさせ，都の平城京には総国分寺として東大寺と大仏をつくらせた。　**b**　鎌倉時代に再建された東大寺南大門にある写実的で力強い作風の金剛力士像は，運慶や快慶らがつくった。　なお，アの鑑真は奈良時代に唐から来日し，唐招提寺を建てた僧。ウの空海は平安時代初期に唐へ渡り，帰国後に真言宗を開き，高野山に金剛峯寺《こんごうぶじ》を建てた僧。エの雪舟は室町時代に日本の水墨画を大成した画僧。オの桓武天皇は平安京へ遷都《せんと》した人物。カの推古天皇は飛鳥時代の天皇で，おいの聖徳太子(厩戸皇子《うまやどのおうじ》)らと政治を行った人物。

(2)　行基は，民間に布教活動をしながら，弟子や信者とともに橋をかけたり，かんがい用の池や溝をつくったりするなどの社会事業を行った僧で，民衆の信望を集めたが，行基の活動は人心を惑《まど》わすものとして当初，朝廷から弾圧《だんあつ》された。しかし，そのあとに許され，奈良の大仏をつくるさいにその土木技術と動員力を認められて協力し，最高僧位の大僧正に任じられた。

(3)　大仏がつくられた奈良時代には，律令制のもとで人々は戸籍に登録され，６歳以上の男女に口分田が与《あた》えられた。そして，税として租・庸・調などを納めなければならなかったが，生活が苦しくて逃亡する者もいた。

(4)　シルクロード(絹の道)は古代における中国と西域を結んだ東西交通路で，中国から西域に絹が運ばれたことからこのようによばれる。日本へも，シルクロードにより中国へもたらされた西域のめずらしい文物が遣唐使によって伝えられ，その多くは東大寺正倉院に納められている。

4　「女子美術大学と付属中高の歴史」を題材とした問題

(1)　1915～25年ころは日本では大正時代にあたり，女性の権利などを求める動きが起こり，1920年には平塚らいてうらが新婦人協会を設立するなどしている。また，第一次世界大戦(1914～18年)終戦後の1920年に，世界平和と国際協調を目指して国際連盟がつくられた。　なお，アの白黒テレビは1950年代後半から1960年前半にかけて急速に普及《ふきゅう》した。ウの労働力が不足して，中学生や女学生も工場で働くようになったのは1941年に始まった太平洋戦争後半の1943年から1945年の終戦までのことである。キのアメリカを中心とした資本主義国の西側陣営とソ連(ソビエト連邦)を中心とした社会主義国の東側陣営に分かれて対立したことを冷戦(冷たい戦争)といい，1945年の第二次世界大戦終戦から1989年の冷戦の終結宣言まで続いた。クのヒトラーがポーランドへ侵攻したのは1939年のことである。

(2)　1900年に最も近い時期のようすを描《えが》いた絵としては，日露戦争(1904～05年)をめぐる国際情勢を描いた風刺画であるウが適当である。アは蒸気機関車が描かれている浮世絵であることから日本で最初の鉄道が開通した1870年代のもの，イは「拓け満州」とあることから1931年に始まった満州事変よりあとのもの，エは「戦争放棄」とあることから1947年に施行された日本国憲法に関するものと判断できる。

(3)　1945年に校舎が全焼した原因としては，空襲《くうしゅう》によるものが考えられる。1944年後半以降には，アメリカ軍による本土空襲が激しくなった。アの軍人が総理大臣などを襲撃したのは1936年の二・二六事件，イの米の安売りを求める運動は1918年に起こった米騒動，ウの関東大震災は1923年に起こった。

(4)　25歳以上の男子に選挙権を認めたのは，1925年に加藤高明内閣が制定した普通選挙法のことなので，アが戦後に行われた改革ではない。なお，第二次世界大戦後，日本はGHQ(連合国軍最高司令官総司令部)による占領《せんりょう》を受けた。GHQは日本を民主化するために，20歳以上の男女に選挙権を与え，労働者の権利や言論・思想の自由を認め，戦争の原因となったと考えられた財閥《ざいばつ》とよばれる独占的な大企業を解体した。

5　2022年前半の出来事を題材とした問題

(1)　参議院議員選挙では，日本国外に居住している日本人の有権者については大使館等で投票する在外公館投票や，登録先の市区町村選挙管理委員会に投票用紙を郵送する郵便等投票が可能であり，投票所以外で投票することができる。

⑵　国民一人ひとりの健康で衛生的な生活を確保するための取り組みは，エの厚生労働省が担当している。アの環境省は環境問題などについて，イの文部科学省は教育や科学などについて，ウの防衛省は自衛隊などについて担当している。

⑶　2022年２月にロシアはウのウクライナ東部へ侵攻した。なお，アはフィンランド，イはポーランド，エはトルコを示している。

⑷　2022年のロシアによるウクライナへの侵攻の影響から，原油や天然ガスなどのエネルギー価格や食料品の価格が上がった。また，2022年には急速に円安ドル高が進行した。よって，日本の食品やエネルギー価格は上がり，円の価値は下がったという内容があてはまる。

⑸　サウジアラビアではおよそ90％の人々が国教とされるイスラームを信仰している。なお，サウジアラビアにはイスラームの聖地であるメッカがある。

理　科　＜第１回試験＞（社会と合わせて50分）＜満点：50点＞

解　答

1　**問１**　**豆電球**…明るくなる。　**理由**…（例）　電流が大きくなるため。　**問２**　**LED**…点灯しない。　**理由**…（例）　電流が流れないため。　**問３**　逆向きに回る。　**2**　**問１**　⑴　オ　⑵　イ　⑶　右の図　**問２**　ウ，オ，ア，イ，エ，カ，ク，キ　**3**　**問１**　（例）　空気より軽い。　**問２**　アルミニウム　**問３**　1388mL　**問４**　二酸化炭素　**問５**　①　ア　②　ウ　③　イ　**問６**　炭酸カルシウム　**問７**　96％　**4**　**問１**　食べる・食べられるの関係　**問２**　食物連鎖　**問３**　②　**問４**　⑤　**問５**　イ　**問６**　ウ　**問７**　（例）　プラスチックをなるべく捨てないようにする。

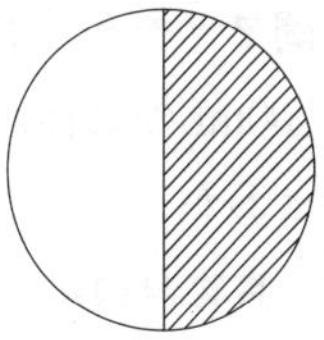

解　説

1　**電流についての問題**

問１　手回し発電機は，コイルと磁石が近づいたり離《はな》れたりするときに回路に電流が流れる現象を利用しており，ハンドルを速く回すほどたくさん電流が流れ，豆電球は明るく点灯する。

問２　手回し発電機を逆回しにすると電流は逆向きに流れるが，LED（発光ダイオード）は一方向にしか電流を通さない性質があるため，逆向きの電流では点灯しない。

問３　モーターは電流を逆向きに流すと，回転する方向も逆になる。

2　**天体についての問題**

問１　⑴　満月となるとき，月は，地球から見て太陽と正反対のオの位置にある。　⑵　月が地球から見て太陽と同じ方向のアの位置にあるとき新月に見え，ウの位置にあるとき上弦《じょうげん》の月に見える。よって，その間のイの位置に月があるときは三日月に見える。　⑶　Aの位置に月があるときに見える月は下弦の月で，地球から見た南中時の形は，左半分が光って見える。

問２　公転する軌道《きどう》が太陽に近い順に惑星《わくせい》を並べると，水星，金星，地球，火星，木星，土星，天《てん》王《のう》星，海王星の順になる。

3 気体の発生についての問題

問１　鉄，亜鉛《あえん》，マグネシウム，アルミニウムなどの金属を薄《うす》い塩酸にとかすと，水素が発生する。水素は，無色，無臭《むしゅう》で，可燃性のある気体で，空気よりも軽く(気体の中で最も軽い)，水にとけにくい性質がある。

問２　気体の発生量を物質の重さ１ｇあたりの量にそろえると，亜鉛は，752÷２＝376(mL)，マグネシウムは，506÷0.5＝1012(mL)，アルミニウムは，273÷0.2＝1365(mL)，チョークは，672÷３＝224(mL)となる。よって，発生する体積が最も多いのは，アルミニウムをとかしたときだとわかる。

問３　亜鉛１ｇをとかすと376mL，マグネシウム１ｇをとかすと1012mLの気体が発生するので，合わせて，376＋1012＝1388(mL)となる。

問４　チョークの主成分は炭酸カルシウムで，薄い塩酸にとかすと，二酸化炭素が発生する。

問５　二酸化炭素のように水にとける気体を水上置換《ちかん》法で集めると，水そうの水に気体がとけてしまいメスシリンダーに集まる体積が減少してしまう。そのため，気体の発生量を正確に調べたいときは，図１のように途中《とちゅう》に三角フラスコを設置し，発生した気体と三角フラスコの中にあった空気を置きかえて測定する方法が用いられる。追い出された空気は水にとけにくいので，水を満たしたメスシリンダーで体積を正確に測ることができる。

問６　問４の解説を参照のこと。

問７　チョーク３ｇを薄い塩酸にとかすと672mLの気体が発生し，炭酸カルシウム３ｇをとかすと700mLの気体が発生するので，チョークに含《ふく》まれる炭酸カルシウムは，672÷700×100＝96(％)だとわかる。

4 食物連鎖《れんさ》についての問題

問１，問２　図の矢印は，海草やプランクトンからウミガメ，イワシに向かい，さらにクジラやマグロに向かっているので，エサとして食べられる方向になっている。つまり，生き物どうしの食べる・食べられるの関係を示している。このような関係を食物連鎖という。

問３　エサとして食べられる生き物ほど，その個体数は多いため，矢印の出発点となっている海草やプランクトンが最も多い。

問４　イワシが急に減ると，イワシをエサとしている生き物は，エサが減るので個体数が減少してしまう。クジラはイワシ以外の生き物からも矢印がつながっているのでほかにもエサがあるが，マグロはイワシからしか矢印がつながっていないため，最も大きな影響《えいきょう》を受けると考えられる。

問５　絶めつが心配されるまでクジラの個体数が減った原因として，人間が食用などにするために大量に捕獲《ほかく》(捕鯨《ほげい》)したり，工業排水《はいすい》や原油流出により海がよごれて住む場所を失ってしまったことなどがあげられる。イの地球温暖化によって起こる現象は，海水面の低下ではなく上昇《じょうしょう》なので正しくない。

問６　１つの生き物がいなくなると，矢印がつながっているほかの生き物の数に影響し，それらの生き物が増えたり減ったりすると，そこから矢印でつながるほかの生き物の数にも影響する。これらのことから，同じ環境《かんきょう》にいるほとんどの生き物は，たがいに直接または間接的にかかわっているので，ウが正しいといえる。また，自然界の生き物は，食べる・食べられる関係のバランスのうえに成り立っているので，人間が食べ物を与《あた》えなくても生き続けられる。

問７　海の生き物が住む場所を守るためには，海をよごさないようにしなければならない。海のよごれの原因の１つに，海洋ごみによる汚染《おせん》があり，特にプラスチックごみによる汚染が深刻なため，プラスチックの使用量を減らしたり，捨てる量を減らしたりすることが大切である。

国　語　＜第１回試験＞（50分）＜満点：100点＞

解　答

一　**問１**　（例）　自由研究のテーマ　**問２**　（例）　矢田の班が自由研究のテーマを自分たちの班と同じものに変えてきたことに腹を立てているが，テーマが同じものではダメだという決まりはないはずなので，矢田に対して言い返せなくてくやしく思っているから。　**問３**　（例）　自分たちのテーマをまねした矢田に対して，腹を立てているため，本を見せたくないと思ったから。　**問４**　ア　**問５**　イ　**問６**　（例）　やぶれてしまった本を美紀に知られたら，なにを言われるか，なにをされるかわかったものではないと思っていたところ，自由研究の相談をもちかけられたので，本がやぶれたことを知られてしまうのをおそれ，逃げようと思ったから。　**問７**　（例）　自由研究の期限がせまっていて，あせっているのに，竜司に相談しようとしても，逃げてばかりいるので，怒っている。　**問８**　ア　**問９**　息　**問10**　（例）　美紀に頭ごなしにどなられると思っていたのに，自分のことを悪くないと言ってくれたこと。　**問11**　エ　**問12**　（例）　図書館の人に，本をやぶいたことを怒られると思っていたのに，逆に本を弁償したことに対して，「ありがとう」と言われ，また，最後に「今度は気をつけてね」と当然のことを言われ，かえってほっとすることができ，これまで気になっていたことが解消して，気が楽になったから。　**問13**　（例）　自分が本をやぶってしまったことを知った美紀は優しく接してくれたし，悠人は解決策を教えてくれたことがありがたかったので，図書館に本を返した後に自分を心配して来てくれた二人への感謝と，無事に終わったことを伝え安心させたいという気持ち。　二　**問１**　①～③　下記を参照のこと。　④　いんが　**問２**　①　ア　②　ウ　**問３**　①　定　②　寒　③　著　④　宝

●漢字の書き取り

三　**問１**　①　預(けた)　②　細工　③　孝行

解　説

一　**出典は池田《いけだ》ゆみるの『川のむこうの図書館』による。**自由研究をめぐる，美紀《みき》と矢田《やだ》の対立がきっかけとなって，図書館から借りていた本がやぶれてしまい，竜司《りゅうじ》は新しい本を買って図書館に行く。

問１　続く部分から，矢田の班は「この地域の特産品を調べることにしていたはず」なのに，いつの間にか，竜司たちと同じ「子森遺跡《こもりいせき》に変更《へんこう》になった」ことがわかる。それに関して，美紀が，まねをするなと言い，なぜ変えるのかとたずねたので，矢田は，自由研究のテーマは「べつに変えたっていいじゃないか」と答えたのである。

問２　美紀は，矢田の班が自由研究のテーマを変えて，自分たちと同じテーマにしたことに文句を言ったが，矢田は自由研究のテーマは「同じものじゃダメだなんて決まりはないはずだ」と答えた。

矢田の言うとおりそんなルールはなかったので，美紀は，くやしかったが，何も「言いかえすことができずに，ただにらみつけて」いたのだと考えられる。

問３　矢田が自分たちと同じテーマで自由研究をすることについて，竜司も腹を立てていた。自由研究のために使う本を見せてくれと言ってきた矢田に背をむけたことから，竜司は矢田に本を見せたくなかったのだとわかる。

問４　「決まりが悪い」は，不適切な行動を取って，はずかしく思うこと。矢田は，本がやぶれてしまった責任は自分にもあると考えて，竜司に対して申し訳なく感じているのである。

問５　借りた本がやぶれてしまったことにショックを受け，矢田とのやり取りを終えて力がぬけた場面なので，気力や体力を失って，弱々しくくずれ落ちるさまの「へなへな」が合う。

問６　図書館で借りた本がやぶれてしまったことを美紀に知られたら，「なにを言われるか，なにをされるかわかったもの」ではなかった。そんなときに，「これからどんなふうに自由研究を進めていくか，残って相談しようと美紀が言いだした」ので，本がやぶれたことを知られたくない竜司は，その場から逃《に》げ出したくて，「ちょっと用がある」とうそをついたのである。

問７　「目がつりあがる」は，怒《おこ》った顔つきをすること。「もうすぐ冬休み」であり，「どういうふうにまとめるか，そろそろ決めていかないとまずい」時期になったのに，竜司は話し合いに参加しようとせず，逃げてばかりだったので，美紀が腹を立てたことがわかる。

問８　「もうすぐ冬休みになる」と美紀が言っているので，この場面は，十二月であることがわかる。その時期に，「夕暮れの気配」がしてくれば，空気は冷たくなってくると考えられる。

問９　「息をのむ」は，おどろきやおそれのために，息を止めること。

問10　竜司は，本がやぶれてしまったことを知られたら，美紀に「頭ごなしにどなられると覚悟《かくご》して」いた。しかし，美紀は，竜司をどなりつけるどころか，「悪くないよ」と言ってくれた。ぼう線⑦からは，何を言われるかと緊張《きんちょう》していた竜司のほっとしたようすが読み取れる。

問11　図書館の本をやぶってしまったことに罪悪感をおぼえ，これから図書館の人にあやまらなければならないのだ，と考えた竜司は，気持ちが張りつめて「口の中がかわいて」きたのである。

問12　竜司は，図書館の本をやぶってしまったため，きびしくしかられることを覚悟していたが，図書館の女の人は，竜司が新しい本を買って弁償《べんしょう》したことにお礼を言ってくれた。最後に「今度は気をつけてね」と言われて，竜司は「それくらい言われて当然だ」と感じ，「かえってほっとした」とある。自分を責めると同時に，図書館の人にもしかられるだろうと思っていたが，罪悪感と緊張感から解放されて気が楽になり，竜司は「体が軽くなった気がした」と考えられる。

問13　図書館の本をやぶってしまったと知ったとき，美紀は怒らずに，竜司は悪くない，と言ってくれたし，悠人は，そういうときには，「同じ本を買って弁償すればいい」と教えてくれた。さらに，竜司が，図書館に本を返しに行ったときには，二人とも竜司のことを心配して，図書館にかけつけてくれた。二人の自分に対する心づかいに感謝するとともに，図書館の人に怒られず，無事手続きがすんだことを知らせたかったので，「竜司はにっこり笑ってみせた」のである。

二　漢字の書き取りと読み，四字熟語の知識，対義語と類義語の完成

問１　①　音読みは「ヨ」で，「預金」などの熟語がある。　②　手先を使って，細かい物を作ること。そうして作られた物。　③　子が親を敬い，大切にすること。　④　原因と結果。

問２　①　「無我夢中」は，あることに心をうばわれて，我を忘れて熱中するさま。　②　「流言飛語」は，確かなよりどころがないのに，言いふらされるうわさや情報のこと。

問３　①「流動」は，常に移り変わること。対義語は，一定の状態で変化しないことを意味する「固定」。　②「温暖」は，気候が暖かなさま。対義語は，冷え冷えとして，寒いことを意味する「寒冷」。　③「有名」「著名」は，“世間に名が知られている”という意味。　④「便利」「重宝」は，“目的を果たすうえで使いやすく役に立つ”という意味。

2023年度 女子美術大学付属中学校

【算　数】〈第３回試験〉（50分）〈満点：100点〉

※定規，コンパスは使用してはいけません。

1 次の各問いに答えなさい。

（1） $17 + 15 \div 3 - 5 \times 3$ を計算しなさい。

（2） $\frac{4}{5} - 1\frac{1}{6} \div 3\frac{1}{2} \times 1\frac{1}{2}$ を計算しなさい。

（3） $1\frac{2}{3} + \square \div 1\frac{1}{3} = 3$ のとき，$\square$ をうめなさい。

（4） 縮尺5000分の１の地図上で，縦４cm，横５cmの長方形の形をした公園の実際の面積は何km^2ですか。

（5） 12％の食塩水250gと４％の食塩水150gを混ぜると何％の食塩水になりますか。

（6） 140cmの針金をちょうど使い切って３つの正方形を作ります。１番小さい正方形Ａの４倍の面積の正方形Ｂ，さらに正方形Ｂの４倍の面積の正方形Ｃを作ります。正方形Ａの面積を求めなさい。

（7） 赤色の絵の具が１本，黄色の絵の具と緑色の絵の具が２本ずつ，全部で５本あります。これらの絵の具を１本ずつ，１番から５番まで番号がついた５つの箱に入れます。異なる入れ方は全部で何通りありますか。ただし，同じ色の絵の具は，区別しないものとします。

（8）　下の【図１】の三角形ABCはAB＝ACの二等辺三角形です。【図２】のように，BDを折り目としてBDとACが垂直になるように折り返したところ，三角形CBAはCB＝CAの二等辺三角形になりました。このとき，角xの大きさを求めなさい。

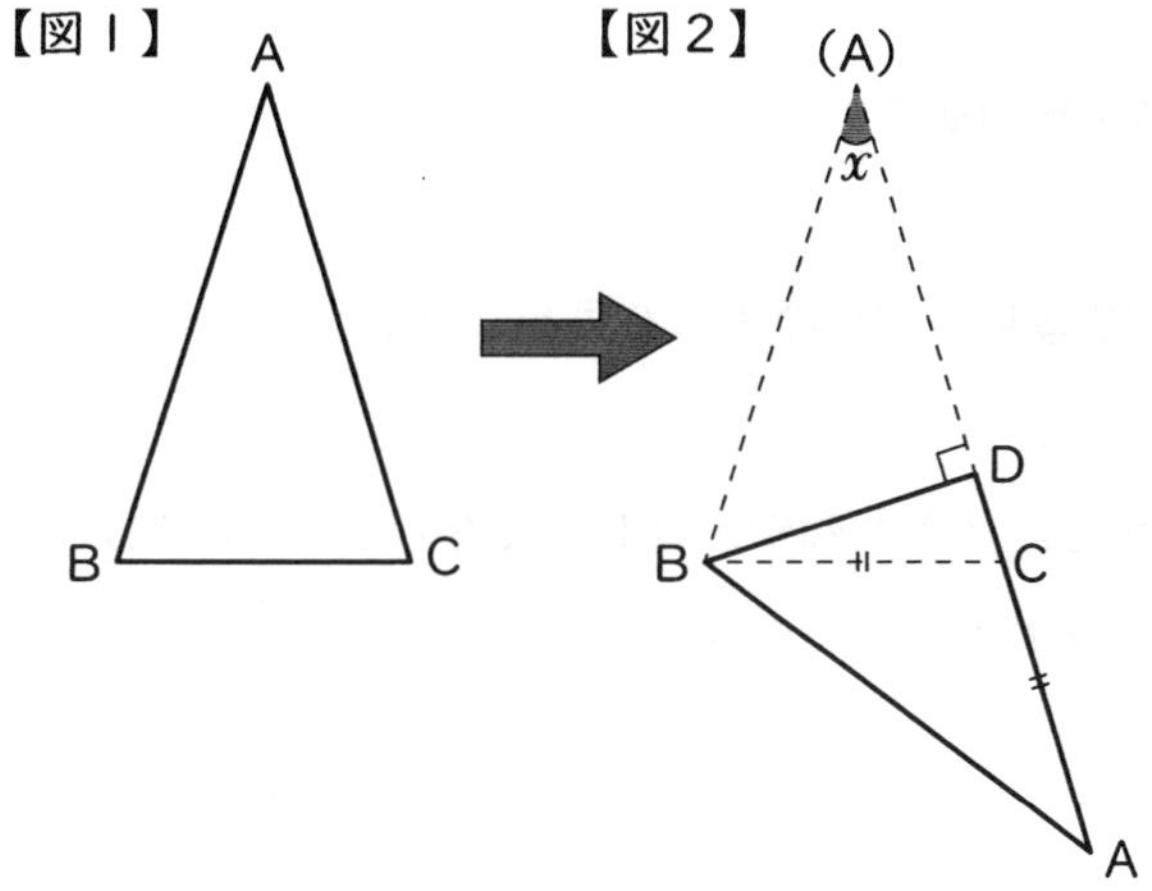

（9）　下の平行四辺形で，斜《しゃ》線部分の面積を求めなさい。

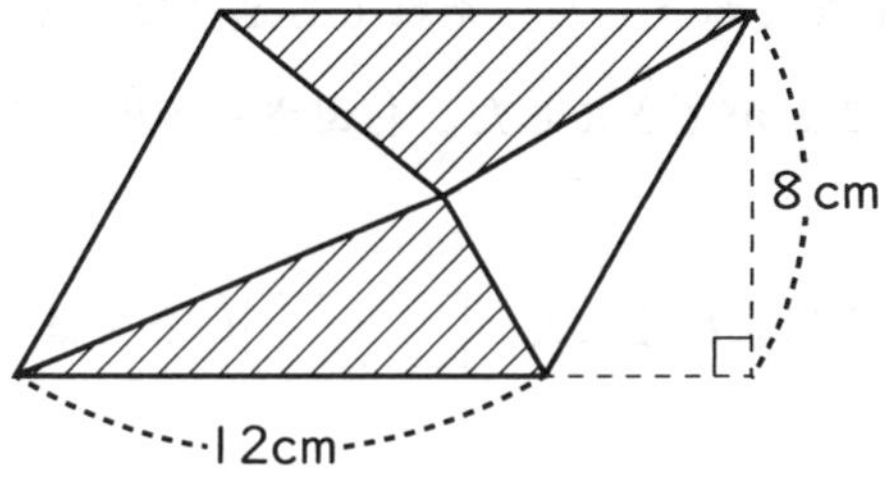

（10）　下の図のように，一辺が６cmの正方形と，８個の同じ大きさの円があります。各点は円の中心を表しています。このとき，太線部分の合計の長さを求めなさい。ただし，円周率は3.14とします。

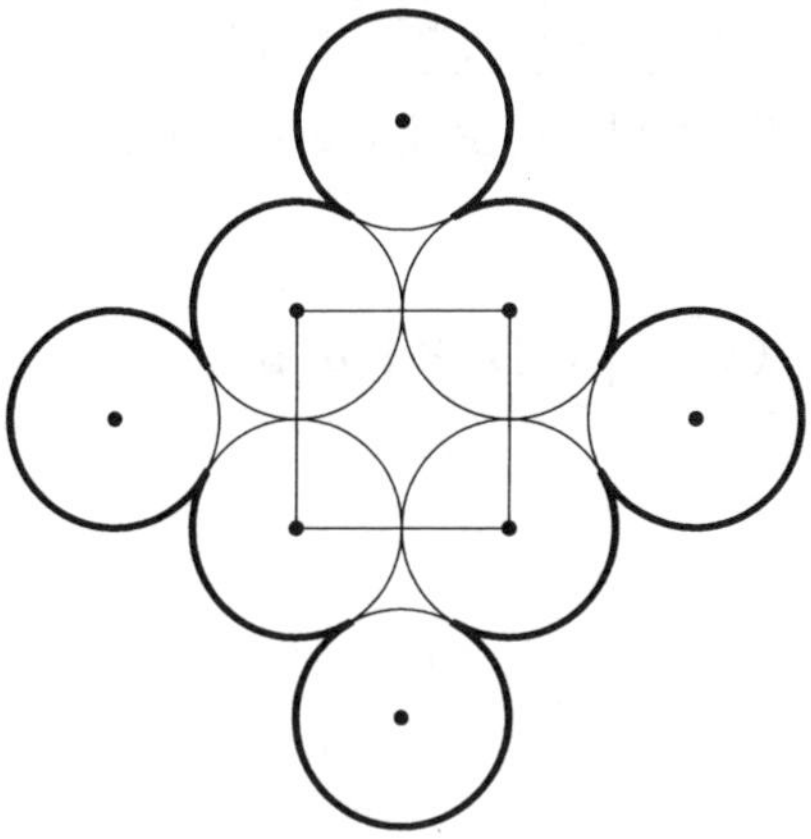

2 次のように，数が左から規則的に並んでいます。このとき，次の問いに答えなさい。

$1,\ 2,\ \frac{1}{2},\ 3,\ \frac{1}{3},\ 1,\ 2,\ \frac{1}{2},\ 3,\ \frac{1}{3},\ 1,\ 2,\ \frac{1}{2},\ 3,\ \frac{1}{3},\ \cdots\cdots$

（1）　50番目の数を求めなさい。

（2）　1番目から50番目までの数の和を求めなさい。

（3）　左から順に加えたときの和が，はじめて99をこえるのは，左から何番目までの数を加えたときですか。

3 姉と妹が，８：５の割合でお金を出し合って，おばあちゃんに誕生日プレゼントを買うことにしました。気に入った品物がありましたが，定価が高くて買えなかったところ，店員さんが20％引きにしてくれました。それでも足りない分の200円を，お母さんが出してくれたので，買うことができました。お母さんが出してくれた金額は，妹が出した金額の５分の１でした。

その品物の定価を次のように求めました。［　　　］にあてはまる数を答えなさい。

（考え方）

妹が出した金額は，お母さんが出した金額の［（ア）］倍だから，

200 ×［（ア）］＝［（イ）］（円）である。

よって，姉の出した金額は，［（イ）］×［（ウ）］＝［（エ）］（円）である。

これより，お店に支払った金額の合計は，

［（イ）］＋［（エ）］＋［（オ）］＝［（カ）］（円）となる。

この金額は，商品の定価の20％引きの金額であるから，

この商品の定価は，

［（カ）］÷［（キ）］＝［（ク）］（円）とわかる。

4 下のグラフは，10km離《はな》れたA駅とB駅を往復するバスの運行の様子と，B駅からA駅に向かう美子さんの様子を表しています。バスは，10時にA駅を出発します。駅に着いたら10分間停車をして出発することをくりかえします。美子さんは，時速15kmの速さで自転車に乗って，バスが通る道にそって10時10分にB駅からA駅に向かって出発しました。7km進んだところで，自転車のタイヤがパンクしてしまいました。駐《ちゅう》輪場に自転車を置きに行ったので，パンクをしてから7分後にA駅に向かって走りました。その後，A駅で40分間過ごして11時40分のバスに乗ってB駅に戻りました。このとき，次の問いに答えなさい。

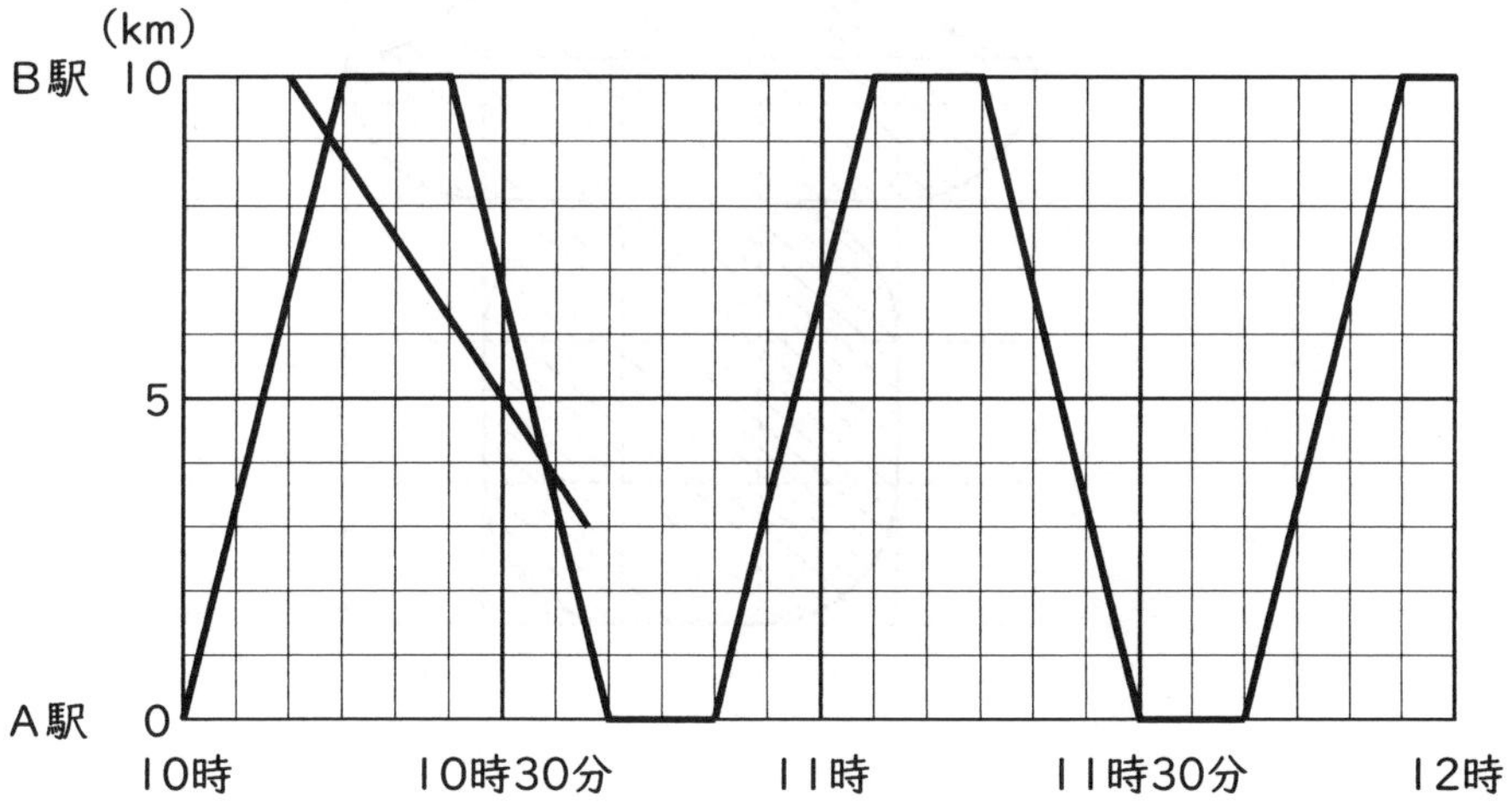

(1)　バスの速さは時速何kmかを求めなさい。

(2)　自転車のタイヤがパンクしたのは何時何分かを求めなさい。

(3)　美子さんが走り出したのは何時何分かを求めなさい。

(4)　美子さんが，A駅に着くまでの様子をグラフにかきなさい。ただし，自転車のタイヤがパンクした場所からA駅に向かって走り出したとします。

(5)　美子さんが，A駅に向かうまでに走った速さは分速何mかを求めなさい。

5 下の図のように１めもりが２cmの方眼紙に，半径２cmのおうぎ形，一辺２cmの正方形を組み合わせてできた図をかきました。斜線部分を底面とする高さ10cmの立体について，次の問いに答えなさい。ただし，円周率は３.14とします。

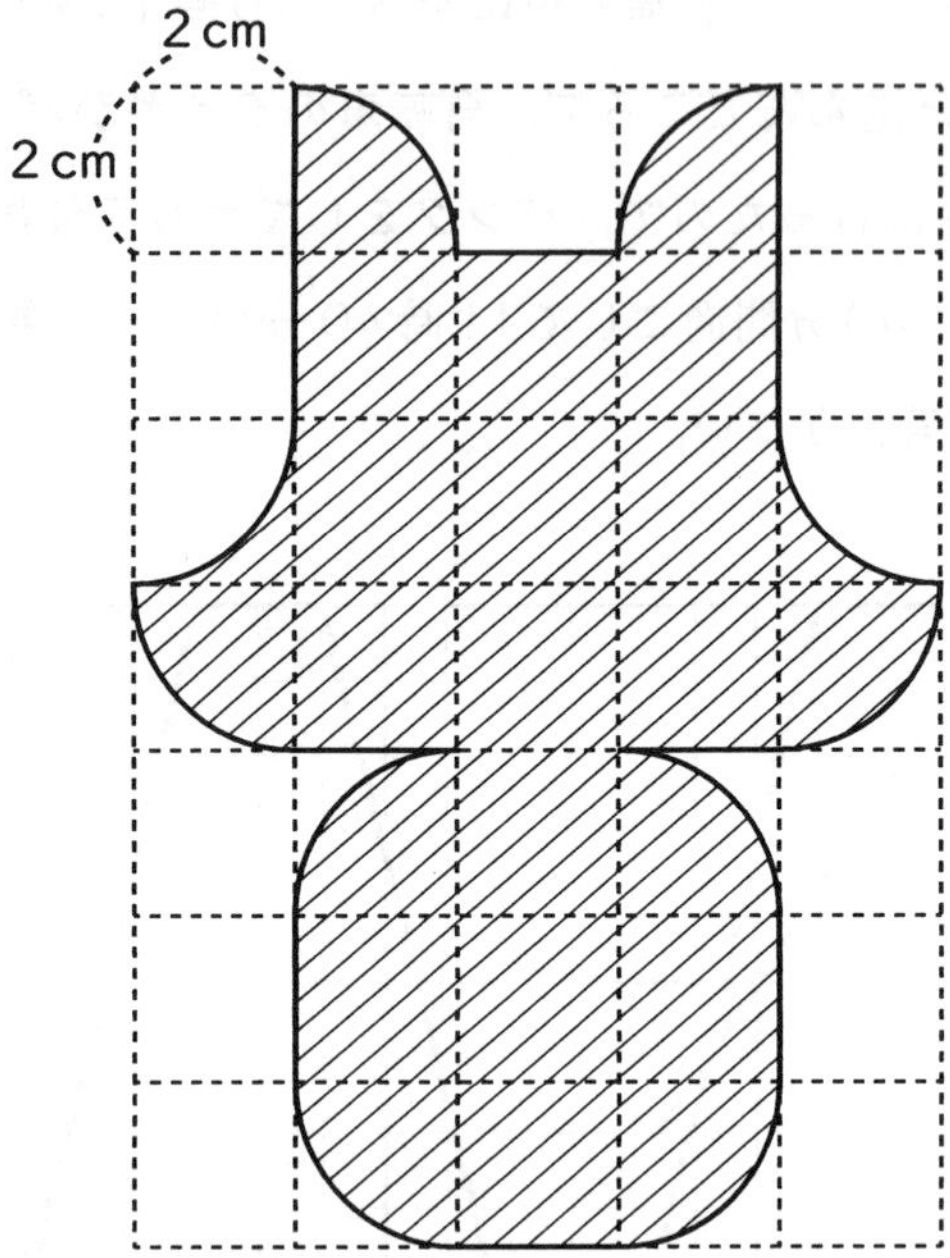

(1)　体積を求めなさい。

(2)　表面積を求めなさい。

二 次の問いに答えなさい。

問一　次の①、②、③の――線部のカタカナを漢字に直し、④の――線部の漢字の読みをひらがなで答えなさい。

① 商品をテイキョウする。

② スイリ小説を読む。

③ ごみをヒロう。

④ 潮時を見計らう。

問二　次の①、②の四字熟語の意味として適切なものを、後からそれぞれ選び、記号で答えなさい。

① 付和雷同

② 我田引水

ア　社会的なことと個人的なことの区別がないこと。

イ　自分にとって都合のいい言動をすること。

ウ　自分の意見がなく、他人の意見にすぐ従うこと。

エ　小さなことを大げさに言うこと。

オ　たくさんの人が同じ意見を述べること。

問三　後の□の中のひらがなを漢字一字に直して、①、②は対義語を、③、④は類義語をそれぞれ完成させなさい。

① 片道 ⇔ 往□　　② 生産 ⇔ 消□　　③ 同意 ＝ □成　　④ 欠点 ＝ □所

たん　さん　ひ　ふく

問八　――線⑥「蒼井君がチッと舌打ちした」とありますが、このときの蒼井君の気持ちを答えなさい。

問九　――線⑦「ふるえてるのは、こわいから」とありますが、「こわい」と感じている理由として**あてはまらないもの**を次から選び、記号で答えなさい。

ア　みんなのせいで転んで、けがをしてしまうのではないかと思っているから。
イ　練習している成果が、今ここでちゃんと発揮できるだろうかと思っているから。
ウ　失敗したら、蒼井君にまた厳しいことを言われてしまうのではないかと思っているから。
エ　クラスメイトの足をひっぱり、あきれられてしまうのではないかと思っているから。

問十　――線⑧「かけ声にあわせて真っすぐ真っすぐ、三十人が一枚の壁になってゴールを目指す」とありますが、ここで用いられている表現法を何といいますか。最も適切なものを次から選び、記号で答えなさい。

ア　直（明）喩《ゆ》法　　イ　隠（暗）喩法　　ウ　擬人《ぎじん》法　　エ　倒置法　　オ　対句法

問十一　――線⑨「どうしよ、泣きそう……」とありますが、なぜ「泣きそう」なのですか。説明しなさい。

問十二　――線⑩「鈴木さんが唇を噛んで小さくうなずく」とありますが、何に対して「うなずい」たのですか。分かりやすく答えなさい。

問十三　――線⑪「わたしは公園の真ん中を突っ切って蒼井君の背中を追いかけた」とありますが、このときの「わたし」の気持ちを説明しなさい。

問一　——線①「あたし、もう完全にあきらめてたんだよねー」とありますが、何を「あきらめてた」のですか。答えなさい。

問二　文中の［あ］・［う］には身体の一部を表す言葉が入ります。それぞれ漢字一字で答えなさい。

問三　——線②「ぞくっとした」とありますが、何に「ぞくっとした」のですか。答えなさい。

問四　——線③「いたたまれなさに包まれているわたし」とありますが、このときの「わたし」の気持ちとして、最も適切なものを次から選び、記号で答えなさい。

ア　練習初日のため、力を抜いて軽く走った結果、クラスメイトをがっかりさせてしまったことを後ろめたいと思っている。

イ　クラスメイトのみんなに受け入れられるには、多少嫌なことがあっても我慢《がまん》しなければならないと思っている。

ウ　先生やクラスメイトから、厳しい言葉を向けられてしまい、涙がこぼれそうなほど辛《つら》いと思っている。

エ　クラスメイトから注目されている中、いいタイムを出せず、すぐにでもここから立ち去りたいと思っている。

問五　文中の［い］にあてはまる適切な言葉を、これより前の文中から三字でぬき出しなさい。

問六　——線④「走り終わったあともみんな完ぺき消化不良って顔をしてる」とありますが、なぜ「消化不良って顔」をしているのですか。答えなさい。

問七　——線⑤「大目に見てくれる」の意味と同じ意味をもつ慣用句を、次から選び、記号で答えなさい。

ア　目を見張る　　イ　目を細める　　ウ　目をそむける　　エ　目をつぶる

うっとうしいって……。

「からだ、冷えんじゃん」

「へっ？」

「せっかく少しはマシになったのに、風邪《かぜ》ひいて練習できねーとか言ったら、マジでしばくかんな。オレ終わるまで、公園のなかでも軽く走ってろよ」

「う、うん」

さっきまでうっすら汗ばんでいたはずの背中がもう汗でひんやりしている。わたしはあわてて地面を蹴った。公園のなかをゆっくり走りながら、ちらと蒼井君を見た。

うっとーしーなんて言わないで、最初からそう言ってくれればいいのにな。と思って、笑った。

そんなのムリだよね。だって蒼井君だもん。

キーィと頭上で鳥の声がした。

ゆっくり走りながら空を見あげた。灰色の重たそうな空の隙間《すきま》から白い光がこぼれている。

大きくすーっと息を吸った。

朝のにおいだ。

「行くぞ！」

声のほうに顔を向けると、蒼井君が公園の入口で右手をふって、駆けだした。

「ちょっと待ってー」

⑪わたしは公園の真ん中を突《つ》っ切って蒼井君の背中を追いかけた。

――『ぼくらの一歩　30人31脚』いとう　みく　より――

アリス館　刊

注１　かぶりをふる……頭を左右にふる。

注２　踵をかえして……引き返して。

鈴木さんたちがわたしのところへ駆《か》けてきた。

翌朝、わたしはいつもより早く待ちあわせの公園についた。屈伸《くっしん》をして、アキレス腱《けん》とふくらはぎを伸ばして、準備運動も手を抜かずにやる。

ずっと走ることは苦手だった。幼稚園《ようちえん》のころから、運動会の徒競走ではいつもビリだった。だけど走るのが遅いことなんて、コンプレックスにもならなかった。運動会を嫌だって思ったことも、休みたいって思ったこともないし、それなりに楽しみにだってしていた。

だって、ママもパパもいつも「よく頑張ったね」って言ってくれたし、運動が苦手でも困ることなんてなかったから。

30人の練習をはじめてから、初めて少しでも速くなりたいって思った。でもぜんぜんダメで、頑張ったってみんなにはついていけなくて、やっぱりわたしは速くなんて走れないんだって思ってた。みんなだってきっとそう。口には出さないし、せめられたりもしなかったけど、それってあきらめていたからだと思う。

わたしが速く走れるようになんて、なるわけないって。

でも、蒼井君は違った。蒼井君はずっと信じて、練習につきあってくれていたんだ。

足首を回して準備運動を終えたとき、公園の入口から蒼井君が来た。

「おはよう」

「おはよっ、って水口早くね？」

蒼井君はトイレの横に立っている時計塔《とけいとう》に目をやった。

「そう？　ちょっと早かっただけだよ」

ふーんと眉毛《まゆげ》をあげて、蒼井君は屈伸をはじめた。

「水口もさっさとやれよ」

「わたしはもう全部終わった」

蒼井君は一瞬動きを止めてわたしを見ると、また屈伸をはじめた。

「なら先に走ってろよ。待ってられんのうっとーしーし」

ぐんっ！　からだが前に出た。

たったったっ
たったったったっ

すごい、すごいすごいすごい。

からだが、足が、ぐんぐんゴールへ向かっていく。

風を切る。

蒼井君の左足にひっぱられてわたしの足も前へ出る。動く。

地面を蹴る、足をあげる、走る。

走る走る走る。

気持ちがいい！

ゴールラインを踏《ふ》んだ。

「うそ、すごい！」

中谷さんの声が聞こえた。

わたしと蒼井君はゴールラインを数メートル越《こ》えたところで止まった。

「九・五〇秒！」

中谷さんがストップウォッチをふりあげた。

九・五〇
「走れただろ」

息も切らさずに蒼井君はそう言うと、足ひもを外して校舎のほうへ歩いていった。

蒼井君……。

「水口さんすごいすごい！」

「タイムとって！」

中谷さんは踵《きびす》[注2]をかえして、朝礼台の前でうろうろしている先生からストップウォッチをあずかると、ゴールへ向かった。

啞然《あぜん》としていると、「腕《うで》」と言われた。

「あ、うん。じゃなくて、これって？」

わたしの肩に蒼井君の腕が回った。あわててわたしは蒼井君の腰に手を回して、「あの」と見あげると、蒼井君は真っすぐ前を向いたまま言った。

「水口、ちゃんとゴール見て、足あげろよ」

「う、うん」

「おまえ走れっから」

えっ？　もう一度、蒼井君を見あげる。

「スピードになれろ」

わたしの肩に置いた蒼井君の指先に力がこもる。

ゴールを見たまま、蒼井君がすーっと息を吸った。

「中谷ー」

中谷さんは戸惑《とまど》ったようにわたしたちを見て、ストップウォッチを持った手を胸の位置にあげた。

「イチニツイテ」

中谷さんの声に、すっと左足をひく。

どくん

前を見る。

「ヨーイ」

どくんどくんどくん

「ドン」

鈴木さんが言うと、中谷さんがはっとした顔をした。

「ぼくだって走るの好きじゃないし」

「え、ちょっと待ってよ、林《はやし》君まで」

中谷さんが蒼井君を見た。

蒼井君ののどが、ぐっと鳴った。

「オレは」

「待ってよ、30人やるってみんなで決めたんでしょ。いまさら」

「いまさらじゃないよ。こんなに練習が大変なんて言ってなかったじゃん」

鈴木さんのまわりで何人かが目くばせしている。

「あたしは！」

中谷さんは顔をあげた。

「あたしは、大会には出られないんだって思ってた。あきらめてた。でも水口さんのおかげで出られるんだよ。みんなだってそれで頑張ってきたんじゃないの？　すーちゃんだって嫌《いや》だって言いながら練習続けてきたじゃん。あたし……、ただみんなと、大会に出たい」

⑩鈴木さんが唇を噛んで小さくうなずくのをぽけっとしながら見つめていたら、蒼井君がわたしの手をつかんで歩きだした。

「な、なに？」

「走る」

蒼井君はスタートラインまで行くと、腰にひっかけていた足ひもを抜いて、わたしの右足と蒼井君の左足を結んだ。

「あの、どういう？」

意味がわからない。

「中谷！　タイム」

「タイム？」

しょにゴールだってしたい。転校してきたばっかりだけど、わたしだって、このクラスの思い出、ちゃんと作りたいよ。だから、だから頑張《がんば》ったんだよ！　毎日すっごく頑張ったもん」

「オレはそんなこと」

「蒼井君には、わからないんだよ！　足の速い人にノロい人の気持ちなんて。頑張ったって急に速くなるわけないじゃん。わたしは蒼井君とは違うの！　どんなに頑張ったって、練習したって、速くなんてなれないの！　ムリなの!!」

一気にまくしたててから、はっとした。

蒼井君の向こう側で、みんながこっちを見てる。

ほっぺが、かっと熱くなった。

こんなこと、言うつもりなかった……。

蒼井君は毎日わたしの練習につきあってくれたのに。朝早くから毎日毎日、なのに、なのに。

本当はわたし、ショックだったんだ。もしかしたら少しは速く走れるようになったんじゃないかって思ってた。ムリって言いながら、わたしはどこかでわたし自身に期待してた。だから悔しかった。みんなにやさしくなぐさめられてる自分が情けなくって、わたしは自分のことがかわいそうになって、みじめになって。なのに、そんなときに蒼井君にきついことを言われたから……。

でも、これってただの逆ギレだ。

唇を噛《か》んでうつむいた。

「水口、おまえさ」

「克哉！　もうやめなよ。水口さんの気持ち、少しはわかってやりなよ」

中谷さんが大股《おおまた》でこっちに歩いてきた。

「中谷は黙ってろよ」

「なんであたしが黙らないといけないの？　そんなにむきになることないでしょ。水口さんが来てくれなかったら、大会にだって出られなかったんだよ」

「そうだよ、みんながみんな、蒼井君みたいにはできないよ。あたしだってもうやだ」

「本当にごめんね」

「いいっていいって、次、がんばろ」

そう言ってわたしの肩をぽんとしてから、「ねっ」と竹野君に言った。竹野君は「まあ、うん」と不満そうに唇《くちびる》をつきだしてうなずき、女子の数人が「ドンマイ」って言ってくれた。それから鈴木《すずき》さんは黙《だま》ってわたしの手をひいてくれた。

みんなやさしい。

やさしいから余計につらい。

みんな、転校生が来たって喜んでくれたのに、わたしがもう少し、もうちょっとだけでも速く走れたら。

鼻の奥《おく》がつんとする。⑨どうしよ、泣きそう……。

「水口！」

顔をあげると、蒼井君がいた。

「なにやってんだよ。足あげろって言っただろ。ちゃんとゴール見て走ったのかよ！」

「ごめん……」

「いちいちあやまんじゃねーよ。あやまるヒマあんなら練習しろよ。〇・一秒でも速く走れるようにしろよ」

やっぱり、やっぱり蒼井君はこうなんだ。

やさしくされるほうがつらいなんて思ったけど、実際せめられると、すっごくつらい。

わたしだってわかってる。こんなふうにあやまったり、ぐちぐち考えているヒマがあったら練習したほうがいいって。練習して〇・一秒でも速くなって、みんなの足をひっぱらないようにしなきゃって。

「わかってるよ……。蒼井君に言われなくたって、そんなこと。わたしがみんなに迷惑かけてるってことくらいわかってるもん」

「はっ？」

ことばにしたら、ものすごく悲しくなって、悔《くや》しくて、無性《むしょう》に腹が立ってきた。

「おまえなに言ってんの？」

「わ、わたしだって、みんなの足手まといになんてなりたくないよ。少しでも速く走りたいって思ってる。みんなといっ

わたし、ふるえてる。

寒いからじゃない。背中にうっすら汗をかいているくらいだもん。

⑦ふるえてるのは、こわいから。

ピピーッ

山中《やまなか》先生の吹《ふ》くホイッスルに全員前を向いた。

「じゃあ全員で気持ちをあわせていこう。

イチニツイテ、ヨーイ」

ピッ！

だっ、と三十人が同時に前へ飛びだす。

「イチニイサンシゴーロクシチハチ！」

⑧かけ声にあわせて真っすぐ真っすぐ、三十人が一枚の壁《かべ》になってゴールを目指す。

足を動かす。

もっともっと、もっと速く、速く、速く！

あっ、右足がひっぱられる。左足がもたつく……。

わずかに遅《おく》れたと思った次の瞬間、ピピーッと転倒を知らせるホイッスルが鳴った。同時にわたしは、中谷さんと竹野君を道連れにして転んだ。

「いたっ」

となりで中谷さんが手のひらを見て［う］をしかめた。

「ごめん、中谷さんごめんね」

ううん、と中谷さんは笑顔で足ひもをはずした。

「しょうがないって、水口さんひさしぶりだったんだし」

「九・四〇秒！」

一瞬《いっしゅん》、間があって、ワーッと歓声《かんせい》があがった。

「すごい！」

すごいすごい！　みんなすごいよ！

興奮して夢中で手を叩《たた》いていると、蒼井君がずんずん歩いてきた。

えっ？　顔がこわい。怒《おこ》ってるの？　なんで？

わたしがぽけっとしていると、⑥蒼井君がチッと舌打ちした。

「すごいってなんだよ」

「だって、」

蒼井君がなんで怒っているのかわからない。

「なに他人事みたいなこと言ってんだよ」

それから、みんなのほうをふりかえって、とんでもないことを言いだした。

「ラスト一本！　水口も入れて全員でいくぞ」

蒼井君の声に、校庭がしんとした。そんなことはお構いなしに、蒼井君がもう一度、「いくぞー」って言うと、ぱらぱらと「おー」って声があがった。

うそ……。

わたし十・九八秒なんだよ、現実見てよ。ぜったいムリ、ムリだってば。

「水口さん」

中谷さんがわたしの手をつかんだ。ひっぱられるまま中谷さんともう一人の学級委員長の竹野《たけの》君の間に入った。

じわっと汗《あせ》がにじむ。

右足を中谷さんと、左足を竹野君と結んで手を腰《こし》に回すと、竹野君がちらとわたしを見た。

「寒いの？」

ううん、と頭をふると「ふーん」と言って前を見た。なんでそんなことを聞くんだろう、と思って気がついた。

そう言ったら、先生はにこっとした。

「大丈夫、水口さんは六年一組の福の神だろ」

［い］の間違《まちが》いだと思います……、わたしは心のなかでそうつぶやいた。ううん、本当は福の神でも［い］でもなくて、疫病神《やくびょうがみ》だ。

やるなんて言わなきゃよかった。

ママのいうとおり、あと半年、卒業式まであっちの学校にいればよかった。

ああ、もう学校、行きたくない。

練習、したくない。

走りたくないよぉー。

それからわたしは毎朝、蒼井君と二キロ走ってから、クラスの朝練に出た。といってもクラスの練習は、わたしは完全に別メニュー。直線歩行っていって、ラインの上を真っすぐに歩く練習を五十メートル×四本、なわとび、スタート練習五本。それをみんなが走っている横で淡々《たんたん》とくりかえした。

中谷さんや女子の数人が、「かわいそう」って蒼井君に抗議《こうぎ》してくれたけど、正直言ってわたしはこのほうが気が楽だった。

だって、みんなと練習していっしょに走っても、わたしに合わせようとしたら絶対にいいタイムなんて出ないし、④走り終わったあともみんな完ぺき消化不良って顔をしてる。で、少しみんなのペースにしようとしたら、わたしがついていけなくて途中《とちゅう》で転倒《てんとう》しちゃう。

練習とはいえ、毎回そういう状況《じょうきょう》になるっていうのはけっこうつらい。だったら別メニューで参加したほうがいい。

それで、できることならわたし抜きで大会に……。

そうだ、そうだよ！　エントリーはしているんだもん、当日は一人くらいいなくたってきっと⑤大目に見てくれるよ！

特訓がはじまって二週間が過ぎた金曜日の朝、わたしがちょうどなわとびを終えたとき、先生の声が響《ひび》いた。

うそでしょ……。

「克哉《かつや》って、走ってるときはかっこいいよね」

中谷さんが苦笑した。

ううん、わたしはかっこいいとは言ってない。

でも、②ぞくっとした。たしかにいま、ふるえた。

そうして最後に、わたしの番がきた。校庭のあちこちから視線を感じる。

いやだな、緊張《きんちょう》しちゃう。

どくんどくんどくん。

「じゃあいくよー」

ピッ
ホイッスルと同時に地面を蹴《け》った。

得意じゃないけど、速くないけど、思いっきり走った。耳元で風を切る音がする。

たんっ、とゴールラインをこえて、力を抜《ぬ》いた。

息をついてふりかえると、ストップウォッチを持った中谷さんが口を開いた。

「水口さん、十・九八秒」

「おそっ」

だれかがぼそっと言った。

そうだよ、遅《おそ》いよ。だから遅いって言ったもん。わたしちゃんと言ったよね、遅いって。
③いたたまれなさに包まれているわたしに、蒼井君が言った。
「足ひっぱんじゃねーぞ」

まだ暑いはずの九月の校庭に、冷たい空気が流れた。

練習初日で、ソッコー後悔《こうかい》したわたしは、こっそり職員室へ行った。

「みんなに迷惑《めいわく》をかけるからやめます」

ただただ、あと一人必要だったんだ。

大会に出るために。

あがりかけたテンションがじりっとさがっていくのを感じながら、ははは って笑った。

わたしは、ぜんぜんわかっていなかった。

30人31脚《きゃく》がどんな競技なのかも。

みんなで走るっていうことがどういうことなのかも。

三十人のなかの一人っていう責任も、負担も、苦しさも。


練習は、翌日からはじまった。

最初にクラス全員、五十メートル走のタイムを計ることになった。本当はわたしだけでよかったんだろうけど、副キャプテンでもある中谷さんが「ひさしぶりだから計ろうよ」って、みんなにも声をかけてくれた。

たぶん、わたしに気を使ってくれたんだと思う。なんだかそういう気づかいって、すっごくうれしい。

わたしは張り切って順番を待っていたんだけど、つぎつぎに聞こえるタイムに[あ]を疑った。だって、男子はだいたいみんな八秒台で、女子で九秒台前半。

前の学校でも速い子はいたけど、そろいもそろってこんなに速いなんて信じられなかった。なかでもすごかったのが、蒼井君だった。

すっとからだが前に倒《たお》れると、そのまま真っすぐに伸《の》びていく。

速い。ゆれない。無駄《むだ》な動きがない。一歩一歩の幅《はば》が大きくて、伸びがある。

「すごい」

思わずつぶやいたら、中谷さんが肩《かた》をちょんとあげた。

「まーまーかな、七秒前半ってとこだね」

「七秒台!?」

と、ゴール付近にいた男子が「七・一三秒!」って声をあげた。

2023年度 女子美術大学付属中学校

【国　語】〈第三回試験〉（五〇分）〈満点：一〇〇点〉

一　次の文章を読んで、後の問いに答えなさい。

「水口《みずぐち》萌《も》花《か》、参加するって」

　いきなり呼び捨て……。

蒼井《あおい》君の声に、「おー」っという声と拍手《はくしゅ》がわいた。

「よしよし、じゃあさっそくエントリーしておくから」

先生は「じゃあこれ」って、マジックテープのついた赤いヒモと、バレーボールの選手が膝《ひざ》に巻くようなサポーターをさしだして、満面の笑《え》みでうなずいた。

「水口さんは、六年一組の救世主だな」

そんなことを言われたのは初めてだ。あわててかぶり注1をふると、中谷《なかや》さんがふりかえった。

「本当に水口さんのおかげ！　①あたし、もう完全にあきらめてたんだよねー。だって六年の二学期に転校してくる子なんていると思わないでしょ」

　えっ？

「つーか、一人たりねーからってエントリーできないとか、マジありえねーし。ただの地域の大会でさ」

蒼井君がぼそりと言うと先生が笑った。

「なんにでもルールはあるからな。でもまあこれで問題はクリアだ」

　このとき、ようやく気がついた。

みんなが転校生に対して、これほどウェルカムだったわけが。

2023年度

女子美術大学付属中学校　▶解　答

※　編集上の都合により，第３回試験の解説は省略させていただきました。

算　数　＜第３回試験＞（50分）＜満点：100点＞

解　答

1　(1)　7　　(2)　$\frac{3}{10}$　　(3)　$1\frac{7}{9}$　　(4)　0.05km^2　　(5)　９％　　(6)　25cm^2　　(7)　30通り　　(8)　36度　　(9)　48cm^2　　(10)　94.2cm
2　(1)　$\frac{1}{3}$　　(2)　$68\frac{1}{3}$　　(3)　73番目
3　(ア)　5　　(イ)　1000　　(ウ)　$\frac{8}{5}$　　(エ)　1600　　(オ)　200　　(カ)　2800　　(キ)　0.8　　(ク)　3500　　4　(1)　時速40km　　(2)　10時38分　　(3)　10時45分　　(4)　右の図　　(5)　分速200m　　5　(1)　828.4cm^3　　(2)　679.68cm^2

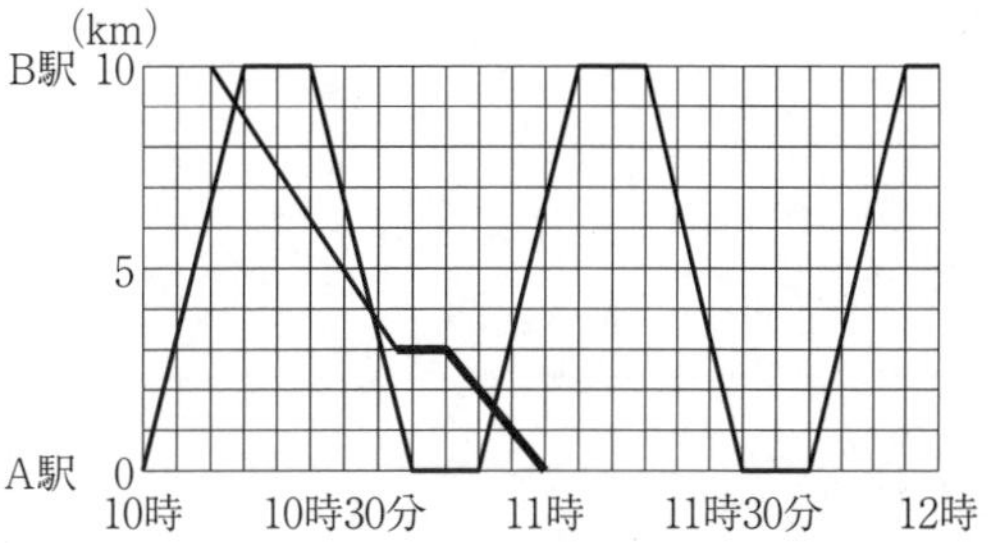

国　語　＜第３回試験＞（50分）＜満点：100点＞

解　答

一　**問１**　（例）　六年一組のみんなで三十人三十一脚の大会に出場すること。　**問２**　**あ**　耳　**う**　顔　**問３**　（例）　五十メートルを無駄な動きをせず，一歩一歩を大きく伸びやかに速く走る蒼井君の姿。　**問４**　エ　**問５**　救世主　**問６**　（例）「わたし」のペースに合わせようとして，実力を発揮できなかったから。　**問７**　エ　**問８**　（例）「わたし」が三十人三十一脚の練習を他人事のように思っていることに対して怒りを覚えている。　**問９**　ア　**問10**　イ　**問11**　（例）「わたし」の転校を歓迎し，三十人三十一脚の大会に参加できることを喜んでくれた「みんな」の期待に応えようと毎日努力しても，結局は速く走れるようにはならず足手まといになっている「わたし」を，「みんな」は責めずにやさしくしてくれているという状況に，くやしさ，情けなさ，みじめさを強く感じてしまったから。　**問12**　（例）　出られないと思っていた三十人三十一脚の大会に出られることになり，つらく厳しい練習でも頑張ってみんなで練習を続けてきたのだから，ちゃんとみんなで大会に出たいという中谷さんの言葉。　**問13**　（例）　以前の「わたし」はどんなに頑張ったって速く走れるようになるわけがないとあきらめていたが，蒼井君だけはそんな「わたし」でも速く走れるようになるだろうと信じて練習につき合ってくれていたのだとわかり，今はそのおもいにこたえ，三十人三十一脚で少しでも速く走れるように，蒼井君と一緒に，すすんで練習に取り組もうとする気持ち。　二　**問１**　①～③　下記を参照のこと。　④　しおどき　**問２**　①　ウ　②　イ　**問３**　①　復　②

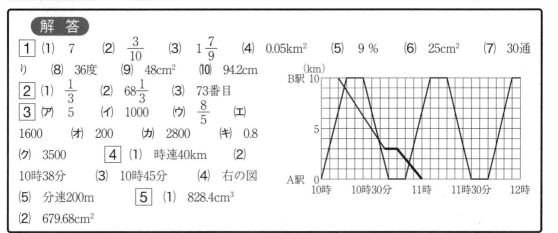

費　③ 賛　④ 短

●漢字の書き取り

二 問１ ① 提供　② 推理　③ 拾(う)

2022年度　女子美術大学付属中学校

〔電　話〕　03(5340)4541
〔所在地〕　〒166－8538　東京都杉並区和田１－49－８
〔交　通〕　地下鉄丸ノ内線 — 東高円寺駅より徒歩８分

【算　数】〈第１回試験〉（50分）〈満点：100点〉

※定規，コンパスは使用してはいけません。

１　次の各問いに答えなさい。

(1)　$18+9\div3-4\times2$　を計算しなさい。

(2)　$\frac{2}{5}-\frac{1}{5}\div\left(1\frac{1}{2}-\frac{2}{3}\right)$　を計算しなさい。

(3)　$\left(2\frac{3}{5}-\square\right)\div\frac{2}{3}=3\frac{3}{5}$　のとき、$\square$をうめなさい。

(4)　家から学校までの実際の道のりは500 *m* あります。ある地図では、家から学校までの道のりが２ *cm* でかかれていました。この地図の縮尺は何分の１かを求めなさい。

(5)　８％の食塩水250ｇに水150ｇを加えると、何％の食塩水になりますか。

(6)　１個150円のアイスをある個数買う予定で、おつりが出ないようにお金を持っていきました。実際は、１個120円だったので、予定より３個多く買ったところお金が90円あまりました。最初、アイスを何個買う予定でしたか。

(7)　下の図で、Ａ地点からＰ地点を通りＢ地点まで遠回りをせずに行く方法は何通りですか。

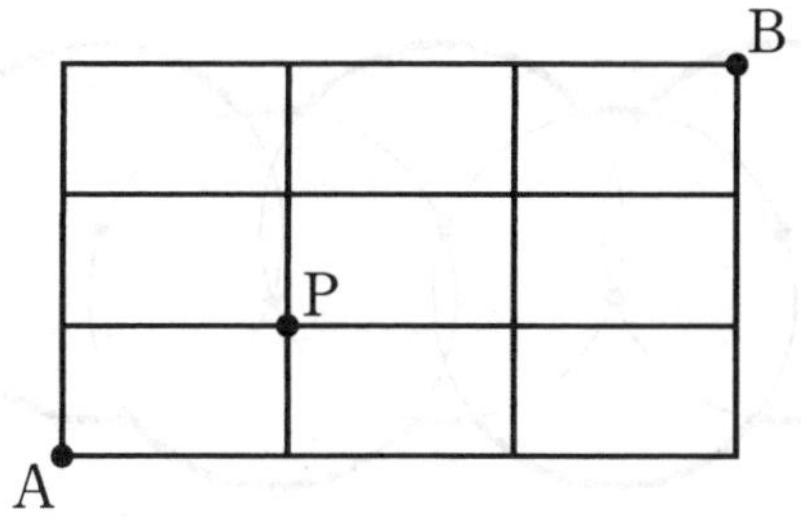

(8)　正方形の形の折り紙を、下の図のように、①から⑤の手順で折りました。このとき、角 x の大きさを求めなさい。

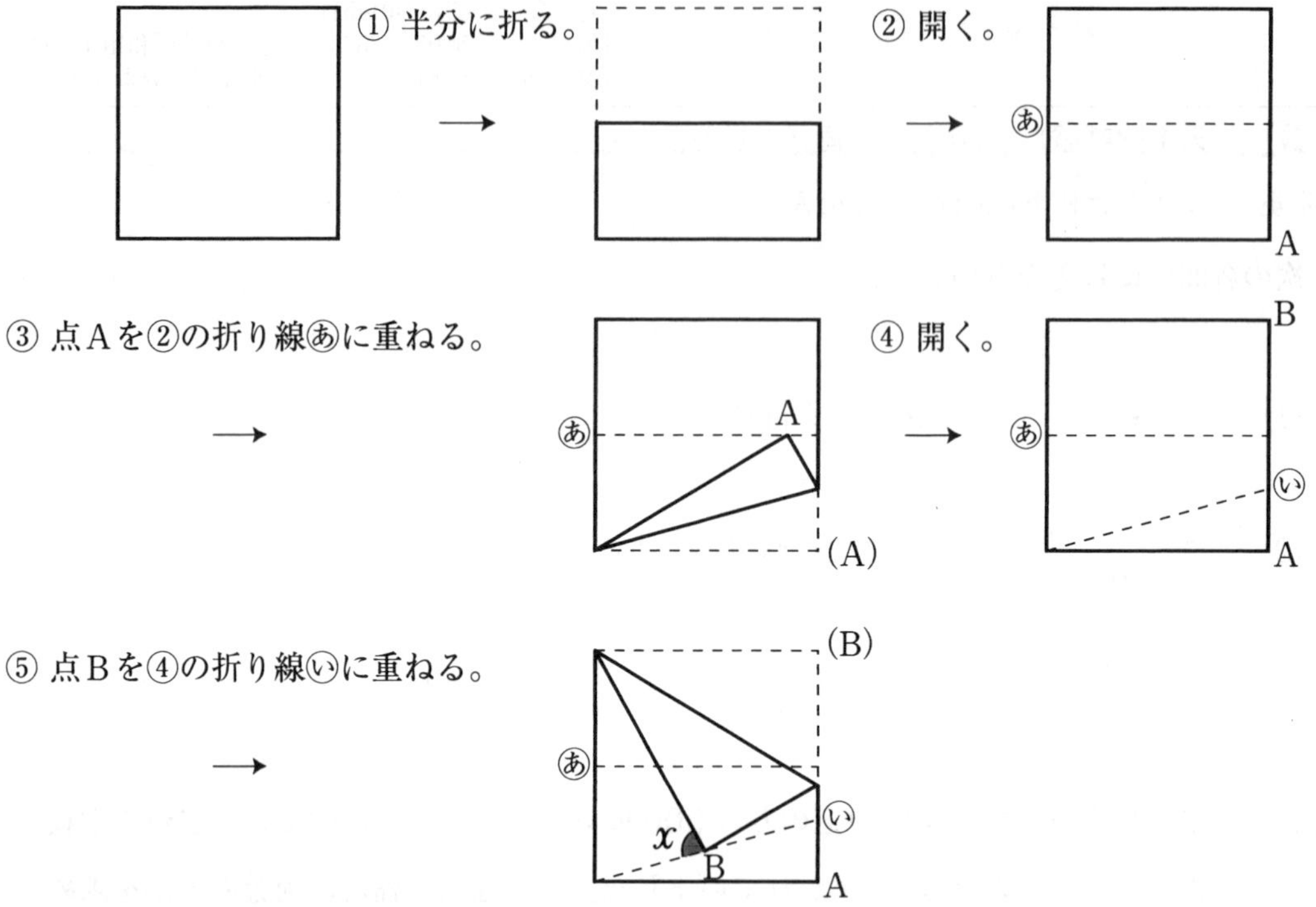

(9)　下の図の長方形 ABCD で、E、F は BC を３等分する点で、G は CD を２等分する点です。長方形 ABCD の面積が $90\ cm^2$ のとき、斜《しゃ》線部分の面積を求めなさい。

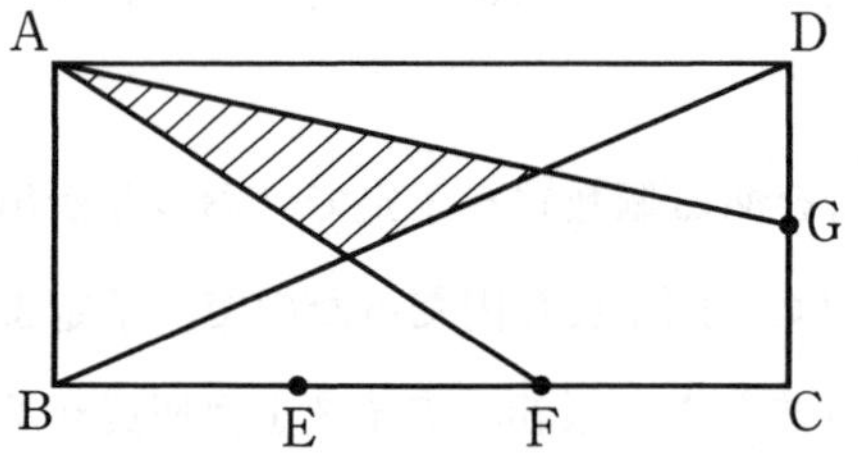

(10)　下の図のように、半径が $3\ cm$ の円を５個並べました。各点は円の中心を表しています。このとき、太線部分の合計の長さを求めなさい。ただし、円周率は 3.14 とします。

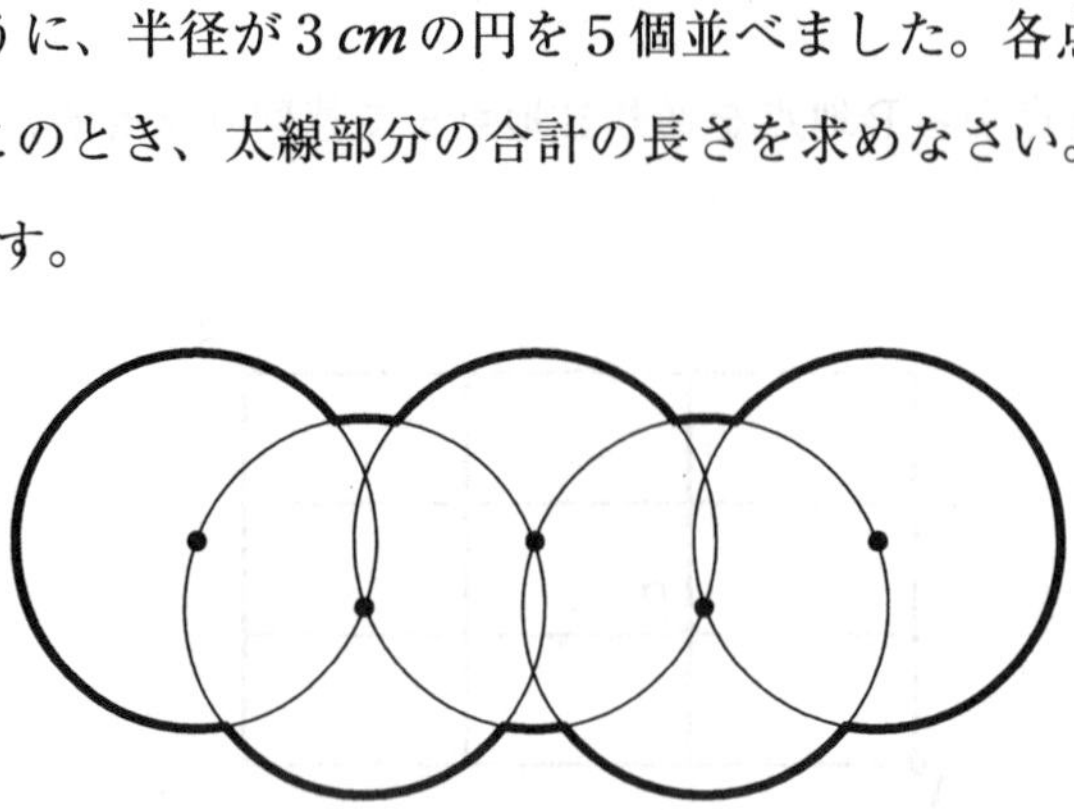

2 右の図のように、細長い直方体の正面をＡ面として、それぞれの面をB、C、Ｄ面とします。この直方体に、１から順番に整数を書き並べたテープを巻きつけました。すると、どの数の下にも、その数より12だけ大きい数が並びました。例えば「３段目のＢ面の真ん中に書かれた数」は「29」です。また、「１段目のＤ面に書かれた数」は「10、11、12」です。このとき、次の問いに答えなさい。

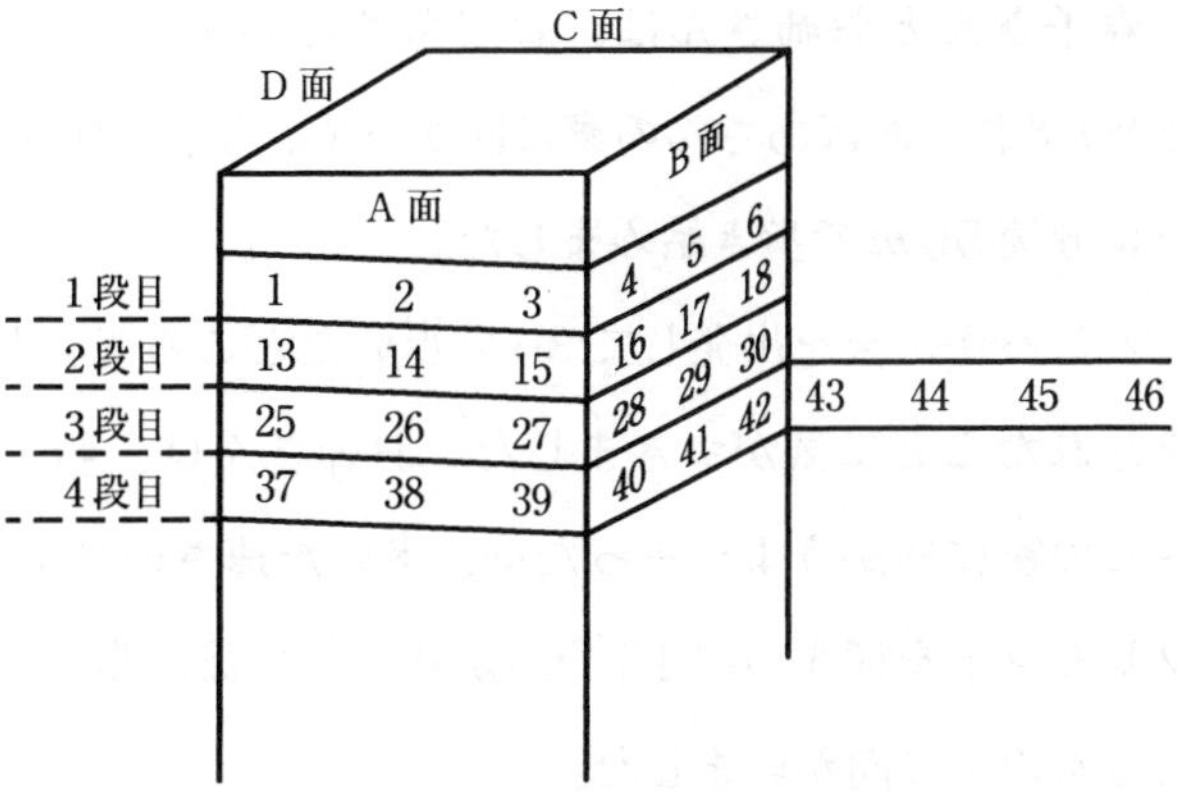

(1)　６段目のＡ面の真ん中に書かれた数を求めなさい。

(2)　10段目のＣ面の数字を足した数を求めなさい。

(3)　連続する３つの数を足して2022になるのは、何段目の何面ですか。

3 あるお店で、原価の２割増しの定価をつけた商品があります。定価の５％引きで売ると、210円の利益がでました。この商品の原価を次のように求めました。

［　　　］にあてはまる数を答えなさい。

（考え方）

原価を１とすると、原価の２割は［（ア）］だから、

原価の２割増しの定価は、

１＋［（ア）］＝［（イ）］と表すことができる。

５％を小数で表すと、［（ウ）］だから、

定価の５％引きの売値は、

［（イ）］×（１－［（ウ）］）＝［（エ）］　と表される。

よって、利益は、

［（エ）］－１＝［（オ）］　と表され、これが［（カ）］円にあたるから、

原価は、

［（カ）］÷［（オ）］＝［（キ）］（円）とわかる。

4　春子さんとお姉さんは、おばあさんの誕生日パーティに出席するために、家から６*km*離《はな》れたおばあさんの家に向かって、午前10時に家を出発し、12時に到着《とうちゃく》するように分速50*m*で歩き始めました。

ところが、家を出発して30分歩いたところで、おばあさんに渡す誕生日プレゼントを忘れたことに気がつきました。お姉さんは、春子さんに、このままの速さでおばあさんの家に向かうよう言った後、歩いた速さの２倍の速さで走って家にもどりました。プレゼントを探すのに15分かかり、その後、歩いた速さの２倍の速さで走って、おばあさんの家に向かいました。

一方、春子さんは、家から１時間歩いたところで疲《つか》れたため、20分休けいしました。その後、元気が出たので、今までの1.2倍の速さで歩いて、おばあさんの家に向かいました。

下の図は、春子さんとお姉さんの様子を途中《とちゅう》まで表したグラフです。このとき、次の問いに答えなさい。

(1)　春子さんが20分休けいした後の、歩く速さを求めなさい。

(2)　春子さんがおばあさんの家に到着した時刻を求めなさい。

(3)　春子さんがおばあさんの家に到着するまでの様子を表すグラフを完成させなさい。

(4)　お姉さんが春子さんに追いつく時刻を求めなさい。

(5)　お姉さんは春子さんに追いついた後、春子さんの歩く速さで、一緒《いっしょ》におばあさんの家まで歩きました。お姉さんが春子さんに追いつくまでの様子を表すグラフを(3)と同じ解答らんに完成させなさい。

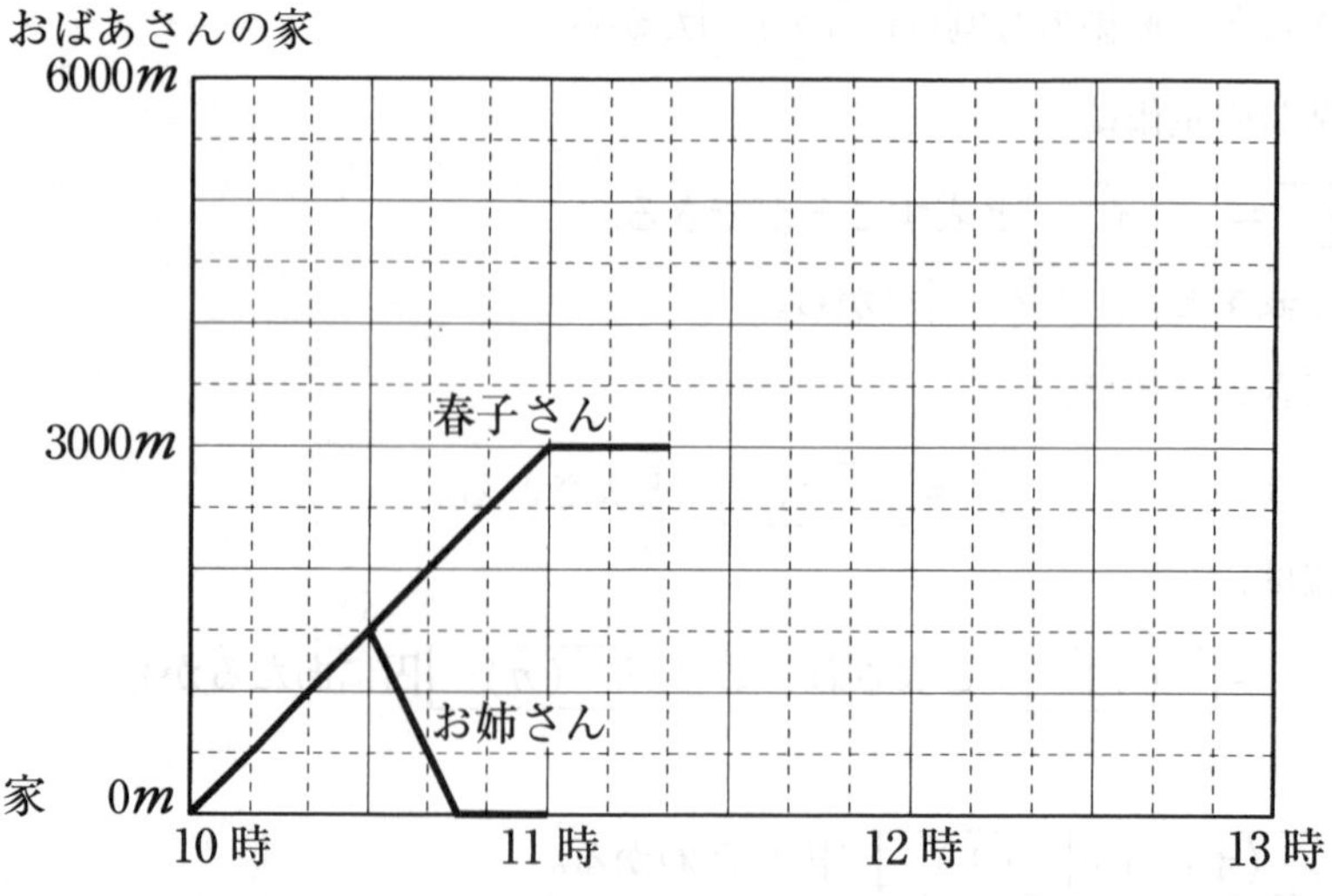

5 下の図のように１めもりが２cmの方眼紙に、半径４cmと半径６cmのおうぎ形、一辺２cmの正方形を組み合わせてできた図をかきました。斜《しゃ》線部分を底面とする高さ10cmの立体について次の問いに答えなさい。ただし、円周率は3.14とします。

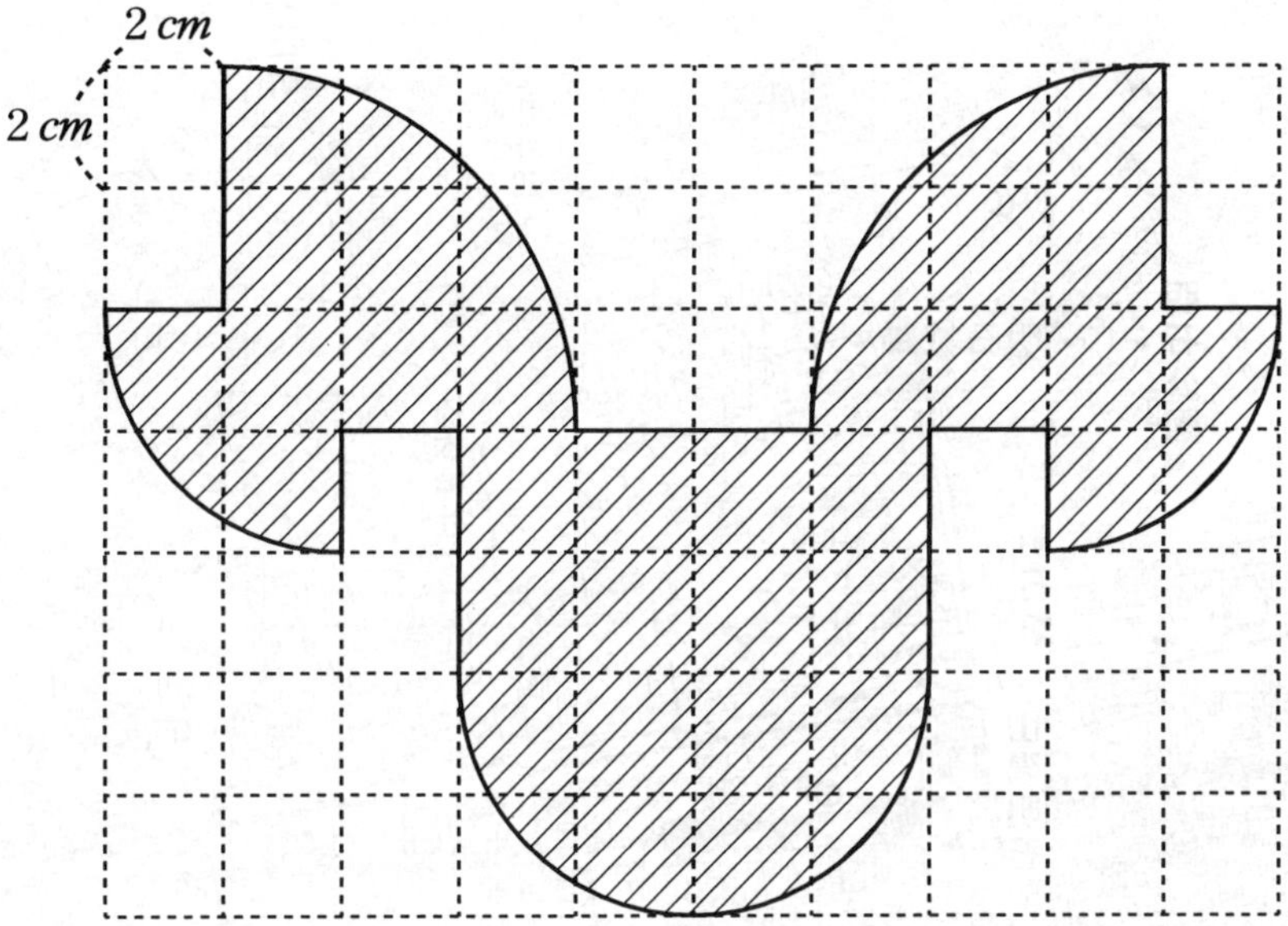

(1)　体積を求めなさい。

(2)　表面積を求めなさい。

【社　会】〈第１回試験〉（理科と合わせて50分）〈満点：50点〉

1　下の地形図を見て、あとの問いに答えなさい。

電子地形図25,000を159.5%に拡大

（1）　明石市では「時の道」という回遊観光ルートが整備されています。次の**あ**～**う**の文は、そのルートを説明したものです。**あ**～**う**の中から、地形図で読み取れない内容の文を一つ選び、記号で答えなさい。

あ　明石駅から北へ道なりに沿って進むと明石神社が見えてきます。

い　柿本神社から歩いて１分、博物館が見えます。

う　博物館から南に下ると記念碑が立っています。ここから西にまがり、線路沿いを歩くと、明石駅に着きます。

（2）　地形図より南東にある明石海峡大橋は、本州と四国を結んでいる本州四国連絡道路の一つです。この橋を通っていくと四国側では何県に着きますか。

(3)　本州と四国は３つの道路でつながっており、下の表は３本の道路の１日平均の通行量です。明石海峡大橋のある道路の交通量として正しいものを、下の表の**あ～う**の中から一つ選び、記号で答えなさい。

	あ	い	う
１日平均の交通量	2万7840台	2万2533台	7748台

出所：本州四国連絡高速道路株式会社

(4)　この地域の雨温図として正しいものを、次の**あ～う**の中から一つ選び、記号で答えなさい。

あ

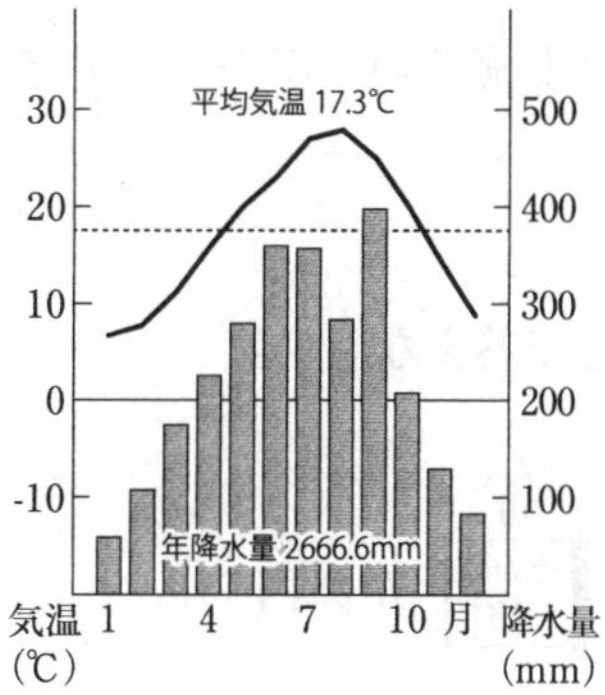

い

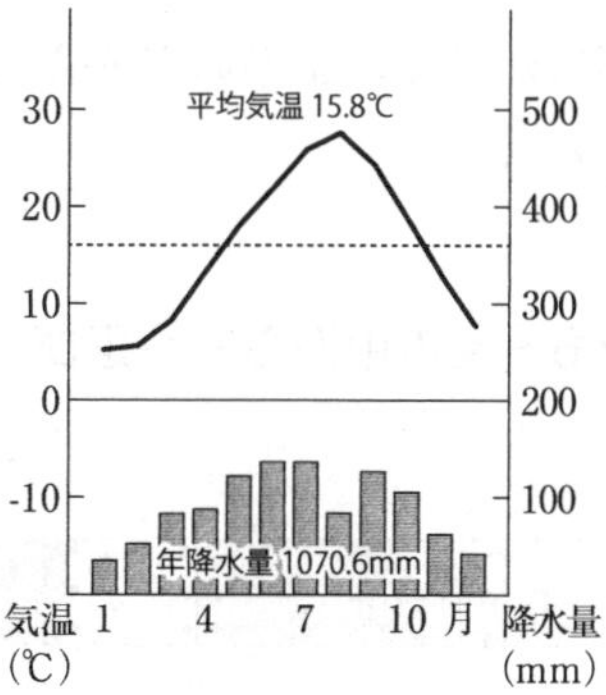

う

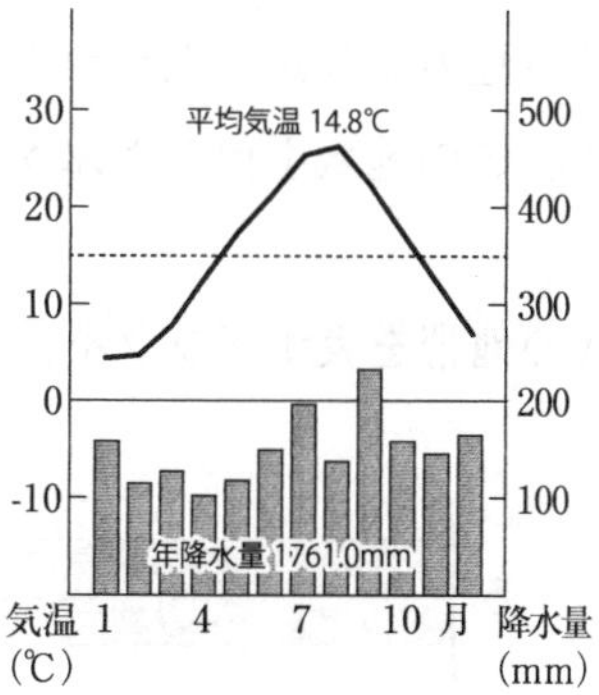

(5)　右の写真は、博物館の一部を写したものです。この写真からこの場所がどのようなところか説明しなさい。

2 下の地図を見て、あとの問いに答えなさい。

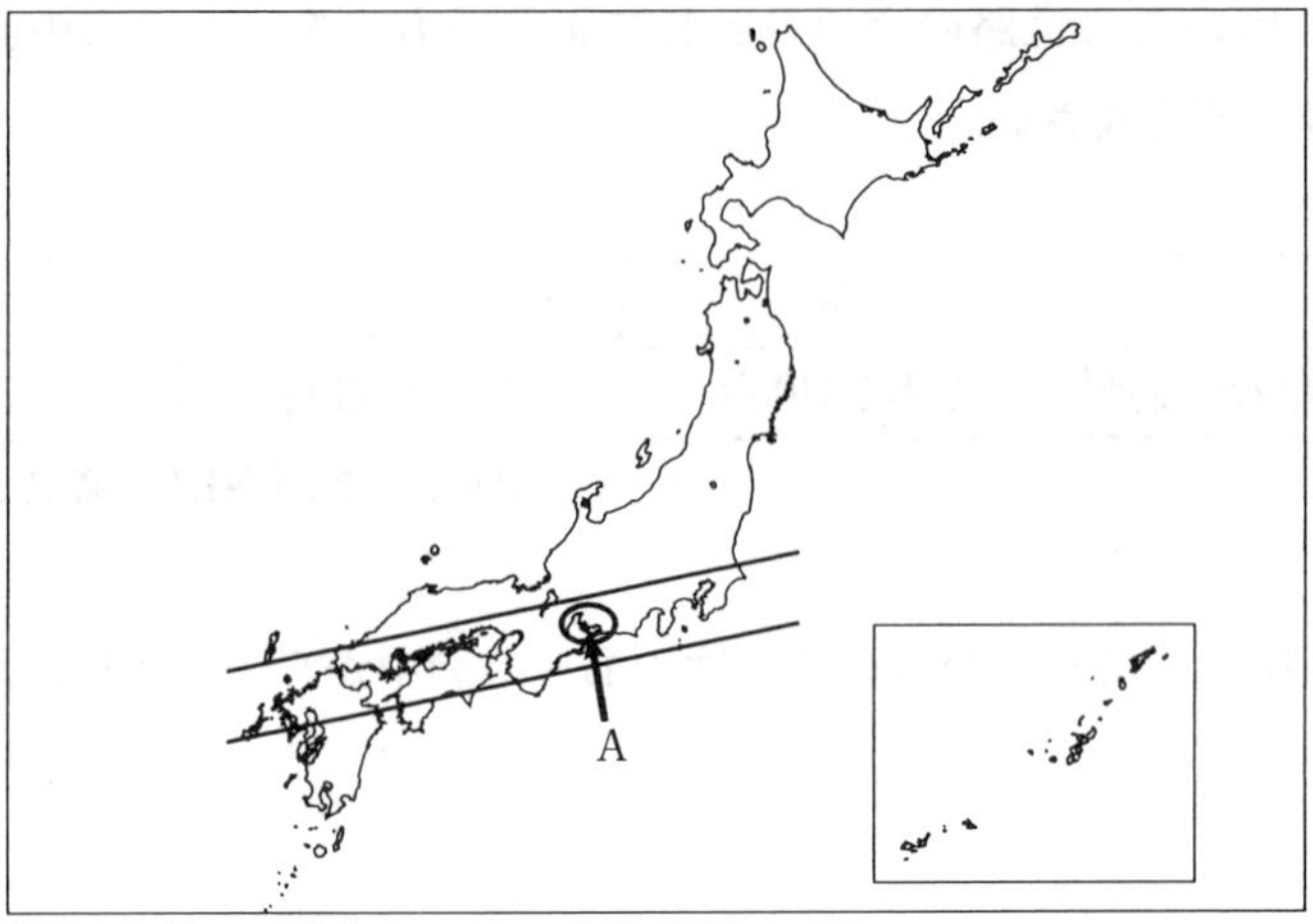

(1)　関東地方南部から九州地方北部にかけて、工業のさかんな地域が海ぞいに広がっています。この地域を何とよぶか答えなさい。

(2)　Aの地帯を表すグラフを、次の**あ〜え**の中から一つ選び、記号で答えなさい。

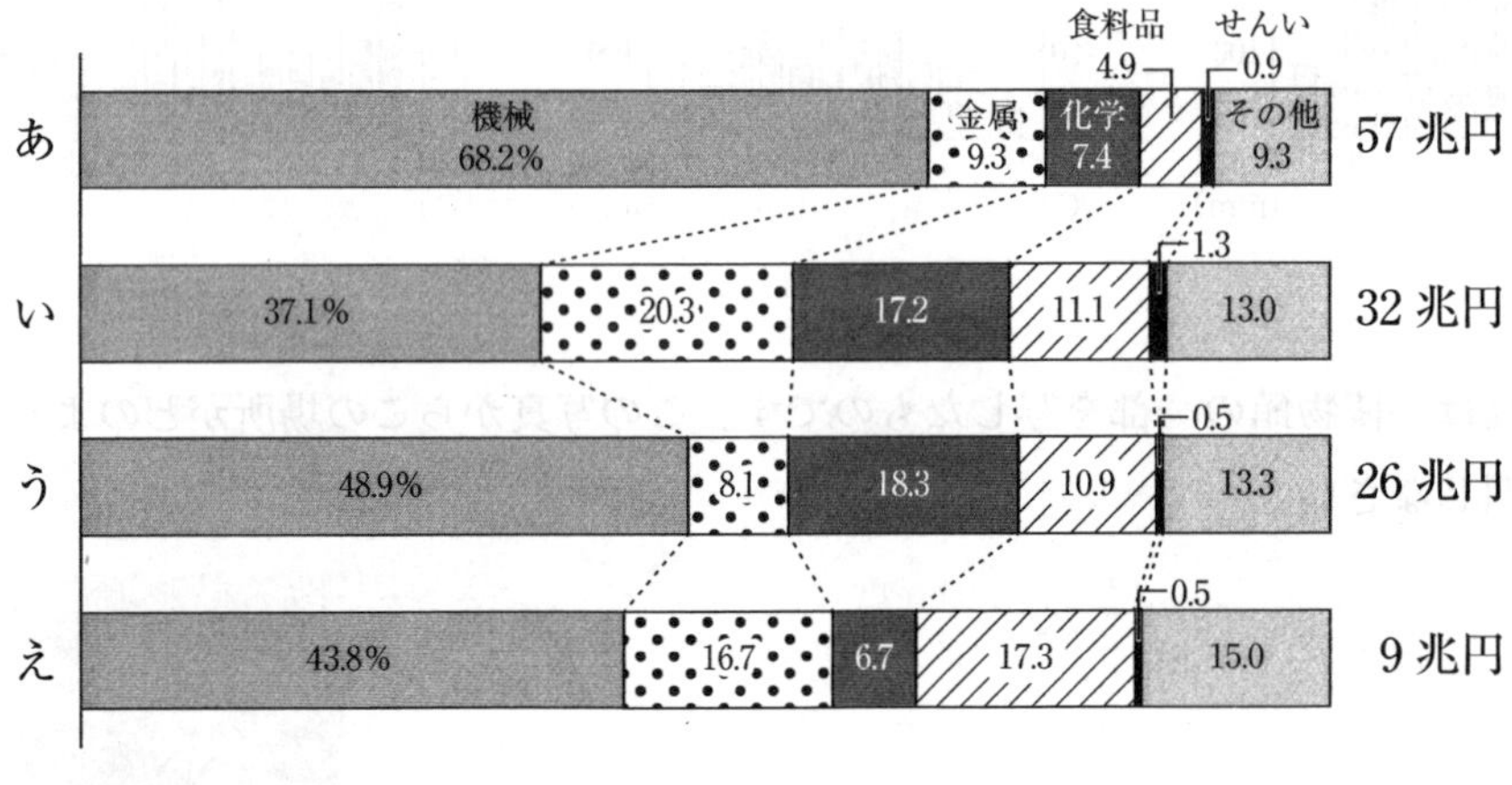

(3)　Aの地帯では自動車づくりがおこなわれています。現在、しょうがいのある人やお年寄りの人、外国の人など、だれもが利用しやすい自動車づくりがすすめられています。このように誰もが等しく安全に利用することができるデザインを何といいますか。次の**あ〜え**の中から一つ選び、記号で答えなさい。

あ　インダストリアルデザイン　　　い　プロダクトデザイン
う　ヴィジュアルデザイン　　　　　え　ユニバーサルデザイン

(4)　現在の日本の自動車の生産についてふさわしくないものを、次の**あ**～**え**の中から一つ選び、記号で答えなさい。

あ　ジャスト・イン・タイム方式がとられているため、関連工場のどこか１か所で、事故や災害などによって部品がつくれなくなると、自動車の組み立てができなくなることがある。

い　ラインにそって決められた順番通りに、人やロボットが分担して作業を行い、生産されている。

う　自動車の安全性を確保するために、自動車部品をリサイクルすることは禁止されている。

え　環境にやさしい自動車をめざして、天然ガス自動車や燃料電池自動車などの開発が進んでいる。

(5)　次のグラフを見て、自動車の海外生産台数が増えた理由としてふさわしくないものを、下の**あ**～**え**の中から一つ選び、記号で答えなさい。

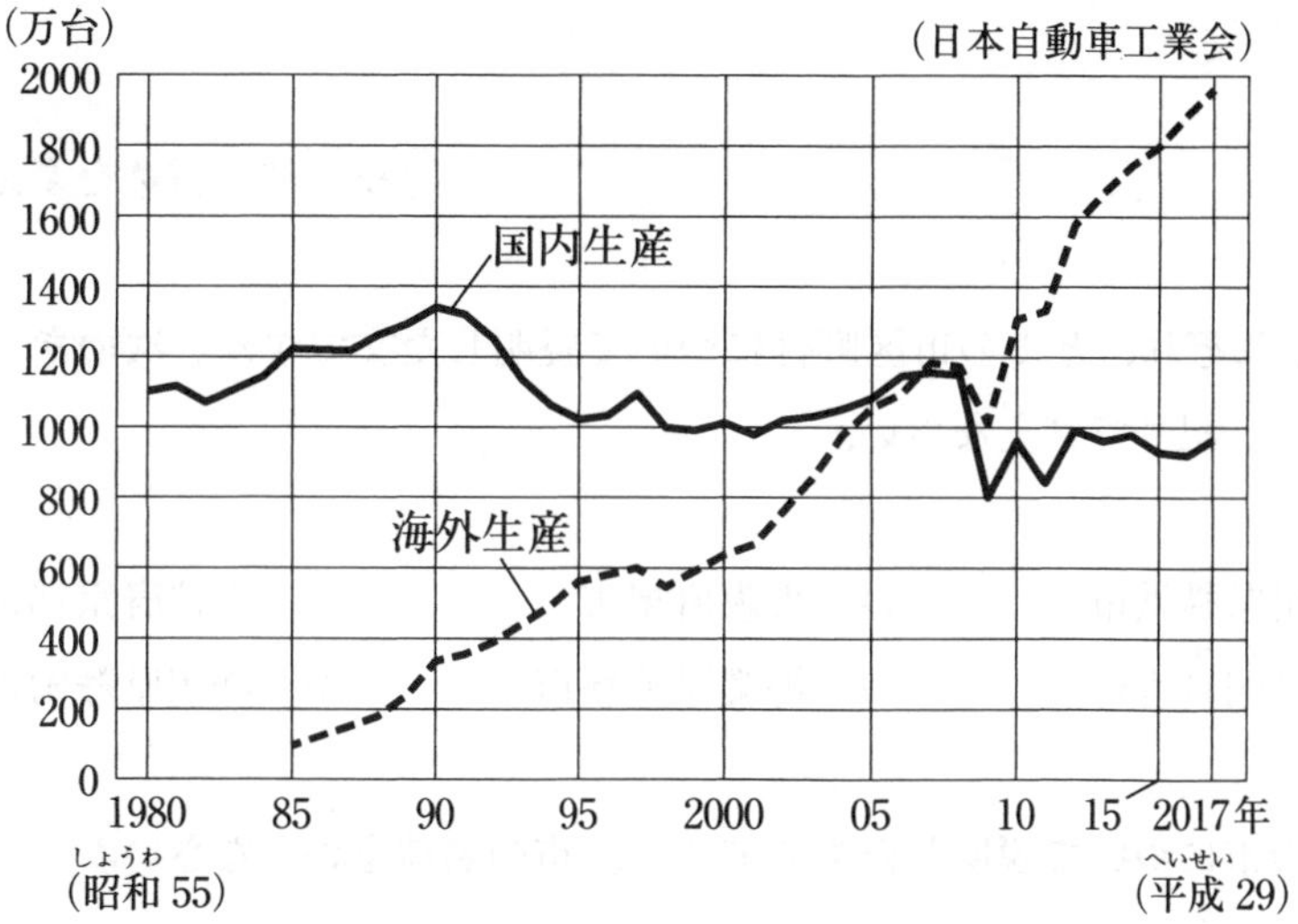

【日本の自動車の国内生産台数と海外生産台数の変化】

あ　海外で生産して現地で売り出す商品には、関税がかからないため、その分値段を下げることができるため。

い　二酸化炭素さく減をめざし、日本国内における自動車の生産台数を制限したため。

う　生産や輸送にかかる費用をおさえられ、売り上げをのばすことができるため。

え　日本から輸出する自動車が増えすぎたため、輸出する自動車の数を減らすように求める国が出てきたため。

3 次の**Ａ**～**Ｃ**の文は、市区町村がインターネットに公開しているホームページ（ＨＰ）の一部です。読んで、あとの問いに答えなさい。

Ａ 日本が国家として歩みを始めた時代に、この国造りをリードしたのはa 女帝であり、文化や宗教の面でも女性の力強い活躍があったことから、女性が活躍したストーリーを国内外に発信し、魅力《みりょく》を広めます。

Ｂ 古代にはb 大山古墳をはじめとする百舌鳥《もず》古墳群が築造され、中世には海外交易の拠点として「自由・自治都市」を形成し、わが国の経済、文化の中心地として繁栄してきました。

Ｃ 〔市の花　あじさい〕
江戸時代に来日した医師シーボルトが、ハイドランゼア・オタクサという名前をつけてオランダにもたらし、世界に知らせた花です。
〔市の鳥　ハト〕
ハトは平和祈念式典で放鳥されるなど、平和を象徴する鳥として、市民の投票を経て制定されました。

（※一部、言葉を変えています。）

(1) **Ａ**、**Ｂ**は、それぞれ、どこの市区町村について説明した文ですか。次の**あ**～**か**の中から一つずつ選び、記号で答えなさい。

あ　神奈川県横浜市　　い　大阪府堺市　　う　京都府京都市
え　奈良県明日香《あすか》村　　お　沖縄県那覇市　　か　静岡県静岡市

(2) **Ｃ**は、どこの市について説明したものですか。市の名前を書きなさい。

(3) 下線部ａの「女帝」とは女性天皇のことです。次の**あ**～**え**の中から、女性の天皇を一人選び、記号で答えなさい。

あ　推古天皇　　い　天智天皇　　う　桓武天皇　　え　後醍醐天皇

(4) 下線部ｂは、日本最大の古墳です。それは、どのような形をしていますか。解答らんに示した堀《ほり》の形の中に、この古墳の形をかきなさい。

4 次の年表を見て、あとの問いに答えなさい。

A	1854年	日米和親条約を結ぶ
B	1868年	五か条の御誓文の発布
C	1889年	大日本帝国憲法の発布
D	1914年	第一次世界大戦の始まり
E	1931年	満州事変
F	1945年	ポツダム宣言の受け入れ

(1)　Ａの条約の時、開港された港を、次の**あ**～**え**の中から一つ選び、記号で答えなさい。

あ　下田　　い　神戸　　う　新潟　　え　横浜

(2)　Ｂの出来事によって始まった改革で、政府がすぐに着手して実現したものを、次の**あ**～**え**の中から一つ選び、記号で答えなさい。

あ　小学校から中学校まで９年間の義務教育が実現した。
い　18才から、国政選挙に投票できることになった。
う　外国船に食料や水、石炭を与え、海外との貿易を許可した。
え　20才以上の男子は、兵役につくことを義務とした。

(3)　Ｃの憲法に、最も影響を与えたのは、どこの国の憲法ですか。次の**あ**～**え**の中から一つ選び、記号で答えなさい。

あ　イギリス　　い　ドイツ　　う　フランス　　え　アメリカ

(4)　Ｄの出来事からＥの出来事までの間に起きたことを、次の**あ**～**え**の中から一つ選び、記号で答えなさい。

あ　日清戦争　　い　廃藩置県　　う　関東大震災　　え　日中戦争

(5)　Ｆの宣言を受け入れた後、日本の政府が行ったこととして、誤っているものを、次の**あ**～**え**の中から一つ選び、記号で答えなさい。

あ　多くの農民が自分の土地を持てるようにした。
い　日本とアメリカの間で安全保障条約を結んだ。
う　２度の世界大戦の反省から作られた国際連盟に加盟した。
え　労働組合の結成など、労働者の権利を保障した。

5 次の写真と中学１年生の好美さんの感想を読んで、あとの問いに答えなさい。

A

B

C

上の３枚の写真は昨年、私が印象に残った写真です。

Ａの写真はアメリカのメジャーリーグで活躍する大谷翔平選手です。投手と打者、二刀流で活躍しました。アメリカでは昨年から大統領がバイデン大統領に代わりました。日本でも菅義偉氏から岸田文雄氏に首相が代わり、その後、10月31日に（　①　）選挙がありました。

Ｂの写真は東京オリンピックの女子サッカーの試合前のものですが、対戦する両チームが片膝をついていました。これは（　②　）差別に抗議する意味が込められています。日本国憲法第14条には「すべて国民は、法の下に平等であつて、（　②　）、信条、性別、社会的身分又は門地により、政治的、経済的又は社会的関係において、差別されない。」とあります。

Ｃの写真は昨年２月、軍によってクーデターが起こった（　③　）で、デモによって抗議をしている人々です。三本の指を立てていることが抗議の意思を示しています。

これらの写真から思うのは人権やａ平和を大切にしていくことが大事だということです。日本だけでなくｂ世界で起きていることにも目を向けていきたいと思いました。

(1)　文中の空らん（　①　）から（　③　）にあてはまる語を書きなさい。（　③　）は国名で答えること。

(2)　下線部ａについて、核兵器の廃絶が求められています。核兵器を「もたない、つくらせない、もちこませない」とする日本の考えを何といいますか。

(3)　下線部ｂについて、世界の平和のために国や国連の他に非政府組織も活動をおこなっている。非政府組織をアルファベット３文字で答えなさい。

【理　科】〈第１回試験〉（社会と合わせて50分）〈満点：50点〉

1　図のように棒のＡ地点に糸で 180g の荷物をつるし、Ｂ地点で棒を支える装置があります。AB 間の距離は 20cm、BC 間、CD 間、DE 間の距離はそれぞれ 15cm として、つぎの問いに答えなさい。ただし棒と糸の重さは考えません。

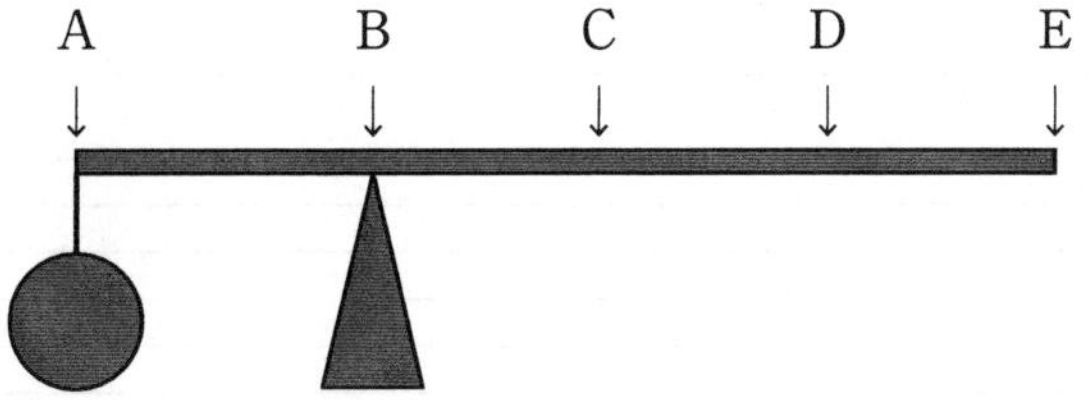

問１　C、D、E におもりをつるしたとき、一番軽いおもりで荷物を持ち上げることができるのはどの地点ですか。C ～ E から１つ選び、記号で答えなさい。

問２　この装置を何といいますか。またこの装置のＡ地点を何といいますか。

問３　E 地点におもりをつるすと棒は水平になりました。このおもりは何 g ですか。

問４　B から E の間に 100g のおもりをつるして棒を水平にするには B から何 cm の地点におもりをつるせばよいですか。

問５　この仕組みを利用している日用品を一つ書きなさい。

2 つぎの問いに答えなさい。

問１　下のグラフは、東京の2021年１月のある１日の気温の変化のようすを２時間ごとに表したものです。このグラフの天気をつぎのア～ウから１つ選び、記号で答えなさい。また、この記号を選んだ理由も答えなさい。

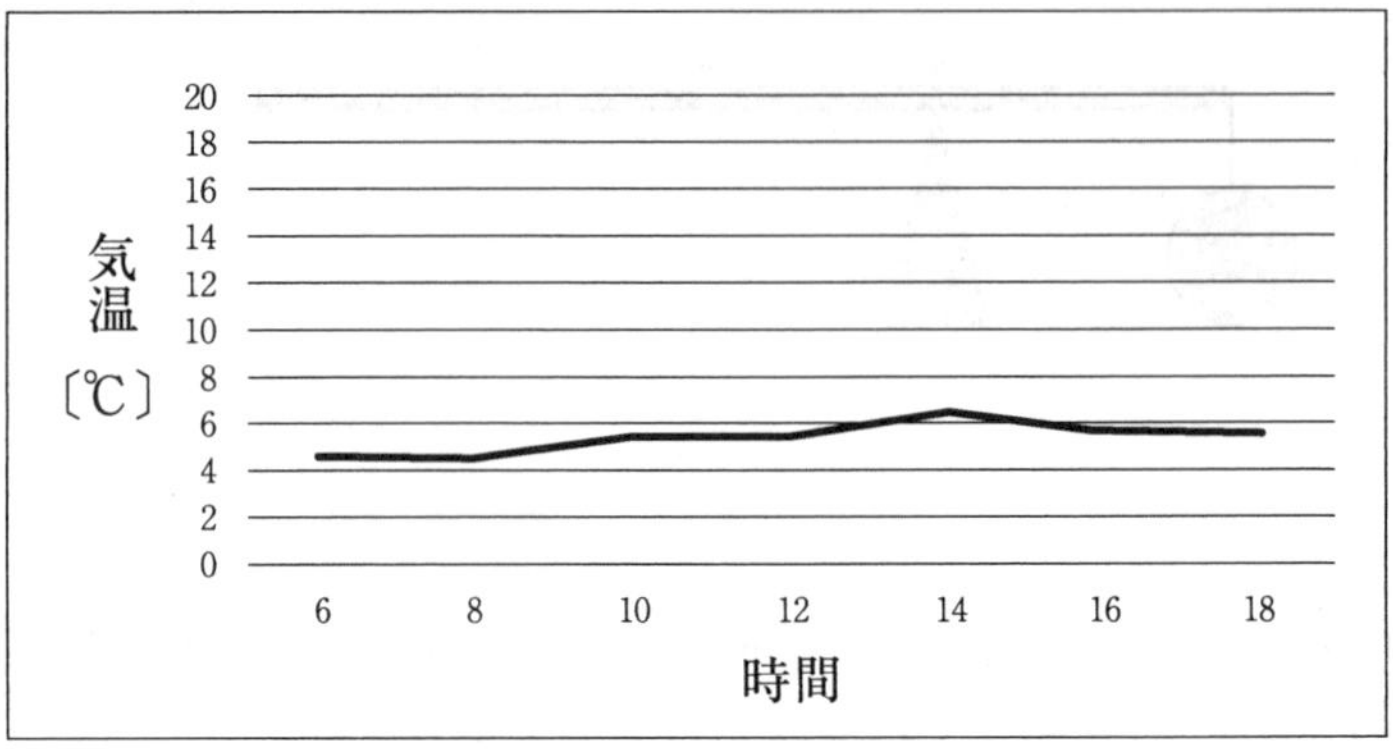

ア　くもり　　　イ　晴れ　　　ウ　快晴

問２　太陽が雲でかくれ、空の約半分が雲でおおわれています。このときの天気を答えなさい。

問３　夏に見られる積乱雲の別名をつぎのア～エから１つ選び、記号で答えなさい。

ア　すじ雲　　　イ　積雲　　　ウ　入道雲　　　エ　うろこ雲

問４　2021年５月26日、日本各地で全体が赤銅《しゃくどう》色の月が観測されました。これは、太陽、地球、月が一直線上に並んだときに見られる現象です。この天体現象をひらがな８文字で何と言いますか。

3 つぎの問いに答えなさい。

図１のような体積も重さも等しい５つの丸底フラスコＡ～Ｅに、それぞれアンモニア、二酸化炭素、酸素、水素、塩化水素のいずれかの気体のみが入っています。

それぞれのフラスコについて、実験でつぎのようなことがわかりました。

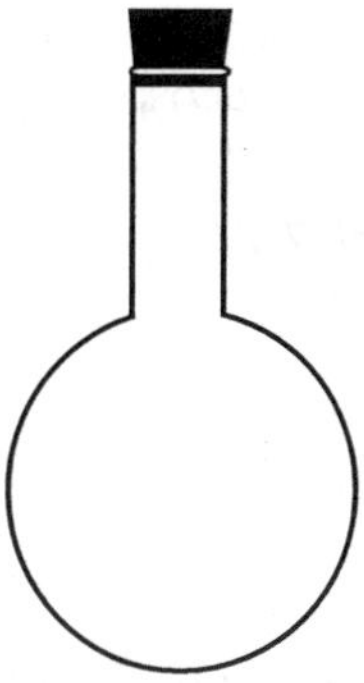

図１

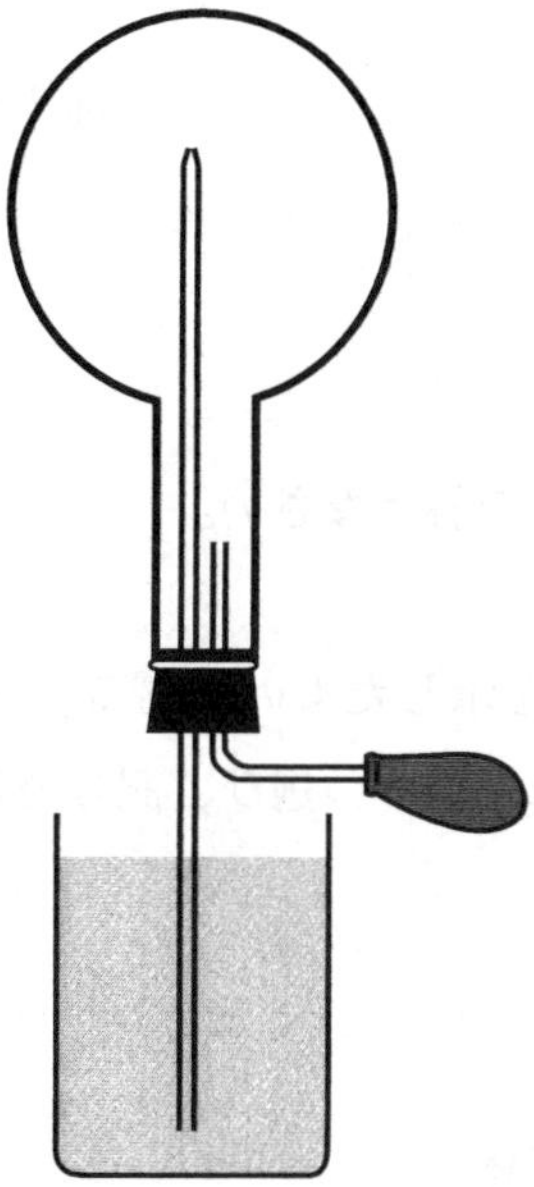

図２

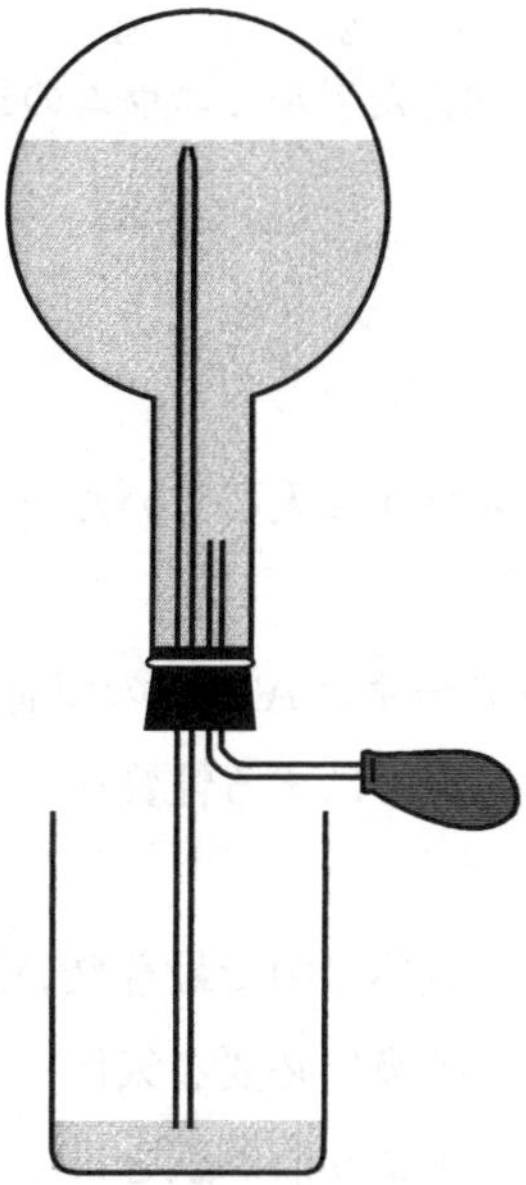

図３

実験イ　重さをはかったところ、最も重かったのはＡであった。

実験ロ　図２のようにガラス管つきのゴム栓をフラスコにとりつけ、さらにスポイトに水２cm^3を入れた。ガラス管の先を、ビーカーの水（20℃）につけてから、スポイトを押して、スポイトの中の水をフラスコ内に入れたとき、勢いよくビーカーの水がガラス管を通して図３のようにフラスコ内にはいってきたのはＢ、Ｃであった。

実験ハ　実験ロが終了した後、フラスコに入った水を取り出して、その液にＢＴＢ液を加えたところ、青色になったのはＢ、黄色になったのはＣであった。

実験ニ　ＡＤＥのフラスコ内に火のついた線香をいれたところ、Ａはすぐに消えた。炎を上げてよく燃えたのはＤ、音を立てて激しく燃えたのはＥであった。

実験ホ　ある濃さの塩酸20cm^3に、アルミニウムを重さを変えて入れた。そのとき、Ｅのフラスコ内と同じ気体が発生し、気体の体積を測定するとグラフ１のような結果になった。

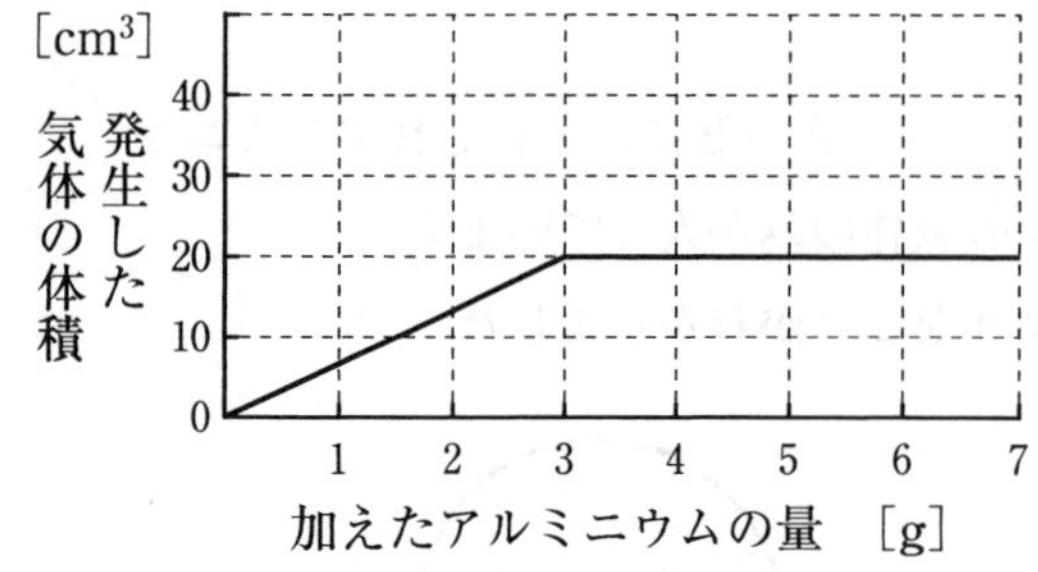

グラフ１

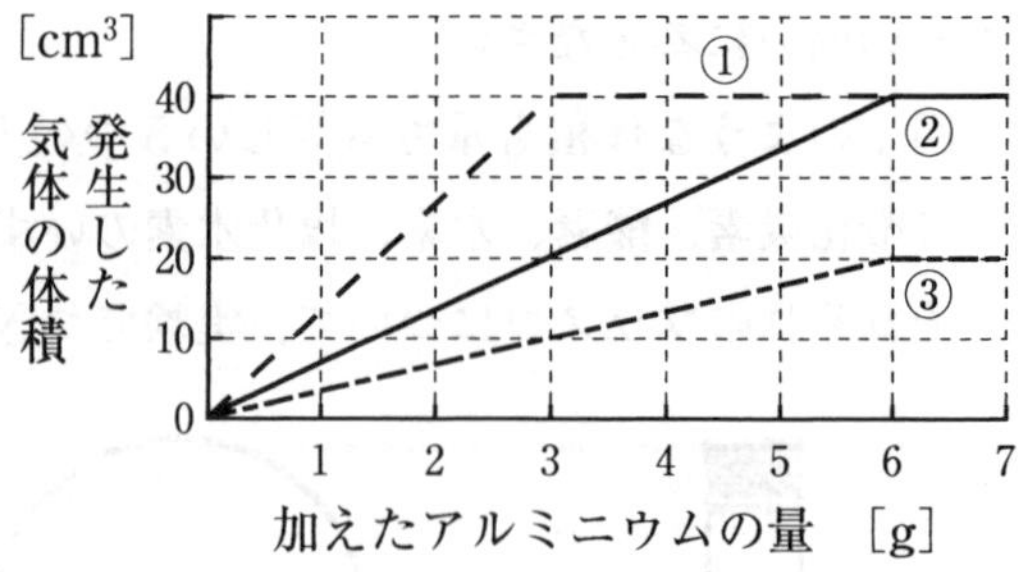

グラフ２

問１　フラスコＡに入っていた気体の名前を答えなさい。

問２　下のア～オはＡ～Ｅの気体の性質を示したものである。フラスコＢ、Ｃに入っていた気体にあてはまる性質を、それぞれ１つずつ選び、記号で答えなさい。

ア　気体の中で最も軽い気体
イ　呼吸に必要な気体
ウ　水よう液が鉄をよく溶かす気体
エ　空気より軽く、鼻をさすようなにおいのある気体
オ　石灰水を白く濁《にご》らせる気体

問３　フラスコＤに入っていた気体をつくるのに必要な薬品をつぎのア～ケから２つ選び、記号で答えなさい。

ア　大理石	イ　アルミニウム	ウ　石灰水
エ　うすい過酸化水素水	オ　酢酸	カ　二酸化マンガン
キ　塩酸	ク　アンモニア水	ケ　水酸化ナトリウム水溶液

問４　塩酸の体積を40cm³にして、そのほかは実験ホと同じ実験を行ったとき、結果はグラフ２の①～③のうちどのようになりますか。

問５　同じ濃さの塩酸20cm³をとり、水を10cm³加えてうすめそのうちの20cm³をフラスコに取った。このとき、アルミニウムは何ｇまで溶かすことができますか。

4　ヒトのからだのはたらきについて、つぎの問いに答えなさい。

問１　だ液のはたらきを調べるため、つぎのような実験を行いました。文章を読んで、問いに答えなさい。

下のような小さなふくろを２枚用意して、それぞれのふくろにご飯を同じ量だけ入れ、ふくろの上から指でつぶす。このふくろの片方に「だ液」を入れ、もう一方に同じ量の「　①　」を入れ、つぶしたご飯とよく混ぜる。２つのふくろを②お湯に入れ、数分間置く。お湯からとり出した２つのふくろの中に、ヨウ素液をそれぞれ１～２滴加えて、色の変化を比べる。

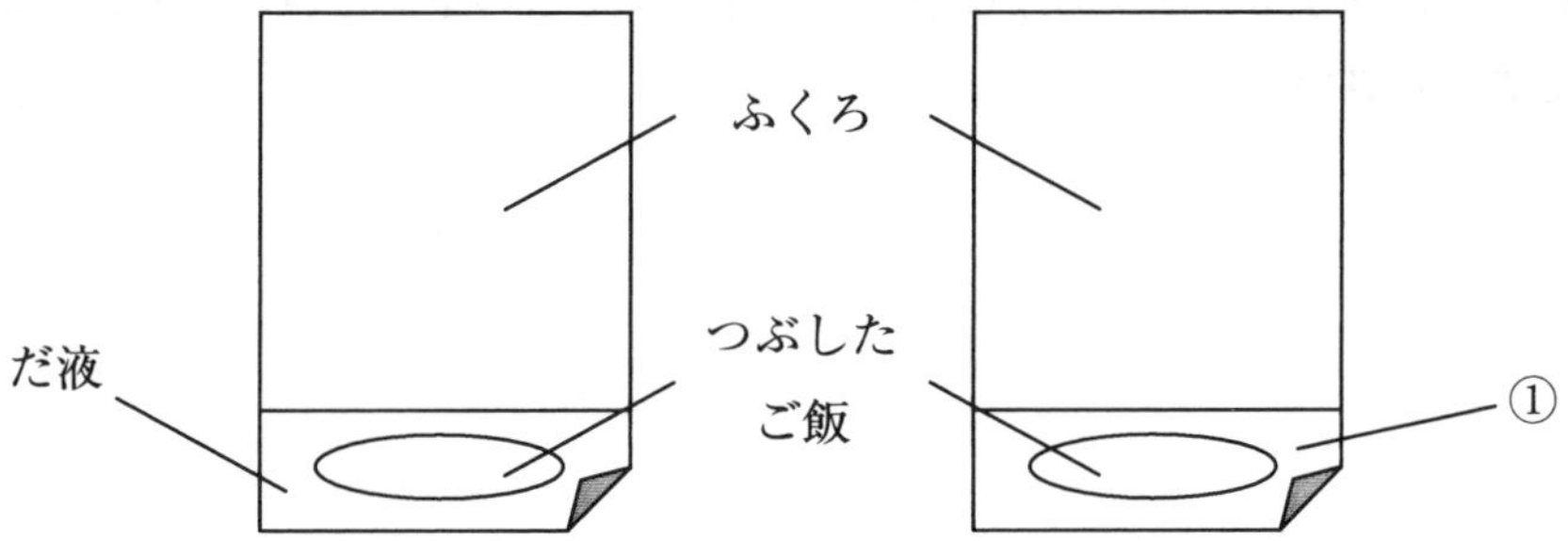

(1) 文章中の①にあてはまる物質名を答えなさい。

(2) 文章中の②について、お湯の温度は何℃くらいがよいですか。つぎのア～エから選びなさい。

ア　20℃　　イ　40℃　　ウ　60℃　　エ　100℃

(3) この実験で、どのような結果が出たら、だ液のはたらきがわかったと言えますか。のぞましい実験結果を説明しなさい。

問２　口から入った食べ物は、だ液などのはたらきで体内に吸収されやすい養分に変わっていきます。この変化を何といいますか。

問３　下のア～エを、食べ物が運ばれる順番に並べなさい。

ア　大腸　　イ　小腸　　ウ　食道　　エ　胃

問４　問３の小腸のつくりについて、正しく説明した文をつぎのア～エから選びなさい。

ア　内部がつるつるとなめらかで、養分や水分を体内に吸収しやすくなっている。
イ　内部がつるつるとなめらかで、養分や水分が小腸を通りぬけやすくなっている。
ウ　内部にたくさんのひだがあり、養分や水分を体内に吸収しやすくなっている。
エ　内部にたくさんのひだがあり、養分や水分が小腸を通りぬけやすくなっている。

問５　新型コロナウイルスが世界的に広がっています。インフルエンザや天然痘《てんねんとう》など、感染《かんせん》する病気に人々は苦しめられてきました。このような病気に対して、ウイルスや病原体の一部を体内に注射《ちゅうしゃ》する方法があります。この注射するものを何といいますか、カタカナ４文字で答えなさい。

二 ［ア］・［イ］に漢字一字をそれぞれ入れると、矢印の方向に読んだとき、二字熟語ができます。［ア］・［イ］にあてはまる漢字を答えなさい。

(例)
問
↓
［題］→ 目
↓
名
↓
［作］→ 用
↓
家

①
尊
↓
［ア］→ 服
↓
意
↓
［イ］→ 願
↓
望

②
独
↓
［ア］→ 造
↓
立
↓
［イ］→ 合
↓
所

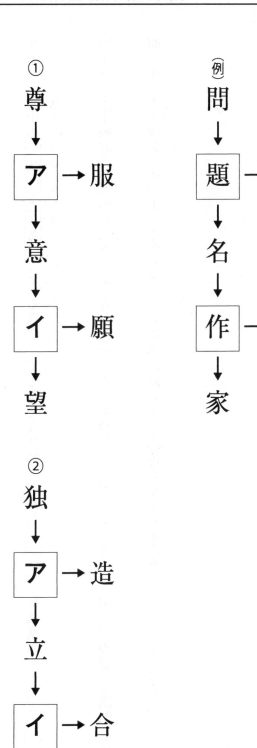

問十一　――線⑩「話があるの」とありますが、ここちゃんの話の内容として**あてはまらないもの**を次から一つ選び、記号で答えなさい。

ア　さくらと莉紗が陽菜子の受験をやめさせようとしているが、意地悪のつもりはないということ。
イ　莉紗は塾が大好きだけれども家庭の事情でしかたなく塾に行けなくなってしまい、受験もやめたということ。
ウ　陽菜子が塾をやめるかどうかは他人が決めるものではなく、陽菜子自身が決める問題であるということ。
エ　真剣じゃない子は塾に行かなくていいと思っているが、陽菜子には行ってほしいと思っているということ。

問十二　文中の［い］・［う］に入る漢字一字を答えなさい。ただし、［い］には漢数字が入り、［う］には身体の一部を表す漢字が入ります。

問十三　――線⑪「それから『ありがとう』といった」とありますが、このときの陽菜子の気持ちを説明しなさい。

問十四　――線**ア**、**イ**、**エ**、**オ**のカタカナを漢字に直し、――線**ウ**の漢字の読みをひらがなで答えなさい。

問五　——線⑤「ジグソーパズルのピースがはまるようにぴったりとくる」とありますが、ここで用いられている表現技法を何といいますか。最も適切なものを次から選び、記号で答えなさい。

ア　擬人《ぎじん》法　　イ　対句法　　ウ　倒置《とうち》法　　エ　反復法　　オ　直（明）喩《ゆ》法

問六　——線⑥「くすぐったい気分で首をすくめた」とありますが、このときの陽菜子の気持ちを答えなさい。

問七　——線⑦「陽菜子の鼓動はさらに速くなる」とありますが、なぜですか。その理由を説明しなさい。

問八　文中の[あ]に入る語として、最も適切なものを次から選び、記号で答えなさい。

ア　気が散って　　イ　気がひけて　　ウ　気が置けなくって　　エ　気がぬけて

問九　——線⑧「ままごとのごはんを食べているようで味がしなかった」とありますが、このようになってしまっているのはなぜですか。その理由として最も適切なものを次から選び、記号で答えなさい。

ア　お母さんに塾に行っていない理由を聞かれたらどうしようかと不安に思っているから。
イ　初めから今日は塾を休みますと電話をしておけばよかったと後悔《こうかい》しているから。
ウ　塾で食べるはずであったお弁当を自分の部屋で食べていることがつらいから。
エ　お母さんとお兄ちゃんのどちらが先に帰ってくるのか分からないので緊張《きんちょう》しているから。

問十　——線⑨「陽菜子はほっとして」とありますが、なぜ「ほっとし」たのですか。説明しなさい。

だまっていた莉紗ちゃんが口をひらいた。

「それなら本気でね。」

えっ、と陽菜子は莉紗ちゃんを見る。

莉紗ちゃんは真剣な目で陽菜子をまっすぐ、見つめる。

「やるなら本気で。ひなっちなら最後までできるから。」

陽菜子も、莉紗ちゃんを見つめた。⑪それから「ありがとう」といった。

ここちゃんも、莉紗ちゃんのとなりでにこにこしている。

さくらちゃんだけは、まだ口をちょっととがらせている。

「嫌になったらすぐにいってね。いっぱい誘うから。」

「うん。」

三人とわかれ、自分の教室に入ろうとしたとき、窓からの光がまぶしくて、陽菜子は思わず目をほそめた。


――『いいたいことがあります！』魚住　直子　より――

偕成社

問一　――線①「こんなことはしていられない」とありますが、「こんなこと」とはどのようなことですか。答えなさい。

問二　――線②「陽菜子はおどろいた」とありますが、なぜ「おどろいた」のですか。答えなさい。

問三　――線③「その方向」とありますが、「その方向」の内容が具体的に書かれている部分を文中から三十四字で探し、初めと終わりの四字をそれぞれぬき出しなさい。（句読点も一字として数える）

問四　――線④「やるしかない」とありますが、具体的にどのようなことをしようとしているのですか。答えなさい。

でも、笑えなかった。

ここちゃんの話がショックじゃないといったら、うそだ。

でも、さくらちゃんや莉紗ちゃんに腹が立つかといえば、そういう気分にもならなかった。二人が陽菜子のことを好きでいてくれるのは本当だと思う。それに陽菜子も二人のことが好きだ。それに、ここちゃんのこともすごく好きだ。

つまり、これはわたしの問題なんだ。お母さんにむりにさせられている気がするとか、やる気が出ないとか。それより、自分がどうしたいかということなんだ。

窓の外だけ明るい。青空を背景に、ビルやマンションがゆっくりと流れていく。

ぼんやりとしているあいだに、会場がある駅に到着《とうちゃく》した。

学校に行くと、となりの教室の前で、さくらちゃんと、莉紗ちゃんと、ここちゃんに会った。

「ひなっち、おはよう！」

さくらちゃんがまっさきに手をあげる。陽菜子も「おはよう」と元気にかえした。

「今日、うちで遊ぶんだけど、ひなっちもくるよね。」

「ありがとう。でもやめとく。今日は塾だから。」

さくらちゃんがおどろいた顔になる。

「ちょっとくらい遊んでもいいんじゃなかった？」

「そうなんだけど……。」

陽菜子は少し口ごもったが、思いきっていった。

「でも塾は休まずに行くよ。とりあえず最後までやってみようと思うんだ。今までいいかげんだったから、どうなるかわからないけど。」

「えー、そうなんだー。」

さくらちゃんはすごくがっかりした表情だ。

「誘ってくれたのにごめんね。さくらちゃんたちと遊ぶの、すごく楽しいから、わたしも遊びたいんだけど。」

エとフシギだった。

「だから莉紗ちゃんは、真剣じゃない子は塾に行かなくていいって、たまにいうの。わたしは最初、二人がキャンペーンとかさわいでるのをきいても、なにも思わなかったんだけど、でも、ひなこちゃんが誘われてるのを見てたら、なんだか、だましてる気がしてきて……。それに考えたら、真剣じゃない子が塾に行くのも、それはその人の自由だとわたしは思う。だからこのあいだ、二人がひなこちゃんを映画に誘おうっていったとき、わたし、とめたの。」

そうだったんだ。おどろきながらも陽菜子は納得《なっとく》していた。

「へんな話だけど、うそじゃないの。でも、こんな話をきくのは嫌《いや》だよね。ごめんね。」

ここちゃんがあやまる。

「ううん。」

陽菜子は頭をふった。汗《あせ》をかきながら一生懸命《けんめい》話しているここちゃんを見て、うそだとはまったく思わない。

「さくらちゃんも、莉紗ちゃんも、ひなこちゃんに意地悪しようなんてぜんぜん、思ってないの。それは本当なの。二人ともひなこちゃんのことが好きだから同じ中学に行きたいって思ってる。でも、もし、ひなこちゃんが、二人にいわれたことで塾をやめようと思ってるなら、よく考えて。それは、ひなこちゃんが自分で決めることだとわたしは思うから。」

「ありがとう。いってくれて。」

陽菜子がいうと、ここちゃんは、すっと安心した表情になった。

「よかった。……でも、ずるいけど、わたしがいったこと、二人にいわないでくれる？」

「ずるくないよ。オゼッタイにいわない。それより、話してくれて、ほんとにありがとう。」

陽菜子はここちゃんに［　う　］をさげた。

電車はがらんとして、座席にすわっている人もまばらだった。

陽菜子は車両の連結部に近いシートに一人、すわった。

さらに、わからなくなっちゃったなあ。

そう軽く笑ってみようとした。

陽菜子は歩きだそうとした。ここちゃんがあわてて「待って」と止めた。

⑩「話があるの。」

「ごめん、急いでるんだ。」

「ちょっとだけだから、おねがい。」

ここちゃんは必死な顔だ。しかたなく陽菜子はまた立ちどまる。

「さくらちゃんと莉紗ちゃんのことなの。」

ぎくりとする。

もしかして、仲間に入らないで、とついにいわれるのだろうか。

ここちゃんは「えっと」と口ごもったあと、思いきったように話しはじめた。

「実は、莉紗ちゃんとさくらちゃん、『地元の中学に行く子をふやそうキャンペーン』っていうのを今やってるの。」

「キャンペーン?」

予想外の言葉だ。意味がわからない。

「中学受験の塾に行ってるけど、真剣《しんけん》じゃない子をやめさせようっていう作戦なんだって。それで、ひなこちゃんが選ばれてるの。」

「えっ。」

陽菜子がびっくりすると、ここちゃんはこまった顔になる。やさしそうな薄《うす》い眉毛《まゆげ》が［　い　］の字にさがる。

「でも、二人《ふたり》とも意地悪のつもりはぜんぜんないの。ほんとに。わたしたちの小学校って、地元の区立中学に進む子は半分もいないでしょ。だから、さびしいねっていつもいってて、とくに仲のいい子は、同じ中学に行ってくれたらうれしいのにねって。それに……。」

ここちゃんは、またいいにくそうにちょっと口ごもった。

「莉紗ちゃんちのお父さん、去年、病気で会社を辞めたんだって。それで受験をやめたらしいの。莉紗ちゃんは塾が大好きだったからすごくショックだったみたいで。」

そうだったんだ。莉紗ちゃんも、勉強がよくできる子だ。どうしてやめたんだろうと、最初に話をきいたとき、ちょっ

陽菜子はリュックを背負い、靴《くつ》をはいた。

「模試の会場、本当にわかる？」

お母さんはちょっと不安そうだ。

「わかるって。」

陽菜子はお母さんを見ずに靴をはく。

「お兄ちゃんの試合のお茶当番じゃなかったら、ついていけたんだけど。」

お母さんは残念そうだった。

「おぼえてるからだいじょうぶ。」

行ってきます、と陽菜子はお母さんの顔を見ないまま家を出た。

塾の模試は、陽菜子がふだん通っているところではなく、二駅先の会場でおこなわれる。通いなれている場所ではないけれど四月にも第一回の模試を受けたからおぼえている。

日曜日だからか、通りは車も人も少なかった。歩道を歩いていると、駅のほうからこちらにむかって歩いてくる人が見えた。

ここちゃんだ。陽菜子は、はっとした。むこうも気がついたらしい。陽菜子に手をふってくる。

一瞬迷ったが、陽菜子も手をふりかえした。すると、ここちゃんは道をわたり、走ってきた。陽菜子の前までやってくると息をきらしながらいった。

「ひなこちゃん、これから出かけるの？」

「うん。」

陽菜子も立ちどまる。ここちゃんは駅ビルに入っているパン屋の袋《ふくろ》を持っている。

「ここちゃんはパンを買ってきたんだ。」

「おつかい。うちは今からこれで朝ごはんなの。」

「そうなんだ。じゃあ、行ってくるね。」

陽菜子はむっとしていった。

「でも今日は早く帰ってきたんだろ。テレビを見るのにじゃまだから早くやれって。」

「そんなの、お兄ちゃんが自分で片づけたらいいじゃん。洗濯物でいちばん多いのはお兄ちゃんのユニフォームとかジャージなんだから！」

陽菜子はそれだけいうと、お兄ちゃんがなにかまたいいかえしてくる前に、自分の部屋にもどってドアをしめた。

しばらくしてお母さんが帰ってきた。陽菜子を見ると「どうしたの？」とおどろいていたが、陽菜子はまだ腹が立っていたので、早退したという作り話をかえって堂々といえた。

お母さんはまったくうたがわなかった。それどころか、「もう一度、塾に行こうかと思ったけど」というところで、予想どおり、「うんうん」と満足そうにうなずいていた。

学校に行くと、廊下でさくらちゃんたちが立ち話をしているのを見かけた。陽菜子は思わずかけよった。

三人は映画の話をしていた。土曜日に三人で見にいったらしい。今、話題の映画だ。

「いいなあ。わたしも行きたかったな。」

陽菜子がいうと、さくらちゃんがなぐさめるように陽菜子の肩《かた》をやさしくたたいた。

「ごめんね。わたしはひなっちも誘《さそ》おうっていったんだけど。」

いいながら、さくらちゃんは、ここちゃんをちらっと見る。

「ひなっちは塾だから誘うのはやめておこうという意見もあって。」

ここちゃんが気まずそうにうつむく。

陽菜子ははっとした。もしかして、ここちゃんはわたしを仲間に入れたくないんじゃないか。

そうか、そうかもしれない。前から、ここちゃんだけ、陽菜子にたいしてなにかを思っているふしがあった。

「でも」と、そばにいた莉紗《りさ》ちゃんが口をひらいた。

「ひなっちは塾だったんだからしかたないよ。もし塾をやめたら、いつでも誘えるけど。」

莉紗ちゃんの言いかたは、はっきりとしていた。

てしまったから、家で勉強することにした、というのだ。

よし、これがいい。とくに「塾にもう一度行こうかと思った」というところがいい。

ほっとすると、急にカレーの味がしはじめた。

食べおわったお弁当箱を台所に持っていく。

そのとき、玄関《げんかん》のドアがひらく音がした。

どすどす、乱暴に廊下《ろうか》を歩く音がしたかと思うと、中学校の制服姿のお兄ちゃんが顔を出した。

「あれ、陽菜子じゃん。」

お兄ちゃんは和室にいる陽菜子を見ておどろいた。

「おまえ、今日は塾じゃないの？」

陽菜子はあわてた。

「ちょっと、いや、すごく、おなかがいたくて、早退してきたんだけど、家に帰ってトイレに行ったら、治って、」

そこまできいたお兄ちゃんは、「あ、そう」と興味なさそうに自分の部屋に行ってしまった。

⑨陽菜子はほっとして、急いで自分の部屋にもどり、机について塾のテキストをひろげた。勉強しているふりをしなくてはいけない。

少しすると、「陽菜子！」と、お兄ちゃんの声がした。

居間に行くと、Tシャツに着がえたお兄ちゃんがテレビを見ながらテーブルでカレーとサラダを食べていた。

「早く洗濯物《せんたくもの》を片づけろよ。」

「え？」

「洗濯物を片づけるの、陽菜子の仕事だろ。」

居間の天井《てんじょう》からぶらさがっている二つのつり輪に、室内用の物干しざおがわたしてあり、そこに洗濯物がならべて干してある。

陽菜子が塾でお母さんがパートの日は、お母さんはベランダに干さずに、最初から室内に干していく。

「塾の日は、わたしはやらなくていいんだよ。」

「わたしも！」

陽菜子も急いでいった。

「またきてね」と、さくらちゃんは笑顔《えがお》で陽菜子とここちゃんをマンションの一階まで見おくってくれた。

マンションの前で、ここちゃんとわかれると、⑦陽菜子の鼓動《こどう》はさらに速くなる。お弁当の入った小さな手さげバッグが、さっきよりも重い。

どうしよう。これから塾に行ったら、ほとんど七時だ。ちょっとおくれます、と電話したけれど、ちょっとどころではなくなってしまった。


家にそっと帰ると、まだだれもいなかった。お兄《にい》ちゃんは学校が遠く、部活もあるから帰宅はいつも七時半ごろだ。お母さんは仕事の日、七時前後に帰宅するけれど、今日のような陽菜子が塾の日に何時ごろ帰ってきているのかは知らない。

おくれます、と塾に電話したけれど、休みます、ともう一度電話したほうがいいだろうか。迷ったが、もう一度お母さんのふりをして電話をするのは、さすがに［　あ　］できなかった。

自分の部屋に入り、手さげバッグを机に置いた。お弁当をとりだし、ふたをあけると、あたたかい手作りのカレーとごはん、それにゆでたブロッコリーやアスパラのサラダがそれぞれの容器に入っている。

陽菜子はそのまま食べはじめた。自分の机で食べるのは、⑧ままごとのごはんを食べているようで味がしなかった。それでもむりやり口に押しこみながら、お母さんが帰ってきたらどう言い訳をしようか、と考えた。

おなかがいたくて早退したことにしようか？

いつもどおりに塾に行き、休けい時間にお弁当もふつうに食べたのだが、おなかがいたくなって帰ってきたことにするのだ。

実際、陽菜子はたまにおなかがいたくなる。いたみは強いけれど、トイレに行けばけろりとおさまる。でも、家のトイレじゃないと行きづらいから、トイレに行くために帰ってきた、と説明するのだ。

そして、家でトイレをすませたら元気になったから、塾にもう一度行こうかと思ったけれど、中途半端《ちゅうとはんぱ》な時間になっ

電話をきった陽菜子は思わず手をたたいた。

「ひなっち、すごい、じょうず！」

ノートを見たさくらちゃんが拍手《はくしゅ》した。

「ほんと。この子、かわいいね。」

ここちゃんも感心したようにうなずく。

「そんなことないって。」

「いや、漫画家《まんがか》になれるよ。」

「むりだよ。ストーリーとか考えられないもん。」

陽菜子は首をふりながらもうれしかった。⑤ジグソーパズルのピースがはまるようにぴったりとくる。こういう楽しい感じって、すごくひさしぶりだ。

さくらちゃんの部屋は、最後に遊びにきたときとほとんど変わっていなかった。でも持ち物はだいぶ変わっている。さくらちゃんには高校生のお姉《ねえ》さんがいて、いろんな物をもらえるのだ。文具やポーチ、ヘアアクセサリーなどを見せてもらったあと、三人でゲームをして、その後、陽菜子は思いつき、自分のイラストのノートを見せた。

「でも、本当にじょうずだねえ。」

まださくらちゃんがいってる。ここちゃんもとなりでうんうん、とうなずいている。陽菜子は⑥くすぐったい気分で首をすくめた。

五時半まで遊んだら、さくらちゃんの家を出て、塾にむかうつもりだった。でも五時半になっても楽しくて、「帰る」となかなかいえなかった。さくらちゃんも、ここちゃんも気にしていないようだし、さくらちゃんの家族もまだ帰ってこないから、そろそろ帰りなさい、という大人もいない。外はまだ十分明るくて、遊んでいてもいい感じだ。

あっというまに六時になり、さらに五分、十分とたっていく。さすがにドキドキしてきたが、それでもいいだせない。

六時半になったとき、ここちゃんがぱっと立ちあがった。

「あっ、こんな時間だ。わたし帰らなきゃ。」

ることになっているから、それが問題だ。

なんとか、お母さんのふりをして電話をかけられないかな。

居間の電話機の「電話帳」というボタンを押《お》してみると、塾の番号がイトウロクしてあった。ここに電話をすればいいんだ。

一度さくらちゃんの家に遊びにいくと考えはじめると、③その方向でしか陽菜子は考えられなくなっていた。

声に出していってみる。

「もしもし、あの、えーと、六年の佐藤《さとう》陽菜子の母ですけど、塾に行くのが、ちょっとおくれます。」

……どうだろう？　これで塾の人が陽菜子ではなく、お母さんからの電話だと思うだろうか。

そのとき、携帯の画面にまたメッセージが浮かんだ。またさくらちゃんからのメッセージだ。

「じゃあ、もしこれたらきてね。ひなっちをいつでも待ってるよ。」

最後にハートマークがついている。

ああ、やっぱり遊びにいきたい！

よし、④やるしかない！

電話機の塾の電話番号を選び、発信ボタンを押し、受話器を耳につける。

呼びだし音は一度で、すぐに塾の受付らしい女の人が出た。陽菜子は必死でいった。

「もしもし、六年の佐藤陽菜子の母です。いつもたいへんお世話になっております。」

「こちらこそお世話になっております。」

自然な返事がもどってきた。こんなに簡単に大人《おとな》のふりができるなんて。びっくりしたが、まだ先がある。どきどきしながら、できるだけ堂々とつづきをいった。

「申し訳ありませんが、今日、用事があるのでおくれていかせます。どうぞよろしくおねがいいたします。」

「わかりました。丁寧《ていねい》にご連絡をありがとうございました。」

相手にうたがうウ気配はまったくなかった。

「やった！」

「ひなっち、今からうちに遊びにこない？」

②陽菜子はおどろいた。

さくらちゃんは一年から四年までずっと同じクラスで、仲がよかった友達だ。家も近いからよく遊んでいた。でも五年にあがるクラス替《が》えで分かれて、このごろは学校で話すくらいだ。

おどろいているうちに、つぎのメッセージがきた。

「ここちゃんも今、遊びにきてるよ。」

ここちゃんというのは、さくらちゃんと今、同じクラスの子だ。陽菜子は同じクラスになったことはないけれど、しゃべったことは何度かある。のんびりとした感じの子だ。

「今日、塾なの。でも遊びにいきたいな。」

泣き顔をつけて返信すると、さくらちゃんからもすぐにかえってきた。

「そうなんだ、残念。わたしもひなっちと遊びたい。」

さくらちゃんからの返信にも涙《なみだ》がついている。

遊びにいきたいなあ、と陽菜子は携帯をにぎったまま、居間に行った。

居間のテーブルには小さな手さげバッグが置いてある。そのなかには塾で食べるための保温式のお弁当が入っている。お母さんのパートと塾がかさなる日は、お母さんが出かける前に作っておいてくれる。

でも、やっぱり遊びにいきたい。

ちょっと考えてみる。

たとえば、今からさくらちゃんの家に行って、ちょっとだけ遊んで、そのあと塾に行くのはどうだろう？

塾は駅裏にある。陽菜子の住んでいるマンションから歩いて十分、さくらちゃんのマンションからだと、たぶん十五分くらいだ。

塾の授業は午後五時から八時半まで。もし一時間おくれていったら午後六時だ。最初の算数は終わりかけているけれど、そのあとの国語と理科の授業はふつうに受けられる。

実際、そうやっておくれてくる子もたまにいる。ただし、おくれるときや休むときは、かならず保護者が電話連絡《れんらく》す

美

二〇二二年度　女子美術大学付属中学校

【国　語】〈第一回試験〉（五〇分）〈満点：一〇〇点〉

一　次の文章を読んで、後の問いに答えなさい。

すきとおった大きな瞳《ひとみ》、とがった鼻先、きゅっと結んだ小さな口もと。

大きなリボンをつけた髪《かみ》は、ふりむいた瞬間《しゅんかん》のようにふわりとひろがっている。

やった、うまく描《か》けた！

思わず陽菜子《ひなこ》は一人《ひとり》でガッツポーズをとった。

とくに瞳がうまくいった。鉛筆《えんぴつ》だけで描いたのだが、濃《こ》さをちょっとずつ変えていくことで、すきとおっている感じが出せた。

目と鼻と口の位置もよい。目は離《はな》れすぎると、のんきな顔になるし、鼻に近いと、きつい顔になる。この子はちょうどいいバランスだ。明るくてやさしくて、しっかりとしている女の子に見える。

よし、これで完成！

陽菜子は満足してノートをとじた。

学校から帰ってきて三十分、ア ムチュウで机にむかっていた。

今日はお母さんは仕事だ。週に三日、コールセンターでパートで働いている。もしお母さんが家にいたら、① こんなことはしていられない。

でもそろそろ、出かける準備をしなくてはいけない。今日はこれから塾《じゅく》だ。

そのとき、携帯《けいたい》の画面にメッセージが浮《う》かびあがった。見ると、となりのクラスのさくらちゃんからだ。

2022年度 女子美術大学付属中学校 ▶解説と解答

算 数 ＜第１回試験＞（50分）＜満点：100点＞

解 答

[1] (1) 13 (2) $\frac{4}{25}$ (3) $\frac{1}{5}$ (4) 25000分の１ (5) ５％ (6) 15個 (7) 12通り (8) 75度 (9) 12cm^2 (10) 43.96cm [2] (1) 62 (2) 348 (3) 57段目のＡ面 [3] (ア) 0.2 (イ) 1.2 (ウ) 0.05 (エ) 1.14 (オ) 0.14 (カ) 210 (キ) 1500 [4] (1) 分速60m (2) 12時10分 (3) 解説の図を参照のこと。 (4) 11時45分 (5) 解説の図を参照のこと。 [5] (1) 1307.6cm^3 (2) 1021.12cm^2

解 説

[1] 四則計算，逆算，相似，濃度《のうど》，差集め算，場合の数，角度，面積，長さ

(1) $18+9\div 3-4\times 2=18+3-8=21-8=13$

(2) $\frac{2}{5}-\frac{1}{5}\div\left(1\frac{1}{2}-\frac{2}{3}\right)=\frac{2}{5}-\frac{1}{5}\div\left(\frac{3}{2}-\frac{2}{3}\right)=\frac{2}{5}-\frac{1}{5}\div\left(\frac{9}{6}-\frac{4}{6}\right)=\frac{2}{5}-\frac{1}{5}\div\frac{5}{6}=\frac{2}{5}-\frac{1}{5}\times\frac{6}{5}=\frac{10}{25}-\frac{6}{25}=\frac{4}{25}$

(3) $\left(2\frac{3}{5}-\square\right)\div\frac{2}{3}=3\frac{3}{5}$より，$2\frac{3}{5}-\square=3\frac{3}{5}\times\frac{2}{3}=\frac{18}{5}\times\frac{2}{3}=\frac{12}{5}=2\frac{2}{5}$　よって，$\square=2\frac{3}{5}-2\frac{2}{5}=\frac{1}{5}$

(4) 500m＝50000cmが地図上の２cmにあたるから，この地図の縮尺《しゅくしゃく》は，$2\div 50000=\frac{1}{25000}$より，25000分の１となる。

(5) (食塩の重さ)＝(食塩水の重さ)×(濃度)より，８％の食塩水250gにふくまれる食塩の重さは，250×0.08＝20(g)とわかる。また，食塩水に水を加えても食塩の重さは変わらないので，水を加えた後の食塩水にも20gの食塩がふくまれている。さらに，水を加えた後の食塩水の重さは，250＋150＝400(g)だから，その濃度は，20÷400×100＝５(％)となる。

(6) １個120円のアイスをはじめの予定の個数分買うと，お金が，120×３＋90＝450(円)あまる。この450円は，１個あたり，150－120＝30(円)の差が，買う予定だった個数の分だけ集まったものなので，買う予定だったアイスの個数は，450÷30＝15(個)と求められる。

(7) 遠回りをせずに行くと，下の図１の矢印のように行くことになり，それぞれの交差点までの行き方は，図１で示した数字のようになる。よって，行く方法は12通りある。

(8) 下の図２で，CD＝ADである。また，三角形ACDは㋐を対称《たいしょう》の軸《じく》として線対称なので，AC＝ADとなる。よって，三角形ACDは正三角形だから，角ADCの大きさは60度となり，●印の角の大きさは，(90－60)÷２＝15(度)とわかる。さらに，下の図３で，三角形CBDは二等辺三角形なので，角xの大きさは角yの大きさと等しくなる。したがって，角xの大きさは，90－15＝75(度)となる。

(9) 下の図４で，三角形ADHと三角形FBHは相似だから，DH：HB＝AD：BF＝３：２となり，

BDの長さを１とすると，BHの長さは，$1\times\frac{2}{3+2}=\frac{2}{5}$になる。また，三角形ABIと三角形GDIは相似なので，BI：ID＝AB：DG＝２：１となり，IDの長さは，$1\times\frac{1}{2+1}=\frac{1}{3}$になる。よって，HIの長さは，$1-\frac{2}{5}-\frac{1}{3}=\frac{4}{15}$だから，HI：BD＝$\frac{4}{15}$：１＝４：15である。したがって，三角形AHIと三角形ABDの面積の比も，４：15となるから，三角形AHIの面積(斜線《しゃせん》部分の面積)は，$90\times\frac{1}{2}\times\frac{4}{15}=12(\text{cm}^2)$と求められる。

⑽　下の図５で，８個の三角形はすべて正三角形だから，図５に示したように８個のかげをつけた角の大きさはすべて，60×２＝120(度)である。すると，角アと角クの大きさはそれぞれ，360－120＝240(度)になり，角イと角ウ，角エと角オ，角カと角キの大きさの和はそれぞれ，360－120×２＝120(度)となる。よって，太線部分のおうぎ形の中心角の和は，240×２＋120×３＝840(度)なので，太線部分の合計の長さは，$3\times2\times3.14\times\frac{840}{360}=43.96$(cm)である。

図１
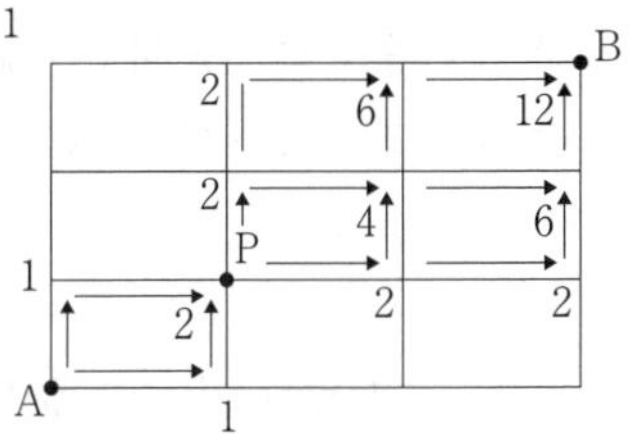

図２
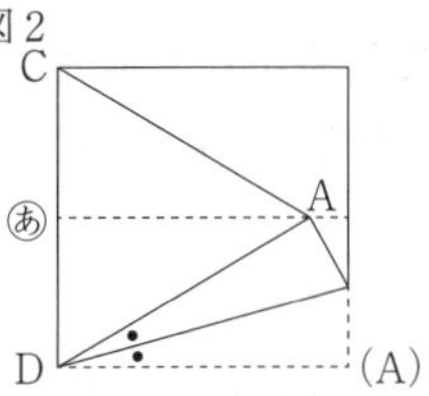

図３
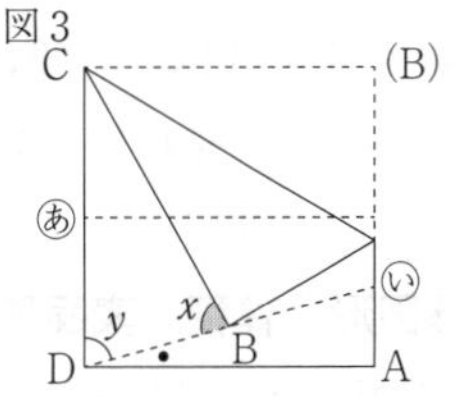

図４
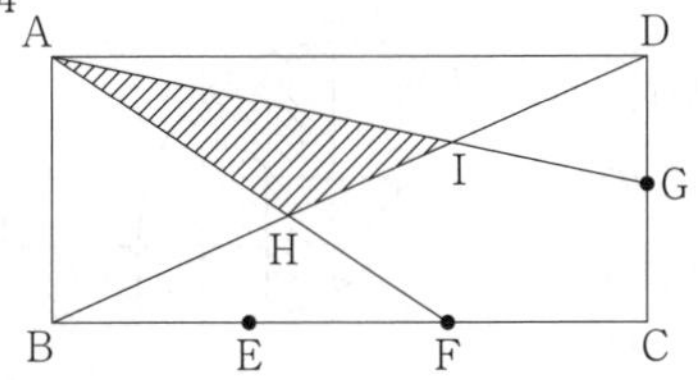

図５
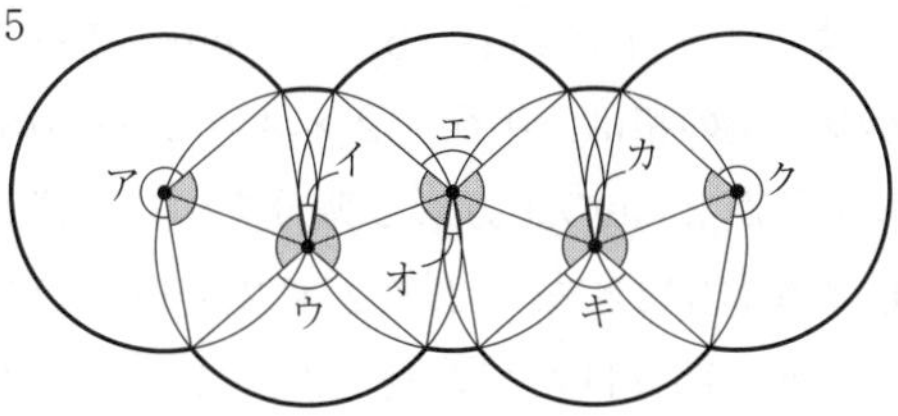

2 数列

⑴　A面の真ん中に書かれた数は１段目の２から12ずつ大きくなっていくので，６段目のA面の真ん中に書かれた数は，２＋12×(６－１)＝62とわかる。

⑵　１段目のC面の最も小さい数は７だから，10段目のC面の最も小さい数は，７＋12×(10－１)＝115となる。よって，10段目のC面の数は，115，116，117になり，連続する３個の整数の和は，(真ん中の数)×３で求められるので，この３個の数の和は，115＋116＋117＝116×３＝348とわかる。

⑶　真ん中の数は，2022÷３＝674であり，674÷12＝56あまり２だから，674の56段上の数は２とわかる。よって，56＋１＝57(段目)のA面である。

3 売買損益

原価を１とすると，原価の２割は，１×0.2＝0.2(…(ア))だから，原価の２割増しの定価は，１＋0.2＝1.2(…(イ))と表すことができる。また，５％を小数で表すと，0.05(…(ウ))だから，定価の５％引きの売値は，1.2×(１－0.05)＝1.14(…(エ))と表される。よって，利益は，1.14－１＝0.14(…(オ))と表され，これが210(…(カ))円にあたるから，原価は，210÷0.14＝1500(…(キ))(円)とわかる。

4 グラフ―速さ，旅人算

⑴　春子さんは20分休けいした後，分速50mの1.2倍の速さで歩いたので，その速さは分速，50×1.2＝60(m)である。

⑵　問題文中のグラフより，春子さんは家から3000mの地点で11時20分まで休けいしたとわかる。

休けいした後，6000－3000＝3000(m)を分速60mで歩いたから，かかった時間は，3000÷60＝50(分)となる。よって，到着《とうちゃく》した時刻は，11時20分＋50分＝12時10分である。

⑶　⑵より，右の図の㋐のようになる。

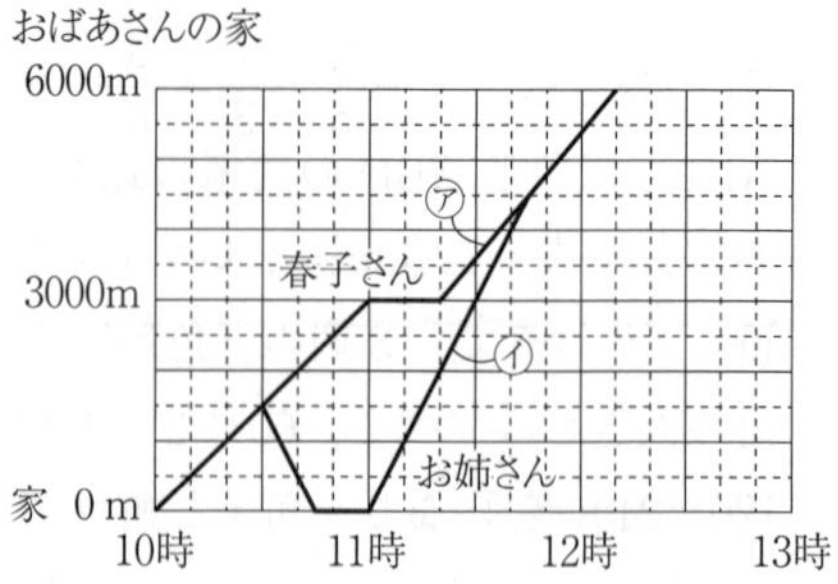

⑷　お姉さんの走る速さは分速，50×２＝100(m)である。また，問題文中のグラフより，お姉さんは11時に再び家を出発する。春子さんが休けい後に出発する11時20分のとき，お姉さんは再び家を出発してから，100×20＝2000(m)進んでいるので，２人の間の道のりは，3000－2000＝1000(m)とわかる。この後，お姉さんは１分で春子さんに，100－60＝40(m)ずつ近づくから，追いつくのにかかる時間は，1000÷40＝25(分)になる。よって，追いつく時刻は，11時20分＋25分＝11時45分とわかる。

⑸　春子さんは休けい後に出発してからお姉さんに追いつかれるまでの25分間で，60×25＝1500(m)歩くので，家から，3000＋1500＝4500(m)の地点で追いつかれる。よって，上の図の㋑のようになる。

5　立体図形―体積，表面積

⑴　右の図で，㋐と㋑と㋒の部分を合わせると，半径，２×２＝４(cm)の円になるので，その面積の和は，４×４×3.14＝16×3.14(cm^2)である。㋓と㋔の部分の面積の和は，半径，２×３＝６(cm)の半円から，一辺の長さが２cmの正方形２個分を引けば求められるので，$6\times6\times3.14\times\frac{1}{2}-2\times2\times2=18\times3.14-8$(cm^2)になる。㋕の部分はたての長さが，２×２＝４(cm)，横の長さが，２×４＝８(cm)の長方形だから，その面積は，４×８＝32(cm^2)となる。よって，底面積は，16×3.14＋18×3.14－８＋32＝34×3.14－８＋32＝106.76－８＋32＝130.76(cm^2)となるので，この立体の体積は，130.76×10＝1307.6(cm^3)とわかる。

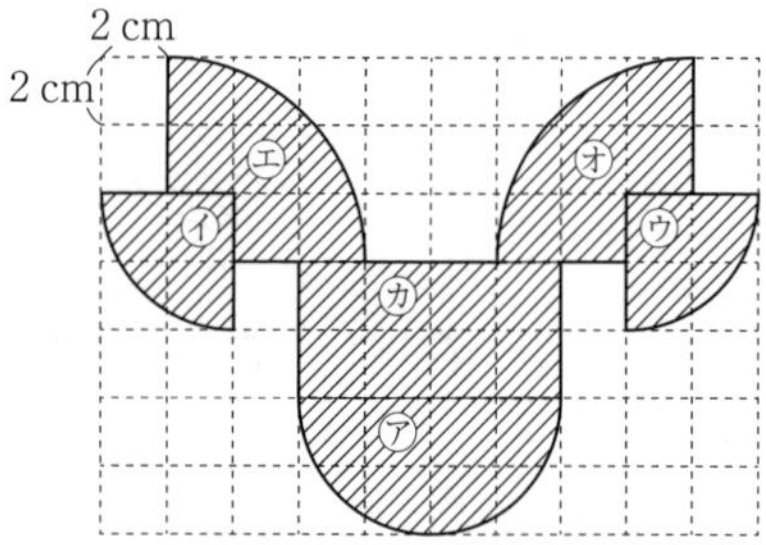

⑵　上下の底面積の和は，130.76×２＝261.52(cm^2)である。また，側面積は，(底面のまわりの長さ)×(高さ)で求められる。底面のまわりのうち，㋐，㋑，㋒の曲線部分の長さの和は，４×２×3.14＝８×3.14(cm)，㋓，㋔の曲線部分の長さの和は，$6\times2\times3.14\times\frac{1}{2}=6\times3.14$(cm)で，直線部分の長さの和は，２×16＝32(cm)となる。よって，底面のまわりの長さは，８×3.14＋６×3.14＋32＝14×3.14＋32＝43.96＋32＝75.96(cm)だから，側面積は，75.96×10＝759.6(cm^2)になる。したがって，この立体の表面積は，261.52＋759.6＝1021.12(cm^2)と求められる。

社　会　＜第１回試験＞（理科と合わせて50分）＜満点：50点＞

解　答

1　⑴　う　⑵　徳島(県)　⑶　あ　⑷　い　⑸　(例)　日本の時刻の基準となっている場所。　**2**　⑴　太平洋ベルト　⑵　あ　⑶　え　⑷　う　⑸　い　**3**　⑴　A　え　B　い　⑵　長崎(市)　⑶　あ　⑷　下の図　**4**　⑴　あ　⑵　え

⑶ い　⑷ う　⑸ う　5 ⑴ ① 衆議院(議員)　② 人種
③ ミャンマー　⑵ 非核三原則　⑶ NGO

解　説

1 **兵庫県明石《あかし》市の特徴《とくちょう》や地形図の読み取りについての問題**

⑴ あ　特にことわりがない限り，地形図では上が北，右が東，下が南，左が西にあたる。「明石駅」から北へ道なりに沿って進むと，神社の地図記号(⛩)と「明石神社」の文字が見られるので，正しい。　い　地形図から「歩いて１分」で着くかどうかは読み取れないが，「柿本神社」の敷《しき》地《ち》は比較《ひかく》的大きく，道路をはさんですぐ南に博物館の地図記号(🏛)があるので，正しいと判断できる。　う　博物館の南には寺院の地図記号(卍)や墓地の地図記号(⊥)はあるものの，記念碑《ひ》の地図記号(∩)は見られない。

⑵ 明石海峡《かいきょう》大橋は，本州四国連絡橋の神戸—鳴門《なると》ルートを構成する橋で，兵庫県神戸市と淡路《あわじ》島(兵庫県)を結んでいる。神戸—鳴門ルートは淡路島を通ったのち，大鳴門橋を渡って徳島県鳴門市にいたる。なお，本州四国連絡橋にはこのほか，岡山県倉敷市と香川県坂出《さかいで》市を瀬戸大橋で結ぶ児島《こじま》—坂出ルート，しまなみ海道とよばれる道路で瀬戸内海の島々を通って広島県尾道《おのみち》市と愛媛県今治《いまばり》市を結ぶ尾道—今治ルートがある。

⑶ 明石海峡大橋は兵庫県の県庁所在地である神戸市を通っており，ほかの本州四国連絡橋に比べ，西日本の経済の中心である大阪府にも行きやすい。したがって，３つの中で最も交通量の多い「あ」だと判断できる。

⑷ 明石市をふくめ，瀬戸内海に面した地域は，夏の南東の季節風を四国山地に，冬の北西の季節風を中国山地にさえぎられるため，１年を通じて降水量が少なく，冬でも比較的温暖な瀬戸内の気候に属している。よって，「い」があてはまる。なお，「あ」は太平洋側の気候に属する地域，「う」は日本海側の気候に属する地域の雨温図。

⑸ 写真が時計塔《とう》であることから，時間に関係することだとわかる。兵庫県明石市には東経135度の経線が通っており，この経線は日本の標準時子午線，つまり日本の時刻を決める基準の経線とされている。なお，写真は明石市立天文科学館を写したものである。

2 **日本の工業についての問題**

⑴ 太平洋ベルトは，関東地方南部から東海・近畿・瀬戸内の各地方をへて九州地方北部まで帯のように続く工業地域で，大都市が連なり，日本の工業地帯・地域の多くがここに集中している。

⑵ Ａは愛知県と三重県北部にあたり，ここには中京工業地帯が広がっている。中京工業地帯は製造品出荷額等が日本の工業地帯・工業地域の中で最も多く，自動車を中心とする機械工業の割合がその７割近くを占《し》める。なお，「い」は阪神工業地帯，「う」は京浜工業地帯，「え」は北九州工業地帯(地域)のグラフ。

⑶ しょうがいのあるなしや国籍・人種・性別・年齢のちがいに関係なく，だれもが安全に使いや

すく考えられた建築(施設)や製品，情報などの設計(デザイン)のことを，ユニバーサルデザインという。

⑷　自動車生産においても環境への配慮《はいりょ》とそのための取り組みが行われており，法律によって自動車部品のリサイクルが進められている。よって，「う」がふさわしくない。なお，「あ」にある「ジャスト・イン・タイム方式」とは，必要なものを必要なときに必要なだけつくる生産方式で，関連工場は組み立て工場の発注にもとづいて部品を生産するため，どこか１か所で生産が止まると，自動車の組み立てができなくなることがある。

⑸　二酸化炭素のさく減に向けた取り組みは各分野で進められているが，日本国内における自動車の生産台数を制限するといったようなことは行われていない。

3 古代から近代までの歴史的なことがらについての問題

⑴　**A**　日本では５世紀ごろ，奈良県を中心として豪族《ごうぞく》の連合政権であるヤマト政権が成立し，大《おお》王《きみ》がこれを治めた。その後，飛鳥時代の７世紀には奈良県明日香《あすか》村やその周辺に朝廷が置かれ，このころに「日本が国家として歩みを始めた」といえる。　**B**　大山《だいせん》古墳は大阪府堺《さかい》市にある。堺市は中世，日明貿易や南蛮《なんばん》貿易の港として発展し，有力な商人による自治が行われた。

⑵　シーボルトは，江戸時代に長崎出島のオランダ商館の医師として来日した。また，太平洋戦争末期の1945年８月９日，３日前の広島に続いて長崎にも原子爆弾《ばくだん》が投下され，壊滅《かいめつ》的な被害を受けた。現在，原子爆弾が投下された８月９日には長崎で平和祈念《きねん》式典が行われる。

⑶　推古《すいこ》天皇は592年に日本で最初の女帝(女性天皇)として即位《そくい》し，翌593年には聖徳太子を摂政《せっしょう》として国づくりを進めた。なお，天智《てんじ》天皇，桓武《かんむ》天皇，後醍醐《ごだいご》天皇はいずれも男性である。

⑷　大山古墳は日本最大の前方後円墳で，周囲には堀《ほり》がめぐらされている。前方後円墳は円形と方形(四角形)を組み合わせた形で，大山古墳は丸と台形を組み合わせた形をしている。

4 江戸時代末から昭和時代までのできごとについての問題

⑴　1854年，アメリカ使節のペリーと江戸幕府との間で日米和親条約が結ばれ，下田(静岡県)と函館(北海道)の２港を開くことが決められた。なお，1858年には日米修好通商条約が結ばれ，函館に加えて神戸，新潟，横浜(神奈川)，長崎が開港地とされた。横浜の開港にともない，下田は閉鎖《へいさ》された。

⑵　あ　小学校から中学校まで９年間を義務教育とする制度は，1947年に制定された教育基本法と学校教育法で実現した。　い　18才から国政選挙で投票できるようになったのは，2016年のことである。　う　1854～55年に江戸幕府が欧米４か国と結んだ和親条約では，外国船に食料や燃料を与《あた》えることが決められた。また，1858年に欧米５か国と修好通商条約(安政の五か国条約)が結ばれたことで，外国との貿易が始まった。　え　1868年，明治新政府は五か条の御誓文《ごせいもん》を発布して新しい政治の方針を示し，明治維新とよばれる政治改革を進めた。その一つとして1873年に徴兵令が出され，20才以上の男子は兵役につくことが義務とされた。よって，正しい。

⑶　大日本帝国憲法は，君主権の強いドイツの憲法を参考にして伊藤博文《ひろぶみ》らが作成し，1889年に発布された。

⑷　「あ」は1894～95年，「い」は1871年，「う」は1923年，「え」は1937～45年のできごとである。

⑸　「う」は「国際連盟」ではなく「国際連合」が正しい。国際連合は第二次世界大戦終戦直後の1945年10月に発足し，日本は1956年にこれに加盟した。なお，「あ」の政策は農地改革とよばれる。

5　2021年のできごとを題材とした問題

⑴　①　2021年10月14日，岸田文雄首相は衆議院を解散し，これにともなって同月31日に衆議院議員総選挙が行われた。　②　日本国憲法第14条は「法の下《もと》の平等」を定めた条文で「人種，信条，性別，社会的身分又《また》は門地により，政治的，経済的又は社会的関係において，差別されない」としている。なお，「門地」とは家柄《いえがら》のことである。　③　東南アジアのミャンマーでは2021年２月に軍によるクーデターが起こり，民主的な政権がたおされた。写真に写っている女性は，ミャンマーの民主化運動を指導してきたアウンサンスーチーである。

⑵　非核三原則は核兵器に対する日本政府の基本方針で，「核兵器をもたない，つくらせない(つくらない)，もちこませない」という政策である。1967年に佐藤栄作首相が国会答弁で初めて表明し，1971年には衆議院で決議が採択《さいたく》された。

⑶　政府や政府間につくられた組織ではなく，平和や人権問題などについて国際的な活動を行っている非営利の民間組織のことを非政府組織といい，NGOと略される。

理　科　＜第１回試験＞（社会と合わせて50分）＜満点：50点＞

解　答

1　**問１**　Ｅ　**問２**　**装置**…てこ　**Ａ地点**…作用点　**問３**　80ｇ　**問４**　36cm　**問５**　(例)　はさみ　**2**　**問１**　**記号**…ア　**理由**…(例)　１日の気温差が小さいから。　**問２**　晴れ　**問３**　ウ　**問４**　かいきげっしょく　**3**　**問１**　二酸化炭素　**問２**　**Ｂ**　エ　**Ｃ**　ウ　**問３**　エ，カ　**問４**　②　**問５**　２ｇ　**4**　**問１**　⑴　水　⑵　イ　⑶　(例)　だ液を入れたふくろだけ，ヨウ素液の色が変化しなかった。　**問２**　消化　**問３**　ウ，エ，イ，ア　**問４**　ウ　**問５**　ワクチン

解　説

1　てこについての問題

問１　図のＢ地点のように，棒を支える点を支点という。おもりや荷物が，支点を中心に棒を回転させようとするはたらきの大きさをモーメントといい，モーメントは，(支点からおもりや荷物をつるした地点までの距離《きょり》)×(おもりや荷物の重さ)で求められる。荷物を持ち上げて棒が水平になるとき，左右のモーメントは同じになるから，支点からおもりまでの距離が長いほど，おもりを軽くすることができる。したがって，Ｅが選べる。

問２　図のように，支点を中心に回転できるようになっている棒をてこといい，てこによって力をものにはたらかせている点を作用点という。ここでは，荷物を持ち上げるために，てこによってＡ地点に力をはたらかせている。なお，てこに力を加えている点は力点である。

問３　棒が水平になるとき，荷物によるモーメントと，おもりによるモーメントは等しい。荷物によるモーメントは，20×180＝3600で，BE 間の距離は，15＋15＋15＝45(cm)なので，おもりの重さは，3600÷45＝80(g)と求められる。

問４　問３より，荷物によるモーメントは3600なので，支点のＢ地点から100ｇのおもりまでの距離は，3600÷100＝36(cm)とわかる。

問５　図のように，支点が力点と作用点の間にあるてこの仕組みを利用している日用品には，はさみやペンチ，くぎぬきなどがある。

2 天気についての問題

問１　１日の最高気温と最低気温の差は，ふつう晴れの日は大きく，くもりの日は小さい。グラフを見ると，１日の気温の差が約２℃と小さいので，アが選べる。

問２　雨や雪などが降っていない場合，空全体を10としたとき，雲の量が０から１のときは快晴，２から８のときは晴れ，９から10のときはくもりという。

問３　夏によく見られる積乱雲は，入道雲ともよばれる。入道雲は，せまいはん囲に激しい雨を降らせることが多い。

問４　満月が地球のかげに全部入ってしまう現象をかいき月食という。かいき月食のときには，地球の大気でくっ折した太陽光が月面にとどいて，月が赤銅色に見える。

3 気体の性質についての問題

問１　実験イから，フラスコＡ内の気体が最も重い。それぞれの気体を空気の重さとくらべると，アンモニアは約0.6倍，二酸化炭素は約1.5倍，酸素は約1.1倍，水素は約0.07倍，塩化水素は約1.3倍である。したがって，フラスコＡに入っていた気体は二酸化炭素とわかる。

問２　実験ロより，フラスコＢとフラスコＣに入っている気体は，水にとてもよく溶《と》けるアンモニアか塩化水素のどちらかである。また，実験ハより，フラスコＢの気体は水よう液がアルカリ性なのでアンモニア，フラスコＣの気体は水よう液が酸性なので塩化水素と決まる。フラスコＢのアンモニアは空気よりも軽く，鼻をさすようなにおいのある気体で，フラスコＣの塩化水素の水よう液である塩酸は鉄を溶かす性質がある。

問３　実験ニで，フラスコＤに入れた線香《せんこう》が炎《ほのお》を上げてよく燃えたことから，入っている気体は，ものが燃えるのを助けるはたらきがある酸素とわかる。うすい過酸化水素水に二酸化マンガンを加えると，酸素が発生する。

問４　グラフ１より，実験ホの塩酸20cm^{3}とちょうど反応するアルミニウムの重さは３ｇで，そのとき20cm^{3}の気体が発生する。塩酸の体積を，実験ホのときとくらべて，40÷20＝２(倍)にすると，塩酸とちょうど反応するアルミニウムの重さも２倍の，３×２＝６(ｇ)になり，そのときに発生する気体の体積は，20×２＝40(cm^3)になる。よって，②が選べる。

問５　塩酸20cm^{3}に水を10cm^{3}加えると，濃《こ》さは元の塩酸の，$20\div(20+10)=\frac{2}{3}$(倍)になる。よって，うすめた塩酸20cm^{3}に溶かすことのできるアルミニウムの重さは，$3\times\frac{2}{3}=2$(ｇ)である。

4 ヒトのからだのはたらきについての問題

問１　(1)　この実験では，ご飯に対するだ液のはたらきを調べるため，ふくろにだ液を入れたものとご飯の性質を変えない水を同量入れたもので実験を行い，結果をくらべる。　(2)　だ液は，ヒトの体温と同じくらいの温度で最もよくはたらくので，イを選ぶ。　(3)　水を入れたふくろには，デンプンがそのまま入っているので，ヨウ素液は青むらさき色に変化する。もし，だ液を入れたふくろでヨウ素液の色が変化しなければ，デンプンがすべて分解されてなくなっていることになるので，だ液にはデンプンを分解するはたらきがあるとわかる。

問２　口から入った食べ物を，体内に吸収できる物質にすることを消化という。なお，だ液などのように，栄養分を分解するなど，消化を助ける液を消化液とよぶ。

問３　食べ物は，口から入って食道を通り，胃，小腸，大腸の順に運ばれこう門から出る。この間に，食べ物の消化，吸収が行われる。このような食べ物が通る管のことを消化管という。

問４　小腸の内側のひだにはじゅう毛が無数にある。このようなつくりによって表面積が大きくなり，養分や水分の吸収を効率よく行うことができる。

問５　あらかじめウイルスや病原体の一部などを体内に入れて，そのウイルスや病原体に対するていこう力をつけることを予防接種といい，予防接種のときに注射するものがワクチンである。

国　語　＜第１回試験＞（50分）＜満点：100点＞

解　答

一　**問１**　（例）　塾に行く準備をせずに，絵ばかり描いていること。　**問２**　（例）　以前から仲はよかったが，クラス替えで分かれてしまい，このごろは学校で話すくらいになっていた友達のさくらちゃんから遊びの誘いがきたから。　**問３**　今からさ～塾に行く　**問４**　（例）　母親のふりをして，おくれていくと塾に電話をかけること。　**問５**　オ　**問６**　（例）　自分の描いたイラストが，さくらちゃんやここちゃんに何度もほめられて，はずかしくもうれしい気持ち。　**問７**　（例）　母親のふりをして塾にちょっとおくれると電話をしたが，さくらちゃんたちと遊ぶのが楽しくてなかなか帰ると言い出せず，結局，塾に行くのが七時になってしまいそうで，ちょっとおくれるどころではなくなっていてあせっていたから。　**問８**　イ　**問９**　ア　**問10**　（例）　お兄ちゃんから「おまえ，今日は塾じゃないの？」と聞かれた陽菜子は，あわてて考えていた言い訳がうまく言えなかったが，それでもお兄ちゃんは興味なさそうにしていたので，やり過ごせたと思ったから。　**問11**　エ　**問12**　**い**　八　**う**　頭　**問13**　（例）　今までお母さんにむりやり行かされている気がして，いいかげんに塾に通っていたが，ここちゃんのおかげで自分がどうしたいか決める問題であると気づき，塾は休まずに行くと決心した陽菜子は，塾に行きたくても行けなくなった莉紗に「やるなら本気で。ひなっちなら最後までできるから」と言ってもらい，身が引きしまるとともに，応援してくれたことに対して感謝している。

問14　**ア，イ，エ，オ**　下記を参照のこと。　**ウ**　けはい　二　①　**ア**　敬　**イ**　志　②　**ア**　創　**イ**　場

●漢字の書き取り

一　**問14**　ア　夢中　イ　登録　エ　不思議　オ　絶対

解　説

一　**出典は魚住直子《うおずみなおこ》の『いいたいことがあります！』による。**陽菜子《ひなこ》は，さくらから家に来て遊ばないかと久しぶりに誘《さそ》われて塾《じゅく》を休んでしまうが，実はその誘いが，真剣《しんけん》に塾に通っていない子をやめさせようという作戦だったと聞かされる。

問１　ぼう線①に続いて「そろそろ，出かける準備をしなくてはいけない」とある。家にお母さんがいたら，塾の準備もしないで，三十分も絵を描《か》いていることなどできないと陽菜子が思っていることがわかる。

問２　家も近くて仲がよかったが，「五年にあがるクラス替《が》えで分かれ」てからは「学校で話すく

らい」だったさくらちゃんから，突然《とつぜん》「今からうちに遊びにこない？」という連絡《れんらく》がきたので，陽菜子はおどろいたのだと考えられる。

問３　陽菜子は，塾があるので遊びにいくことを最初はためらっていたが，「一度さくらちゃんの家に遊びにいくと考えはじめる」と，「今からさくらちゃんの家に行って，ちょっとだけ遊んで，そのあと塾に行く」ということしか考えられなくなってしまったのである。

問４　お母さんのふりをして塾に電話をかけ，おくれることを伝えようと思った陽菜子は，塾の人が「お母さんからの電話だと思うだろうか」と不安になった。しかし，さくらちゃんからメッセージがきたので遊びにいきたい気持ちが高まり，すぐに塾に電話したのである。

問５　絵をほめられた「楽しい感じ」が，「ジグソーパズルのピースがはまるようにぴったりとくる」とたとえられている。「ようだ」「みたいだ」などの語を用いてたとえる表現技法を直《ちょく》喩《ゆ》法という。

問６　陽菜子は，「すごい，じょうず！」「漫画家《まんがか》になれるよ」「本当にじょうずだねえ」などと，自分の絵をほめられたので，うれしくもあり，てれくさくもあるような気持ちになったことが読み取れる。

問７　最初，陽菜子は一時間おくれて午後六時には塾に着こうと思っていたが，楽しくなって五時半になっても「帰る」と言い出せず，結局は六時半になってから，さくらちゃんの家を出ることになった。これから塾に行ったらほとんど七時で，ちょっとおくれると電話したが，ちょっとどころではなくなってしまった。陽菜子は，「どうしよう」とあせっていたので鼓動《こどう》が速くなったのである。

問８　最初に塾に電話したときは，「遊びにいきたい」という気持ちが勝《まさ》り，お母さんのふりをして電話したが，もう一度電話してうそをつくのは，さすがにやましい気持ちになったと考えられるので，「気がひけて」があてはまる。

問９　少し後で，陽菜子がうまい「言い訳」を思いついて，「ほっとすると，急にカレーの味がしはじめた」とあることに着目する。陽菜子は，お母さんに塾に行っていない理由を聞かれることが不安でどうしようもなかったので，お弁当の味が感じられなかったのである。

問10　お兄ちゃんに「おまえ，今日は塾じゃないの？」と問われた陽菜子はあわててしまい，「ちょっと，いや，すごく，おなかがいたくて」などとぎこちなく言い訳した。しかし，お兄ちゃんは，「あ，そう」と言っただけで，「興味なさそうに自分の部屋に行って」しまい，特に問いつめられることもなかったので，陽菜子はうまくやり過ごすことができてほっとしたと考えられる。

問11　ここちゃんは，さくらと莉紗《りさ》が「地元の中学に行く子をふやそうキャンペーン」をやっていて，中学受験の塾に真剣に通っていない子をやめさせようという作戦の対象として陽菜子が選ばれていることを知らせてくれたが，「二人とも意地悪のつもりはぜんぜんない」ということも話してくれたので，アは正しい。また，莉紗が家庭の事情で，仕方なく塾をやめ，受験をあきらめたことも話してくれたのだから，イも合う。さらに，「真剣じゃない子が塾に行くのも，それはその人の自由」だと言い，塾に行くか行かないかは陽菜子自身が「自分で決めること」だとも言っている。よって，ウもふさわしい。なお，「真剣じゃない子が塾に行くのも，それはその人の自由だとわたしは思う」とここちゃんは言っているので，エの「陽菜子には行ってほしいと思っている」という部分が合わない。

問12　**い**　ここちゃんが「こまった顔になる」というところから考える。眉毛《まゆげ》の両端《りょうたん》が下がって「八」のようになったと考えられる。　**う**　「話してくれて，ほんとにありがとう」という感謝の気持ちをこめて，陽菜子はここちゃんに「頭をさげた」のである。

問13　学校でさくらに誘われた陽菜子が，「今日は塾だから」と断ったことに着目して考える。陽菜子は，勉強を「お母さんにむりにさせられている気がする」「やる気が出ない」などと感じていたが，ここちゃんのおかげで，「自分がどうしたいかということ」が大切で，塾に行くか行かないかは自分で決める問題だと気づいた。塾を休まず，受験を「とりあえず最後までやってみようと思う」という決意を話した陽菜子は，塾に通えなくなった莉紗から「やるなら本気で」とはげましてもらったので，気持ちが引きしまり，感謝の気持ちをこめて「ありがとう」と言ったのだとわかる。

問14　**ア**　物事に熱中してほかのことを考えない状態になること。　**イ**　正式に記録しておくこと。　**ウ**　何となく感じられるようす。　**エ**　理由などがよくわからず，どうしてだろうと考えさせられること。　**オ**　ここでは，あとに打ち消しの意味の語をともなって，“決して”という意味を表す。

二　熟語の完成

①　**ア**　「尊敬」は，すぐれたものとして大切にして敬うこと。「敬服」は，感心して敬うこと。「敬意」は，尊敬する気持ち。　**イ**　「意志」は，目的や計画を選択《せんたく》して実現しようとする考え。「志願」は，自分から進んで願い出ること。「志望」は，自分はこうしたいと望むこと。

②　**ア**　「独創」は，独自の発想でこれまでにないものをつくりだすこと。「創造」は，新しいものを初めてつくり出すこと。「創立」は，初めて設立すること。　**イ**　「立場」は，その人が置かれている地位や状況《じょうきょう》。「場合」は，物事が行われているときの事情や状態。「場所」は，ところや位置。

Memo

2022年度　女子美術大学付属中学校

〔電　話〕　03(5340)4541
〔所在地〕　〒166－8538　東京都杉並区和田１－49－８
〔交　通〕　地下鉄丸ノ内線 ― 東高円寺駅より徒歩８分

【算　数】〈第３回試験〉（50分）〈満点：100点〉

※定規，コンパスは使用してはいけません。

1　次の各問いに答えなさい。

(1)　$20 \div 2 \times 2 - 2 \times 5$　を計算しなさい。

(2)　$1\frac{4}{5} \times 1\frac{1}{6} - 3\frac{1}{6} \div 2\frac{1}{2}$　を計算しなさい。

(3)　$\frac{1}{2} \times \left(10 - \square\right) + 3\frac{2}{3} = 6\frac{2}{3}$　のとき、$\square$をうめなさい。

(4)　縮尺2000分の１の地図上で、ある土地が縦３cm、横４cmの長方形でかかれています。この土地の実際の面積は何m^2ですか。

(5)　６％の食塩水150ｇから水を30ｇ蒸発させると、何％の食塩水になりますか。

(6)　折り紙が何枚かあります。今、Ａさんが半分の枚数をとり、Ｂさんがその残りの半分の枚数をとり、Ｃさんがさらにその残りの枚数の半分をとり、というように全部で５人がとったところ、６枚が残りました。最初に何枚の折り紙がありましたか。

(7)　アイスクリームにフルーツをのせてデザートをつくります。アイスクリームは、バニラ味、いちご味、チョコレート味の３種類あります。フルーツは、みかん、バナナ、ブルーベリーの３種類です。アイスクリームから２種類、フルーツから１種類をそれぞれ選ぶとき、何通りのデザートができますか。

(8)　下の図の半円Oにおいて、角xの大きさを求めなさい。

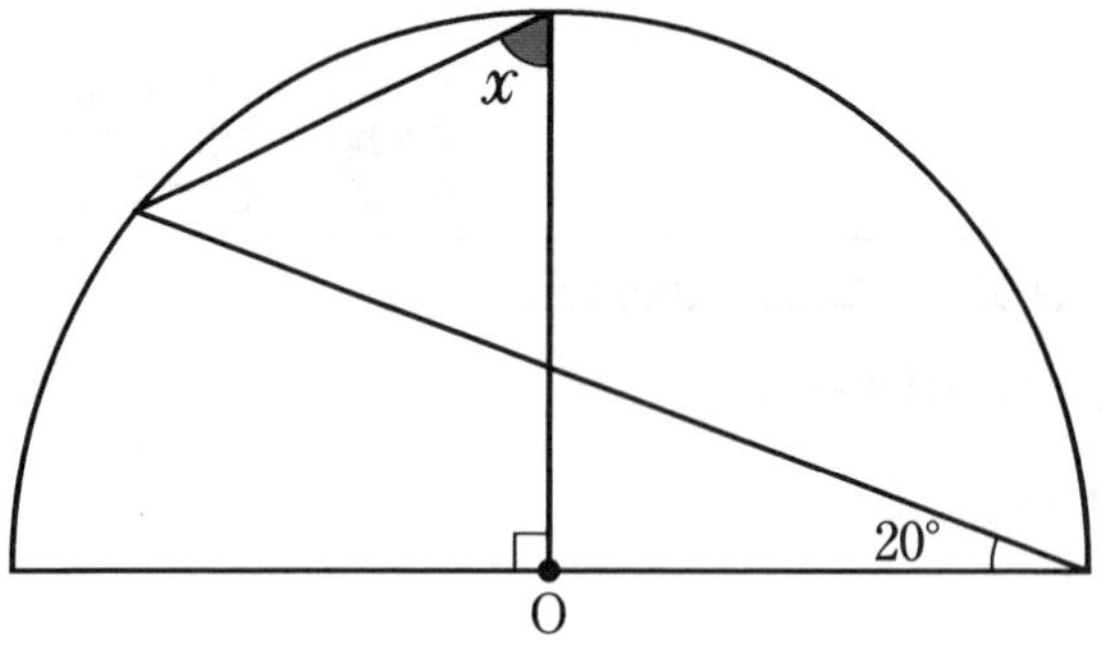

(9)　下の図の正方形ABCDで、AB = 6 *cm*、CE：ED = DF：FA = １：１のとき、斜《しゃ》線部分の面積を求めなさい。

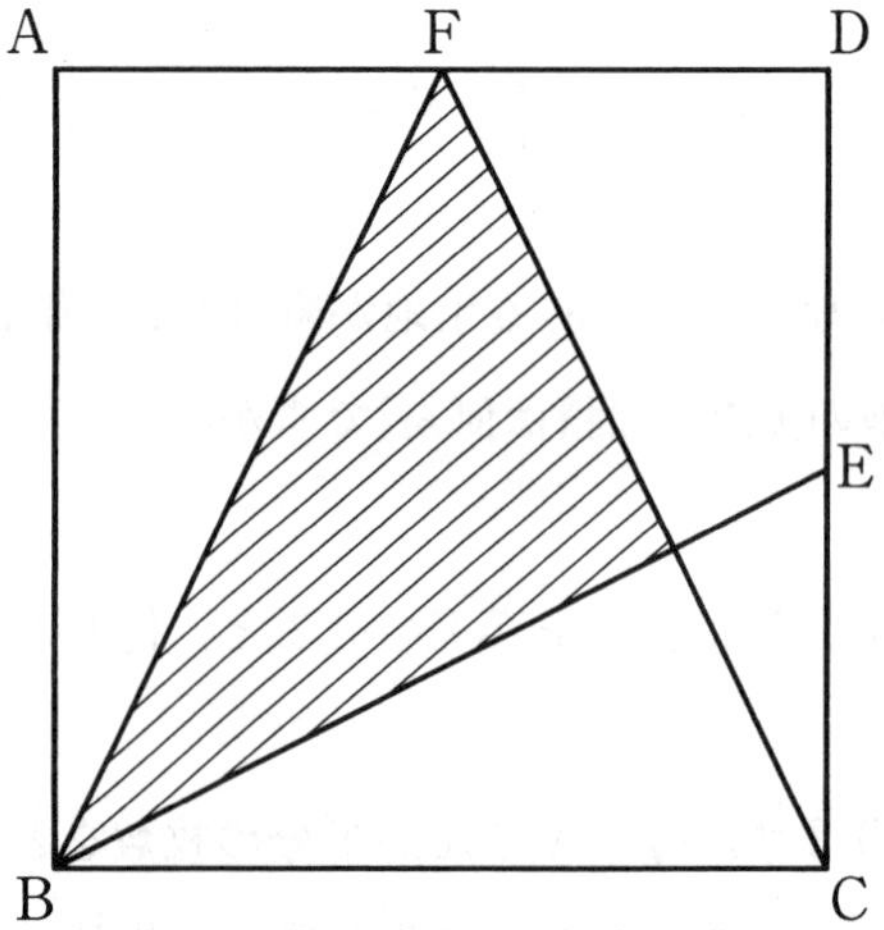

(10)　下の図のように、半径３*cm*の円を５個重ねて並べました。各点は円の中心を表しています。このとき、太線部分の合計の長さを求めなさい。ただし、円周率は3.14とします。

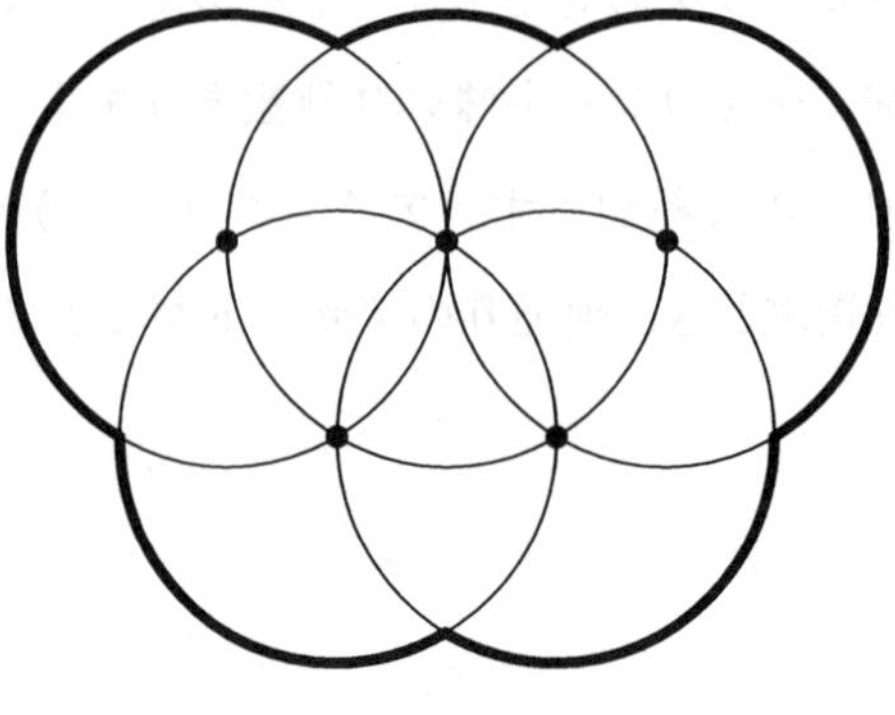

2 下の図のように、ある規則にしたがって数字の書いてあるカードを並べていきます。このとき、次の問いに答えなさい。

1 （１段目）

1 2 1 （２段目）

1 2 3 2 1 （３段目）

1 2 3 4 3 2 1 （４段目）

⋮

1 … 10 … 1 （10段目）

(1)　10段目に、カードは何枚ありますか。

(2)　10段目のカードに書かれている数の合計を求めなさい。

(3)　その段の数の合計が、はじめて1000をこえるのは何段目ですか。

3 美子さんはいくらかのお金を持って買い物に行きました。はじめに持って行ったお金の$\frac{7}{12}$でゲームを買いました。次に、残りのお金の$\frac{7}{10}$でマンガを買ったところお金が750円余りました。美子さんがはじめに持っていたお金を次のように求めました。

□にあてはまる数を答えなさい。

（考え方）

はじめに持っていたお金を１とすると、ゲームを買ったあとに残るお金は、

１－［（ア）］＝［（イ）］　と表される。

マンガを買ったあとに残るお金は、

［（イ）］×（１－［（ウ）］）＝［（エ）］　と表される。

よって、はじめに持っていたお金は、

750÷［（エ）］＝［（オ）］（円）　とわかる。

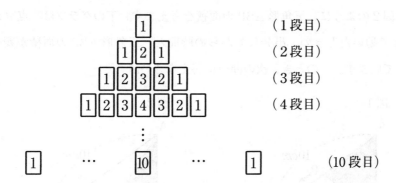

4 下の図の直角三角形ABCの辺上を、一定の速さで、点Aから点Cを通り点Bまで動く点Pがあります。点Pが辺AC上にあるときは図1のように、点Pが辺BC上にあるときは図2のように、三角形ABPの面積を考えます。下のグラフは、点Pが点Aから点Cまで動いたときの、出発してからの時間と、三角形ABPの面積が変化する様子を表しています。このとき、次の問いに答えなさい。

図1

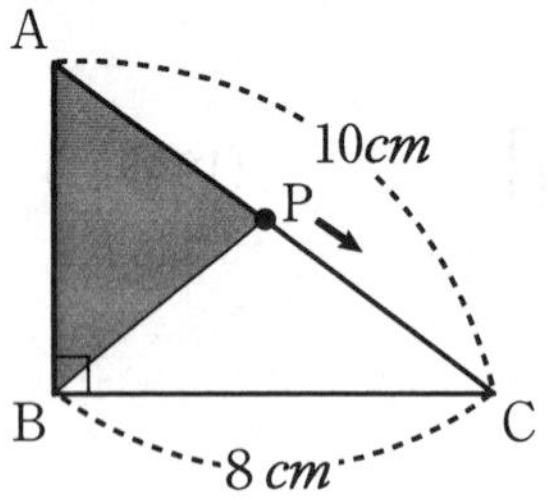

図2

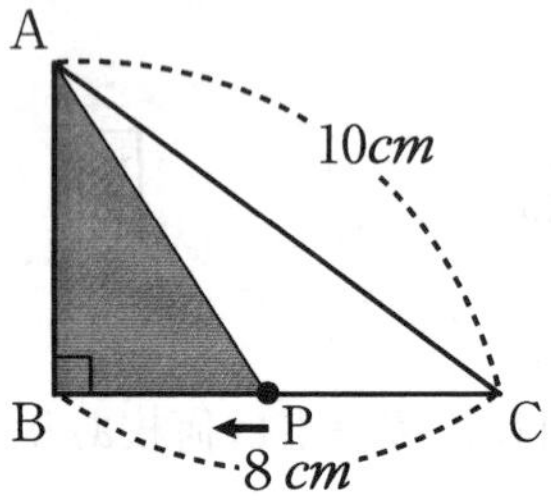

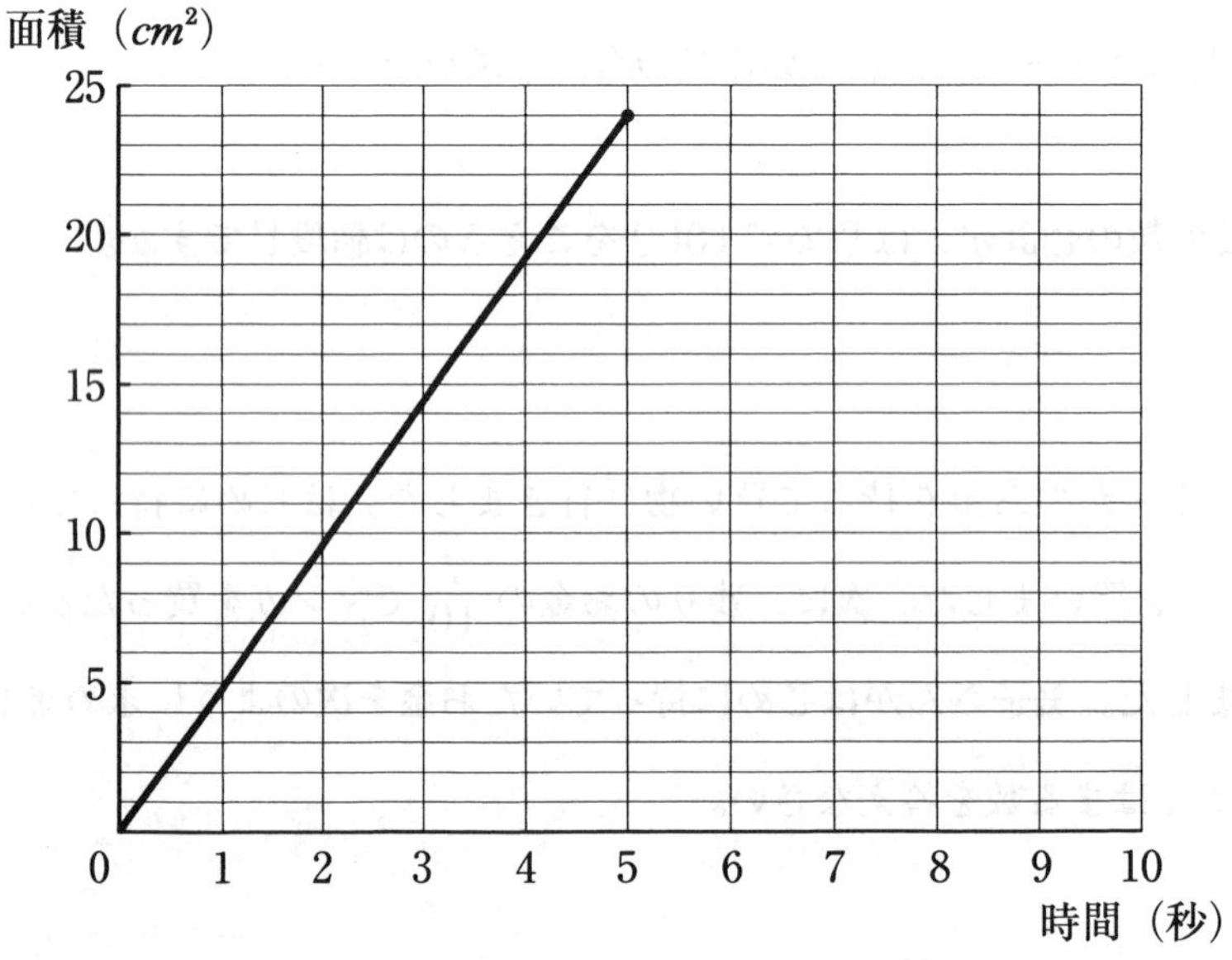

(1)　点Pは毎秒何cmで進みますか。

(2)　辺ABの長さは何cmですか。

(3)　点Pが点Cを通った後、点Bまで動く様子をグラフに記入しなさい。

(4)　図形の面積が2回目に三角形ABCの面積の$\frac{5}{8}$になるのは、点Pが点Aを出発してから何秒後ですか。

5 下の図のように１めもりが２*cm*の方眼紙に、半径４*cm*のおうぎ形、半径６*cm*のおうぎ形、１辺２*cm*の正方形を組み合わせてできた図をかきました。斜《しゃ》線部分を底面とする高さ10*cm*の立体について、次の問いに答えなさい。ただし、円周率は3.14とします。

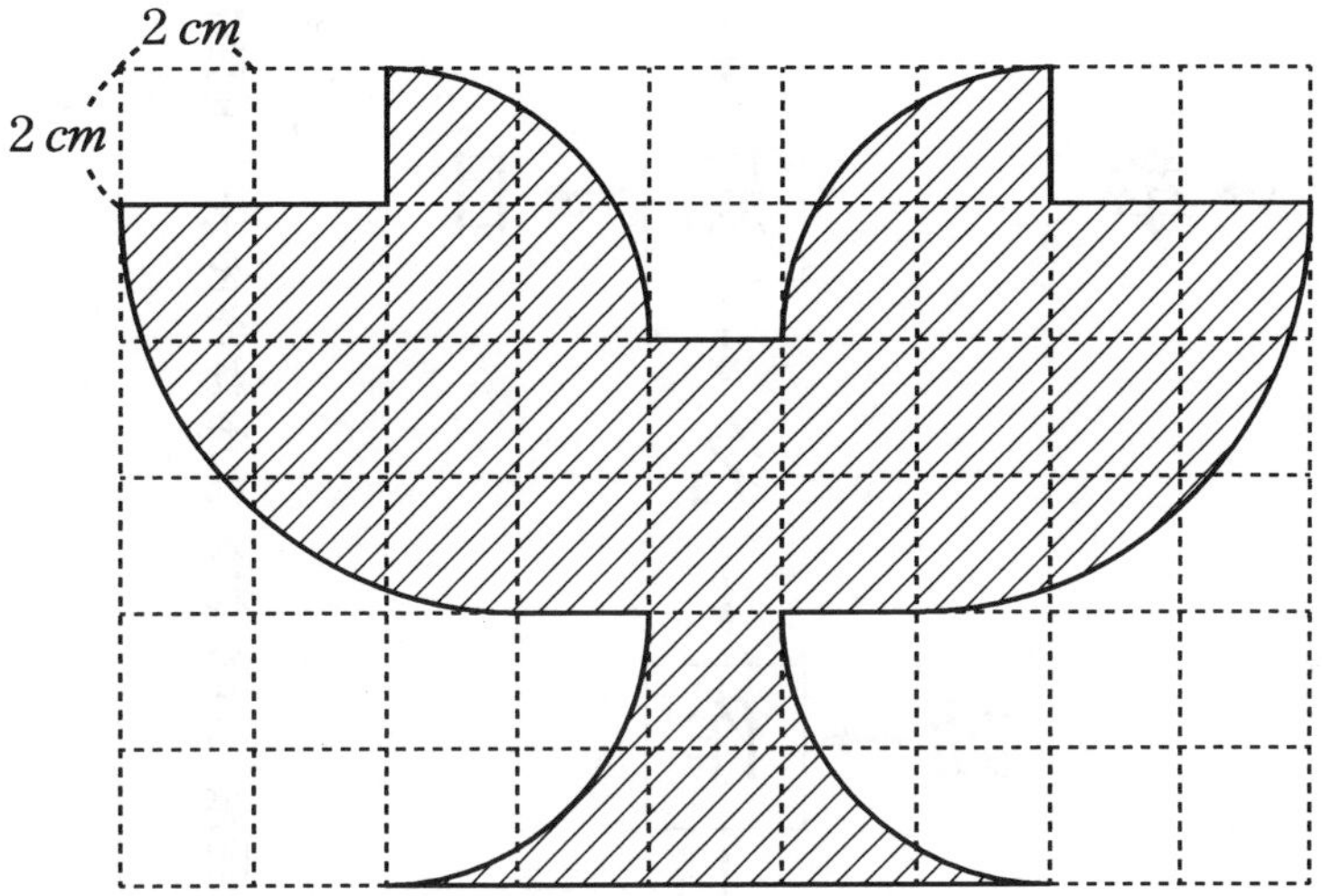

(1)　体積を求めなさい。

(2)　表面積を求めなさい。

問十五　――線⑫「『はちみつ！』千春は叫び返して、お店の中へと駆けこんだ」とありますが、千春はどのような気持ちで「『はちみつ！』」と言ったのですか。答えなさい。

問十六　――線**ア**～**エ**のカタカナを漢字に直し、――線**オ**の漢字の読みをひらがなで答えなさい。

二　ア・イに漢字一字をそれぞれ入れると、矢印の方向に読んだとき、二字熟語ができます。ア・イにあてはまる漢字を答えなさい。

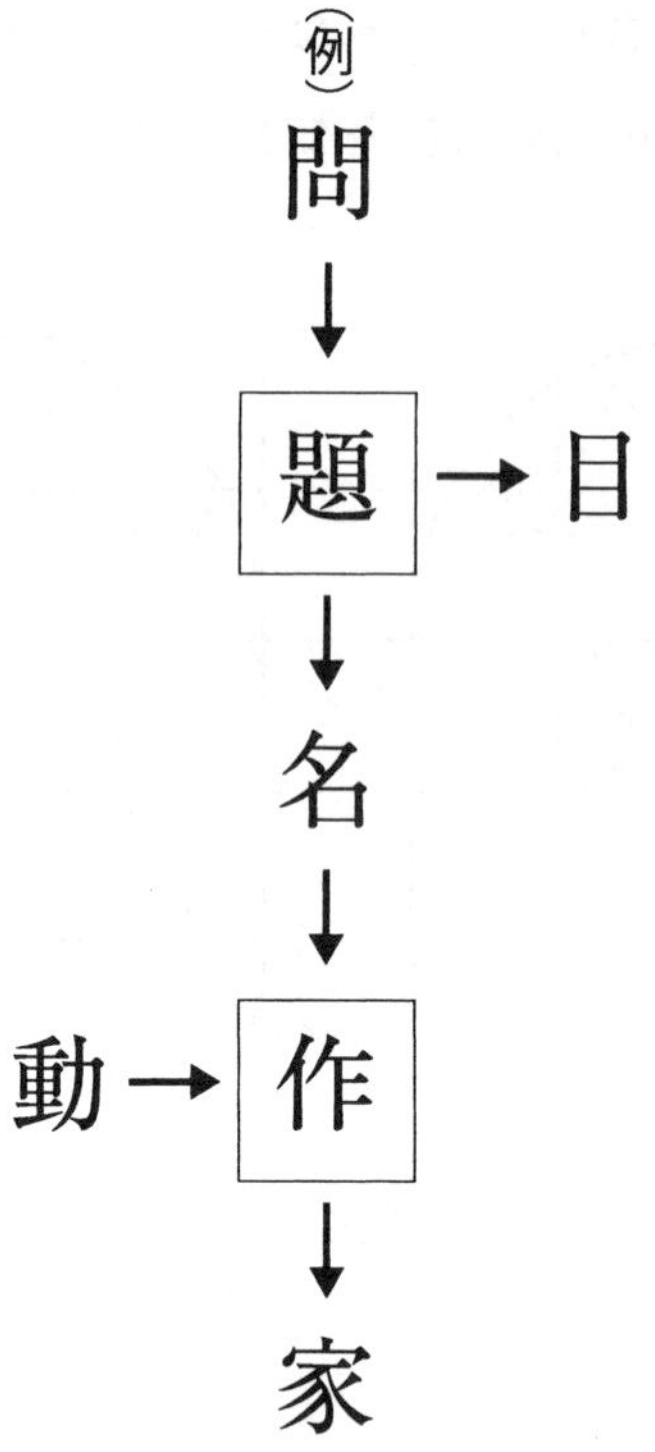

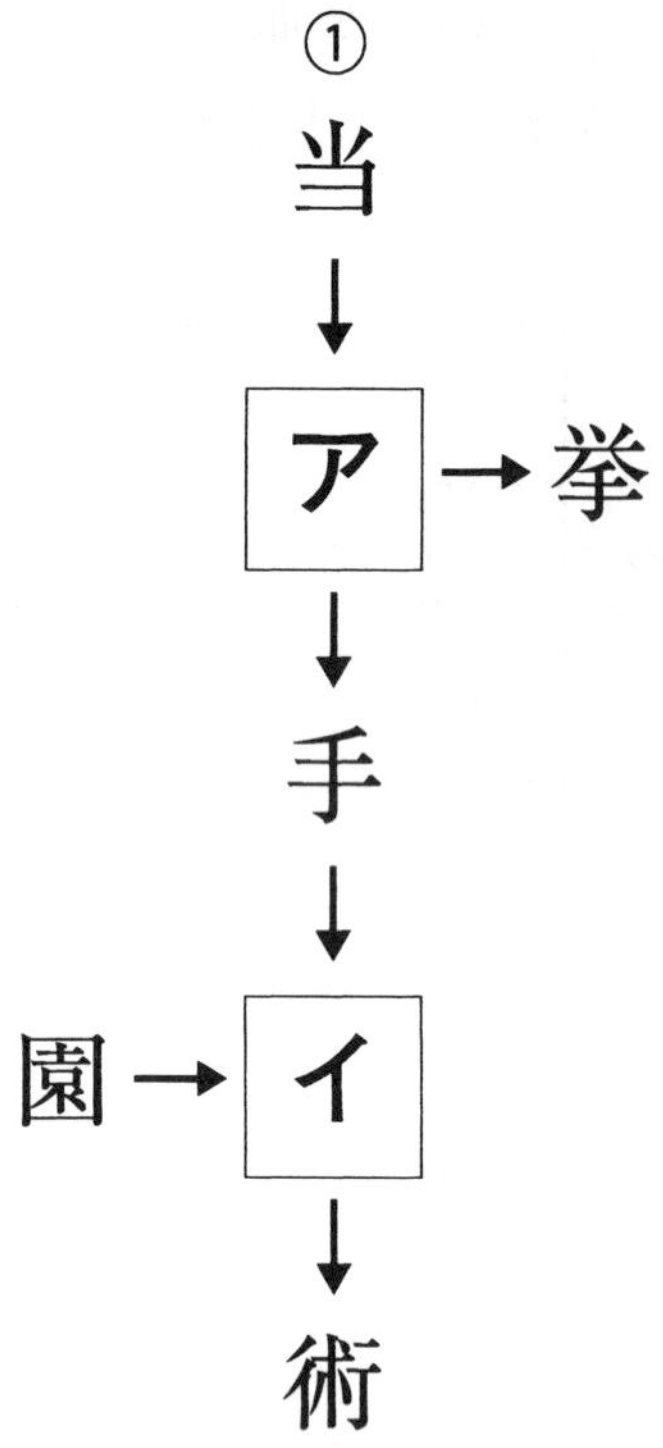

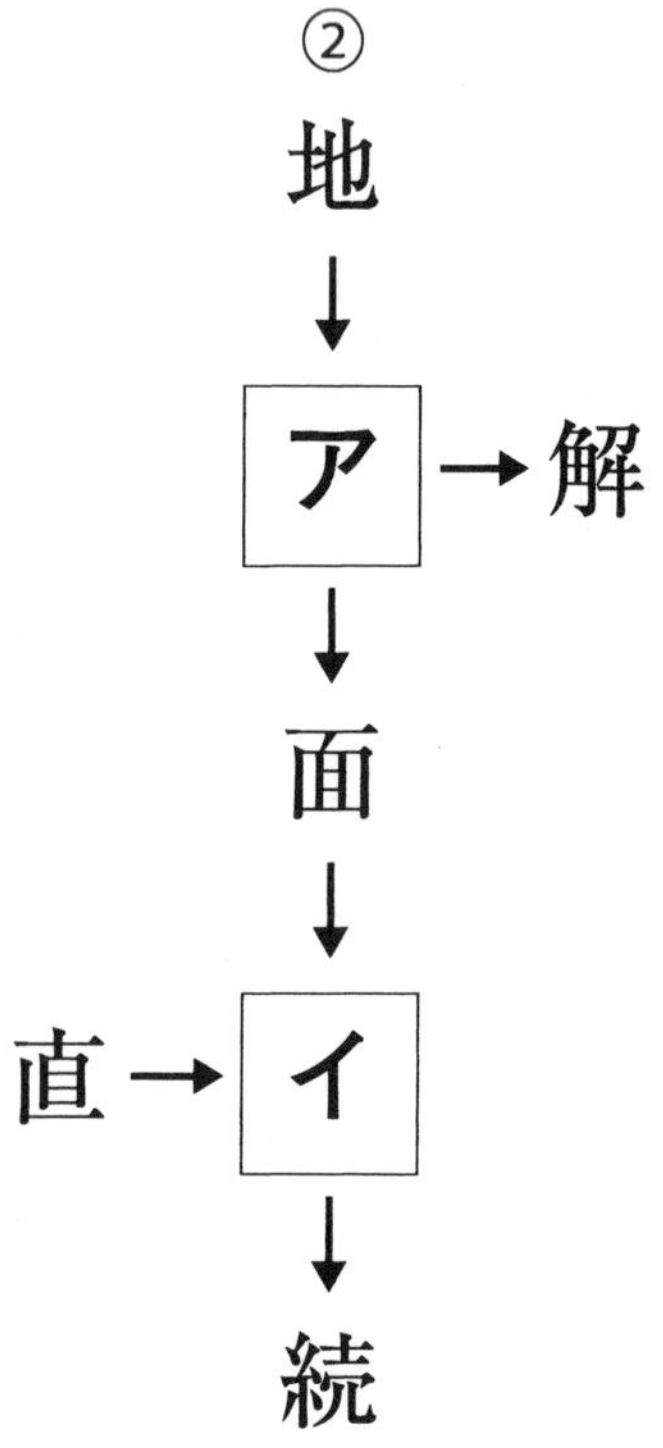

問九　文中の［い］・［う］には漢字二字の熟語がそれぞれ入ります。その組み合わせとして最も適切なものを次から選び、記号で答えなさい。

ア〔い・原因　う・問題〕
イ〔い・問題　う・原因〕
ウ〔い・相違　う・原因〕
エ〔い・相違　う・問題〕

問十　――線⑧「価値観がちがったって、友だちでいられる」とありますが、どうすれば「友だちでいられる」のですか。答えなさい。

問十一　文中の［え］に入る言葉として、最も適切なものを次から選び、記号で答えなさい。

ア　くすっと　イ　えへへっと　ウ　にっこり　エ　にやにや

問十二　――線⑨「紗希はあからさまに顔をこわばらせた」とありますが、このときの紗希の気持ちを答えなさい。

問十三　――線⑩「千春は紗希から目をそらさずに、ただ聞いていた」とありますが、千春はどのような気持ちで紗希の話を聞いていたのですか。答えなさい。

問十四　――線⑪「紗希がサナエちゃんにプレゼントを渡したのは、その次の日のことだった」とありますが、「紗希がサナエちゃんにプレゼントを渡した」のはなぜですか。その理由を説明しなさい。

問三　文中の［　あ　］に入るひらがな四字の言葉を文中からぬき出しなさい。

問四　――線③「でも、本音はそうじゃなかったらしい」とありますが、サナエちゃんは紗希に断られ、本当はどのような気持ちだったのですか。答えなさい。

問五　――線④「今度は、なにも言い返せなかった」とありますが、千春が「なにも言い返せなかった」のはなぜですか。その理由として最も適切なものを次から選び、記号で答えなさい。

ア　最近紗希といっしょに帰ったり、遊んだりする機会がめっきりへっていたが、特に気にしていなかったから。
イ　最近紗希に宿題を写させてほしいと頼まれるようになり、いやな気持ちがしていたから。
ウ　紗希がわざと千春に向かって塾の先生や友だちの話ばかりしてくるのを、悲しく思っていたから。
エ　紗希に悪気がないのはわかっているが、学校の授業や宿題をけなされるとすっきりしない気持ちがしていたから。

問六　――線⑤「教室の中には冷たい風が吹き荒れている」とありますが、ここで用いられている表現技法を何といいますか。最も適切なものを次から選び、記号で答えなさい。

ア　直（明）喩《ゆ》法　　イ　擬《ぎ》人《じん》法　　ウ　隠（暗）喩《ゆ》法　　エ　対句法

問七　――線⑥「価値観の相違」とありますが、どのような意味ですか。文中から二十四字で探し、初めと終わりの四字をそれぞれぬき出しなさい。（句読点も一字として数える）

問八　――線⑦「紗希の主張を、千春も完全に理解できているわけではない」とありますが、「紗希の主張」とは、どのようなものですか。答えなさい。

⑪紗希がサナエちゃんにプレゼントを渡したのは、その次の日のことだった。

「遅《おそ》くなったけど、おめでとう」

よく通る声で言って、リボンのかかった包みをサナエちゃんに差し出した。紗希はがんこだけれど、いったん納得したら行動は早いのだ。

「お誕生日会、行けなくてごめん」

朝の会がはじまる直前で、教室にいるほぼ全員がふたりに注目していた。

「……ほんとは、行きたかった」

ためらうような間を置いて、紗希は言いそえた。サナエちゃんはオ探るような目で紗希をしばらく眺《なが》めてから、ぷいと目をそらした。

「ありがとう」

そっぽをむいたまま、小声で答えた。紗希が本気で言っていると、ちゃんとわかったようだった。

放課後、千春はもちろんおじさんの店に寄った。引き戸を開けると、おじさんがにやりと笑った。

「はちみつ？」

⑫「はちみつ！」

千春は叫《さけ》び返して、お店の中へと駆《か》けこんだ。

――『たまねぎとはちみつ』瀧羽　麻子　より――

偕成社

問一　――線①「今日はたまねぎ、明日ははちみつ」とありますが、どのような意味のことわざですか。文中から十三字でぬき出しなさい。（句読点をふくまない）

問二　――線②「おれは聞き上手だからな」とありますが、おじさんのどのような所が「聞き上手」と言えるのですか。それが書かれている一文を文中から探し、初めの五字をぬき出しなさい。

あるいは片方が正しくてもう片方がまちがっている、ということは、ほとんどない。

大丈夫、本人たちも仲直りしたいと思ってるはずだから、とおじさんは自信たっぷりに請《う》けあってもいた。ふたりとも意地張って、きっかけをつかみそこねてるだけだ。誰かが背中を押してあげれば、きっとまるくおさまる。

「でも、早く仲直りしたほうがいいよ」

千春は思いきって続けた。紗希が不服そうに口をとがらせ、けわしい声でまくしたてる。

「なんでそんなふうに言うの？　千春もサナエちゃんの味方なわけ？　がんばって勉強するのが、どうしていけないの？」

⑩千春は紗希から目をそらさずに、ただ聞いていた。いつもおじさんが千春の話を聞いてくれているときに、そうするように。

「がんばらなきゃ、ついてけないんだもん」

ほんの少しずつ、紗希の声が小さくなった。

「あたしだって、千春やみんなと遊びたいんだよ……でも、どうしても時間が足りなくて……クラスもまた落ちちゃったし……」

口をつぐみ、目をふせる。

「わたしも紗希と遊べなくて、さびしいよ」

千春は注意深く口をはさんだ。

「サナエちゃんも、みんなもそうだと思う」

紗希がはじかれたように顔を上げた。怒ったかな、と千春は反射的に身がまえた。

あらためて紗希とむきあって、はっとする。紗希の目はうっすらと潤《うる》んでいた。ほっぺたと鼻の頭は、真っ赤に染まっている。

おじさんの問いかけを、千春は唐突《とうとつ》に思い出した。その子の受験がうまくいかなきゃいいと思う？

「さびしいよ。さびしいけど、紗希を応援《おうえん》したいと思ってる」

伝われ、伝われ、と念じながら、つけ加えた。紗希がぱちぱちとまばたきをして、千春の顔をじっと見つめた。

そんなことは、思わない。クラスが上がったと報告してきた紗希のうれしそうな顔が、千春の頭に浮かんだ。

「そういうことなんだよ。⑧価値観がちがったって、友だちでいられる」

おじさんが千春の顔をのぞきこんだ。

「認めればいい。自分とはちがう考えかたも存在するってことを。そのふたりも、おたがいを認められれば、仲直りできる」

「うん」

でも、どうやって？

「きみが手助けしてあげれば？」

千春の疑問を読みとったかのように、おじさんが［え］笑った。

翌日、千春はさっそく紗希に持ちかけてみた。

「サナエちゃんと仲直りしたら？」

「なにそれ、あたしからあやまるってこと？」

⑨紗希はあからさまに顔をこわばらせた。もともと大きな目をさらに見開いて、千春をきっとにらみつける。

すんなり賛成してはくれないだろうと、千春も覚悟《かくご》はしていた。紗希はがんこなのだ。一度こうと決めたら、かんたんにはゆずらない。

「あやまるっていうか、とりあえず話をしてみるとか……」

「絶対にいや」

紗希がぶるんと激しく首を振った。

「だって、あたしは悪くないもん」

「わたしもそう思うよ」

紗希は悪くない。そしてサナエちゃんも。ただ、ちがうだけなのだ。

おじさんに言わせれば、「価値観の相違」をめぐるもめごとは、たいていそうらしい。片方がよくてももう片方が悪い、

「【い】だって言ったんだ。問題じゃない。【う】は、そのちがいを受け入れられない人間がいるってこと」

きっぱりと言う。

「別に、同じにしなくたっていい。いや、すべきじゃない。みんな同じじゃ、つまらんからな。ほら、カレーだってそうだろ？」

「へ？　カレー？」

「いろんな(エ)シュルイのスパイスを入れるから、味に深みが出ておいしくなる。カレー、作ったことないか？」

「あるけど」

去年、調理実習で作った。いろんなしゅるいのスパイスなんか使わなかった。板チョコみたいなかたちのルウを砕《くだ》いて、鍋《なべ》に放りこんだだけだ。おじさんのたとえ話は、たまにわかりにくい。

だけど今は、カレーの作りかたはどうでもいい。とにかく一番知りたいことを、千春はたずねた。

「だったら、仲直りはできないの？」

「いいや、そうとは限らない。たとえばさっきの話だけど、きみはいい学校やいい会社に入りたい？」

急に話が飛んで戸惑《とまど》いつつ、千春は正直に答えた。

「よくわかんない」

「ほら。きみの価値観と、その友だちの価値観も、ぴったり同じってわけじゃない」

「あ」

「だからって、その子も受験なんかやめちまえとは思わないよな？」

千春はこくりとうなずいて、でも、とつけ足した。

「ちょっとさびしい」

「そうか、そうだよな」

おじさんがつぶやいた。

「じゃあ、その子の受験がうまくいかなきゃいいと思う？」

「まさか」

「カチカンノソーイ？」

またしても、千春にとってははじめて聞く言葉だった。

「生きてくうえで大事にしたいものが、ちがうってこと」

おじさんが補った。それなら、千春にもなんとなくわかる。

「有名な学校や大きな会社に入るのが、すごく重要だって考えるひともいる。そうじゃないひともいる」

正直なところ、⑦紗希の主張を、千春も完全に理解できているわけではない。もちろん、「悪い学校」よりも「いい学校」で学び、「悪い会社」よりも「いい会社」で働くに越《こ》したことはないだろう。でも、「いい人生」と言われても、それが具体的にどんなものなのか、どうもぴんとこない。

「価値観の相違っていうのは、おとなの世界でもよくあるんだ。それが原因でいろんな争いが起きてる。今も昔も、世界中でね」

おじさんは、うんざりした顔でため息をついている。

「友だちどうしのけんかだけじゃない。夫婦が離婚《りこん》したり、国どうしが戦争をおっぱじめたり」

「せ、戦争？」

「うん。極端《きょくたん》な例だけどな」

千春にも、ため息が伝染した。そんなにむずかしい話だったのか。

「じゃあ、どうすれば仲直りできるの？」

「きみはどう思う？」

聞き返されて、頭を整理してみる。紗希とサナエちゃんの価値観とやらが食いちがってしまっているのが、問題らしい。ということは、

「どっちかに考えを合わせればいいの？」

「それは無理だろうな」

おじさんが首を振った。

「え？　でもさっき、価値観がちがうのが問題だって……」

るっぽくない？」

④今度は、なにも言い返せなかった。それは千春もうすうす感じていることだったから。

紗希が塾通いで忙《いそが》しくなってから、いっしょに帰ったり、遊んだりする機会はめっきりウへっている。最近はたまに、宿題を写させてほしいと頼まれるようにもなった。写させてあげること自体は、別にかまわない。これまで千春も、何度となく紗希に勉強を教えてもらってきた。ただ、こんな宿題なんか意味あるのかな、とこぼされても、なんとも答えられない。

紗希に悪気がないのは、千春にもわかっている。悪気なく、学校の授業はたいくつだとけなし、塾の先生や友だちの話ばかりする。悪気がないとわかっていても、千春はなんだかすっきりしない。

お誕生日会の翌日、紗希になにをどう伝えるべきかと千春は悩《なや》んだが、その必要はなかった。

サナエちゃんの文句は、すでに本人の耳にも入ってしまっていたのだ。お誕生日会に出席した誰《だれ》かが、こっそり告げ口したようだった。

「こそこそ悪口言うなんて最低」

紗希は息巻いていた。

「あたし、別にガリ勉じゃないし。将来のために必要なことをしてるだけだよ。いい学校を出て、いい会社に入って、いい人生を送りたいんだもん」

以来、紗希とサナエちゃんはひとことも口をきいていない。

紗希の味方につく女子もいて、⑤教室の中には冷たい風が吹《ふ》き荒《あ》れている。どういうわけか、担任の先生と男子たちは、まったく気づいているそぶりがないけれども。

千春の話を聞き終えたおじさんは、低くうなった。

「ややこしいことになっちまってるなあ」

そのとおりだ。ものすごく、ややこしいことになっている。

「いわゆる⑥価値観の相違《そうい》ってやつだ。小五でもあるんだなあ。そりゃ、あるか」

五月の終わり、千春がお店へ入るなり、おじさんのほうから聞かれた。

「今日は［　あ　］か？」

よっぽどゆううつそうな顔をしていたらしい。

発端《ほったん》は、週末に開かれた、サナエちゃんのお誕生日会だった。千春と紗希《さき》もふくめ、クラスの女子の半分以上がイショウタイされていた。

サナエちゃんから日程を知らされるなり、紗希は悔《くや》しそうに断った。

「ごめん。あたし、行けない。塾《じゅく》の全国テストなんだ」

「そっか。じゃあ、しょうがないね」

サナエちゃんも残念そうに答えた。怒《おこ》っているふうには見えなかった。
③でも、本音はそうじゃなかったらしい。お誕生日会の当日、集まったみんなの前で、サナエちゃんはおおげさにため息をついてみせたのだ。
「ガリ勉ってやだよね。友だちより勉強のほうが大事って、どうなの？」

サナエちゃんちの広々としたリビングが、しんと静まり返った。

お誕生日会の主役だから、反論しづらいというだけではない。クラス委員をつとめ、先生からも頼《たよ》りにされているサナエちゃんは、しっかり者で気が強い。堂々と反対意見をぶつけられるのは、同じくらい気の強い、当の紗希くらいなのだった。

それでも勇気を振《ふ》りしぼって、千春は言い返した。

「だけど、紗希も来たがってたよ」

本当のことだった。パーティーには参加できないかわりに、サナエちゃんのためにプレゼントを買って、休み明けに学校で渡すつもりだと聞いていた。

サナエちゃんがあわれむような目で千春を見た。

「前から思ってたけど、千春ちゃんも大変だよね？　あの子、最近塾ばっかりで、学校なんかどうでもいいって思って

これも海外赴任《ふにん》中に覚えた、アラビア語のことわざらしい。生のたまねぎは、ぴりぴりと舌を刺激《しげき》するばかりでおいしくない。反対に、はちみつはとろけるように甘《あま》い。転じて、悪い日もあればいい日もある、というような意味となるそうだ。

たまねぎを生では食べたことがないと千春が言うと、おじさんはわざわざヤエさんに頼《たの》んで、切れ端《はし》を分けてもらった。かじってみたら、本当にまずかった。

「たまねぎも、別に悪者ってわけじゃないんだけどな。すごく栄養があるし」

涙目《なみだめ》の千春に水のコップを渡《わた》しながら、おじさんは苦笑していた。

「ん？　そう考えたら、けっこう深いかもな。苦い経験も、実は人生の養分になってるってことか」

もっともらしく、つぶやいてもいた。千春のほうは、口の中がぴりぴりしびれて、それどころではなかった。

ともあれ、「今日はどうだった？」とおじさんから聞かれるたびに、「たまねぎ」か「はちみつ」と千春も答えるようになった。つまらなかったとか、いやなことがあったとか、ぐずぐずと訴《うった》えるよりも、「たまねぎ」とひとこと返すほうがいさぎよい。それに、なんだかかわいい。

たまねぎの日のできごとは、お母さんやお父さんにはなんとなく言いにくいのに、なぜかおじさんには話してしまう。知りあったばかりだし、千春はもともと自分の話をするのが得意でもないのに。

②「おれは聞き上手だからな」

おじさんは誇《ほこ》らしげに胸を張ってみせる。たしかに、それもあるのかもしれない。千春が途中《とちゅう》で口ごもったり考えこんだりしても、決して急《せ》かさず、辛抱《しんぼう》強く続きをまっている。

「お母さんや先生は、ちゃんとしたことを言わなきゃまずいだろうけど、おれはそういう責任もないし。気楽なもんだ」

冗談《じょうだん》ぽく言いながらも、千春がなにか質問すれば、おじさんはじっくり考えてから答えてくれる。

ただし、こっちも気は抜《ぬ》けない。きみはどう思う、とおじさんは必ず問い返してくるからだ。

「わからないことは恥《は》ずかしくない」

おじさんはいつも言う。

「自分の頭で考えてみようとしないことが、恥ずかしい」

美

二〇二二年度　女子美術大学付属中学校

【国　語】〈第三回試験〉（五〇分）〈満点：一〇〇点〉

一　次の文章を読んで、後の問いに答えなさい。

発明や仕事のために手を動かしている合間に、おじさんはよく千春《ちはる》に学校の様子をたずねる。

最初のうちは、いつも家でお母さんにそうするように、楽しかったできごとを主に報告していたけれど、日が経つごとにそうでもなくなってきた。悲しかったことでも、腹が立ったことでも、そのとき聞いてほしいことを聞いてもらう。

今となっては、胸にわだかまっているささいな不満やちょっとした気がかりを打ち明ける日のほうが、多いかもしれない。体育のハンドボールでボールを落っことし、チームのみんなに迷惑《めいわく》をかけてしまったこと。給食でイカの煮《に》つけが出て、昼休みいっぱい教室に残されたあげくに、結局食べきれなかったこと。掃除《そうじ》当番でいっしょだった男子がふざけていて、まじめにやっていた千春たち女子まで先生にしかられるはめになったこと。

おじさんがことさらになぐさめてくれたり、すばらしい解決策を提案してくれたりするわけではない。最後まで黙《だま》って耳をかたむけ、

「そりゃ、ア サイナンだったな。おつかれさん」

と、のんびり言う。

「まあでも、明日ははちみつの日かもしれないから」

はじめて聞いたとき、千春には意味がわからなかった。

①「今日はたまねぎ、明日ははちみつ」

おじさんは変なふしをつけて、歌うように言った。

2022年度

女子美術大学付属中学校　▶解　答

※　編集上の都合により，第３回試験の解説は省略させていただきました。

算　数　＜第３回試験＞（50分）＜満点：100点＞

解　答

1　(1)　10　　(2)　$\frac{5}{6}$　　(3)　4　　(4)　4800m^2　　(5)　7.5％　　(6)　192枚　　(7)　9通り　　(8)　65度　　(9)　10.8cm^2　　(10)　34.54cm

2　(1)　19枚　　(2)　100　　(3)　32段目

3　(ア)　$\frac{7}{12}$　　(イ)　$\frac{5}{12}$　　(ウ)　$\frac{7}{10}$　　(エ)　$\frac{1}{8}$　　(オ)　6000

4　(1)　毎秒２cm　　(2)　６cm　　(3)　右のグラフを参照のこと。　　(4)　6.5秒後

5　(1)　1125.2cm^3　　(2)　944.64cm^2

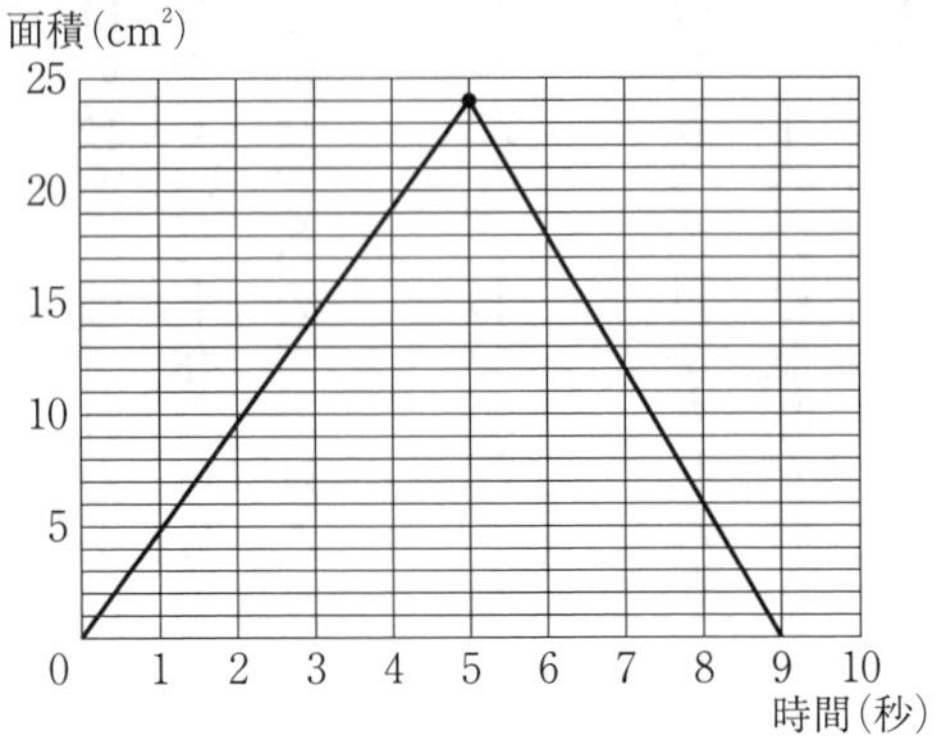

国　語　＜第３回試験＞（50分）＜満点：100点＞

解　答

一　**問１**　悪い日もあればいい日もある　**問２**　千春が途中　**問３**　たまねぎ　**問４**　(例)　サナエのお誕生日会よりも塾の全国テストを優先させた紗希のことを，ガリ勉でやだなと思って怒っている気持ち。　**問５**　エ　**問６**　ウ　**問７**　生きてく～ってこと　**問８**　(例)　いい学校を出て，いい会社に入って，いい人生を送るという将来のために，塾へ行って勉強していい成績を取ろうとしているのだという主張。　**問９**　ア　**問10**　(例)　自分とはちがう考えかたも存在するのだと，おたがいのちがう考えを認めること。　**問11**　ウ　**問12**　(例)　千春にサナエとの仲直りを提案されたことが，紗希のほうが悪いのだから先に謝ったほうがよい，と言われたように感じ，不満な気持ち。　**問13**　(例)　紗希のことを受け止めて考えや気持ちを話してほしいという気持ち。　**問14**　(例)　紗希は塾へ通い，将来のためにがんばって勉強している反面，時間が足りず，みんなと遊んだり，サナエの誕生日会にも行かれなかったりして，さびしさや気まずさを抱えていたが，千春から，みんなも紗希と遊べず，さびしいのだと聞いて，自分だけではなかったことに気づき，さらに勉強をがんばっている紗希を応援したいと言われて，自分のやっていることを非難されているわけではないともわかり，自分から仲直りしようという気持ちになったから。　**問15**　(例)　自分が背中を押すことによって，紗希とサナエが仲直りして，喜んでいる。　**問16**　ア～エ　下記を参照のこと。　**オ**　さぐ(る)　二　①　ア　選　イ　芸　②　ア　図　イ　接

●漢字の書き取り

一　**問16**　ア　災難　イ　招待　ウ　減(る)　エ　種類

2021年度　女子美術大学付属中学校

〔電　話〕　03(5340)4541
〔所在地〕　〒166－8538　東京都杉並区和田１－49－８
〔交　通〕　地下鉄丸ノ内線 ― 東高円寺駅より徒歩８分

【算　数】〈第１回試験〉（50分）〈満点：100点〉

※定規，コンパスは使用してはいけません。

１　次の各問いに答えなさい。

(1)　$10 - 12 \div 4 + 2 \times 3$　を計算しなさい。

(2)　$5 \div 3\frac{1}{3} + \left(1\frac{1}{5} - \frac{7}{10}\right)$　を計算しなさい。

(3)　$\left(\square - 2\frac{4}{7}\right) \div 1\frac{1}{14} = 2$　のとき、$\square$ をうめなさい。

(4)　好美さんは、家を出発し、駅に向かって分速40 m の速さで450 m 歩きました。この道のりは、家から駅までの道のり全体の２割５分にあたります。好美さんは、あと何分何秒で駅に着きますか。

(5)　６％の食塩水150ｇと14％の食塩水450ｇを混ぜると何％の食塩水になりますか。

(6)　Ａさん、Ｂさん、Ｃさんがビーズを使ってアクセサリーをそれぞれ作りました。３人が使ったビーズの合計は235個です。また、Ａさんは、Ｂさんの２倍より４個少なく、Ｃさんは、Ｂさんより11個多く使いました。Ａさんは、ビーズをいくつ使いましたか。

(7)　下の図の５つの場所を赤、黄、緑、黒の４色の絵の具から３色を選んでぬり分けます。となりどうしが同じ色にならないぬり方は何通りですか。

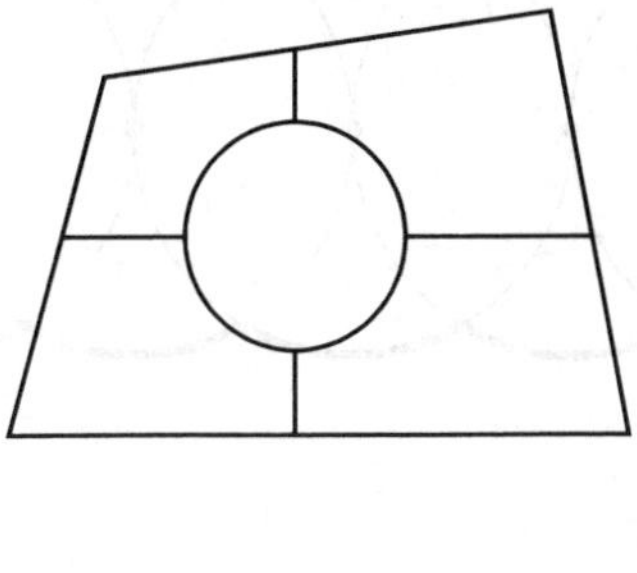

(8)　一組の三角定規を下の図のようにおくとき、角xの大きさを求めなさい。

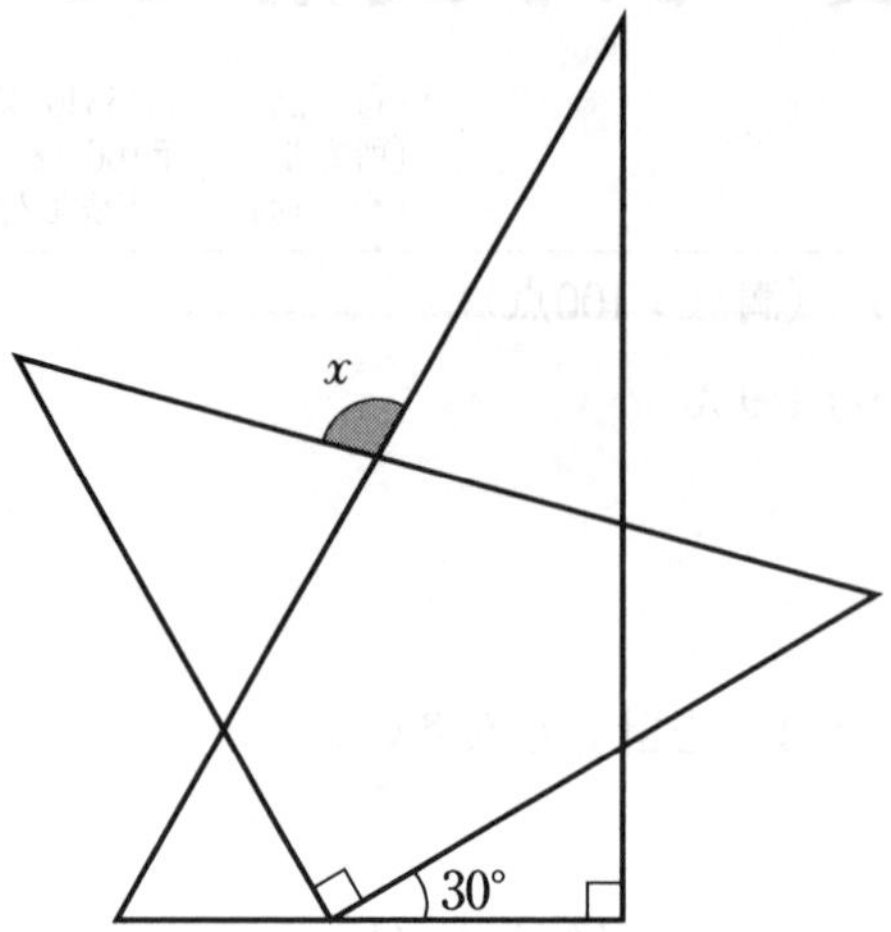

(9)　下の図の正方形ABCDでAB ＝ 6 cm、BE：EC ＝ CF：FD ＝ １：１のとき、斜《しゃ》線部分の面積を求めなさい。

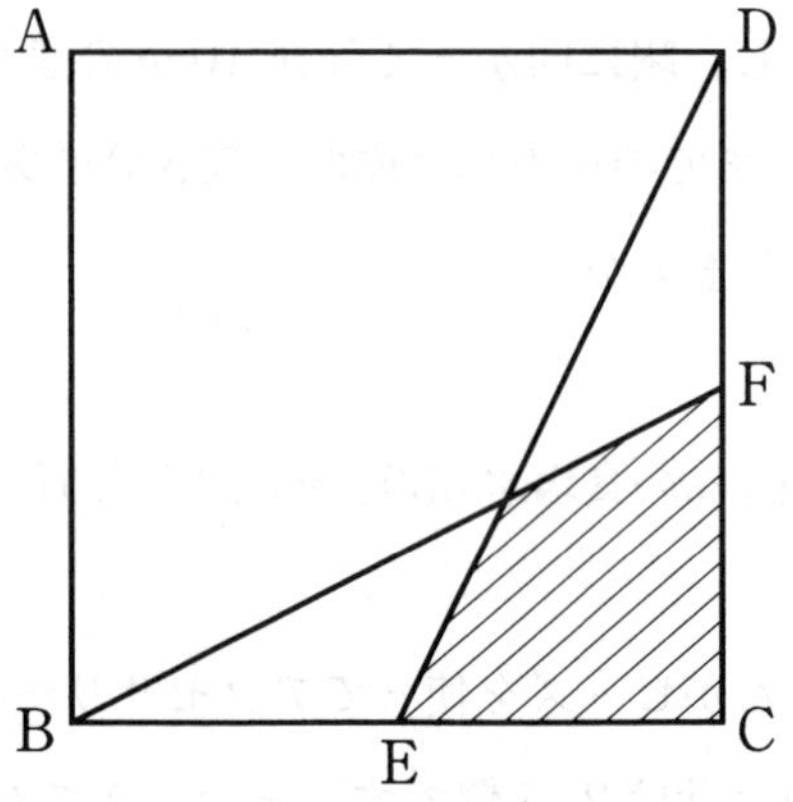

(10)　半径が３ cmの円を下の図のように５個重ねて並べました。この規則にしたがって15個並べたときにできる図形の周りの長さを求めなさい。ただし、円周率は3.14とします。

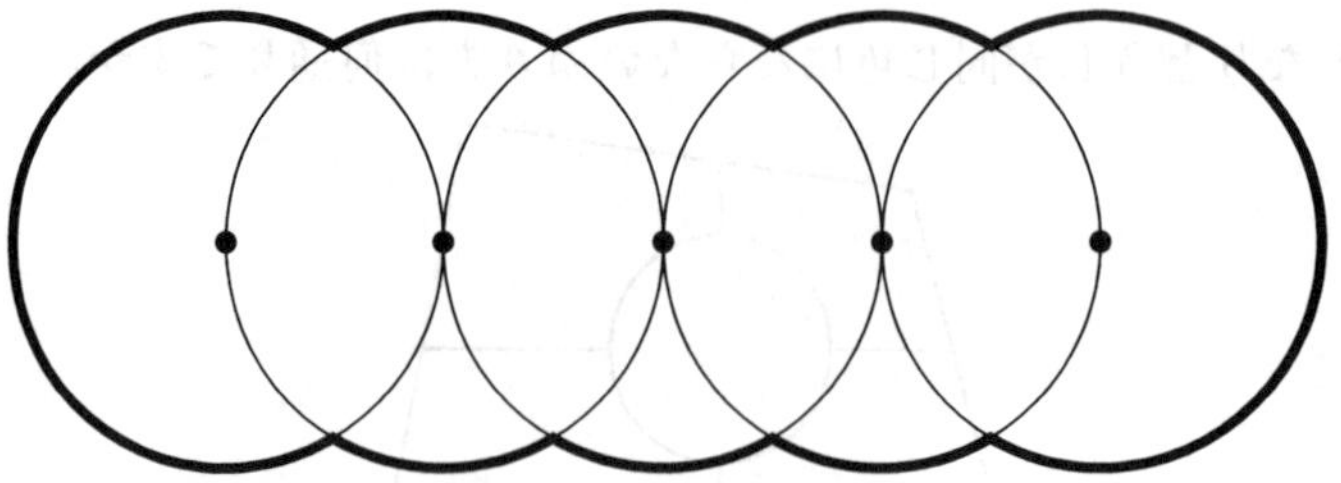

2 下の図のように、ある規則にしたがって数字が並んでいます。このとき、次の問いに答えなさい。

	１番目	２番目	３番目	４番目	５番目
１段目	2	3	4	5	6
２段目	4	5	6	7	8
３段目	6	7	8	9	10
４段目	8	9	10	11	12
５段目	10	11	12	13	14
…					

(1)　10段目の３番目の数を求めなさい。

(2)　19段目の１番目から５番目までの数の合計を求めなさい。

(3)　１番目から５番目までの数の合計が500になるのは何段目ですか。

3 下の表のような材料の分量で、２種類のサラダのドレッシングを作ります。サラダ油をちょうど200 mL使い切って、２種類のドレッシングを合わせて11人分作るために、次のように考えました。

ただし、小さじ１は５mLとします。□に当てはまる数を答えなさい。

和風ドレッシング１人分

酢 ……………小さじ２

サラダ油 ……小さじ３

しょう油 ……小さじ$1\frac{1}{2}$

フレンチドレッシング１人分

酢 ……………小さじ３

サラダ油 ……小さじ４

（考え方）

和風ドレッシング１人分に使用するサラダ油の量は、（ア）mL、フレンチドレッシング１人分に使用するサラダ油の量は、（イ）mLです。

もし、11人分のドレッシングをすべて和風ドレッシングで作ろうとすると、

（ア） × 11 ＝ （ウ） （mL）のサラダ油を使います。

これでは、（エ） － （ウ） ＝ （オ） （mL）のサラダ油が余ってしまうので、

（オ） ÷ （ （イ） － （ア） ） ＝ （カ） より

（カ） 人分をフレンチドレッシングにすれば、サラダ油を使い切ることができます。

よって、和風ドレッシングを （キ） 人分、フレンチドレッシングを （カ） 人分作ることで、ちょうどサラダ油を使い切ることができます。

また、このときに使用する酢の量は （ク） mL、しょう油の量は （ケ） mLです。

4 図１のような水そうに一定の割合で水を入れ、水面の高さをABについためもりで測ります。図２は水そうを横から見た図です。次のページの図３は、水を入れ始めてからの時間（分）と水そうの水面の高さ（*cm*）との関係を途《と》中まで表したグラフです。このとき、次の問いに答えなさい。

(1)　最初、水は毎分何Lで入っていますか。

(2)　水を入れ始めてから16分後の水面の高さは何*cm*ですか。

(3)　水を入れ始めてから30分後に、水を入れる量を毎分19.2Lに変えました。満水になるのは水を入れ始めてから何分後ですか。

(4)　満水になるまでの様子を表すグラフをかきなさい。

図１

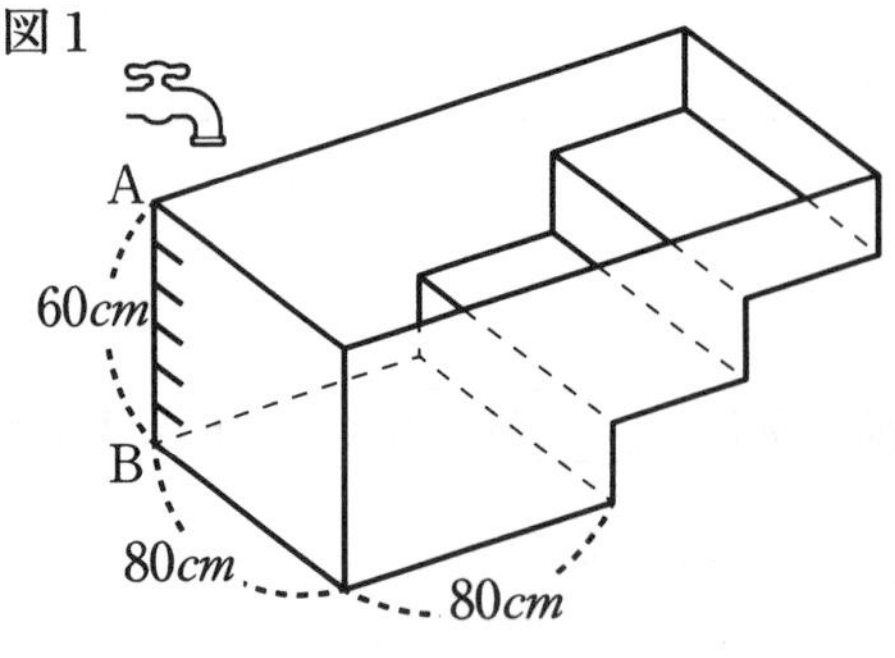

図２

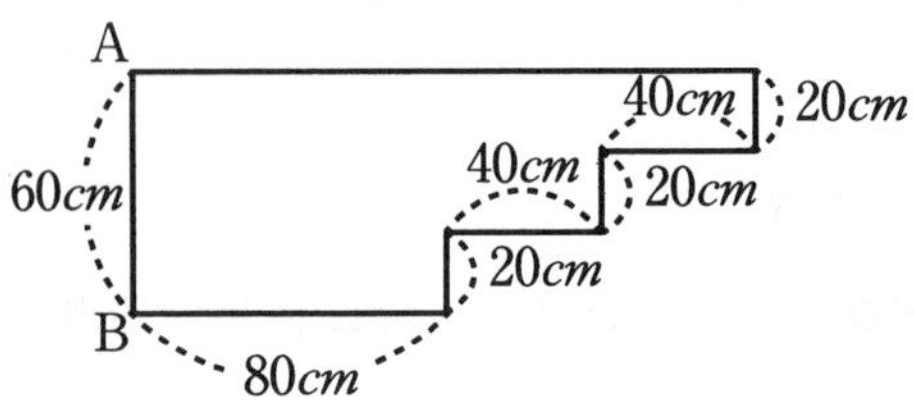

図３

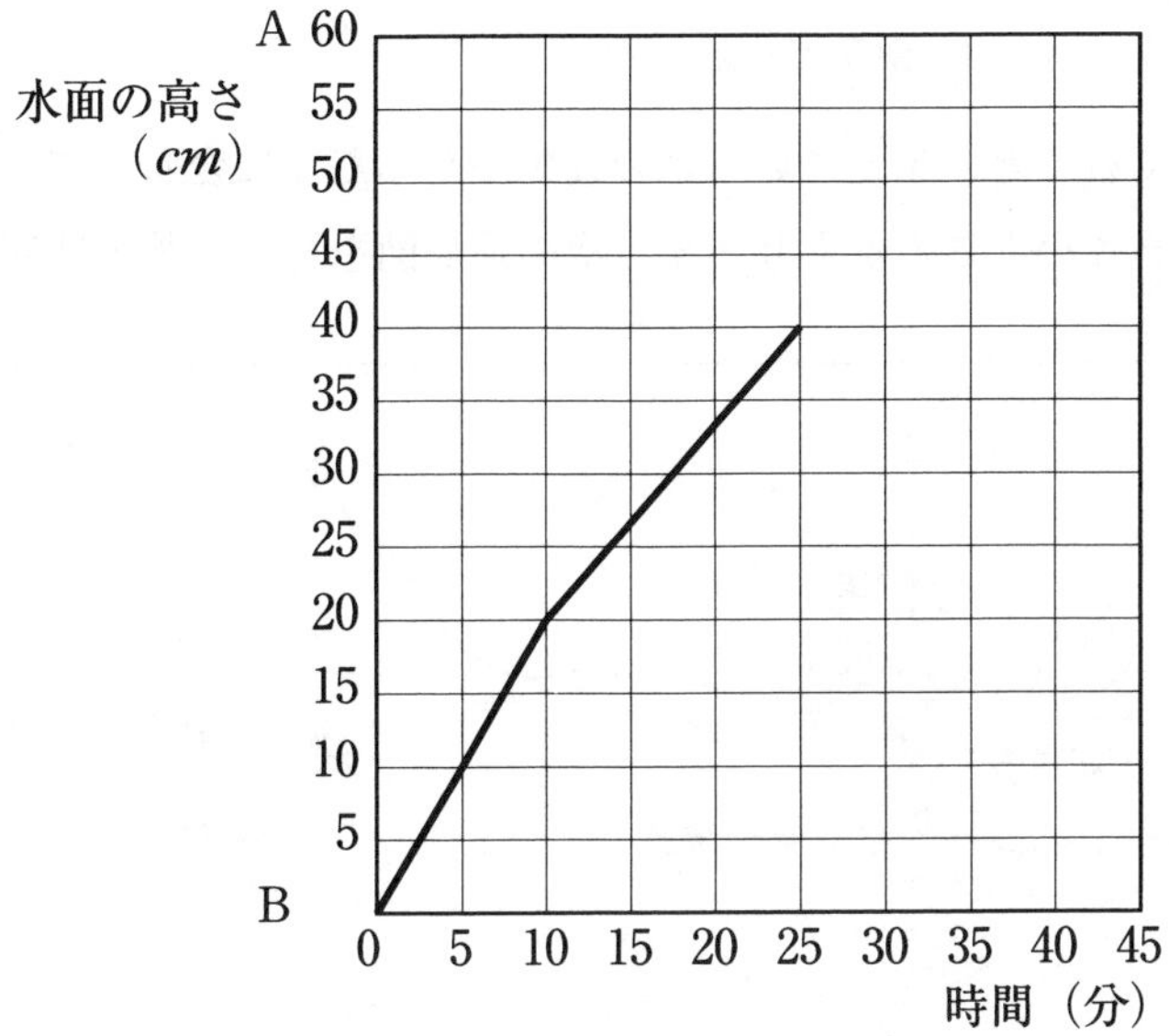

5 下の図のように１めもりが２ *cm* の方眼紙に、半径２ *cm* のおうぎ形、一辺２ *cm* の正方形を組み合わせてできた図をかきました。斜《しゃ》線部分を底面とする高さ10 *cm* の立体について、次の問いに答えなさい。ただし、円周率は3.14とします。

(1)　体積を求めなさい。

(2)　表面積を求めなさい。

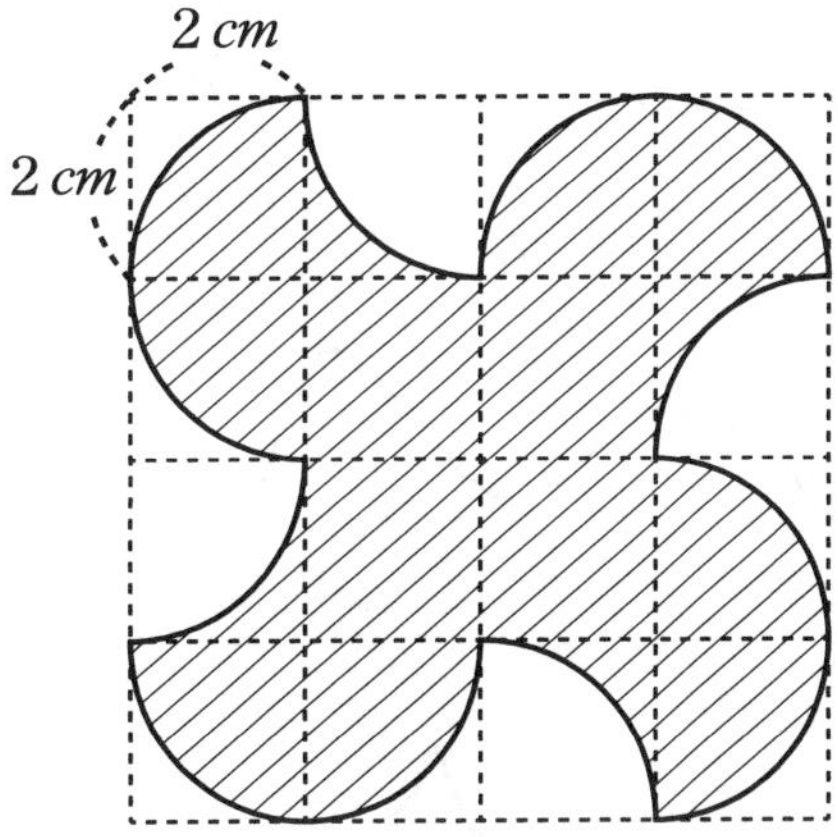

【社　会】〈第１回試験〉（理科と合わせて50分）〈満点：50点〉

注意：特に指示のない場合は，漢字で答えなさい。

1　高い山に登って行くと、生えている木の種類がだんだんに変わっていきます。山頂近くなると、木が生えないところもあります。次の地形図を見て、後の問題に答えなさい。

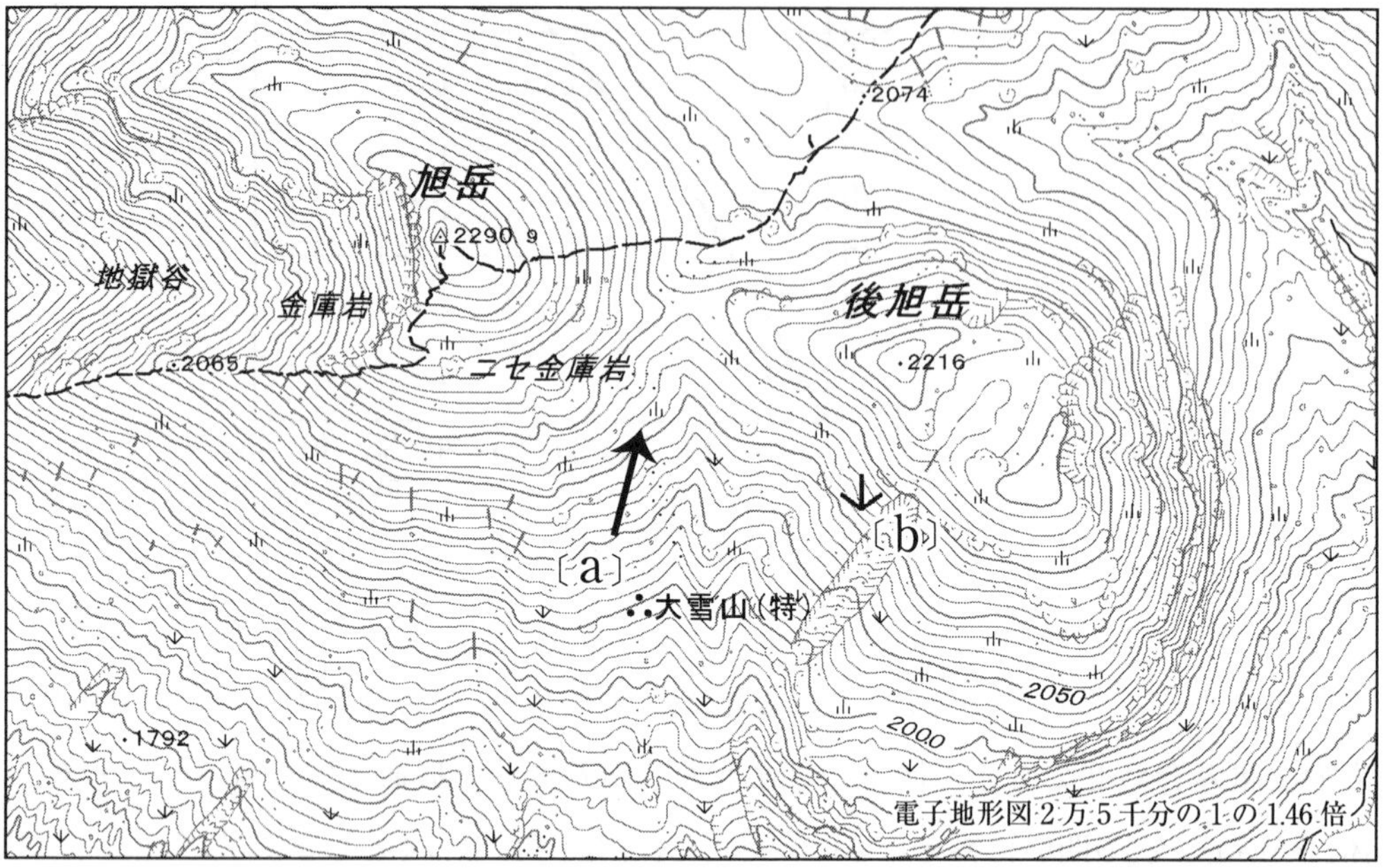

電子地形図２万５千分の１の1.46倍

(1)　地形図上の〔a〕の地点から、矢印の方向を向いてスケッチした場合、山はどんな形に描けるでしょうか。次のア～エの中から、最も正しいものを一つ選んで記号で答えなさい。

ア

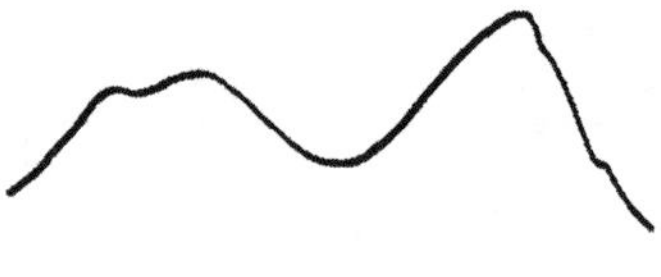

イ

ウ

エ

(2)　地形図上に見られる地図記号は、何を表しますか。次のア～エの中から一つ選んで記号で答えなさい。

ア　田んぼ　　イ　くわ畑　　ウ　荒地　　エ　針葉樹林

(3)　地形図上に見られる地図記号↓は、ハイマツという背の低い松が生える「ハイマツ地」を示します。ハイマツは最も標高の高いところに生える木です。地形図上〔b〕のハイマツ地の標高を、次のア～エの中から一つ選んで記号で答えなさい。

ア　1750 m～1800 mの間　　イ　2000 m～2050 mの間
ウ　2100 m～2150 mの間　　エ　2250 m～2300 mの間

(4)　ハイマツは寒いところを好みます。約２万年前の氷期に日本に南下し、約１万年前に氷期が終わると、赤石山脈以北の高い山にだけ残りました。でも、富士山にはハイマツは生えていません。それはなぜでしょうか。次の資料から理由をみつけ出して、説明しなさい。

〔資料１〕『竹取物語』（10世紀）
　天皇は、かぐや姫がくれた不死の薬を、天に近い山の上で燃やさせた。だから、その山を「不死（富士）の山」と言う。その煙は今も立ち上っているという。
〔資料２〕　江戸で将軍に学問を教えていた新井白石の日記（1707年）
　11月23日　正午、雷のような音が聞こえ、白い灰が降った。草木も、みな白くなった。空は暗く、ろうそくをともして授業をした。
　11月25日　また灰が大量に降った。この日、富士山から火が出て「山焼け」があったという話を聞いた。

(5)　ハイマツ地より上には、高山植物のお花畑があります。高山植物は、ふつうは高い山に生えますが、海抜0メートルの海岸に生えている所もあります。その場所を、右の日本地図上のア～エの中から一つ選んで記号で答えなさい。

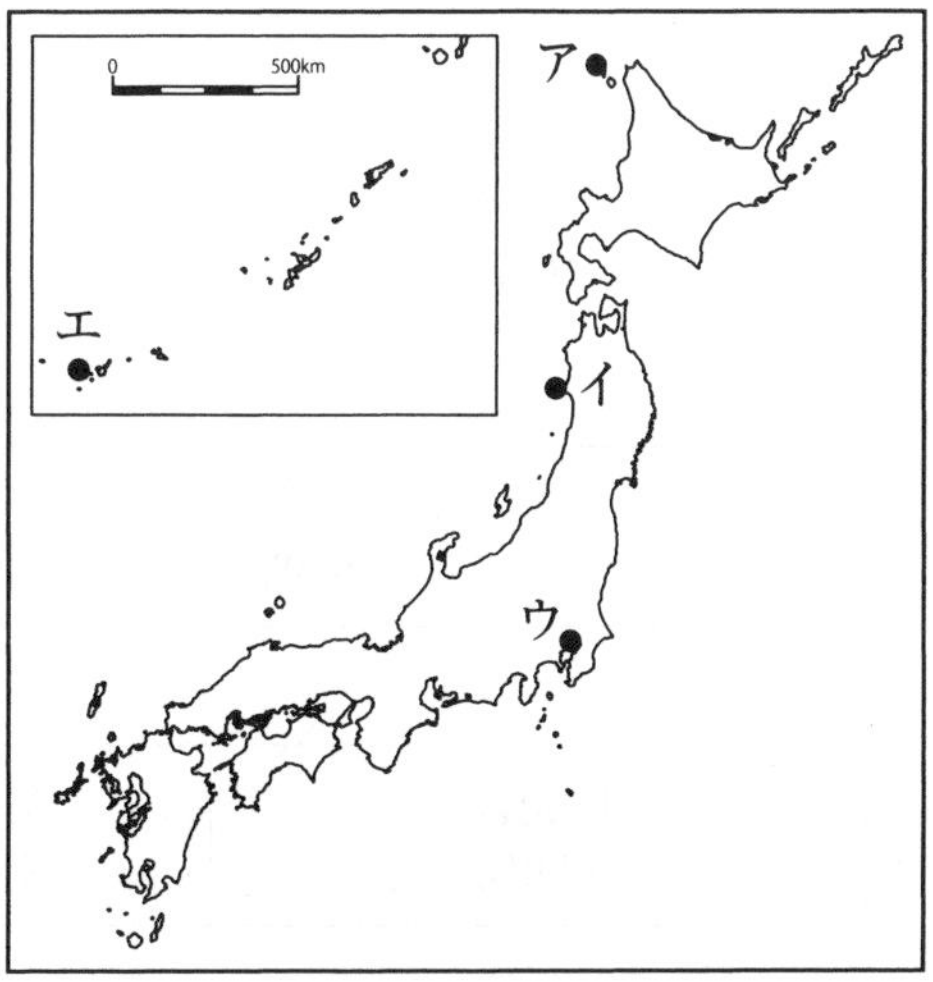

2 以下の会話をみて、後の問題に答えなさい。

先生	「みなさん、今までに旅行に行った都道府県をクイズ形式で説明してください。」
Ａさん	「私は飛行機で羽田空港から新千歳空港まで行きました。その後は車で回ったのですが、牛がたくさんいました。じゃがいもにバターをのせて食べたのがおいしかったです。」
Ｂさん	「私は東京駅から東海道･山陽新幹線、九州新幹線を使いました。着いた県では、からしレンコンがおいしかったです。阿蘇山のすばらしい風景がとても心に残りました。城づくりの名人、加藤清正が造ったお城も素晴らしかったです。石垣が見事でした。」
Ｃさん	「私は東京駅から寝台特急に乗りました。朝、瀬戸大橋を通ったのですが、朝日が美しかったです。着いてから、早速、うどんを食べました。オリーブで有名な小豆島もこの県です。」
先生	「みなさん、いろいろな場所へ行ってますね。それぞれの都道府県で、いろいろな農産物を生産しています。どの作物をどの都道府県で作っているかも調べてみましょう。」

(1)　Ａさん、Ｂさん、Ｃさんが行った都道府県を答えなさい。

(2)　Ａさんたちは農産物の生産地について調べてみました。次のグラフは、農産物の生産地の都道府県を表したものです。それぞれのグラフが示す作物を、次のア～コの中から一つずつ選んで記号で答えなさい。なお、同じ記号は一度しか用いてはいけません。

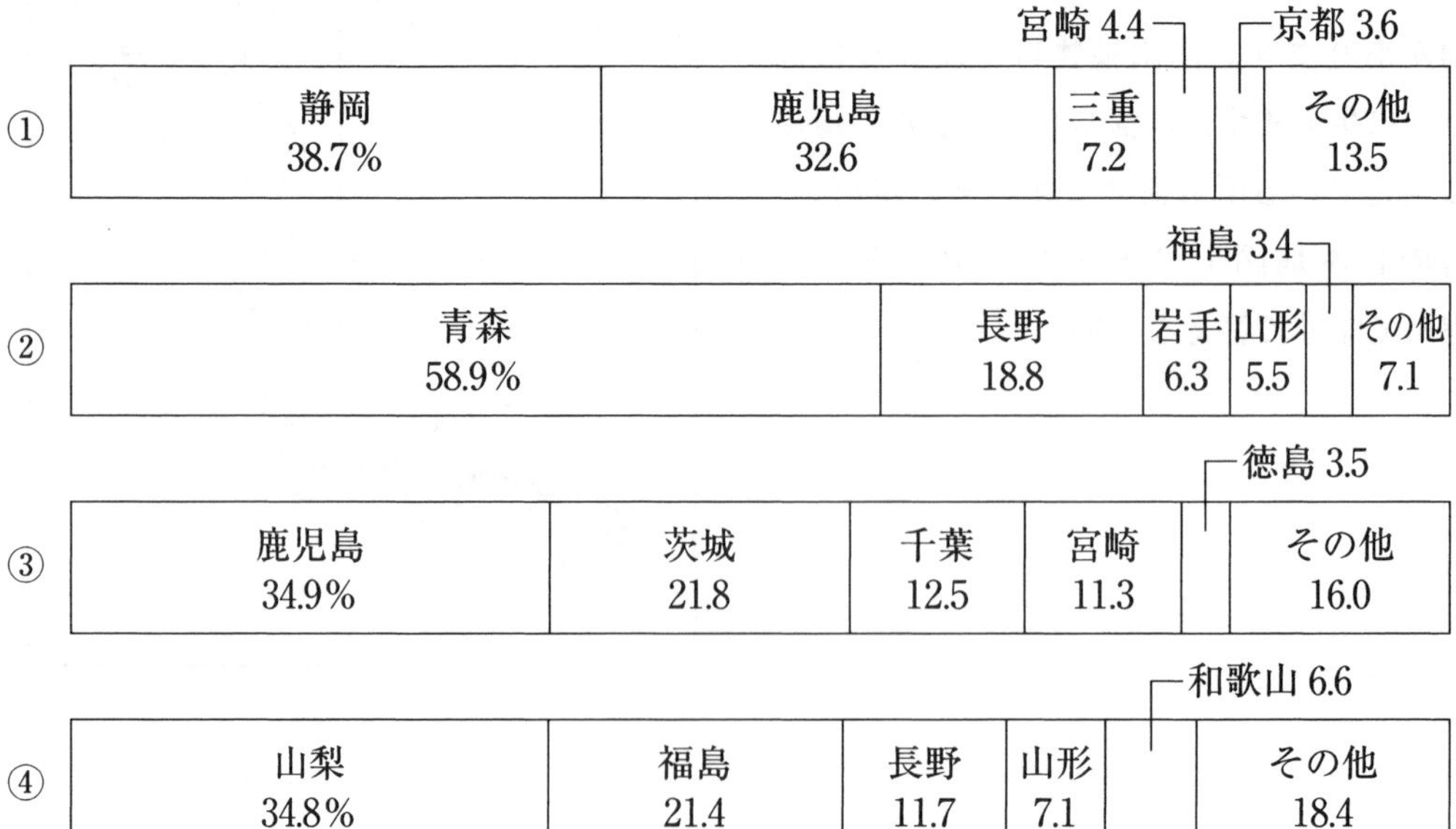

（2018　農林水産省資料）

ア　さつまいも　　イ　じゃがいも　　ウ　トマト　　エ　レタス
オ　もも　　カ　りんご　　キ　みかん　　ク　さくらんぼ
ケ　さとうきび　　コ　茶

3　次の文章を読み、後の問題に答えなさい。

A　この時代には、天皇中心の政治のしくみが整えられていきました。中国と対等な国づくりを目指し、中国の文化や学問が積極的に取り入れられました。現存する最古の木造建築の【　①　】が建てられたのもこの時代です。

B　この時代には、水墨画などのように簡素で力強い文化が流行しました。この時代にひろまった【　②　】の様式は、現在の和室にも取り入れられています。

C　この時代には、病気や災害、反乱による社会不安がひろがっていて、天皇は仏教の力で社会の不安をしずめようとしました。この頃の文化は大陸の影響を受けたものが多く、【　③　】に残された宝物からそのようすがうかがえます。

D　この時代には、日本列島に稲作が伝えられました。ひとびとは【　④　】に食料などをたくわえ、それをめぐって争いが起こるようになりました。ひとびとの間には身分の差ができ、くにをおさめる指導者も生まれるようになりました。

(1)　A～Dを時代の古い順に並べ変えたとき、２番目と４番目にくるものをそれぞれ一つずつ選んで記号で答えなさい。

(2)　【　①　】～【　④　】にあてはまるものを、次のア～キの中から一つずつ選んで記号で答えなさい。なお、同じ記号は一度しか用いてはいけません。

ア　寝殿造　　イ　正倉院　　ウ　平等院鳳凰堂　　エ　高床倉庫
オ　中尊寺　　カ　法隆寺　　キ　書院造

(3)　【　①　】～【　④　】にふさわしい写真を、次のア～キの中から一つずつ選んで記号で答えなさい。なお、同じ記号は一度しか用いてはいけません。

ア

イ

ウ

エ

オ

カ

キ

4 次の文章を読んで、後の問題に答えなさい。

先生　下の①と②の絵は江戸時代に描かれたものなんだけど。何してるのかな。

生徒　①は遊んでいるみたいだけど、机があって、何か書いてるから勉強かな。

①

②

先生　そう、①は町人の子が学んでいる絵だ。②は幕府の学問所だね。武士には主に中国で生まれた学問が教えられていた。

生徒　③は何の絵ですか。西洋風ですね。

先生　この絵は辞書もない中でオランダ語を日本語に訳して出版した人体解剖《かいぼう》の本の表紙だ。オランダ語を通して西洋の知識や技術を学ぶ学問を蘭学と呼んだ。蘭学は、新しい時代に大きく貢献していくことになるんだよ。

生徒　④の絵は学校の授業ですね。

③

④

先生　そう。明治時代になってＡ 教育制度が整えられると、全国に学校が創られていく。

生徒　⑤の写真、これ学校の授業ですか。

⑤

先生　そう。青空教室と呼ばれた。こうした時代を経て、現在の教育制度は整えられてきたんだよ。

(1)　①の町人の子が学ぶ所は、当時何と呼ばれていましたか。

(2)　②の学問所で、主に教えられていた学問は何ですか。

(3)　③の書物の名を書きなさい。

(4)　下線部Ａについて、この時整えられた教育制度について、次のア～エの中から正しいものを一つ選んで記号で答えなさい。

ア　すべての男子のみが小学校へ通う。
イ　すべての子どもが小学校へ通う。
ウ　税金５円以上の納入者の子どもは小学校へ通える。
エ　元武士の子どもは小学校へ通える。

(5)　⑤の写真について、なぜこのような状態で勉強しなければならなかったのですか。説明しなさい。

5 次の文章を読んで、後の問題に答えなさい。

2020年は新型コロナウイルスの影響が様々な分野に及び、世界的な経済の落ち込みが見られました。これに対応するため、政府は90兆円以上の新規（　①　）を発行しました。（　①　）は国が発行する債券(借金)のことです。日本では国の収入の約30%を占めています。国の支出の約20%は（　①　）を返すために、約35%は年金、医療、介護、子ども・子育て等のための支出である（　②　）費に使用されています。予算案はA 内閣によって決定され、国会で承認されます。

国際的な分野では、観光業が大きな被害をうけました。日本でも、B 2012年より訪日観光客が増加し観光業が盛んになっていましたが、2020年は大幅に減少しました。

一方で、新型コロナウイルスの感染防止を目指して、国際社会の協力も欠かせないものとなりました。国連の専門機関である［　C　］は世界中の人々が健康であるため、病気をなくすための研究、医療・医薬品の普及を進める活動をしています。

(1)　（　①　）・（　②　）に当てはまる語句を漢字で答えなさい。

(2)　下線部Aについて、内閣が行う仕事として誤っているものを、次のア～エの中から一つ選んで記号で答えなさい。

ア　外国との条約を結ぶ
イ　法律案を国会に提出する
ウ　参議院の解散を決める
エ　最高裁判所の長官を指名する

(3)　下線部Ｂについて、下のグラフは訪日外国人観光客の変化の推移を表したものです。2011年に旅行客数が前年より減少している理由を、次のア～エの中から一つ選んで記号で答えなさい。

ア　新潟県中越地震　　　　　イ　阪神淡路大震災
ウ　アメリカ同時多発テロ　　エ　東日本大震災

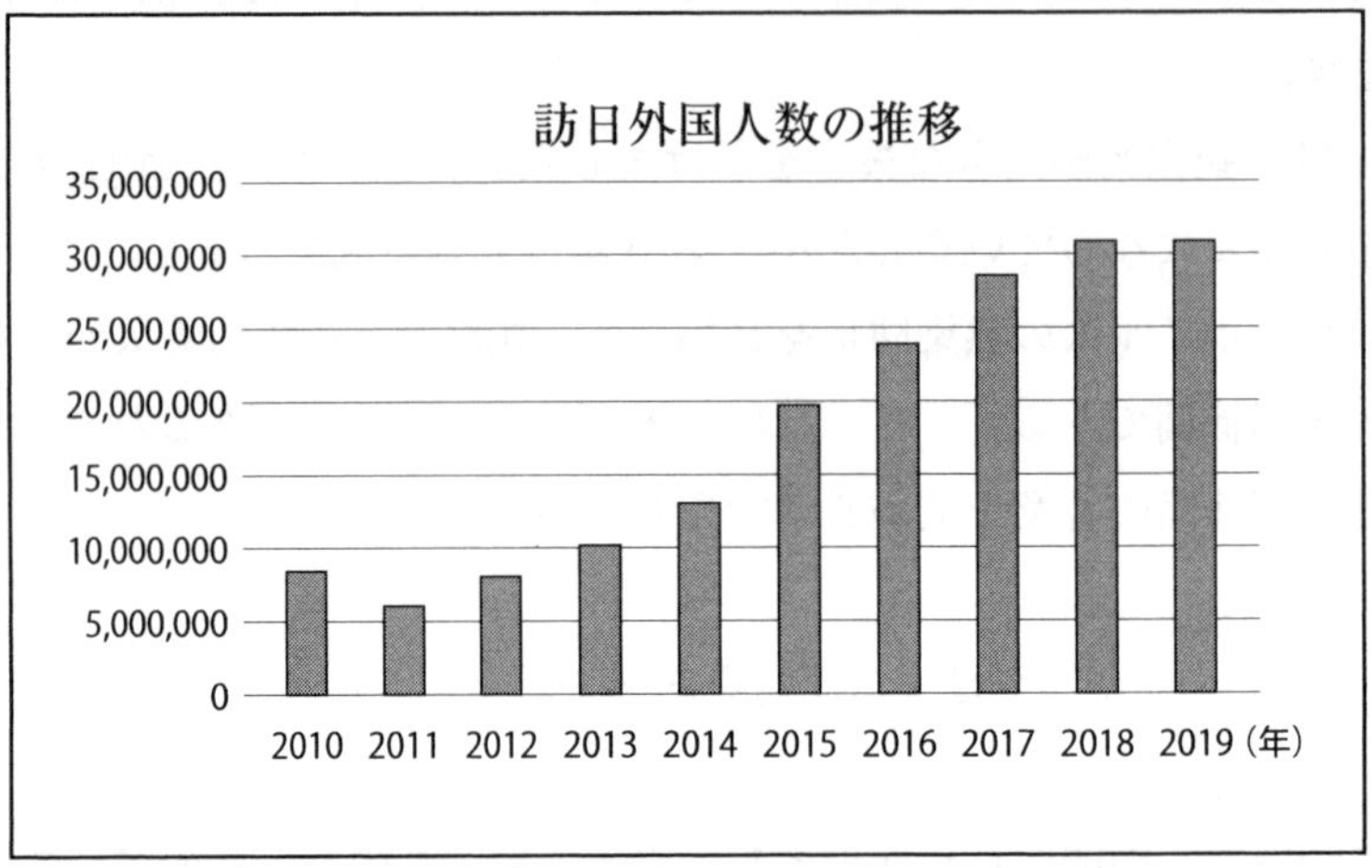

出所：日本政府観光局（JNTO）発表統計

(4)　［　Ｃ　］に当てはまる略称を、次のア～エの中から一つ選んで記号で答えなさい。

ア　ＷＨＯ　　イ　ＵＮ　　ウ　ＯＤＡ　　エ　UNESCO

【理　科】〈第１回試験〉（社会と合わせて50分）〈満点：50点〉

1 つぎの問いに答えなさい。

問１　図のように電池と豆電球をつなぎました。
電池、豆電球はすべて同じ物で、導線の抵抗は無視してよいとします。

豆電球：　電池：＋極  −極

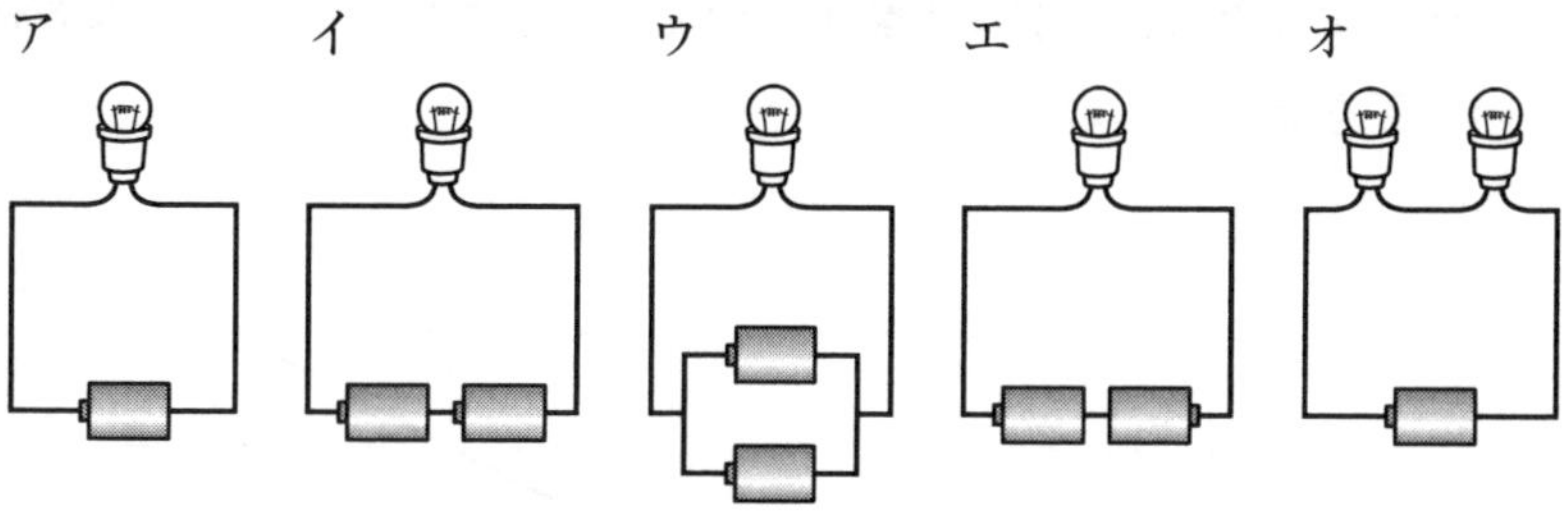

(1) イの電池のつなぎ方を何といいますか。

(2) 豆電球が一番明るく点灯するつなぎ方はどれですか。図のア～オより選び、記号で答えなさい。

(3) 豆電球がつかないつなぎ方はどれですか。図のア～オより選び、記号で答えなさい。

問２　光電池にモーターをつなげ、日光を当てるとモーターが回りました。

(1) 光電池に当たる日光を黒い紙でさえぎるとモーターはどうなりますか。

(2) モーターが一番速く回る光電池の角度はどれですか。つぎのア～ウより選び、記号で答えなさい。ただし、日光の角度は同じとします。

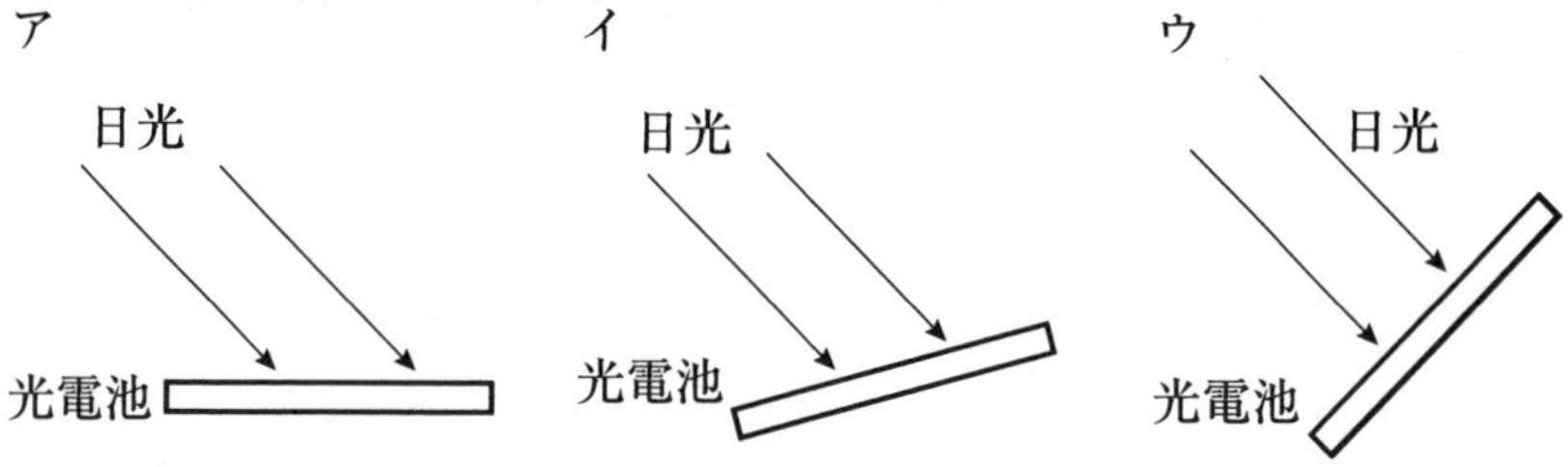

2 つぎの実験１、２について下の問いに答えなさい。なお、答えが割り切れない場合は、小数点第１位を四捨五入して、整数で答えなさい。

【実験１】 水50［g］に水酸化ナトリウム１［g］をとかし、水酸化ナトリウム水溶液をつくりました。

【実験２】 うすい塩酸をビーカーにとり、これに実験１でつくった水酸化ナトリウム水溶液をめもりつきのスポイトで少量ずつ加えていき、液全体が中性になるようにしました。下のグラフは、実験２で用いるうすい塩酸と、液全体を中性にするために必要な実験１でつくった水酸化ナトリウム水溶液との体積の関係を調べたものです。

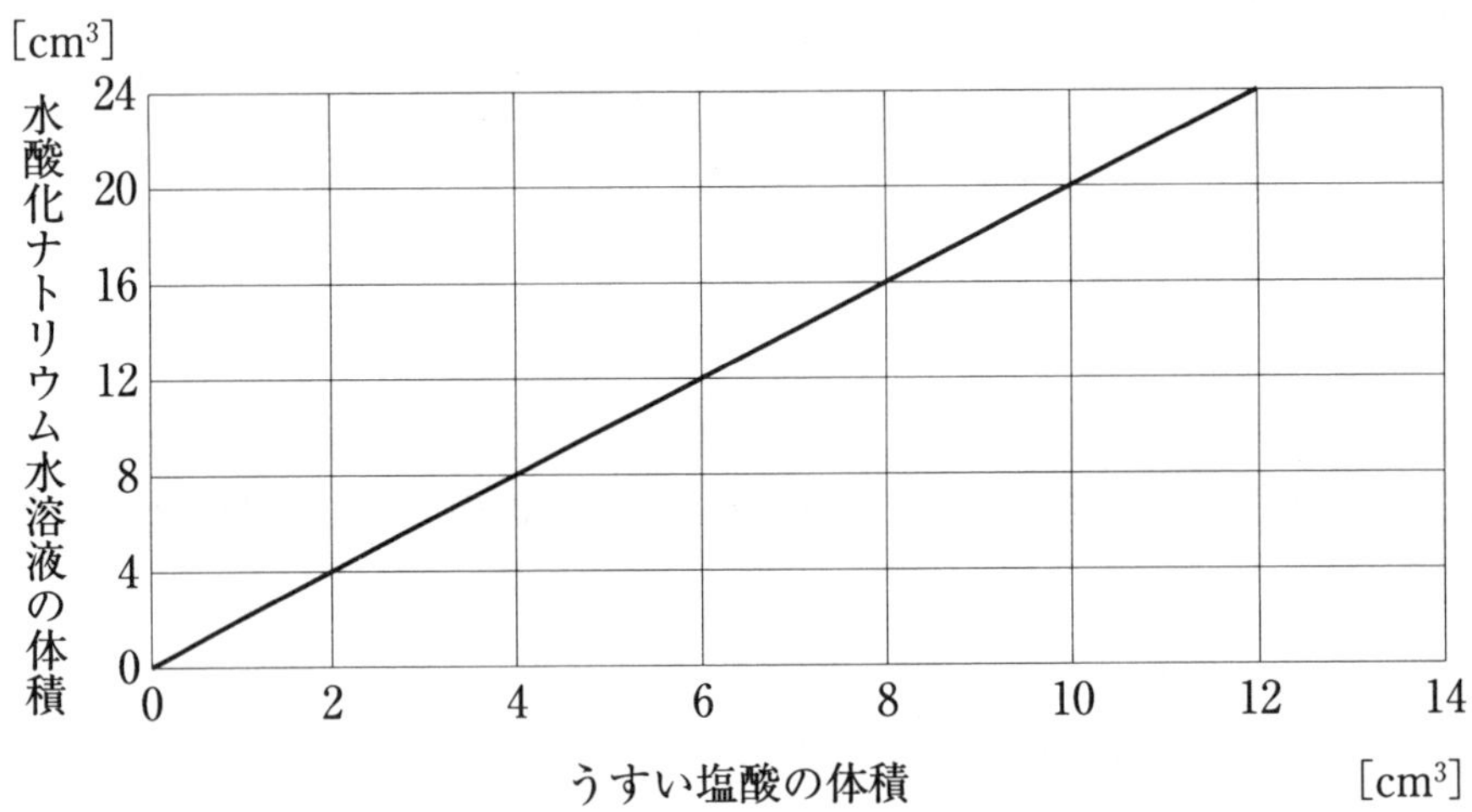

問１ 【実験１】でつくった水酸化ナトリウム水溶液の濃度は何［％］ですか。

問２ うすい塩酸４[cm^3]に、水酸化ナトリウム水溶液12 [cm^3]をまぜました。ＢＴＢ溶液を加えると何色になりますか。

問３ うすい塩酸10 [cm^3]に、水酸化ナトリウム水溶液８[cm^3]をまぜました。この溶液に、さらに何[cm^3]の水酸化ナトリウム水溶液を加えたら中性にすることができますか。

問４　水酸化ナトリウム水溶液10［cm^3］に、異なる量のうすい塩酸を混ぜア～エの溶液をつくりました。そこに鉄粉を加えたところ、いくつかの液体では、気体を出して鉄粉がとけました。気体を出して鉄粉が溶けた液体をつぎのア～エよりすべて選び、記号で答えなさい。

ア　水酸化ナトリウム水溶液10［cm^3］とうすい塩酸４［cm^3］
イ　水酸化ナトリウム水溶液10［cm^3］とうすい塩酸６［cm^3］
ウ　水酸化ナトリウム水溶液10［cm^3］とうすい塩酸10［cm^3］
エ　水酸化ナトリウム水溶液10［cm^3］とうすい塩酸12［cm^3］

問５　問４のとき、発生した気体は何ですか。

問６　【実験１】でつくった水酸化ナトリウム水溶液を16［cm^3］とり、水を加えて２倍にうすめました。この溶液を８［cm^3］ビーカーにとり、【実験２】で用いたのと同じうすい塩酸を加え、液全体が中性になるようにしました。必要なうすい塩酸は何［cm^3］ですか。

3 太陽の見え方について、つぎの問いに答えなさい。

問1　2020年6月21日に、日本各地で「太陽が一部欠ける」現象《げんしょう》が見られました。この現象を何といいますか。漢字4文字で答えなさい。

問2　問1で答えた現象は、数年に1回しか見られません。その理由を説明した下の文章の（　①　）にあてはまる整数を答え、（　②　）にあてはまる文をつぎのア～エより選び、記号で答えなさい。なお、下の図は、地球と月の位置関係を、矢印は太陽の光を表しています。地球の周りの円は月の位置を表していますが、地球と月の大きさや距離《きょり》は実際とは異なっています。

月は地球の周りを約（　①　）か月かけてまわっており、地球は太陽の周りを約1年かけてまわっています。そのため、下の図で月が地球の周りの8か所に位置する機会は、それぞれ1年に10回以上あることになります。しかし、「月が地球の周りをまわる面」と「地球が太陽の周りをまわる面」が（　　　②　　　）ので、問1の現象を満たす地球と月と太陽の位置関係は数年に1回しか起こらないことになります。

ア　まったく同じである
イ　少し角度をつけて交わっている
ウ　交わらない
エ　垂直に交わっている

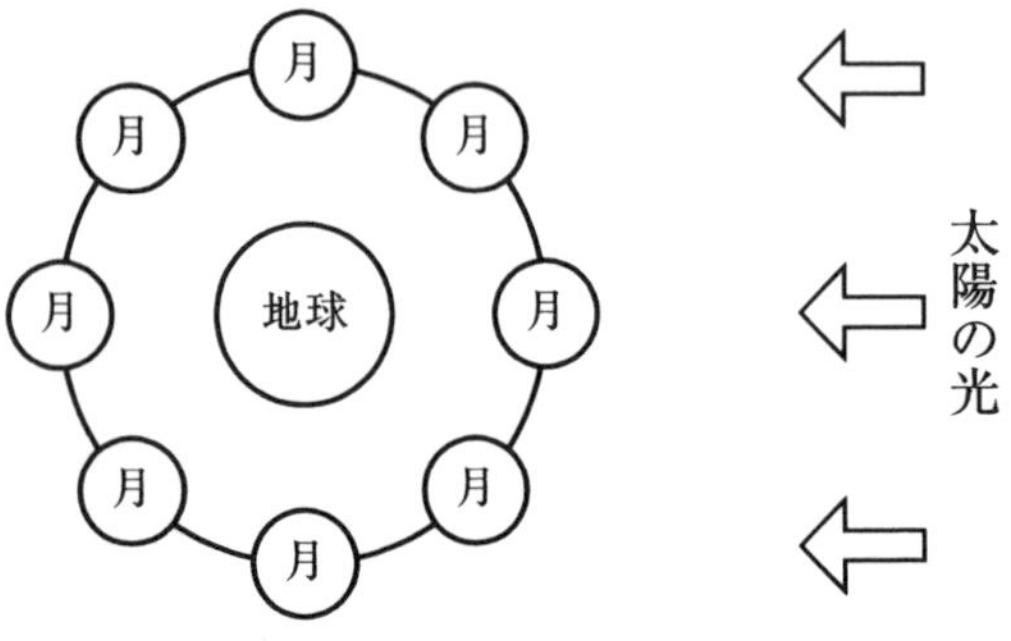

問3　数年に1回、「太陽が全部欠ける」現象が起こります。地球と月よりもはるかに大きい太陽が全部欠けて見える理由として正しい文を、つぎのア～エより選び、記号で答えなさい。

ア　地球より太陽の方が大きいが、月が太陽より遠くにあるから。
イ　地球より太陽の方が大きいが、月が太陽より近くにあるから。
ウ　月より太陽の方が大きいが、太陽が月より遠くにあるから。
エ　月より太陽の方が大きいが、太陽が月より近くにあるから。

問4　「太陽が欠ける」現象を観察するとき、特に注意することを説明しなさい。ただし、観察する場所、日時、天気などは観察しやすい条件であるものとします。

4 図はメダカの卵から成魚になるまでを表しています。つぎの問いに答えなさい。

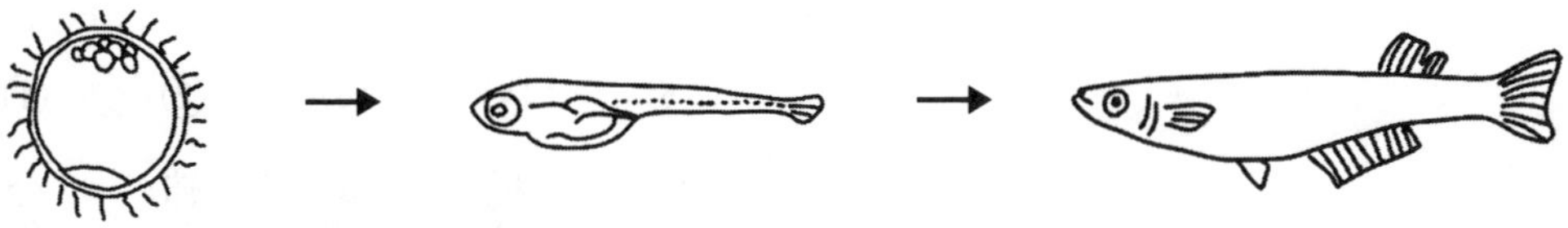

卵　　　　卵からかえった直後のメダカ　　　　成魚

問１　メダカは図のような段階をへて、卵から成魚となります。この卵からメダカが生まれてくるためには、オスの精子とメスの卵が結びつく必要があります。この現象《げんしょう》を漢字で答えなさい。

問２　メダカの卵をいろいろな温度の水そうに入れたとき、最も早く卵がかえる温度をつぎのア～エより選び、記号で答えなさい。

ア　5℃　　イ　15℃　　ウ　25℃　　エ　35℃

問３　卵からかえった直後のメダカは、何を食べますか。つぎのア～エより選び、記号で答えなさい。

ア　水草　　イ　水中の小さな生物　　ウ　小さな魚　　エ　何も食べない

問４　図の成魚はオスです。オスはメスと体の形がどのように異なるのか、体の特ちょうを１つあげて説明しなさい。

問５　メダカを飼うとき、水そうの水は何が最も適当か、つぎのア～エより選び、記号で答えなさい。

ア　くみ置きの水道水　　イ　じゃ口から出た直後の水道水
ウ　海水　　エ　氷水

問６　メダカはイリオモテヤマネコ、アマミノクロウサギ、オオサンショウウオなどのように○○○○の恐れのある生物の１種である。○にあてはまる言葉をひらがな４文字で答えなさい。

問７　問６が起きる原因を１つ説明しなさい。

二　次の――線のカタカナにあてはまる漢字をそれぞれ下から選び、記号で答えなさい。

① 今年の夏はとてもアツい。　〔ア 熱　イ 暑〕

② 姉と妹はタイショウ的な性格だ。　〔ア 対象　イ 対照〕

③ 美術に強いカンシンをもっている。　〔ア 関心　イ 感心〕

④ 税金をオサめるのは国民の義務だ。　〔ア 修　イ 収　ウ 納〕

⑤ マラソンのタイムをハカる。　〔ア 計　イ 量　ウ 図〕

問七　――線⑥「いつかはださなきゃいけないこたえ」とありますが、それはどのような「こたえ」ですか。その内容がわかる一文を、――線⑥より後の文中から探し、はじめの五字をぬき出しなさい。

問八　――線⑦「胸が痛む」とありますが、「胸が痛む」とはどのような気持ちですか。説明しなさい。

問九　――線⑧「たちまち胃がきゅっとする」とありますが、このときのぼくの心の状態を表す最も適切な二字熟語を、文中からぬき出しなさい。

問十　――線⑨「ちょっとの罪悪感」とありますが、なぜぼくは「ちょっとの罪悪感」をおぼえたのですか。説明しなさい。

問十一　――線⑩「そのとき」とはどのような「とき」ですか。答えなさい。

問十二　――線⑪「なんか、ムカついてきた」とありますが、カイトは何に「ムカついてきた」のですか。説明しなさい。

問十三　――線**ア**、**ウ**、**エ**、**オ**のカタカナを漢字に直し、――線**イ**の漢字の読みをひらがなで答えなさい。

問二　――線②「教室からカイトたちサッカー部のメンバーがいなくなるのを待つ」とありますが、ぼくはなぜ「サッカー部のメンバーがいなくなるのを待つ」のですか。最も適切なものを次から選び、記号で答えなさい。

ア　サッカー部の練習に出たくないから。
イ　教室で被服部の三人と話がしたいから。
ウ　被服室に行くのを見られたくないから。
エ　ケガのことでめいわくをかけたくないから。

問三　――線③「あっちにもこっちにも後ろめたい」とありますが、「あっち（被服部員）」と「こっち（カイト）」、それぞれに対して、ぼくは**このとき**どのようなことを「後ろめたい」と思っているのですか。答えなさい。

問四　文中の［あ］に入る言葉として、最も適切なものを次から選び、記号で答えなさい。

ア　他人事《ひとごと》　イ　他人行儀《たにんぎょうぎ》　ウ　他人同士《たにんどうし》　エ　他人《たにん》の空似《そらに》

問五　――線④「気をつけてるつもりだったのに」とありますが、何を「気をつけてるつもりだった」のですか。答えなさい。

問六　――線⑤「なぜかゆるみそうになるほっぺた」とありますが、このときのぼくの気持ちとして最も適切なものを次から選び、記号で答えなさい。

ア　うれしい　イ　悲しい　ウ　さびしい　エ　楽しい

カイトの「友だち」って言葉に胸がつまって下唇《したくちびる》をかんだ。

「おれ、すげームカついてるからな。」

何度も何度もうなずいて、それにこたえる。

「うん。ごめん。……でも、ありがとう。」

カイトは笑顔で「ムカつく」ってくりかえしてから、わざとらしいくらい明るくきいてきた。

「足が治っても練習こないし、わかってたけどさ。サッカー部、やめるんだな？」

「……うん。」

「わかった。話してくれてサンキューな。――その、被服部のこととかさ、ほかのヤツにはいうの？」

「そのうちバレると思うけど、わざわざいったりはしない、かも。カイトにだけは、ちゃんといおうって決めたんだけど……。」

「じゃ、おれもだれにもいわないでおく。こんど、おれにもカッコいい服作ってよ。」

カイトがこっちにこぶしをつきだしたので、ぼくもグーを作って前にだす。

こぶしとこぶしがぶつかって、ぼくはふやけるように笑った。

――『ぼくのまつり縫い』神戸　遥真　より――
偕成社　刊

注　ジンタイソンショー………足の骨と骨をつなぐ「じん帯」が「損傷」してしまうケガのこと。

問一　――線①「心の底からホッとした」とありますが、ぼくはなぜ「ホッとした」のですか。答えなさい。

カイトがはじめてあいづちをうってくれて、ぼくは顔をあげた。

「やっぱり裁縫するの、楽しくて。じつは昔から好きだったんだ、縫いものするの。」

カイトは机の上のシャツをもう一度手にとった。そうして、じっくり観察すると。

顔をくしゃっとして笑った。

「ユートさ、こういうのは早くいえよ。」

ぼくが反応できないでいると、正面からパシッと軽くうでをたたかれた。

「ムリしておれにあわせて、好きでもないサッカーやることないじゃん。」

「で、でもおれ、中学でこっちにひっこしてきて友だちいなかったから、カイトが声かけてくれて、うれしかったんだ。

だから、カイトといっしょに部活やったら、友だちになれるかなって――。」

すると、カイトはあきれた顔になって、こんどはバシバシぼくのうでをたたく。

「⑪なんか、ムカついてきた。」

「ごめん……。」

「もういい。おまえみたいなヤツは、サッカー部やめちまえ。」

針みたいに鋭《するど》いその言葉に、なぐられたようなショックを受けて息をのむ。

……やっぱり、いまさらだったのかもしれない。

ウソついたし、かくしごともしてた。あやまったって、そういうのがなかったことになるわけじゃない。

もう友だちでいられなくなっても、しょうがないのかもしれない――。

「それで、好きな服作れよ。」

しめっぽくなりかけた目をあげると、カイトはいたずらをたくらむように笑ってた。

「服作れるとか、すげーじゃん。」

少しポカンとしちゃってから、「ムカついてるんじゃないの？」っておそるおそるきくとうなずかれる。

「そうだよ。すげームカついてる。――ツラかったなら早くいえよ。友だちならガマンしたりムリしたりすんなよ。おれ、そういうのいってくんないのがいちばんムカつく！」

その声は、ちょっと気まずい空気をまとって空っぽの教室にひびいた。前はこんなふうじゃなかったのにって悲しくなったけど、それもこれもぼくのせいだからしょうがない。

自分でどうにかするしかないのだ。

ぼくは席を立ち、ロッカーに押しこんでた大きな紙袋を持ってカイトの席にむかう。

「これ、カイトに見せたくて。」

ぼくが紙袋の中身を机の上にだすと、カイトはおずおずとそれを手にしてひろげた。

「……シャツ？」

土曜日に父さんにも見せた白いシャツで、すでに完成してる。

つぎに、ぼくはまだ仮縫い状態の黒い布のかたまりを見せた。

「こっちはベストとズボンになる予定。」

「作りかけ？」

「そう。おれが作ってる。」

カイトと目があった。けど、見てられなくなったぼくはすぐに視線をさげて、仮縫いのベストを机の上において頭をさげる。

「このあいだは、ごめん。おれ、カイトにウソついた。」

カイトの返事はない。ぼくは自分の上ばきを見つめたまま、小さく深呼吸して言葉をつづける。

「ホントは、きょうみ、なくなんてない。夏休みから、ずっと被服室に行ってた。」

やっぱりカイトの反応はなく、もうぼくがなにをいってもしょうがないのかもって気持ちになりかけた。

けど、カイトにだけは本当のことを伝えるって決めたのだ。ウソをついたのがなかったことにはならないけど、だからこそ、こんどはちゃんと本当のことだけ伝えたいって。

「おれ、もともと運動神経よくないしさ。ジンタイソンショーもしちゃって、サッカー、だんだんツラくなってきて。そんなときに被服室に行くようになって、それで……。」

「それで？」

「部活なんて、好きなことやったらいいんだよ。」

それから、父さんはぼくが作ったシャツをまじまじと見る。

「やっぱり、母さんの子どもなんだなぁ。よくできてるよ、これ。」

怒ったりガッカリしたりすることもなくシャツをほめる父さんに、ホッとしたのと、感謝と、⑨ちょっとの罪悪感をおぼえつつ、ぼくは明るくかえす。

「父さんの子どもでもあるよ。」

ちょっとクサかったかなって思ったけど、父さんはぼくの頭をぐりぐりした。

そして週が明けたその日、ぼくは大きな紙袋《かみぶくろ》を持って登校した。

「ユート、なにそれ？」ってクラスのヤツらにきかれたけど、「ちょっと」ってあいまいにこたえて紙袋はロッカーに押《お》しこんだ。チラッとカイトの席のほうを見ると、朝からずっとバクバクしてた心臓がよけいに音を立てる。

そうしてドキドキしながら一日をすごし、いよいよ⑩そのときがやってきた。

五時間目の授業がおわってすぐ、帰りのホームルームがはじまる前に、ぼくはカイトの席にかけよった。

「……どしたの？」

おどろいたのか、ひさしぶりだというのにカイトはフツーに話しかけてくれる。

「おれ、カイトに話があって、その……。」

教室に担任の先生があらわれた。「席につけー」ってみんなに声をかけてる。

「ホームルームのあと、ちょっとだけ教室に残っててもらえない？」

頭のなかで何度も何度も考えたセリフをちゃんといえた。

すわったまま、カイトはまじまじとぼくの顔を見て、「わかった」ってこたえてくれる。

帰りのホームルームがおわり、クラスメイトたちがつぎつぎと教室からでていくのを見送った。カイトはサッカー部のヤツらに「先行ってて」と声をかけ、少しはなれた席からぼくのほうをむく。

「話ってなに？」

そのままはだしでキッチンに行ってお皿をだしたりしていると、あとからきた妹の花梨《かりん》に「クサい足ださないでよ！」って怒《おこ》られた。

「花梨も手きびしいな。」

苦笑《くしょう》する父さんに、まったく、ってうなずいておく。そういう年ごろなのか、最近の花梨はなにかと手きびしくてお兄ちゃんはさびしい。

四人でダイニングテーブルをかこんで焼きそばを食べ、ぼくは父さんに話しかけた。

「ちょっと、見せたいものがあるんだけど。」

そうして父さんを自分の部屋につれていき、ぼくは「これ、作ったんだ」と壁《かべ》にかけてあった白いシャツをハンガーごと見せた。

「優人《ゆうと》がか？　あ、家庭科の授業か。」

「授業じゃなくて、被服部って部活で。」

少し緊張《きんちょう》しながら、ぼくは父さんにポツポツ話をした。

ジンタイソンショーしてサッカー部を休んでるあいだに、被服部に行くようになったこと。

やってもしょうがないって思ってたし、まわりにもかくしてたけど、やっぱり裁縫《さいほう》が好きだって思ったこと。

被服部のみんなが、そんなぼくを受けいれてくれたこと。

いろいろ悩《なや》んで考えて、ようやく腹が決まったこと。

「サッカー部、やめてもいい？」

そうきいてすぐ、父さんを見てられなくて目を足もとにおとした。⑧たちまち胃がきゅっとする。

ぼくがサッカー部に入って、だれよりもよろこんでくれたのは父さんだ。だから、最初に父さんに話そうって決めた。

ガッカリされてもしょうがないけど、それでもちゃんと話そうって。

そんなふうに、緊張しながら父さんの反応を待っていると。

「いいもなにも、優人がやりたいことをやるのがいちばんだろ。」

ポンと肩に手をおかれて顔をあげた。

「サッカー部、こいよ。長いこと練習休んでて気まずいってのもわかるけど、そんなの気にしなくて平気だしさ。」

カイトが心底ぼくのことを心配してくれてるのがわかって⑦胸が痛む。

こんなカイトと仲よくなりたくて、それだけでがんばってきたのを思いだす。

だけど――。

「それとも、被服室に行くの？」

思いもしなかったカイトの言葉に凍《こお》りつく。

「先週、ユートが被服室に行くの、見たってヤツがいてさ。」

だれにも見られてないって思ってたのに。

「被服部でなにかやってんの？　被服部って、服とかドレス作るんだっけ？　まさか、ユートもそういうのやるの？」

とがめられてる気がして、とっさに声をあげた。

「――ちがうっ！」

シンとした廊下にぼくの声がひびき、カイトは目をまたたいた。

ドクドク鳴る自分の心臓の音をききながら、ぼくは自分の上ばきのつま先を見ながら口をひらく。

「そ……そんなのエキョウミないし！　おれがやるわけないじゃん！　被服室にはちょっと用があって行っただけで――。」

ふと視線を感じた気がして、カイトのむこう、廊下の先のほうを見たぼくはつづきをのみこんだ。

糸井さんが立っていた。

その週の土曜日、午前中のこと。

焼きそばのにおいがし、母さんに手伝うように呼ばれて二階の自分の部屋《へや》から一階のリビングにおりると、きのうの夜おそくに名古屋《なごや》から帰ってきた父さんにきかれた。

「じん帯、もう治ったんだってな。」

ぼくは左足の靴下《くつした》をぬいで足首をくいくいまげてみせ、「もう通院もおわった」とオホウコクする。

「ジンタイソンショーって長びくんだな。」

そうして制服のまま、学校帰りにいつもの整骨院に行ったぼくは思いしった。

長びくジンタイソンショーに、⑥いつかはださなきゃいけないこたえを、ずっと先のばしにしていたってことを。

「きょうで治療《ちりょう》、最後ですね。」

電気治療がおわり、助手の女の人ににっこりされた。

「サッカー部だったっけ？　ムリしなければ、もう練習にも復帰できるよ。」

そして院長先生には、ジンタイソンショーが治ったっていう、おすみつきまでもらってしまった。

サッカー部の練習は毎日あるし、練習に復帰したら被服室には行けなくなる。

どうしようって考えながらも、最後の通院がおわった翌日の放課後も、ぼくの足は自然と被服室をめざしていた。

まだ治ったばっかりだし。

体力もすっかりおちてるし。

なんていいわけを自分のなかでならべてみるけど、本当は自分でもわかってる。

ぼくが行きたいのは、サッカー部員の待つグラウンドじゃなくて、被服室なのだ。

いつもみたいに教室からサッカー部のみんながいなくなったのを確認してから、そっと廊下にでた。

なのに。

「練習、行かないの？」

廊下にでた瞬間《しゅんかん》、だれかに――カイトに話しかけられてギョッとした。ぼくが廊下にでてくるのを、もしかしてずっと待ってた？

カイトはじっとぼくの顔を見て、やがてぼくの左足に目をおとす。

「通院、もうおわったって先生にきいた。」

整骨院で治癒《ちゆ》証明書というのをもらったので、担任の先生に提出したのは今朝《けさ》のこと。

いいわけしようがない。ぼくのジンタイソンショーは、もう完全に治ってる。

ふたりになって少ししてから、糸井さんがそんなふうに話しはじめた。

「最近、『おれ』じゃなくて『ぼく』っていってるよね。」

「え、ウソ？」

④気をつけてるつもりだったのに。

「あ、被服室限定だけど。教室では『おれ』っていってるね。あれってわざと使いわけてるの？」

「使いわけてるっていうか……『ぼく』とか中学生になったらいわないし、フツー。」

「へー、そういうもんなんだ。」

糸井さんはふむふむしてから、丸メガネの奥《おく》からこっちを見てくる。

「でも、ハリくんは『ぼく』のほうが『ぽい』なって思うけど。」

「『ぽい』？」

「うん、キャラにあってる。べつにムリして変えなくても、ハリくんはハリくんなのに。」

十字路にさしかかり、糸井さんは「あたしこっち」と角をまがって去っていった。

三つ編みおさげが見えなくなるまで見送りつつ、ハリくんはハリくんなのに、という言葉を頭の中で何度も何度もリピートする。

……ぼくはぼく。

⑤なぜかゆるみそうになるほっぺたに力を入れて、ぼくも自分の家にいそいだ。

それから数日後、九月も中旬《ちゅうじゅん》になろうというころだった。

その日は被服部の活動もなく、放課後になってさっさと教室をでようとしていたときのこと。

「ユート、練習はいつごろ復帰すんの？」

なんてカイトに話しかけられた。

「もう少しかかるかも。きょうもこれから通院なんだ。」

へぇー、ってカイトはわずかに目を見ひらいてから、いかにも心配そうな顔になる。

ルトボールをつけたボレロをドレスの上からはおることに決めたものの、デザインでまだまよっているという。おかげで糸井さんはここ最近、ひたすらにフェルトボールを量産している。

ああだこうだいいながらビーズを選んでいるみんなを遠まきに見ていたら、突然《とつぜん》、背後から両肩《りょうかた》に手をおかれて心臓がとまりかけた。

「ひさしぶりー。」

ゴスロリ店員のモモちゃんだ。

背が高くて肩幅《かたはば》もあるモモちゃんが背後に立つと、イ貧弱なモヤシ男子のぼくの身体《からだ》はすっかりかくされてしまう。そして、モモちゃんからは、なんかいいにおいがした。

「どうも……。」

モモちゃんの身体から一歩はなれる。

「最近、ハギレ買いにこないしさ。どうしてるのかと思ってたよ。元気してる？」

そういえば、八月は一度も買いにきてないかも。

被服部で縫《ぬ》いもののウヨッキュウが満たされてたから、この一か月は家であんまり縫いものをしていない。

「おかげさまで元気です。」

「なんで［あ］なのさ？」

「ぼくとモモちゃんさん、他人じゃないですか。」

からんでくるモモちゃんをあしらってたら、「ハリくんきた！」って糸井さんが笑顔《えがお》で手をふってくれた。

クラフトショップ・モモでビーズやテグスなどを購入《こうにゅう》し、ラララパークをでた。

午後五時すぎ、夏休み中はまだまだ明るかったこの時間も、いまじゃすっかり夕方の空色だ。

その場で解散になり、ぼくは途中《とちゅう》まで家の方向が同じ糸井さんといっしょに帰ることになった。生徒が多い通学路からは少しはずれてたし、人目を気にする必要がなくて気が楽だ。

「ハリくんってさー。」

マスミン先パイとサンカク先パイ、そして糸井さんは三人ならんでさっさと廊下を歩いていき、被服室の前に残っているのは、ぼくひとり。

三人が見えなくなってから、ぼくもようやく歩きだす。

みんなでいっしょに学校をでて、クラフトショップ・モモに行くのをさけたのは、ぼくだ。

理由は単純。だれかに見られたくなかったから。

「ハリくんもいっしょに行く？」って糸井さんにきかれ、「あとからひとりで行く」ってこたえたけど、だれもなにもいわなかった。

被服部の活動に参加してるくせに、自分の都合でそれを周囲にかくしてる。その後ろめたさが、日を追うごとにむくむくふくれあがってく。

けど、でも、だからってどうしようもないし。

グラウンドのわきを歩いていたら、ランニングをしていたカイトがこっちに気づいて手をふってくれた。

「いま帰り？」

「そう」ってこたえてから、また胸がチクリとする。

本当は、ララパークのクラフトショップ・モモに行くところなのに。

③あっちにもこっちにも後ろめたい。

クラフトショップ・モモに到着すると、被服部のみんなはすでにパーツ選びをはじめていた。

ぼくの手伝いのおかげで来月のファッションショーむけの作業に余裕《よゆう》ができたとかで、髪飾《かみかざ》りやブレスレットなどの小物ももっと凝《こ》ろうという話になり、ビーズなどを見にきたというわけだ。

文化発表会のファッションショーでは、声をかけた生徒にモデルになってもらって、被服部で作った服やドレスを着てもらい披露《ひろう》するのだという。部員がみずからモデルになるかは個人の自由で、マスミン先パイと糸井さんはやる気まんまん、サンカク先パイは人前にでたくないって消極的だ。

あとつけくわえるなら、糸井さんのドレスはまだ完成していない。得意な羊毛フェルトをいかして、カラフルなフェ

「ハリくんって時間に正確だし、意外と几帳面《きちょうめん》だよね。」

糸井さんにくらべたらそりゃそうだろう、とは口にはださないでおく。いまではマスミン先パイだけでなく、糸井さんやサンカク先パイにまで「ハリくん」と呼ばれている。

ようやく被服室に身をかくせてホッとしたところ、こんどは顧問《こもん》の猫田《ねこた》先生が顔をだす。名前にぴったりの猫っ毛の、四十代の先生だ。

「ハリくん、きょうもきてたのか。」

そして、猫田先生までぼくを「ハリくん」と呼ぶ。

ぼくが被服室に通っていることを猫田先生は知っている。八月はほぼ皆勤《かいきん》で通っていたので当然だ。

「被服室にきていることはだまっててください」っておねがいすると、猫田先生は「もちろん」ってこたえたあと、なぜかぼくに感謝した。先生はなにかと手伝いにかりだされるそうで、手がふえて単純にうれしいらしい。

そして、「だまっててほしいって気持ちもわかるぞ」ってつけくわえた。

「女子ばっかりの部だしな。」

いかにも、ものわかりのいい先生って感じでそんなふうにいわれちゃったので、空気が読めるぼくは「まぁ」とかこたえておいたけど。

それもまたちがうっていうか、なんかしっくりこない。

最近のぼくはいろいろとアコンランしている。かくさなきゃ、だれにもいっちゃダメだって思ってたことが、つぎつぎとバレていってるからかもしれない。

ぼくはいったいなにを気にして、どうしてかくしたがってたんだっけ。


そんなふうに人目をしのびつつも、被服部の手伝いをしていたある日の放課後。

みんなでクラフトショップ・モモに買いだしに行くことになった。

「じゃあ、ハリくんはまたあとで会おう。」

マスミン先パイに手をふられ、ぼくはそれに小さく手をふりかえしてこたえた。

美

二〇二一年度 女子美術大学付属中学校

【国　語】〈第一回試験〉（五〇分）〈満点：一〇〇点〉

一　次の文章を読んで、後の問いに答えなさい。

夏休みがおわり、二学期になった。

注ジンタイソンショーした足も順調に回復し、歩く分にはもうほとんど問題ない。

教室につくなり「ユートがフツーに歩いてる！」ってカイトに声をかけられて、①心の底からホッとした。カイトがそんなヤツじゃないってわかってたけど、サッカー部の練習にでなくても、稲毛《いなげ》海岸に行けなくても、クラスでムシされないか心配しちゃうのがぼくという人間なのだ。

帰りのホームルームがおわり、足がまだ完治していないぼくは、サッカー部の練習をきょうも休んだ。そして②教室からカイトたちサッカー部のメンバーがいなくなるのを待つこと十分。

そっと廊下《ろうか》にでて特別校舎二階、被服室《ひふくしつ》をめざす。

夏休み中も部活動で学校にきている生徒はそこそこいたけど、学期がはじまると数がちがう。ぼくは人目をさけては身をかくし、何度も遠まわりをしながらようやく被服室に到着《とうちゃく》した。

さっさとなかに入りたい。のに、横にひいたドアはガツッとひっかかってカギがかかってる。三人もいる部員たちはどこ行った？

「ごめん、待った？」

声をかけられてふりかえると、カギを持った糸井《いとい》さんがいた。

「ま、待ってたわけじゃ……。」

2021年度

女子美術大学付属中学校　▶解説と解答

算　数　＜第１回試験＞（50分）＜満点：100点＞

解　答

1　(1)　13　(2)　2　(3)　$4\frac{5}{7}$　(4)　33分45秒　(5)　12％　(6)　110個　(7)　24通り　(8)　105度　(9)　6 cm^2　(10)　106.76cm　2　(1)　22　(2)　200　(3)　49段目　3　(ア)　15　(イ)　20　(ウ)　165　(エ)　200　(オ)　35　(カ)　7　(キ)　4　(ク)　145　(ケ)　30　4　(1)　毎分12.8Ｌ　(2)　28cm　(3)　40分後　(4)　解説の図２を参照のこと。　5　(1)　445.6cm^3　(2)　465.92cm^2

解　説

1　四則計算，逆算，速さ，濃度《のうど》，分配算，場合の数，角度，相似，長さ

(1)　$10-12\div4+2\times3=10-3+6=13$

(2)　$5\div3\frac{1}{3}+\left(1\frac{1}{5}-\frac{7}{10}\right)=5\div\frac{10}{3}+\left(\frac{6}{5}-\frac{7}{10}\right)=5\times\frac{3}{10}+\left(\frac{12}{10}-\frac{7}{10}\right)=\frac{15}{10}+\frac{5}{10}=\frac{20}{10}=2$

(3)　$\left(\square-2\frac{4}{7}\right)\div1\frac{1}{14}=2$ より，$\square-2\frac{4}{7}=2\times1\frac{1}{14}=2\times\frac{15}{14}=\frac{15}{7}$　よって，$\square=\frac{15}{7}+2\frac{4}{7}=\frac{15}{7}+\frac{18}{7}=\frac{33}{7}=4\frac{5}{7}$

(4)　家から駅までの道のり全体は，450÷0.25＝1800(m)である。好美さんは，あと，1800－450＝1350(m)歩けば駅に着くので，あと，1350÷40＝$33\frac{3}{4}$(分)で駅に着く。$\frac{3}{4}$分は，60×$\frac{3}{4}$＝45(秒)だから，33分45秒で駅に着く。

(5)　右の図１のように考えると，食塩水の重さの比は，150：450＝1：3なので，aとbの比は，$\frac{1}{1}:\frac{1}{3}=3:1$となる。よって，図１の$a$は，$(14-6)\times\frac{3}{3+1}=6$(％)となるので，混ぜてできる食塩水の濃度は，6＋6＝12(％)と求められる。

図１

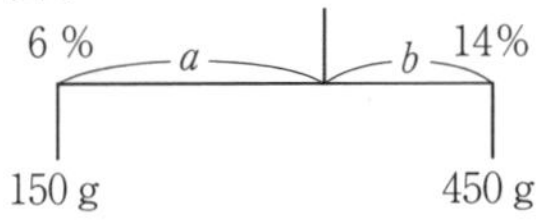

(6)　Ｂさんが使ったビーズの個数を①個とすると，Ａさんが使ったビーズの個数は，②－4(個)，Ｃさんが使ったビーズの個数は，①＋11(個)となる。よって，3人が使ったビーズの合計は，①＋(②－4)＋(①＋11)＝④－4＋11＝④＋7(個)とわかる。3人が使ったビーズの合計は235個なので，④＋7＝235，④＝235－7＝228，①＝228÷4＝57(個)となり，Ａさんはビーズを，57×2－4＝110(個)使ったと求められる。

(7)　右の図２で，となりどうしが同じ色にならないように色をぬるとき，イ～オは，アをぬった以外の２色でぬることになる。このとき，となりどうしは同じ色でぬれないから，イとエ，ウとオをそれぞれ同じ色でぬることになる。よって，アをぬる色は４通り，イとエをぬる色はアをぬった色以外の３通り，ウとオの色は残った２色の２通りあるので，ぬり方は全部で，4×3×2＝24(通り)と求められる。

図２

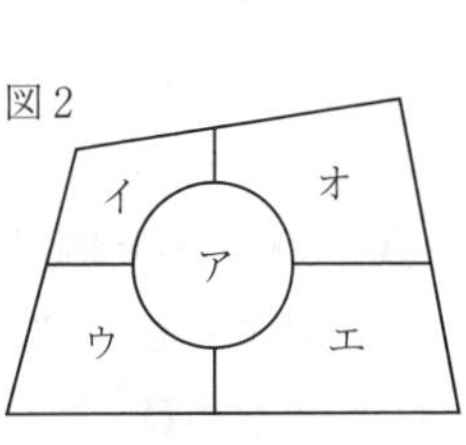

⑻　右の図３で，角アの大きさは，180－(90＋30)＝60(度)，角イの大きさは60度なので，角ウの大きさは，180－(60＋60)＝60(度)となり，角ウと角エの大きさは等しいので，角エの大きさも60度とわかる。すると，角オの大きさは45度なので，三角形の内角と外角の関係より，角xの大きさは，60＋45＝105(度)と求められる。

図３

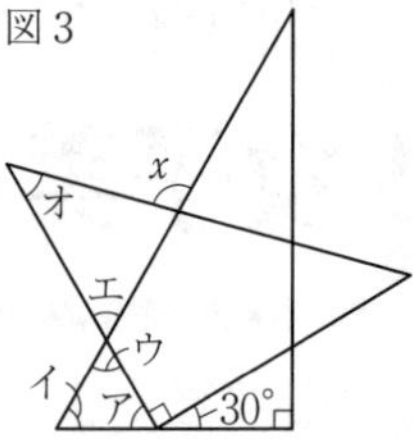

⑼　右の図４で，BE：EC＝CF：FD＝１：１より，BE，EC，CF，FDの長さはすべて，$6\times\frac{1}{2}=3$(cm)となる。また，ADとBFをのばし，図４のように，点G，Hをとると，三角形BCFと三角形HDFは合同な三角形なので，DHの長さはBCの長さと等しく６cmとなる。さらに，三角形BEGと三角形HDGは相似だから，EG：GD＝BE：DH＝３：６＝１：２とわかる。よって，三角形EGFと三角形GDFの面積の比も１：２で，三角形EDFの面積は，３×３÷２＝4.5(cm²)だから，三角形EGFの面積は，$4.5\times\frac{1}{1+2}$＝1.5(cm²)と求められる。そして，三角形ECFの面積は，３×３÷２＝4.5(cm²)なので，斜線《しゃせん》部分の面積は，1.5＋4.5＝６(cm²)である。

図４

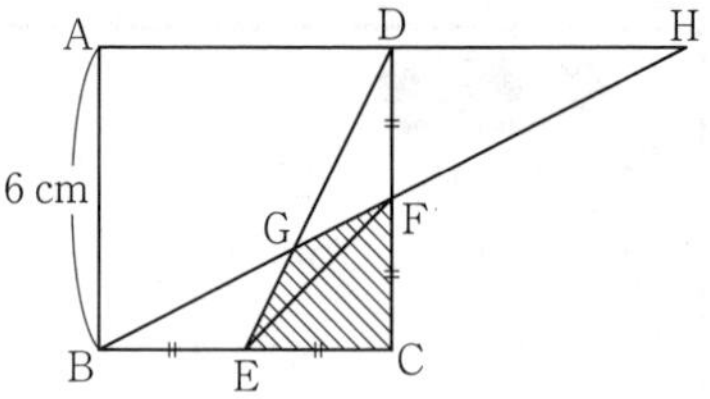

⑽　右の図５で，円の中心と円どうしの交わる点を結んでできる三角形はすべて正三角形で，正三角形の１つの角の大きさは60度だから，おうぎ形OAB(大きい方)の中心角は，360－60×２＝240(度)，おうぎ形PACの中心角は60度となる。円を15個並べたときにできる図形では，おうぎ形OABと同じおうぎ形が両端《りょうはし》に２個ある。また，おうぎ形PACと同じおうぎ形は，両端の２個の円を除いた，15－２＝13(個)の円１つにつき２個ずつあるから，全部で，２×13＝26(個)ある。よって，求める図形の周りの長さは，半径３cm，中心角240度のおうぎ形の弧《こ》の長さ２個分と，半径３cm，中心角60度のおうぎ形の弧の長さ26個分の和となるから，$3\times2\times3.14\times\frac{240}{360}\times2+3\times2\times3.14\times\frac{60}{360}\times26=3\times2\times3.14\times\left(\frac{4}{3}+\frac{13}{3}\right)=3\times2\times3.14\times\frac{17}{3}=34\times3.14=106.76$(cm)と求められる。

図５

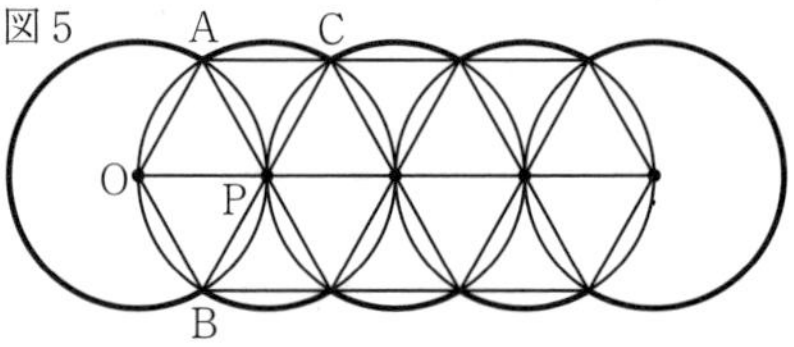

2　数列

⑴　３番目の数は１段目から順に，４，６，８，10，…と４から始まり２ずつ増えていることがわかる。よって，10段目の３番目の数は，４＋２×(10－１)＝22と求められる。

⑵　５段目までで，それぞれの段の１番目から５番目までの数の合計は，右の図のように20から始まり，10ずつ増えていることがわかる。よって，19段目の１番目から５番目までの数の合計は，20＋10×(19－１)＝200と求められる。

	１番目	２番目	３番目	４番目	５番目	合計
１段目	2	3	4	5	6	20
２段目	4	5	6	7	8	30
３段目	6	7	8	9	10	40
４段目	8	9	10	11	12	50
５段目	10	11	12	13	14	60
⋮						

⑶　500－20＝480より，合計が500になる段は，１段目よりも，480÷10＝48(段)下の段なので，１＋48＝49(段目)と求められる。

3　つるかめ算

和風ドレッシング１人分に使用するサラダ油の量は，小さじ３なので，５×３＝15(mL)(…(ア))，フレンチドレッシング１人分に使用するサラダ油の量は，小さじ４なので，５×4＝20(mL)(…(イ))である。もし，11人分のドレッシングをすべて和風ドレッシングで作ろうとすると，15×11＝165(mL)(…(ウ))のサラダ油を使うことになる。これでは，200－165＝35(mL)(…(エ)，(オ))のサラダ油が余ってしまうので，35÷(20－15)＝７(…(カ))より，７人分をフレンチドレッシングにすれば，サラダ油を使い切ることができる。よって，和風ドレッシングを，11－７＝４(人分)(…(キ))，フレンチドレッシングを７人分作ることで，ちょうどサラダ油を使い切ることができる。また，和風ドレッシング１人分に使用する酢《す》の量は，小さじ２，つまり，５×２＝10(mL)，フレンチドレッシング１人分に使用する酢の量は，小さじ３，つまり，５×３＝15(mL)なので，このとき使用する酢の量は，10×４＋15×７＝145(mL)(…(ク))となる。しょう油は和風ドレッシングにしか使わず，和風ドレッシング１人分に使用するしょう油の量は小さじ$1\frac{1}{2}$，つまり，$5\times1\frac{1}{2}=5\times\frac{3}{2}=7.5$(mL)だから，このとき使用するしょう油の量は，7.5×４＝30(mL)(…(ケ))と求められる。

4 グラフ―水の深さと体積

(1)　問題文中のグラフより，水を入れ始めてから10分後に，水面の高さが20cmになる。つまり，右の図１のように水そうを①～③の部分に分けると，10分で①の部分に水が入る。①の部分の容積は，80×80×20＝128000(cm^3)より，128Ｌなので，水は毎分，128÷10＝12.8(Ｌ)で入っていたとわかる。

図１

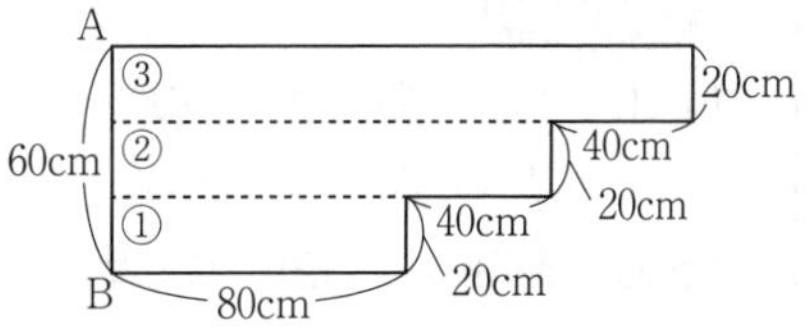

(2)　グラフより，水を入れ始めてから16分後は，図１の②に水が入り始めてから，16－10＝６(分後)なので，②の部分に入った水の体積は，12.8×６＝76.8(Ｌ)より，76800cm^{3}である。②の部分の底面積は，80×(80＋40)＝9600(cm^2)だから，水面の高さは，20＋76800÷9600＝20＋８＝28(cm)と求められる。

(3)　グラフより，水を入れ始めてから25分後までに，図１の①と②の部分に水が入る。すると，水を入れ始めてから30分後は，③の部分に水が入り始めてから，30－25＝５(分後)なので，③の部分に入っている水の体積は，12.8×５＝64(Ｌ)より，64000cm^{3}である。また，③の部分の底面積は，80×(80＋40＋40)＝12800(cm^2)なので，水を入れ始めてから30分後の水面の高さは，40＋64000÷12800＝45(cm)とわかる。よって，満水になるには，③の部分にあと，12800×(60－45)＝12800×15＝192000(cm^3)，つまり，192Ｌの水を入れる必要があるから，満水になるまで，あと，192÷19.2＝10(分)かかる。したがって，満水になるのは水を入れ始めてから，30＋10＝40(分後)と求められる。

図２

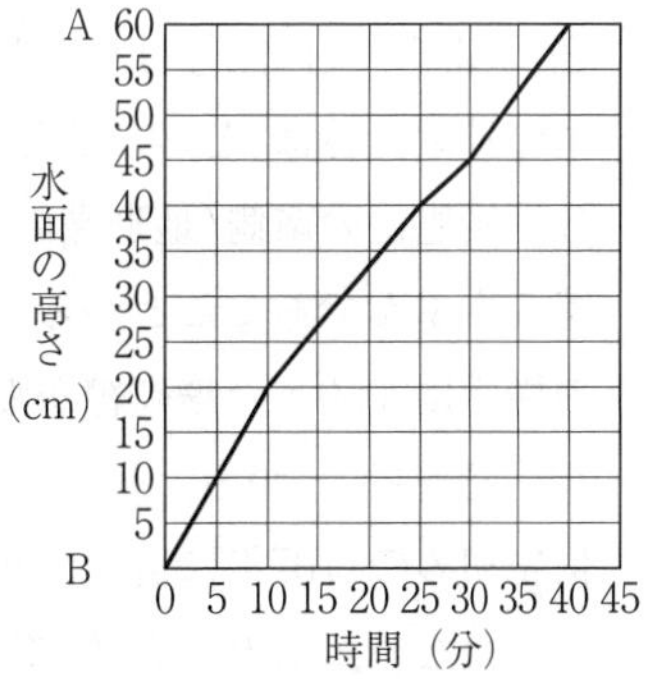

(4)　(3)より，水面の高さは，30分後に45cm，40分後に60cmとなるので，満水になるまでの様子を表すグラフは右の図２のようになる。

5 立体図形―体積，表面積

(1)　下の図１の矢印のように，斜線部分の一部を移動すると，この立体の底面積は，下の図２の図形の面積と等しいことがわかる。図２の図形の面積は，一辺が２cmの正方形の面積８個分と，半径が２cmの円の面積を合わせたもので，その面積は，　２×２×８＋２×２×3.14＝32＋12.56＝44.56(cm^2)となる。よって，体積は，44.56×10＝445.6(cm^3)と求められる。

図１

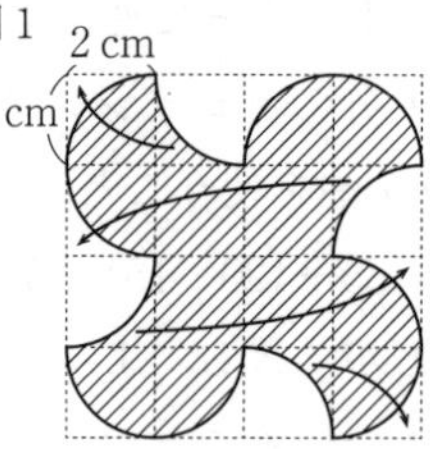

図２

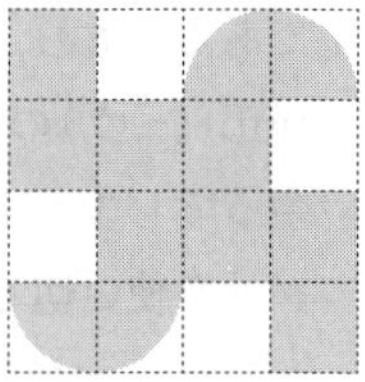

(2)　図１の図形の周りの長さは，半径が２cm，中心角が90度のおうぎ形の弧の長さ12個分だから，$2\times2\times3.14\times\frac{1}{4}\times12=37.68$(cm)である。よって，この立体の側面の面積は，横が37.68cm，たてが10cmの長方形の面積と等しいから，37.68×10＝376.8(cm^2)となる。底面積は，(1)より，44.56cm^{2}なので，表面積は，376.8＋44.56×２＝376.8＋89.12＝465.92(cm^2)と求められる。

社　会　＜第１回試験＞（理科と合わせて50分）＜満点：50点＞

解　答

1 (1)　エ　(2)　ウ　(3)　ウ　(4)　(例)　富士山は活火山で，その後も噴火を続けたためハイマツは育たなかったから。　(5)　ア　**2** (1)　**Aさん**　北海道　**Bさん**　熊本県　**Cさん**　香川県　(2)　①　コ　②　カ　③　ア　④　オ　**3** (1)　**２番目**　A　**４番目**　B　(2)　①　カ　②　キ　③　イ　④　エ　(3)　①　ア　②　エ　③　カ　④　オ　**4** (1)　寺子屋　(2)　朱子学(儒教)　(3)　解体新書　(4)　イ　(5)　(例)　第二次世界大戦で校舎が焼けてしまったから。　**5** (1)　①　国債　②　社会保障　(2)　ウ　(3)　エ　(4)　ア

解　説

1　地形図の読み取りと植生についての問題

(1)　地形図上の〔a〕の地点から，矢印の方向をみてスケッチすると，左側に旭岳《あさひだけ》，右に後旭《うしろあさひ》岳《だけ》という２つの山が描かれることになる。そして地形図から，旭岳の山頂の高さは2290m，後旭岳の山頂の高さは2216mと読み取れるので，左側の旭岳のほうが高く描かれる。

(2)　(ılı)の地図記号はウの荒地《あれち》を表している。なお，アの田んぼ(水田)は(ıı)，イのくわ畑は(Y)，エの針葉樹林は(Λ)の地図記号で表される。

(3)　後旭岳の南側(地形図の下側)の斜面《しゃめん》に2000mと2050mの等高線が引かれており，その差が等高線５本ぶんであることから，この地形図では10mごとに等高線が引かれていることがわかる。〔b〕の場所は2050mの等高線から５～６本上にあるので，ウが正しい。

(4)　〔資料１〕から，10世紀には富士山から煙《けむり》(噴煙《ふんえん》)が上がっていたことが，〔資料２〕から，18世紀初めの1707年に富士山が噴火したことがわかる。このように，富士山は何度も噴火をくり返していたため，噴火の影響《えいきょう》でハイマツが枯《か》れ，その後も育たなかったと考えられる。

(5)　高山植物は，高い山の上のように，低い気温の場所を好んで生息すると考えられる。海抜《かいばつ》０メートルという低地であるにもかかわらず気温が低い場所として考えられるのは，緯度《いど》が高い地方である。したがって，地図中で最も北に位置するア(北海道北部の礼文《れぶん》島)が選べる。

2　各地方の特色と農業についての問題

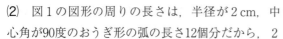

(1)　Ａさんが行ったという新千歳《しんちとせ》空港は北海道にある。また，北海道はじゃがいもの生産量が全国第１位で，酪農《らくのう》もさかんに行われている。Ｂさんが見た阿蘇《あそ》山は，熊本県北東部にある。「加藤清正が造ったお城」とは，熊本市にある熊本城である。Ｃさんが話している小豆《しょうど》島は香川県にある島で，オリーブがさかんに生産されている。また，香川県は讃岐うどんの本場として知られている。瀬戸大橋は３つある本州・四国連絡橋の１つで，岡山県と香川県を結んでいる。統計資料は『データでみる県勢』2021年版による(以下同じ)。

(2)　①　茶の生産量は静岡県が第１位で，鹿児島県がこれにつぐ。また，京都府も上位に入っている。　②　りんごの生産量は青森県が全国の約６割を占《し》めて最も多く，第２位は長野県となっている。　③　「さつま(薩摩)」は鹿児島県の旧国名で，鹿児島県はさつまいもの生産量が全国で最も多い。第２位，第３位には茨城県，千葉県という関東地方の県が続く。　④　山梨県は果物の生産がさかんで，ぶどうとももの生産量が全国第１位である。ももは第２位が福島県，ぶどうは第２位が長野県となっている。

3　古代から中世にかけての政治や文化などについての問題

(1)　Ａは飛鳥時代について述べた文。この時代には，推古天皇が聖徳太子や蘇我馬子《そがのうまこ》らと協力しながら，天皇中心の国づくりを進めた。また，607年には小野妹子が遣隋使として隋(中国)に派遣され，それまでの貢《みつ》ぎ物を差し出す関係ではない，新しい外交関係が目指された。Ｂは室町時代について述べた文で，この時代には雪舟《せっしゅう》が日本風の水墨画《すいぼくが》を大成した。Ｃは奈良時代について述べた文で，この時代に政治を行った聖武天皇は，あいつぐ社会不安を仏教の力でしずめようと考え，地方の国ごとに国分寺と国分尼《に》寺をつくらせたり，平城京にある東大寺に大仏をつくらせたりした。Ｄは弥生時代について述べた文で，この時代には稲作が広がるとともに，収穫《しゅうかく》物や土地をめぐって争いが生まれるようにもなった。よって，時代の古い順に，Ｄ→Ａ→Ｃ→Ｂとなる。

(2)　①　法隆寺は，607年に聖徳太子と推古天皇が用明天皇の病気が治ることを願って奈良の斑鳩《いかるが》に建てた寺で，その後一度焼失して建て直されたが，それでも現存する最古の木造建築として知られる。法隆寺は「法隆寺地域の仏教建造物」として，1993年にユネスコ(国連教育科学文化機関)の世界文化遺産に登録された。　②　室町時代には，禅宗《ぜんしゅう》の影響を受けた建築様式である書院造が広まった。書院造の部屋にはたたみやふすまが使われており，現在の和風建築のもととなった。　③　正倉院は東大寺の宝物《ほうもつ》庫で，遣唐使が持ち帰っためずらしい宝物や，聖武天皇の愛用品などが納められた。　④　弥生時代には，収穫した農作物を保管するための建物として高床倉庫がつくられた。

(3)　①　法隆寺は，大講堂を背にして南を向いてながめたとき，右手に五重塔《ごじゅうのとう》，左手に金堂《こんどう》が並び，その奥《おく》に中門が見えるつくりになっている。　②　エは京都府にある銀閣(慈照寺《じしょうじ》)のそばに建つ東求堂同仁斎《とうぐどうどうじんさい》を写したもので，書院造を代表するものとして知られる。　③　正倉院は三角材を組んで壁《かべ》とした校倉造《あぜくらづくり》の建物として知られる。また，高床となっており，屋根には瓦《かわら》が用いられている。　④　弥生時代の一般《いっぱん》的な高床倉庫は，木の板や柱でつくった壁とかやぶきの屋根でつくられていたと考えられており，倉庫を支える柱の上には，ねずみが入りにくくする「ねずみ返し」というくふうがほどこされていた。なお，イは平等院鳳凰《ほうおう》堂(京都府)，ウは竪穴《たてあな》住居を写したもの。キは，平安時代の大貴族の屋敷《やしき》の模型で，寝殿造《しんでんづくり》という建築様式が用いられている。

4　近世から現代までの教育についての問題

⑴　江戸時代には，庶民《しょみん》のための教育機関として各地に寺子屋がつくられた。寺子屋では読み・書き・そろばんなどが教えられた。

⑵　江戸時代の武士は，中国の孔子《こうし》の教えを学ぶ儒教《じゅきょう》（儒学）を中心に学んだ。特に，儒学の中でも朱子学は，身分の上下を重んじる学問で，幕府の支配に都合がよかったことから，幕府の学問所で正式な学問として教えられた。

⑶　『解体新書』は，杉田玄白《げんぱく》や前野良沢《りょうたく》らがオランダ語で書かれた医学解剖《かいぼう》書『ターヘル＝アナトミア』を翻訳《ほんやく》したもので，1774年に発行された。

⑷　明治時代初めの1872年に学制が公布され，身分や性別にかかわりなく，すべての子どもを小学校で学ばせる方針が打ち出された。よって，イが正しい。

⑸　「青空教室」とは，太平洋戦争（第二次世界大戦）中の空襲《くうしゅう》によって校舎が焼けてしまったため，屋外で行われた授業のことである。終戦後は資金や資材が不足し，学校の再建がおくれたので，写真にあるように，屋外で授業が行われたところもあった。

５　新型コロナウイルスの流行を題材とした問題

⑴　①　国の借金を国債《こくさい》という。借金なので，期限が来たら利子をつけて返す義務がある。　②　国の支出（歳出《さいしゅつ》）のうち，年金，医療《いりょう》，介護《かいご》，子ども・子育てなどに用いられる支出をまとめて社会保障費という。

⑵　衆議院には任期途中での解散があるが，参議院には解散はないので，ウが誤っている。

⑶　2011年には，同年３月11日に発生した東日本大震災《しんさい》の影響で，訪日外国人観光客数が減少した。なお，アは2004年，イは1995年，ウは2001年のできごと。

⑷　WHO（世界保健機関）は国連（国際連合）の専門機関の１つで，世界中の人々が健康であることを目指し，医療や保健などの仕事を担当している。イのUNは国際連合，ウのODAは政府開発援助《えんじょ》，エのUNESCOは国連教育科学文化機関の略称《りゃくしょう》。

理　科　＜第１回試験＞（社会と合わせて50分）＜満点：50点＞

解　答

１　**問１**　⑴　直列つなぎ　⑵　イ　⑶　エ　**問２**　⑴　（例）　止まる。　⑵　ウ　**２**　**問１**　２％　**問２**　青色　**問３**　12cm^3　**問４**　イ，ウ，エ　**問５**　水素　**問６**　2 cm^3　**３**　**問１**　部分日食　**問２**　①　１　②　イ　**問３**　ウ　**問４**　（例）　太陽を直接見ない。　**４**　**問１**　受精　**問２**　ウ　**問３**　エ　**問４**　（例）　せびれに切れこみがある。　**問５**　ア　**問６**　ぜつめつ　**問７**　（例）　外来生物が入ってきたため。

解　説

１　豆電球の回路と光電池についての問題

問１　⑴　電流の通り道が１本道になるようなつなぎ方を直列つなぎ，２本以上に枝分かれするようなつなぎ方を並列つなぎという。　⑵，⑶　豆電球の明るさは，豆電球に流れる電流の大きさが大きいほど明るくなる。アの豆電球に流れる電流の大きさを１とすると，イは２，ウは１，オは$\frac{1}{2}$の電流が流れる。エは，２つの電池が，同じ極が向き合うように直列につながっているため，電流は流れない。

問２ (1) 光電池に光があたらないと電流が流れないから，モーターは止まる。　(2) 光電池にあたる光の量が多いほど，大きな電流が流れモーターは速く回る。光電池にあたる光の量は，日光(太陽光線)と光電池の面が垂直のとき最も多くなる。

2 塩酸と水酸化ナトリウム水溶《よう》液の中和についての問題

問１ 水酸化ナトリウム水溶液の濃度《のうど》は，$\frac{(\text{水酸化ナトリウムの重さ})}{(\text{水酸化ナトリウムの重さ})+(\text{水の重さ})}\times100$で求めることができる。したがって，$\frac{1}{1+50}\times100=1.9\cdots$より，２％である。

問２ グラフより，うすい塩酸と水酸化ナトリウム水溶液がちょうど中和する体積は，２：４＝１：２と求められる。うすい塩酸４cm^{3}とちょうど中和する水酸化ナトリウム水溶液の体積は，$4\times\frac{2}{1}=8$ (cm^3)なので，水酸化ナトリウム水溶液が，$12-8=4$ (cm^3)あまる。水酸化ナトリウム水溶液はアルカリ性であるから，BTB溶液は青色を示す。

問３ うすい塩酸10cm^{3}とちょうど中和する水酸化ナトリウム水溶液の体積は，$10\times\frac{2}{1}=20$(cm^3)である。よって，水酸化ナトリウム水溶液をあと，$20-8=12$(cm^3)加えれば，水溶液は中性になる。

問４ 水酸化ナトリウム水溶液は鉄と反応しないが，うすい塩酸は鉄と反応する。ここでは混ぜ合わせた溶液に，うすい塩酸があまっているときに，鉄粉が溶《と》けることになる。水酸化ナトリウム水溶液10cm^{3}とちょうど中和するうすい塩酸の体積は，$10\times\frac{1}{2}=5$ (cm^3)なので，うすい塩酸の体積が５cm^{3}よりも多い，イ，ウ，エを選べばよい。

問５ 鉄と塩酸が反応すると，水素と塩化鉄ができる。なお，水素は水にとけにくいため，水上置《ち》換《かん》法で集めることができる。

問６ 実験１でつくった水酸化ナトリウム水溶液16cm^{3}と比べて，この水溶液を２倍にうすめた溶液８cm^{3}は，とけている水酸化ナトリウムの重さが，$\frac{8}{16\times2}=\frac{1}{4}$(倍)になる。つまり，この溶液は実験１でつくった水酸化ナトリウム水溶液，$16\times\frac{1}{4}=4$ (cm^3)に相当する。これとちょうど中和するうすい塩酸の体積は，$4\times\frac{1}{2}=2$ (cm^3)である。

3 日食，太陽の見えかたについての問題

問１ 太陽が月にかくされて欠けて見える現象を日食といい，太陽の一部が欠けて見える場合を部分日食，すべてがかくれる場合をかいき日食という。

問２ ① 月は地球の周りを，約27.3日(約１か月)で１周する。なお，月の満ち欠けの周期(新月からつぎの新月になるまで)は，約29.5日である。　② 日食は，太陽，月，地球の順に一直線にならんで新月になるときにおきる。月が地球の周りをまわる面と地球が太陽の周りをまわる面は，約５度かたむいているため，新月のたびに日食がおこるわけではない。

問３ 太陽は月の約400倍の大きさであるが，地球からの距離《きょり》が月の約400倍になっている。そのため，地球から見た太陽と月は，ほぼ同じ大きさに見える。

問４ 太陽の光は大変強いため，直接見ると目をいためてしまう可能性がある。日食を観察するときは，専用の日食グラスなどを用いて観察をする。

4 メダカについての問題

問１ オスの精子とメスの卵が結びつくことを受精といい，受精した卵を受精卵という。受精卵は

直径が約１mmで，まるい形をしている。

問２　卵がかえることをふ化という。メダカの卵がふ化するのに適した水温は20～25℃で，水温が25℃のときには，約10日でふ化する。水温が高いほどふ化するまでの日数が短くなるが，水温が高すぎると，ふ化する前に多くの卵が死んでしまう。

問３　ふ化した直後のメダカは，腹に卵黄(栄養分)を持っていて，２～３日は何も食べない。卵黄が成長につかわれてなくなると，えさを食べるようになる。

問４　オスのメダカのせびれには切れこみがあるが，メスのメダカのせびれには切れこみがない。また，オスのメダカのしりびれは，メスのメダカのしりびれよりも大きく，平行四辺形に近い形をしている。

問５　メダカは海水魚ではないため，海水は用いない。氷水はメダカにとって冷たすぎるので不適当である。また，水道水にはメダカにとって有毒な塩素がとけているので，くみ置きをして塩素をぬいたものを用いる。

問６　数がへってぜつめつのおそれのある野生生物のリストをレッドリストといい，野生のメダカはぜつめつきぐ２類(ぜつめつの危険が増大している種)に指定されている。

問７　ある種の生物の数がへる原因としては，都市開発や河川改修が行われ，生息する環境《かんきょう》が大きく変化したことや，外来生物が増えて，天敵となったり，えさをとられたりすることがあげられる。ほかに，人の手によってとりつくされたり，地球温暖化によって気象が変化したりすることなども考えられる。

国　語　＜第１回試験＞（50分）＜満点：100点＞

解　答

一　**問１**　(例)　足がまだ完治していないぼくは，サッカー部の練習にでていないため，クラスで会っても無視されるのではないかと心配だったが，教室につくなりカイトが声をかけてくれたから。　**問２**　ウ　**問３**　**あっち**…(例)　被服部の活動に参加しているくせに，それを周囲に知られたくないため，被服部の三人といっしょにクラフトショップに行くことをさけ，自分だけあとからひとりで行こうとしていること。　**こっち**…(例)　サッカー部の練習に出ずに，本当は被服部の買いだしでクラフトショップに行くところなのに，いま帰るところだとうそをいってしまったこと。　**問４**　イ　**問５**　(例)　中学生になってからは，学校で自分のことを「ぼく」といわず，「おれ」ということ。　**問６**　ア　**問７**　ぼくが行き　**問８**　(例)　サッカー部の練習に行かないのは，被服部の活動に参加したいからだという本心をかくしているぼくのことを，カイトが「長いこと休んでいて気まずいからではないか」と思って心底心配してくれていることに対して，申し訳ない気持ち。　**問９**　緊張　**問10**　(例)　父さんは，ぼくがサッカー部に入ったことをだれよりもよろこんでくれたのに，ぼくがやめることになってしまったことに対して，父さんは怒ったりガッカリしたりするようすは見せずにシャツをほめ，ぼくの気持ちを受け入れてくれたから。　**問11**　(例)　ぼくがカイトに自分で作った服を見せ，ウソをついたことを謝り，本当はサッカーより縫いものをするほうが好きだと伝えるとき。　**問12**

（例） カイトは，友だちならガマンしたりムリしたりせず，つらいことはつらいと早くいってほしかったのに，ユートはカイトと友だちでいるために好きでもないサッカー部に入り，カイトに合わせて，ユートの本当にやりたいことをいわずにいたこと。　**問13** **ア，ウ〜オ**　下記を参照のこと。　**イ**　ひんじゃく　二 ①　イ　②　イ　③　ア　④　ウ　⑤　ア

●漢字の書き取り

一 **問13** **ア** 混乱　**ウ** 欲求　**エ** 興味　**オ** 報告

解　説

一 **出典は神戸遥真《こうべはるま》の『ぼくのまつり縫《ぬ》い―手芸男子は好きっていえない』による。**「ぼく」は，友だちのカイトと同じサッカー部に入っていた。しかし，ケガをしてサッカー部の練習を休んでいる間，被服《ひふく》部の手伝いをするようになり，自分の本当の気持ちに気づく。

問１　直後の部分に注目する。「ぼく」はケガをして，サッカー部の練習にでなかったり稲毛《いなげ》海岸に行けなかったりしたので「クラスでムシされないか心配」していたのだが，カイトが声をかけてくれたので安心したのである。

問２　この後，「人目をさけては身をかくし，何度も遠まわりをしながらようやく被服室に到着《とうちゃく》した」とある。練習を休んで被服室に行くのを見られないように，サッカー部のメンバーがいなくなるのを待っていたことがわかる。

問３　直前の部分に注目する。「あっち（被服部員）」に対しては，「被服部の活動に参加して」いるのに，「自分の都合でそれを周囲にかくし」，買いだしに行くときにも「みんなでいっしょに学校をでて」行くことをさけて後からひとりで向かうようなことをしていることに「後ろめた」さを感じている。「こっち（カイト）」に対しては，「本当は，ラララパークのクラフトショップ・モモに行くところなのに」帰るところだとウソをついたことに「胸がチクリとする」とある。

問４　「モモちゃん」から「ひさしぶりー」「元気してる？」と気軽に話しかけられたのに対して，「ぼく」は「おかげさまで元気です」と答えている。そのようすを表す言葉なので，イがふさわしい。「他人行儀《ぎょうぎ》」は他人に対するように，よそよそしいようす。

問５　直前の糸井《いとい》さんの言葉に着目する。「ぼく」は，「『ぼく』とか中学生になったらいわないし，フツー」と考えているので，自分のことを「おれ」というようにしていたのに，「最近，『おれ』じゃなくて『ぼく』っていってるよね」といわれておどろいたのである。

問６　「ハリくんはハリくんなのに」という糸井さんの言葉を「頭の中で何度も何度もリピート」してほっぺたがゆるみそうになっていることから，「ムリして変えなくても」自分らしくしていればいいといわれたことがうれしかったものとわかるので，アが合う。「ほおがゆるむ」はうれしくてにこにこすること。

問７　「ぼく」が「こたえ」をださなくてはいけないのは，ケガが治った後サッカー部の練習に行くのか，それとも被服室に行くのかという問題である。ケガの治療《ちりょう》が終わり「もう練習にも復帰できる」といわれて，「練習に復帰したら被服室には行けなくなる」ので「どうしよう」と悩《なや》みながらも，「ぼく」は被服室へ向かっている。「ぼくが行きたいのは，サッカー部員の待つグラウンドじゃなくて，被服室なのだ」という一文がそのときの「ぼく」の気持ちを表している。

問８　カイトは「長いこと練習休んでて気まずいってのもわかるけど，そんなの気にしなくて平気

だしさ」と，心底「ぼく」のことを心配してくれている。しかし，「ぼく」がサッカー部の練習に行かないのは被服室に行っているからで，カイトに対して申し訳ない気持ちになっている。「胸が痛む」は悲しく思ったり，良心がとがめること。

問９　被服部の活動をしたいのでサッカー部をやめたいと「父さん」に話している場面である。「ぼく」がサッカー部に入って，だれよりもよろこんでくれたのは「父さん」だったので，サッカー部をやめるといったらガッカリするだろうが，ちゃんと話すことに決めた。前後に「少し緊張《きんちょう》しながら，ぼくは父さんにポツポツ話をした」「緊張しながら父さんの反応を待っている」とあるので「緊張」がふさわしい。

問10　ぼう線⑨の直前の部分に注目する。「父さん」は「ぼく」がサッカー部に入るときに「だれよりもよろこんでくれた」のに，そのサッカー部をやめて被服部に入るといっても「怒《おこ》ったりガッカリしたりすることもなく」受け入れてくれた。それに対し「ぼく」は安心し感謝したが，それと同時に「父さん」の期待を裏切っているようで，罪悪感をおぼえているのである。

問11　この後の「ぼく」の行動に注目する。まずカイトに自分の作った服を見せ，ウソをついたことを謝《あやま》っている。そして，「サッカー，だんだんツラくなってきて」，「じつは昔から好きだったんだ，縫いものするの」とカイトに本当の気持ちを伝えている。

問12　ぼう線⑪のカイトの言葉を聞いて「ぼく」は「ショックを受け」，「もう友だちでいられなくなっても，しょうがないのかもしれない」と思っているが，カイトはその後「ツラかったなら早くいえよ。友だちならガマンしたりムリしたりすんなよ。おれ，そういうのいってくんないのがいちばんムカつく！」と話している。カイトが怒っているのは，「ぼく」が友だちなのに自分に本当の気持ちをいわなかったからだとわかる。

問13　**ア**　いろいろなものが入り乱れて，整理がつかないこと。　**イ**　みすぼらしいようす。　**ウ**　強く欲《ほ》しいと求めること。　**エ**　あることにひかれる気持ち。　**オ**　告げて知らせること。

二　同音異義語の知識

①「暑い」は気温が高いこと。「熱い」はものの温度が高いこと。　②「対照」は二つのものをてらしあわせること。「対象」は目的とする相手。　③「関心」は興味を持つこと。「感心」は感服すること。　④「修める」は学業を習い学ぶこと。「収める」はしまうこと，自分のものにすること。「納める」は物やお金などをわたすこと。物事をそれで終わりにすること。　⑤「計る」は数や時間を調べること。「量る」はかさを調べること。「図る」は計画すること。

2021年度　女子美術大学付属中学校

〔電　話〕　03(5340)4541
〔所在地〕　〒166－8538　東京都杉並区和田１－49－８
〔交　通〕　地下鉄丸ノ内線 ― 東高円寺駅より徒歩８分

【算　数】 〈第３回試験〉（50分）〈満点：100点〉

※定規，コンパスは使用してはいけません。

1 次の各問いに答えなさい。

(1)　$27 \div 3 \div 3 - 2 \times 1$　を計算しなさい。

(2)　$\left(1\frac{2}{3}-\frac{1}{2}\right)\div\frac{1}{6}$　を計算しなさい。

(3)　$\left(2\frac{1}{8}+\square\right)\div\frac{7}{9}=3\frac{3}{8}$　のとき、$\square$をうめなさい。

(4)　ある水そうにたまった水の３割５分の水を抜いたところ、残った水は195Ｌでした。もとの水の量を求めなさい。

(5)　28ｇの食塩に水を加えてかき混ぜたところ、濃《のう》度が７％になりました。加えた水の重さは何ｇですか。

(6)　50枚の折り紙を母、姉、妹の３人で分けたところ、姉の枚数は母の枚数の２倍、妹の枚数は姉の枚数より５枚少なくなりました。妹の枚数は何枚ですか。

(7)　梅子さん、松子さん、竹子さん、桜子さん、菊子さんが５人がけのソファに座り、テレビをみます。梅子さんと松子さんがとなりどうしになり、菊子さんが５人の真ん中に座るような座り方は、全部で何通りありますか。

(8)　下の図のおうぎ形をＡＢを折り目として折ると、ＯがＣに重なりました。角xの大きさを求めなさい。

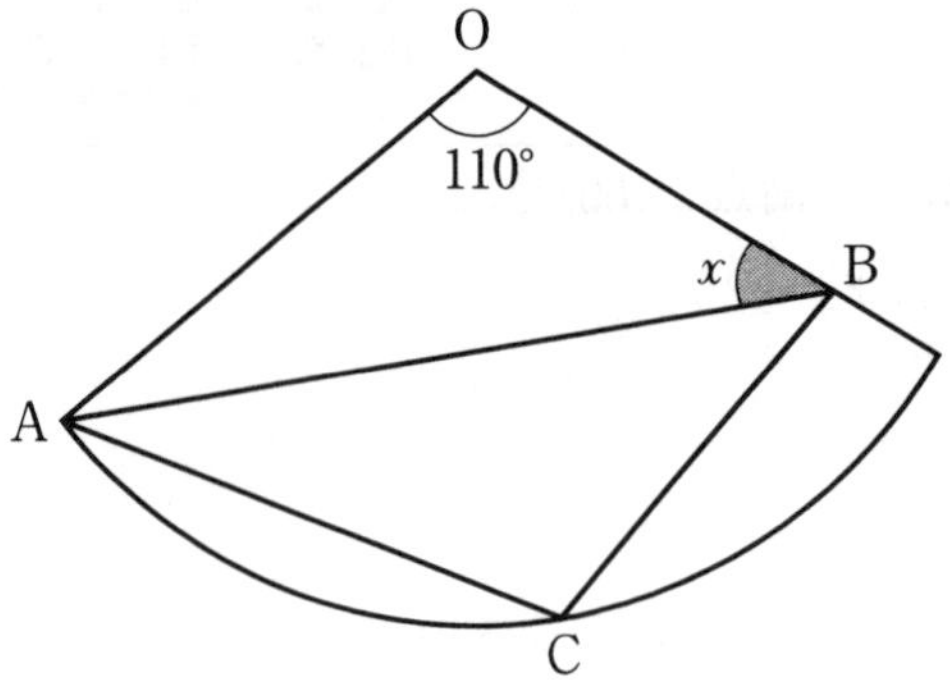

(9)　下の図の平行四辺形ＡＢＣＤで、点Ｅ、Ｆは、辺ＢＣを３等分する点、点Ｇは辺ＡＤの真ん中の点です。平行四辺形ＡＢＣＤの面積が154 cm^2のとき、斜《しゃ》線部分の面積を求めなさい。

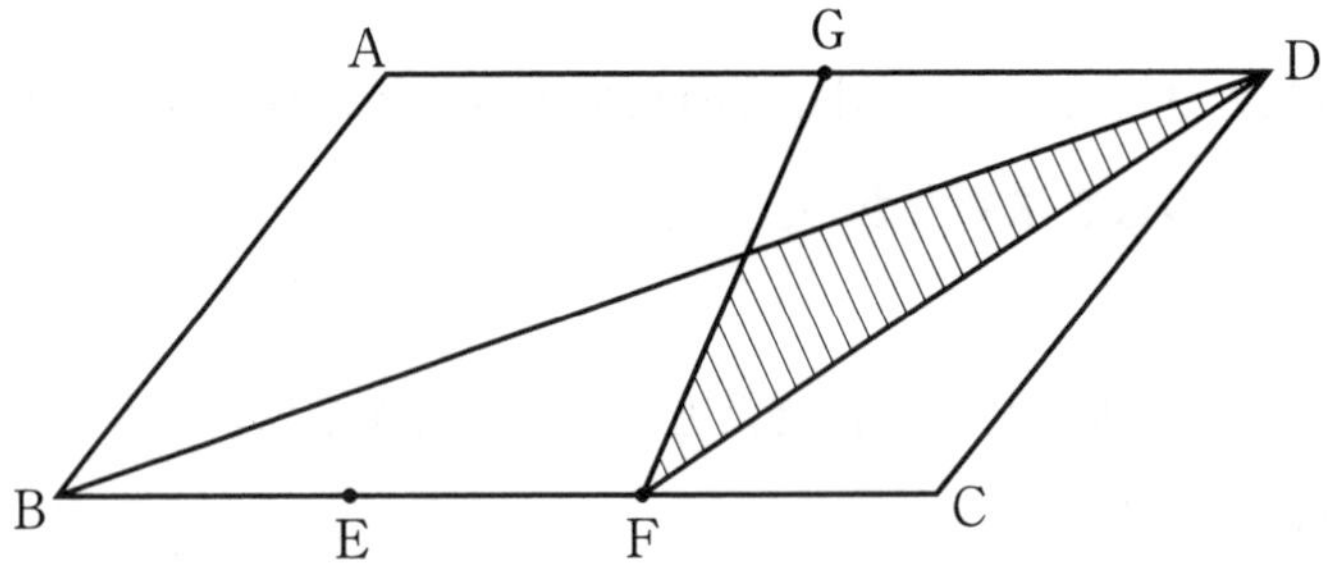

(10)　下の図のように、半径２cmの円を５個並べました。各点は円の中心を表しています。斜《しゃ》線部分の面積を求めなさい。ただし、円周率は3.14とします。

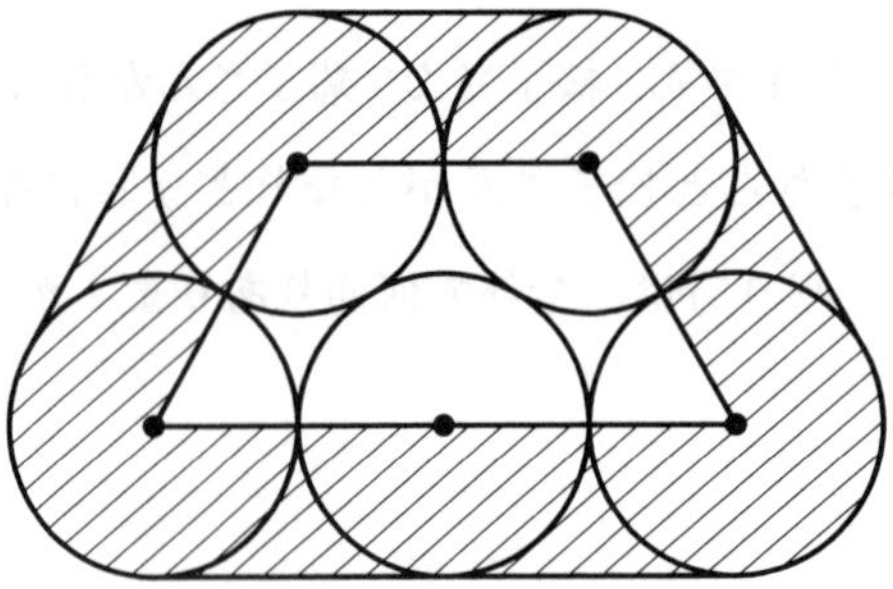

2 下の表のように、ある規則にしたがってＡ～Ｅのアルファベットを並べます。このとき、次の問いに答えなさい。

	１番目	２番目	３番目	４番目	５番目	６番目	７番目
１段目	A	B	C	D	E	A	B
２段目	C	D	E	A	B	C	D
３段目	E	A	B	C	D	E	A
４段目	B	C	D	E	A	B	C
５段目	D	E	A	B	C	D	E
…	A	B					

(1)　８段目４番目のアルファベットは何ですか。

(2)　2021段目２番目のアルファベットは何ですか。

(3)　2021段目７番目まで並べたとき、Ａは全部でいくつありますか。

3 兄、姉、妹の３人で、みかん狩りをしたあと、家でみかんの数について調べました。兄のみかんの数は、全体の37.5％であり、兄と姉の合計は全体の $\frac{7}{9}$ でした。姉のみかんの数が58個のとき、妹のみかんの数を次のように求めました。

［　　　］に当てはまる数を答えなさい。

（考え方）

兄のみかんの数の全体に対する割合を分数で表すと、［（ア）］であるから、

姉のみかんの数の全体に対する割合は、

［（イ）］－［（ア）］＝［（ウ）］となります。

これより、全体のみかんの数は、

［（エ）］÷［（ウ）］＝［（オ）］（個）です。

よって、妹のみかんの数は、

［（オ）］×［（カ）］＝［（キ）］（個）とわかります。

4 水が300Ｌ入る直方体の水そうに、一定の割合で水を入れ始めました。水を入れ始めてから20分たったところで排水口《はいすいこう》の栓《せん》をしていないことに気づき、栓を閉めたところ、水を入れ始めてから45分で満水になりました。下のグラフは水を入れ始めてからの時間（分）と水の量（Ｌ）との関係を表したものです。次の各問いに答えなさい。

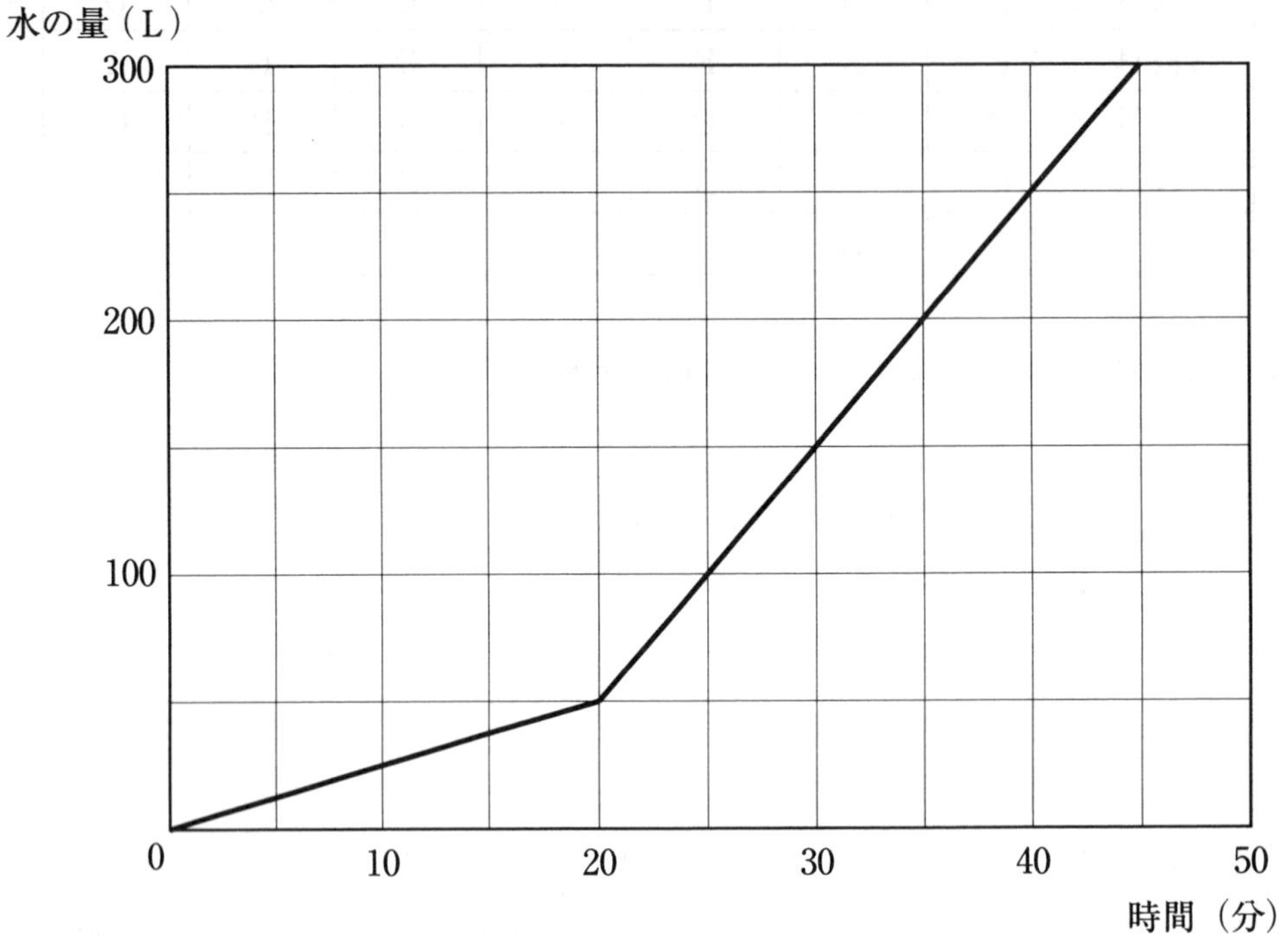

(1)　毎分何Ｌの割合で水を入れましたか。

(2)　排水口の栓を閉めるまで、水は毎分何Ｌずつ流れ出ていましたか。

(3)　初めから排水口の栓を閉めていた場合の、水を入れ始めてから満水になるまでの様子を表すグラフをかきなさい。

(4)　最初に予定していた時間に満水にするためには、排水口の栓を閉めてから水そうに入れる水の量を毎分何Ｌに変えればよいですか。

5 下の図のように１めもりが２*cm*の方眼紙に、半径２*cm*のおうぎ形と、一辺２*cm*の正方形を組み合わせてできた図をかきました。斜《しゃ》線部分を底面とする高さ10*cm*の立体について、次の問いに答えなさい。ただし、円周率は3.14とします。

(1)　体積を求めなさい。

(2)　表面積を求めなさい。

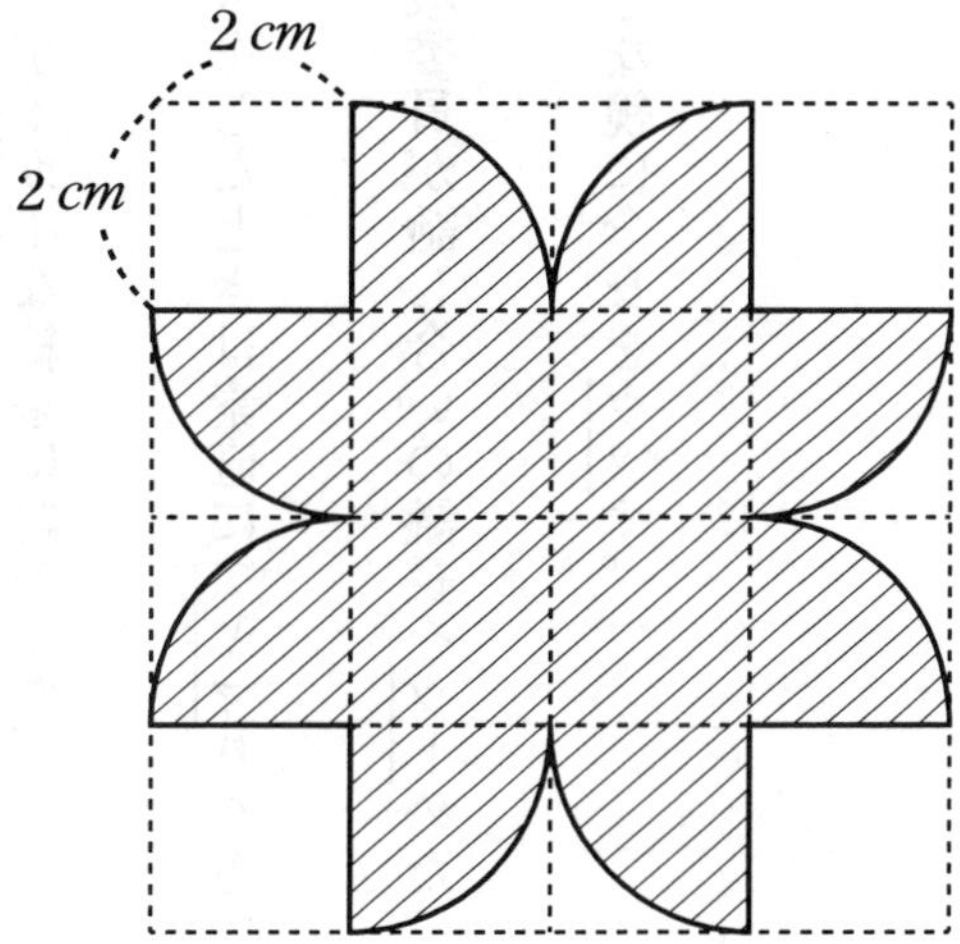

問十一　――線⑩「ぼくは谷川くんが突き出したこぶしに、自分のこぶしを突きあてた」とありますが、このときのぼくの気持ちを説明しなさい。

問十二　――線**ア**、**イ**、**エ**、**オ**のカタカナを漢字に直し、――線**ウ**の漢字の読みをひらがなで書きなさい。

二

次の――線のカタカナにあてはまる漢字をそれぞれ下から選び、記号で答えなさい。

① 悩みからカイホウされ、幸せな気分だ。　［ア　解放　　イ　開放］

② 試合がイガイな結果に終わった。　［ア　以外　　イ　意外］

③ ミスをしたときは素直にアヤマりなさい。　［ア　謝　　イ　誤］

④ 学級委員が話し合いの議長をツトめた。　［ア　務　　イ　努　　ウ　勤］

⑤ 大きな鏡に全身をウツす。　［ア　写　　イ　移　　ウ　映］

問六　――線⑥「ぼくはそのまま、花だんにむかった」とありますが、ぼくが練習に参加せずに「花だんにむかった」のはなぜですか。最も適切なものを次から選び、記号で答えなさい。

ア　自分には二人のように走ることなんてとてもできないと気持ちがしずみ、練習する気がなくなったから。

イ　自分より内藤くんと練習した方が谷川くんのためになると思い、今日の練習は出ない方がいいと思ったから。

ウ　このままでは谷川くんにはついていけないので、どうすれば速く走れるかを一人で考えたかったから。

エ　自分との練習ではいらついていた谷川くんが、今は満足そうな様子だったので安心し、練習を見る必要はないと思ったから。

問七　――線⑦「おんなじ名前だ」とありますが、何と何が同じなのですか。答えなさい。

問八　文中の［１］・［２］には、同じ身体《からだ》の一部を表す言葉が入ります。最も適切なものを次から選び、記号で答えなさい。

ア　頭　　イ　肩　　ウ　胸　　エ　腰

問九　――線⑧「なみだの穴」とありますが、海にあるこの「穴」は、どのようなものですか。光太が説明していることを三つ答えなさい。

問十　――線⑨「しばらくふたりで競いあうように泣いている」とありますが、ぼくと谷川くんはどのような気持ちで泣いているのですか。それぞれの気持ちを説明しなさい。

は一直線に走った。

「ゴール！」

内藤くんの声がひびいて、ぱちぱちと、拍手《はくしゅ》がきこえた。

⑩ぼくは谷川くんが突き出したこぶしに、自分のこぶしを突きあてた。

運動会まで、あと三日。

——『なみだの穴』　まはら　三桃　より——
小峰書店　刊

問一　——線①「目が合って、にこっと笑いあった。これで決定」とありますが、何が決定したのですか。答えなさい。

問二　——線②「ばんざいをしたいような気分がこみあげて」とありますが、このときのぼくの気持ちを一言で答えなさい。

問三　——線③「ぼくの顔は真っ赤だったと思う」とありますが、なぜ「顔が真っ赤だった」のですか。答えなさい。

問四　——線④「眉毛がさがっていた」とありますが、このときの谷川くんの気持ちを説明しなさい。

問五　——線⑤「目をはなすことができなかった」とありますが、ぼくは谷川くんと内藤くんの二人三脚の走りをどのように感じていますか。次の中から**あてはまらないもの**を一つ選び、記号で答えなさい。

ア　スピードがあって、安定感のある走り
イ　全力疾走しているようには見えない、軽やかな走り
ウ　二人なのに一人で走っているような、息が合った走り
エ　二人とも体が大きいため、迫力《はくりょく》のある走り

谷川くんのかけ声に、ぼくも大声を出した。

外、内、外、内……。

心の中で言いながら、ぼくらは走りはじめる。谷川くんの大きな足にぴったりとくっついたぼくの足が、グラウンドをふみつける。

前にやったときには、すぐに転びそうになったのに、ちゃんと前に進んでいる。ぼくはたすきをしっかりにぎって足をはこぶ。

「おー、いいじゃないか」

となりを走っていた古賀先生が、声をあげた。

外、内、外、内……。

足を（オ）カクニンしながら、ぼくは交互に足を出す。

「先生の思ったとおりだったな」

満足そうに古賀先生が言ったとき、谷川くんの足がちょっと早く出た。

「おっと」

おもいがけない力で左足が引っぱられて、バランスをくずしそうになった。そんなぼくの肩を、谷川くんがしっかりつかんだ。ぼくもたすきをにぎる手に力をこめて、なんとかもちなおした。

「ワンツ、ワンツー」

谷川くんが大きな声でリズムを示し、ぼくもそれに合わせて声をかける。

「ワンツー、ワンツ」

ぼくは懸命《けんめい》に足をあげた。だんだん調子が合ってきた。ふたつの足が、リズムよく地面をけりはじめる。

「ワンツ、ワンツ」

ふたりの足は自然と速くなった。歩幅はちゃんと合っている。

「もうすぐゴールだ」

谷川くんが言って、ぼくは前を見た。本当だ。ゴールがどんどん近づいてくる。ゴールラインを見つめたまま、ぼく

「言わなくてもいい。つらいことは思い出すな。谷川は、動物係だもんな。先生にも、経験がある」

しんみりと言いながらその場にしゃがみこみ、目をつぶって山に手を合わせた。

その様子に、ぼくらは顔を見合わせた。先生の勘《かん》ちがいはすぐにわかった。

ふき出すのをやっとの思いでこらえていると、先生は、いきおいよく立ちあがり、明るい顔をつくった。

「いいものを持ってきたんだ」

ポケットの中から、白い布を取り出した。はちまきの親玉みたいな長細い布だ。

「たすきだ」

古賀先生は、にやりと笑ってたすきを谷川くんの体にしばりはじめた。

「なんですか、これ」

とつぜん胸のあたりをしばられて、谷川くんはあたふたしている。

「おまえたちが二人三脚をするのにちょうどいいと思ってな。優斗が真吾のＴシャツをにぎると、のびるばかりだろ。それでたすきの登場だ。胸にしっかり巻いたたすきをにぎれば、優斗の体も安定する」

古賀先生は自信満々に言った。

さっそく、グラウンドに出て練習をすることにした。ぼくは、谷川くんの背中のたすきをしっかりにぎる。今度は心細くない。古賀先生の言ったとおり、しっかりした手ごたえがあった。そのうえ谷川くんが、がっしりとぼくの左肩をつかんだので、さらに上半身は安定した。

「がんばれー」

ゴールラインで、クラスのみんなが待っていた。

「ここまでだぞ〜」

内藤くんが、手をふりまわしているのが見えた。ぼくは、ぎゅっとたすきをにぎった。

「せーの」

「ワンツー、ワンツー」

くだって泣きたい。

うなずくぼくに、谷川くんは顔をあげた。

「あれ？　なんか、すっきりしたぞ」

すみきった青空みたいな顔をしている。その顔を見ると、ぼくの心も軽くなった。

すると、谷川くんはわれにかえったように、[2]をすくめた。

「なんか、ださっ」

声をあげてさんざん泣いたのが、照れくさくなったのだろう。

「だね」

ぼくもおんなじ気持ちだった。

「うめようぜ、これ」

言うが早いか、谷川くんは足で穴に土をかぶせはじめた。

「うん」

ぼくも土をもどす。不思議なことに、底なしに見えた穴には、きちんと土がもどった。ふたりでどんどん土をかけて、ふみつけて穴をふさいだ。穴の上にはこんもりとした山ができた。

なみだの穴はうまった。

ぼくらは顔を見合わせた。谷川くんはかみころすように笑い、ぼくも微笑《ほほえ》んだ。顔が少し熱かった。

「おーい」

もりあがった土の山を、最後に両手でならしていると、古賀先生の声がきこえた。走ってきた先生は山を見た。

「なにしてんだ？　砂遊びか」

言いながら、ぼくらの顔に目をもどし、はっとしたように言葉を止めた。少しバツが悪そうな顔をしている。

「泣いていたのか……」

「なみだの穴が……」

谷川くんが言いかけるのを、さえぎるように手をふる。

そう思ったとたん、すぐ目の前に光太の顔がよみがえった。もうたまらなかった。

「うわあ」

声といっしょに、なみだが飛び出してきた。

⑨しばらくふたりで競いあうように泣いていると、校庭の木の枝がさわさわっと音をたてて、すずしい風がほおをなでた。

そのとたん、ぴたっとなみだが止まった。顔をあげると、谷川くんもきょとんとしていた。その目からも、もうなみだは出ていない。

「きゅうに止まった」

谷川くんがおどろいたような顔で言ったけど、ぼくは納得《なっとく》した。

「やっぱりこれ、なみだの穴なんだ」

「なんだ、それ」

「光太からの手紙に書いてあったんだよ。海にはなみだの穴があるんだって。それが風で流されてきたんだよ、きっと」

不思議がる谷川くんに、ぼくは手紙に書いてあったことを教えた。

「谷川くんも、なみだをがまんしてた？」

たしかめると、谷川くんはじっと考えこんでから、うなずいた。

「うん。だって、目の前でペペの具合が、どんどん悪くなっていくんだぜ。泣きたくもなるよ」

自分の心を整理するように、ゆっくりと続けた。

「ペペはおれによくなついていたから、とってもかわいかった。小屋に行くと、決まってぴょんぴょん飛んできていたんだ。そんなペペが、うずくまってばかりいるようになったんだ。このまま、死んでしまったらと思ったら、たまらなかった」

谷川くんは、いまわしいことを追いはらうように、首をふった。

「わかるよ」

白い体をふるわせていたペペを思い出してぼくも声を落とす。もしうちのペペがあんなふうになってしまったら、ぼ

じわりとなみだがこみあげて、ぼくが鼻をすすったときだった。

「ずずずっ」

もっと大きな音が、頭の上からきこえた。ぼくはおそるおそる上を見た。

「ぺぺが……」

立っていたのは谷川くんだった。くちびるをぶるぶるふるわせている。

「谷川くん？」

「ぺぺが元気になったんら」

谷川くんはそう言うと、こらえきれないように座りこんだ。

「ぺぺって、あの？」

ぼくが飼育小屋を指さすと、谷川くんはうなずいた。

「うん、ウサギ。このごろ、えさをあんまり食べなくなっていたんだ。だから段ボール箱に入れて、毎日エカンビョウしてたんだ。そしたらやっと元気になった。今日は、えさをもりもり食べてる」

谷川くんは、はき出すように一気に言った。

「そう言えば、動物係だったっけ」

「うん」

谷川くんはべそをかきながらもうなずいた。

「元気になったのに、なんで泣くの？」

たずねたぼくに、谷川くんは首をふった。

「わからない。嬉《うれ》しくて気分よく走ってきたのに」

自分でも、わけがわからないらしかった。そして、「うわあん」と小さい子どもみたいに泣きはじめた。

「嬉し泣きかな」

ぼくは言ったあと、はっと思いあたった。穴を見る。

これはやっぱり「なみだの穴」ではないだろうか。

「いくらおれらアンカーが速くても、あんまりスタートではなされたらばんかいできないんだぞ。わかってんのか」

と声を強めた。

ぼくがなにも答えられずにうつむいていると、あきらめたのか、内藤くんは走っていってしまった。

ぼくは目をもどして、内藤くんの背中をぼんやり見送った。

風が少し強かった。そのときだ。

「あれ？」

ぼくは首をひねった。ありえない匂《にお》いがしたからだ。

海の匂い？

それは鼻につんとくるような、潮《しお》の香りだった。ずっと遠くにあるはずの海の匂いが、足元からのぼってくる。ぼくは、穴を見た。

すると、

すこっ。

とつぜんするどい音がして、穴の底がぬけた。ように見えた。

「わっ」

腰《こし》をぬかしそうになった。暗くて深いはずの穴が、懐中《かいちゅう》電灯《でんとう》で照らされたように明るかったのだ。

もしかして。

ぼくは思いなおして穴をのぞきこんだ。光太の手紙を読んでから、ずっと気になっていたのだ。

これって、まさか⑧なみだの穴？

思ったとたん、目の奥が熱くなった。思い出が、ありありとよみがえってきたのだ。学校、マンションのエントランス、プール、光太の部屋、ぼくの部屋……。ぱっぱと紙芝居《かみしばい》をめくるように、たくさんの光景が目の前で切りかわった。いっしょに遊んだ場所だ。楽しかった場所だ。

けれども、もう、そのどこにも光太はいない。

「ぐずっ」

〈ぼくは、とつぜんなみだが止まらなくなりました。それは、なみだの穴のせいだと、ストロングさんが教えてくれました。海にはなみだの穴があるのだそうです。その穴を見つけると、なみだが止まらなくなるのだそうです。それは穴が、なみだをすいとってくれるからなのです。おかげでぼくはすっきりしました。なみだの穴は風で流されて、なみだをがまんしている人のところに行くのだそうです〉

なみだの穴ってなんだろう。

なんども読みかえして、ぼくは首をかしげた。

数日がたった。みんなはだんだん、二人三脚がうまくなっているようだ。校庭のすみでかけ声をきいているとよくわかる。初めのころは、とぎれがちだった声が、いつまでもリズムよく続いているからだ。

ぼくの穴もだいぶ深くなってきた。いつしかぼくは、穴を掘るのに夢中になっていた。かちかちだった土が、次第《しだい》にやわらかくなり土の色も変わってきた。こげ茶色からウ黄土色。そして、灰色がかった黒色の土が出てきた。スコップがあたる感触《かんしょく》も同じじゃない。

地面って、いろんな土でできているんだな。

「原田。おまえ、やる気あんのかよ」

ザッザッザッ。

せっせとスコップを動かしていると、頭の上で声がした。顔をあげると、内藤くんが立っている。

「みんながんばってるんだぞ」

ぼくは内藤くんの足の間から、グランドを見てみた。谷川くんはいなかった。

「谷川くんは？」

「係の仕事に行った。原田のこと気にしてたけど、あんまり穴掘りに夢中だから、声かけずに行った」

内藤くんはあきれたように、［　1　］をすくめて言ったあと、

「なんだ、それ。おまえ、幼稚園児《ようちえんじ》か」

くだらないものを見るような顔で、穴を見た。そして、

家に帰ると、郵便受けに水色の封筒《ふうとう》が入っていた。

とり出してみると、鉛筆《えんぴつ》書きの太い字で「原田優《ゆう》斗《と》くんへ」と書いてある。裏がえして見たとたん、胸でポップコーンがはじけたみたいになった。

佐藤光太より。

光太からだ！

ぼくは封筒をにぎりしめて、エレベーターに飛びのった。家のかぎをあけて、部屋にかけこむ。

部屋では、軽くてリズミカルな音がしていた。ハムスターのペペが、回転車をまわしているのだ。

よかった。ペペは元気だ。

「ペペ、光太から手紙だよ。ポポのことも書いてあるかもしれない」

安心したのも手伝って声をあげると、ペペも、いちだんと速くまわりはじめた。久しぶりにポポの名前をきいたから、きっと喜んでいるのだろう。

うちには二匹のハムスターがいた。ペペと、ポポ。ポポの方は、今、光太が飼っている。別れのときに、フェリー乗り場であげたのだ。

ぼくは、はさみでていねいに封を切った。

〈お元気ですか？　ぼくは元気です。転校して一週間がたちました〉

光太の字は少し角ばっている。いっしょにいたときには、光太がどんな字を書くかなんて気にしたことがなかったから、なつかしいというよりも、いいことを発見したような気分になった。

手紙には、フェリーの中でのできごとが書いてあった。ポポが逃げたこととか、ストロングさんという、おじさんに会ったことなんかだ。

読んでいくうちに、不思議な言葉に行きあたり、ぼくは眉を寄せた。

なみだの穴？

そこにはこう書いてあった。

「ワンツ、ワンツ」

とどろくようなかけ声とともに、ふたりは走りはじめた。初めの二、三歩をゆっくりとふみしめたあと、足がじょじょにスピードをましていく。

ぼくは目を見開いた。

「ワンツ、ワンツ」

声と足がぴったりと合っている。それだけではない。どちらの上半身もびくともせず、ただまっすぐに風を切っていた。前だけを見て、走っている。全力疾走《しっそう》だ。

ふたりで走っているのに、ひとりで走っているみたいだった。ふたりとも体が大きくて、まるで突っ走っていくジープかトラックみたいだ。

⑤目をはなすことができなかった。

谷川くんと内藤くんは、そのまま五十メートルをかけぬけて止まった。

「おーし」

こぶしをぶつけあっている。とても満足そうだ。

⑥ぼくはそのまま、花だんにむかった。いつものようにうえこみを見たが、かくしておいたスコップがなかった。見まわすと、だれが移動させたのか、飼育小屋の前に転がっている。

飼育小屋では、数羽《わ》のウサギが飼われている。スコップを拾って引きかえそうとしたぼくは、ふと足を止めた。小屋のすみっこに、段ボール箱が置いてあって、そこに「ぺぺ」と書かれていたからだ。

⑦おんなじ名前だ。

近寄ってのぞきこむと、白いウサギが一羽いた。タオルの上で体を丸めている。

寒いのかな？

ウサギのぺぺは小刻みにふるえていた。しばらくその姿を見ているうち、ぼくは、うちのぺぺのことを思い出してしまった。ペットのハムスターだ。こんなふうに寒がってはいないかと、心配になってきたのだ。

グラウンドからはあいかわらず、気合いの入ったかけ声がきこえてきたけれど、ぼくは、そのまま帰ることにした。

突き出す。けれども、谷川くんの背中の方が、どうしても早く行ってしまう。

三メートルも進まないうちに、

「わああっ」

足がおいつけなくなって、宙に浮いた。

「おっと」

谷川くんは止まった。ぼくはＴシャツをぎゅうっとにぎりしめて、こけないようにふんばった。

谷川くんのＴシャツをはなすと、つかんでいたところがびろんとのびていた。おまけに、土でよごれている。さっきまで地面を掘《ほ》っていたせいだろう。

「ご、ごめん」

ぼくはあやまったけど、谷川くんは首をのばして、ちらっと背中を見ただけだった。

そのかわり、

「悪いけどおれ、これから係の仕事なんだ」

と、もどかしそうにしゃがみこんだ。やっぱりいらついているのだろう。ぼくがのろまだから。

谷川くんは、足首を結んだひもをさっさとほどくと、走っていってしまった。逃《に》げていくみたいだった。

ぼくは、その背中をぼんやりと見送った。うすよごれたＴシャツの背中が、しぼんだ風船みたいにたれさがっていた。

つぎの日の放課後、少し遅《おく》れて校庭に出てみると、すでにみんなは練習をはじめていた。

「ワンツ、ワンツ」

それぞれに声をかけあって走っている。

「真吾いくぞ！」

ひときわ大きな声に視線をむけると、谷川くんと内藤くんが、スタートラインに立っていた。

ぼくは思わず立ち止まった。

「せーの、ワンツ、ワンツ」

るで違《ちが》った。谷川くんの足は、ぼくの足よりひとまわりも大きい。

立ちあがって並んでみる。ぼくの頭は谷川くんの肩《かた》の高さまでしかなかった。これでは光太とやっていたように、お互《たが》いの肩にうでをのせられやしない。しかたなく、ぼくは谷川くんの背中にうでをのばして、Ｔシャツをつかむことにした。谷川くんは、大きな手のひらで、がしっとぼくの左肩をつかんだ。少し重かった。

「ワンが外側で、ツーが内側の足な」

谷川くんの言葉に、ぼくはうなずくことしかできなかった。並んで立っているだけで、いごこちが悪い。谷川くんのＴシャツをにぎっている手にも手ごたえがなくて、心細かった。

五十メートル先のゴールラインが、かすんで見えた。

「せーの」

「ワン、」

「あーっ」

一歩足をふみ出そうとしたとたん、ぼくの体はよろめいた。出す足を間違《まちが》えたのだ。さっそくバランスがくずれた。

「ご、ごめん」

あわてるぼくを引き起こすように、谷川くんはとっさに体をもどしてくれた。顔がカッと熱くなる。

「外側からな」

谷川くんは早口で言った。いらいらしているようだ。

「せーの」

谷川くんの声を合図に外側の足を出す。

「ワン、ツー、ワン、ツー」

今度はどうにか出発できた。

外、内、外、内。

心の中でたしかめながら、ぼくは必死でリズムをとった。だけどすぐに調子がおかしくなった。歩幅《ほはば》が違うからだ。

それに、ぼくの肩にくいこんだ谷川くんの手が痛い。なんとかついていこうとして、Ｔシャツを強くにぎって顔を前に

古賀先生がそう言ったのは、光太が転校したつぎの日だった。先生のとなりには、谷川真吾くんが立っていた。先生と身長があまり変わらない。

「スタートの順番がいちばんはなれているから、それがいいと思うんだ」

先生は大きな声で続けた。たしかに、谷川くんならぼくと走ったあとに、余裕《よゆう》を持って自分の番にそなえられる。だって、谷川くんは、クラスでいちばん背が高いから。しかも足の速さもクラスでいちばんだ。

「バランスが」

言いたい言葉が、出なかった。谷川くんの顔をそっと見てみた。きっとぼくと同じことを考えていたのだろう。④眉毛《まゆげ》がさがっていた。

「心配するな。二人三脚はチームワークだ。練習すればなんとかなる」

「そうだよ、真吾。そっちがビリでもこっちが本番。おれらでばんかいすれば、クラスは勝つし」

先生のそばから、ひょっこり内藤くんが顔を出して、そんなことを言った。内藤くんは谷川くんと組む、クラスのアンカーだ。ぼくの胸はずんと重たくなった。

つぎの日の放課後、地面をけずっているぼくを、だれかの声が呼んだ。

「原田《はらだ》くん」

顔をあげると、谷川くんが立っていた。

「練習しないか？」

谷川くんは言いながら、ちらちらと右の方を見ている。なにかを気にしているようだった。視線の先には、飼育小屋がある。

「なに見ているの？」

「ううん。なんでも。早くやろうぜ」

気になったけどせかされて、ぼくは、立ちあがった。スコップを花だんのうえこみにもどして、谷川くんのあとに続く。

スタート地点に立ち、谷川くんがふたりの足首をひもでしばった。ぴったりとくっついたふたつの足の大きさは、ま

ぼくらは放課後だけではなく、昼休みにも、欠かさず練習をした。そのかいあって、三日もすると、どこのペアにも負けないほどになった。

「ぼくら、強いよな」

「これならきっとスタートの組でいちばんとれるね」

身長順に並ぶと、クラスでいちばん前のぼくと、三番目の光太は第一走者ということになっていた。

「ぜってー、勝とうぜ」

「うん」

ぼくたちは、グータッチをしてちかいあった。

なのに、そのつぎの日のことだ。光太から、

「転校することになった」

と、きかされたのは。

学校へ行く途中《とちゅう》だった。

「えっ？」

頭の中が白くなった。意味がわかった瞬間《しゅんかん》、目の奥《おく》からなみだがせりあがってきて、道路がゆれた。それをぼくは必死でこらえた。光太が歯をくいしばっていたからだ。ひとりで泣いたら恥《は》ずかしい。③ぼくの顔は真っ赤だったと思う。

あの日のことを思い出すと、鼻の奥がつんとした。まぎらわすために、ぼくはスコップを花だんの手前の地面に突《つ》きたてた。

ガツガツガツ。

「ワンツ、ワンツ」

グラウンドからきこえるかけ声が、大きくなっている。

かたい土をけずりながら、ちらっとグラウンドを見ると、谷川《たにがわ》くんの姿が見えた。ペアの内藤《ないとう》くんとスタートのイジュンビをしている。ぼくはすっと視線を落とした。

「光太のかわりを、真吾《しんご》にたのもうと思うんだけど」

二〇二一年度 女子美術大学付属中学校

【国　語】〈第三回試験〉（五〇分）〈満点：一〇〇点〉

一　次の文章を読んで、後の問いに答えなさい。

もうすぐ運動会。運動会は競技ごとに、配点が決まっていて、五年生が競う二人三脚《ににんさんきゃく》リレーは、クラス対抗《たいこう》リレーについで得点が高い。

二学期がはじまってすぐの学級活動で、ア<u>タンニン</u>の古賀《こが》先生は、熱く語りかけた。

「いいか、みんな。わが五年二組は、二人三脚にかけようと思う。この競技には、クラス全員が参加する。いわば、チームワークがとわれる競技だ。全校生徒に、五年二組のチームワークをみせてやろう。全員の力を合わせて、勝利を勝ちとろう！」

古賀先生は、二十五歳《さい》。体育が大好きでいつもジャージ姿の男の先生だ。

「うちのクラスは、男子が十六人、女子が十二人。偶数《ぐうすう》だから、ちょうどいいな」

さっそくペア決めをすることになった。ぼくは、すぐにななめうしろをむいた。光太《こうた》の席だ。①<u>目が合って、にこっと笑いあった。</u>これで決定。②<u>ばんざいをしたいような気分がこみあげて、</u>顔が少し熱くなった。

その日から、放課後は二人三脚の練習にあてられた。クラスのみんなは用事があるときをのぞいて、五十メートルを一日一度は走って帰ることになったのだ。

「ワンツ、ワンツ、ワンツ」

かけ声をかけながら、ひもでしばった足を交互《こうご》に出す。ぼくも光太も足は速い方ではないけれど、ちょっと練習をしただけですぐにスピードがついた。リズムが合ったのだ。なにしろ、ぼくらはいちばんの友達同士だ。

2021年度

女子美術大学付属中学校 ▶解　答

※　編集上の都合により，第３回試験の解説は省略させていただきました。

算　数 ＜第３回試験＞（50分）＜満点：100点＞

解　答

1 (1)　1　(2)　7　(3)　$\frac{1}{2}$　(4)　300Ｌ　(5)　372ｇ　(6)　17枚　(7)　８通り　(8)　40度　(9)　22cm^2　(10)　52.56cm^2　2 (1)　C　(2)　B　(3)　2830個　3 (ア)　$\frac{3}{8}$　(イ)　$\frac{7}{9}$　(ウ)　$\frac{29}{72}$　(エ)　58　(オ)　144　(カ)　$\frac{2}{9}$　(キ)　32　4 (1)　毎分10Ｌ　(2)　毎分7.5Ｌ　(3)　右の図　(4)　毎分25Ｌ　5 (1)　411.2cm^3　(2)　493.44cm^2

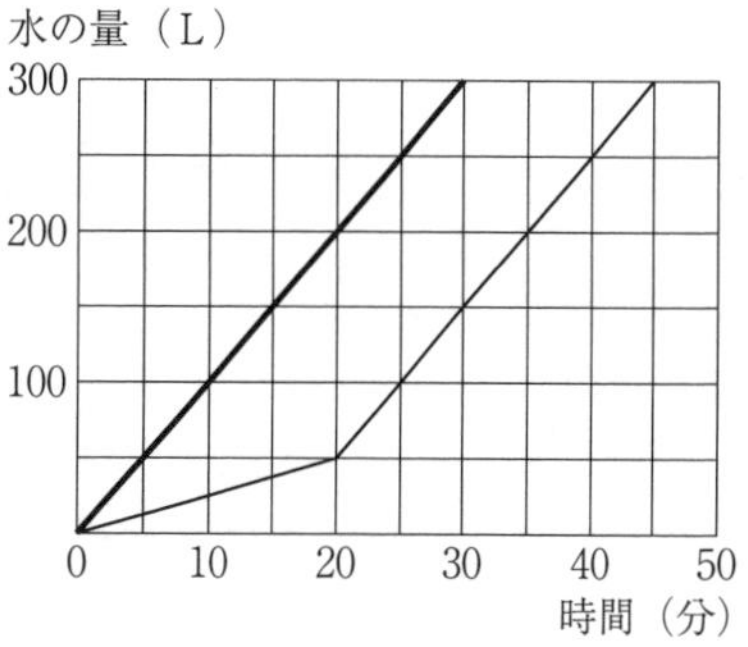

国　語 ＜第３回試験＞（50分）＜満点：100点＞

解　答

一 **問１**　（例）　ぼくと光太で二人三脚のペアを組むこと。　**問２**　うれしい　**問３**　（例）　光太が泣くのをがまんしているのに気づいて，自分だけが泣いたらはずかしいと思い，必死にこらえていたから。　**問４**　（例）　ぼくとペアを組むことになると，背の高さも足の速さも全くちがうので，二人のバランスが取れず，うまくいかないのではないかと心配する気持ち。　**問５**　イ　**問６**　ア　**問７**　（例）　学校の飼育小屋の白いウサギとぼくのペットのハムスターの名前。　**問８**　イ　**問９**　（例）　この穴を見つけるとなみだが止まらなくなる。／この穴はなみだをすいとってくれる。／この穴は風で流されて，泣きたいのをがまんしている人のところへ行く。　**問10**　**ぼく**…（例）　自分の掘った穴が，転校した光太の手紙に書かれていた「なみだの穴」なのではないかと思ったとたん，光太の顔がよみがえってきて，これからはもう一緒に遊ぶことはできないのだと思い，たまらなく悲しい気持ち。　**谷川くん**…（例）　自分にとてもなついていたぺぺがうずくまってばかりいるようになり，このまま死んでしまったらとたまらなく不安に思いながら毎日看病していたけれど，やっと元気になってえさをもりもりと食べている姿を見て，うれしい気持ち。　**問11**　（例）　谷川くんと最初に練習したときには全然うまくいかなかったが，たすきのおかげで足が速く背の高い谷川くんに一生懸命ついていくことができ，だんだんと調子が合ってきて最後にはゴールすることができてうれしい気持ち。　**問12**　**ア，イ，エ，オ**　下記を参照のこと。　**ウ**　おうどいろ　二 ①　ア　②　イ　③　ア　④　ア　⑤　ウ

●漢字の書き取り

□一 問12　ア　担任　イ　準備　エ　看病　オ　確認

Memo

Memo

出題ベスト10シリーズ

①国語読解ベスト10

②漢字合格の2790題

③計算合格の820題

④図形問題ベスト10

■過去の入試問題から出題例の多い問題を選んで編集・構成。受験関係者の間でも好評です！

有名中学入試問題集

●男子校編

●女子校編

■中学入試の全容をさぐる!!
■首都圏の中学を中心に、全国有名中学の最新入試問題を収録!!

※表紙は昨年度のものです。

算数の過去問25年分

■筑波大学附属駒場
■麻布
■開成

○名門３校に絶対合格したいという気持ちに応えるため過去問実績No.1の声の教育社が出した答えです。

都立中高一貫校 適性検査問題集

■都立一貫校と同じ検査形式で学べる！

●自己採点のしにくい作文には「採点ガイド」を掲載。
●保護者向けのページも充実。
●私立中学の適性検査型・思考力試験対策にもおすすめ！

当社発行物の無断使用は固くお断りいたします。御使用の前はまずご相談ください。

当社発行物には500点余の首都圏中・高過去問をはじめ、６点の学校案内、そのほかいくつかの情報誌などがございます。その多くが年度版で、限られたスタッフが来るべき受験シーズン前に余裕を持って受験生へ届けられるよう、日夜作業にあたり出版を重ねております。

その中で、最近、多くの印刷物やネット上において当社発行物からの無断使用が見受けられ、一部で係争化しているところもございます。事例といたしましては、当社の新刊発行を待ち、それを流用して毎年ネット上に新改訂として掲載していたA社、当社過去問から三百箇所をはぎ合わせ「自社制作につき無断転載禁止」とし、集客材としてホームページに掲載していたB社、当社版誌面を無断スキャンし、記述式解答は一部殆ど丸取りして動画を制作していた家庭教師グループC社、当社発行物の表紙を差し替え、内容を複製し配布していた塾のD社などほか数社がございます。

当社発行物の全部もしくは一部を無断使用することは固くお断りいたします。

当社コンテンツの中にはリーズナブルな設定でご提供している事例もたくさんございますので、ご利用されたい方はまずは、お気軽にご相談くださいますようお願いします。同時に、当社発行物を無断で使用している媒体などにつきましての情報もお寄せいただければ幸いです（呈薄謝）。

株式会社 声の教育社

スーパー過去問の **解説執筆・解答作成スタッフ（在宅）募集！** ※募集要項の詳細は、10月に弊社ホームページ上に掲載します。

2025年度用
中学スーパー過去問

■編集人 声の教育社・編集部
■発行所 株式会社 声の教育社
〒162-0814 東京都新宿区新小川町8-15
☎03-5261-5061(代) FAX03-5261-5062
https://www.koenokyoikusha.co.jp

※本書の内容についての一切の責任は当社にあります。内容・解説・解答・その他は当社ホームページよりお問い合わせ下さい。

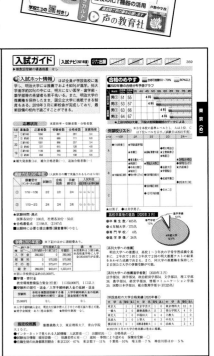

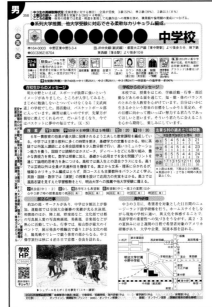

カコを追いかけ
ミライをつかめ
「今の説明、もう一回」を何度でも
web過去問
ストリーミング配信による入試問題の解説動画
もっと古いカコモンないの?
カコ過去問
「さらにカコの」過去問をHPに掲載(DL)
声の教育社
詳しくはこちらから

よくある解答用紙のご質問

01

実物のサイズにできない

拡大率にしたがってコピーすると，「解答欄」が実物大になります。配点などを含むため，用紙は実物よりも大きくなることがあります。

02

A3用紙に収まらない

拡大率164％以上の解答用紙は実物のサイズ（「出題傾向＆対策」をご覧ください）が大きいために，Ａ３に収まらない場合があります。

03

拡大率が書かれていない

複数ページにわたる解答用紙は，いずれかのページに拡大率を記載しています。どこにも表記がない場合は，正確な拡大率が不明です。

04

１ページに２つある

１ページに２つ解答用紙が掲載されている場合は，正確な拡大率が不明です。ほかの試験回の同じ教科をご参考になさってください。

女子美術大学付属中学校

【別冊】入試問題解答用紙編

禁無断転載

解答用紙は本体からていねいに抜きとり、別冊としてご使用ください。

※　実際の解答欄の大きさで練習するには、指定の倍率で拡大コピーしてください。なお、ページの上下に小社作成の見出しや配点を記載しているため、コピー後の用紙サイズが実物の解答用紙と異なる場合があります。

●入試結果表

年　度	回	項　目	国　語	算　数	社　会	理　科	2科合計	4科合計	2科合格	4科合格
2024	第1回	配点(満点)	100	100	50	50	200	300	最高点	最高点
		合格者平均点	71.4	63.1	28.8	31.0	134.5	194.3	170	262
		受験者平均点	62.3	43.8	25.3	27.7	106.1	159.1	最低点	最低点
		キミの得点							115	156
	第3回	配点(満点)	100	100			200		最高点	
		合格者平均点	73.1	74.1			147.2		159	
		受験者平均点	60.2	48.5			108.7		最低点	
		キミの得点							136	
2023	第1回	配点(満点)	100	100	50	50	200	300	最高点	最高点
		合格者平均点	62.3	74.5	35.3	36.7	136.8	208.8	163	243
		受験者平均点	54.7	58.0	31.3	33.1	112.7	177.1	最低点	最低点
		キミの得点							94	162
	第3回	配点(満点)	100	100			200		最高点	
		合格者平均点	69.5	74.9			144.4		165	
		受験者平均点	55.0	48.9			103.9		最低点	
		キミの得点							128	
2022	第1回	配点(満点)	100	100	50	50	200	300	最高点	最高点
		合格者平均点	73.0	72.3	31.3	38.2	145.3	214.8	175	261
		受験者平均点	64.3	55.5	26.5	33.3	119.8	179.6	最低点	最低点
		キミの得点							127	186
	第3回	配点(満点)	100	100			200		最高点	
		合格者平均点	77.9	80.1			158.0		173	
		受験者平均点	64.3	54.1			118.4		最低点	
		キミの得点							148	
2021	第1回	配点(満点)	100	100	50	50	200	300	最高点	最高点
		合格者平均点	66.4	73.0	38.6	39.1	139.4	217.1	163	253
		受験者平均点	56.5	55.3	32.9	32.4	111.8	177.1	最低点	最低点
		キミの得点							118	198
	第3回	配点(満点)	100	100			200		最高点	
		合格者平均点	80.1	80.9			161.0		172	
		受験者平均点	67.3	51.9			119.2		最低点	
		キミの得点							150	

※　表中のデータは学校公表のものです。ただし、２科合計・４科合計は各教科の平均点を合計したものなので、目安としてご覧ください。

声の教育社

２０２４年度　　女子美術大学付属中学校

算数解答用紙　第１回

番号		氏名		評点	／100

1

(1)	
(2)	
(3)	
(4) 時速	km
(5)	%
(6)	枚
(7)	通り
(8)	度
(9)	cm²
(10)	cm

2

(1)	枚
(2)	枚
(3)	cm

3

(ア)	
(イ)	
(ウ)	
(エ)	
(オ)	(ク)
(カ)	(ケ)
(キ)	(コ)

4

(1) 分速	m
(2) 分速	m

(3)

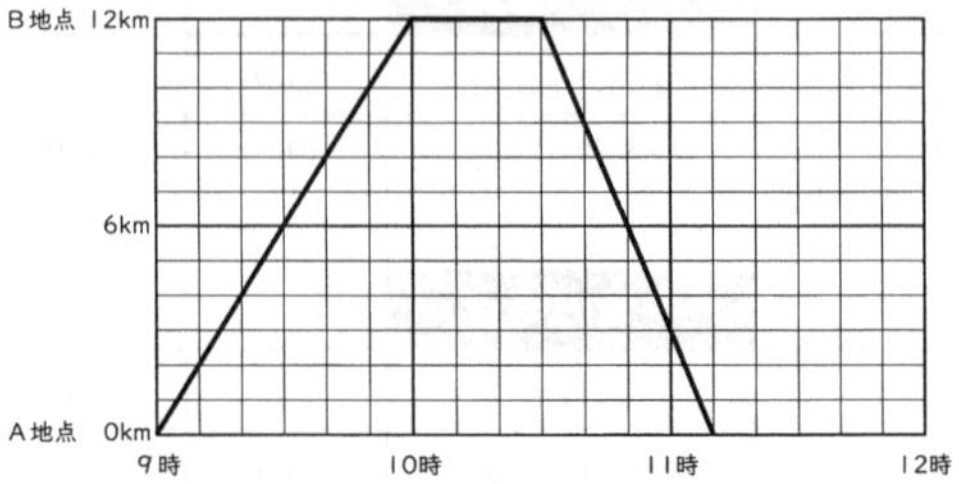

(4)	時	分
(5)	時	分

5

(1)	cm³
(2)	cm²

（注）この解答用紙は実物を縮小してあります。Ｂ５→Ａ３（163%）に拡大コピーすると、ほぼ実物大の解答欄になります。

〔算　数〕100点(学校配点)

1　各５点×10　2　各４点×３　3　(ア)～(ク)　各１点×８　(ケ)，(コ)　各２点×２　4　(1)～(4)　各３点×４　(5)　４点　5　各５点×２

２０２４年度　　女子美術大学付属中学校

社会解答用紙　第１回

番号		氏名		評点	／50

漢字のあるものは、特に指定がない限り、全て正しい漢字で書きなさい。

1

(1)	(2)
(3)	
(4)	(5)

2

(1)	(2)	(3)
(4)	(5)	(6)

3

(1)	(2)	(3)
(4)	(5)	

4

(1) A	B	C	D
(2)	(3)	(4)	

5

(1)	(2)	(3)
(4)	(5)	

（注）この解答用紙は実物を縮小してあります。Ｂ５→Ｂ４（141%）に拡大コピーすると、ほぼ実物大の解答欄になります。

〔社　会〕50点(学校配点)

1　各２点×5　2　(1)　１点　(2)，(3)　各２点×2　(4)　１点　(5)，(6)　各２点×2　3　各２点×5　4　(1)　各１点×4　(2)～(4)　各２点×3　5　各２点×5

２０２４年度　女子美術大学付属中学校

理科解答用紙　第１回

番号		氏名		評点	／50

1

問1	
問2	
問3	
問4	
問5	

3

問1	(1)		
	(2)		
	(3)	記号	名前
問2	(1)		[%]
	(2)		
	(3)	硝《しょう》酸カリウム	[g]
		塩化ナトリウム	[g]
		砂	[g]

2

問1	
問2	
問3	
問4	倍
問5	

4

問1		問2	
問3			
問4		問5	
問6			
問7			

（注）この解答用紙は実物を縮小してあります。B５→B４(141%)に拡大コピーすると、ほぼ実物大の解答欄になります。

〔理　科〕50点(学校配点)

1　各２点×5＜問５は完答＞　2　問１　１点　問２〜問４　各２点×３　問５　３点　3　問１　(1)　２点＜完答＞　(2), (3)　各１点×３　問２　各２点×５　4　問１〜問６　各２点×６　問７　３点

２０２４年度　女子美術大学付属中学校

国語解答用紙　第一回　No. 1

番号

氏名

評点　／100

一

問一

問二

問三

問四

問五　A　B

問六

問七

問八

問九

問十

２０２４年度　女子美術大学付属中学校

国語解答用紙　第一回　No. 2

問十一	

問十二	

問十三	

二

問一			
① イタ　い	② サンパイ	③ エンキ	
④ ヒキ　いて	⑤ 退　ける		

問二	①	②

問三	①	②

（注）この解答用紙は実物を縮小してあります。Ｂ５→Ａ３（163%）に拡大コピーすると、ほぼ実物大の解答欄になります。

〔国　語〕100点（学校配点）

一　問１　３点　問２　６点　問３　４点　問４　６点　問５　各３点×２　問６　６点　問７　４点　問８　３点　問９　４点　問10　６点　問11～問13　各10点×３　二　問１　各２点×５　問２，問３　各３点×４

２０２４年度　女子美術大学付属中学校

算数解答用紙　第３回

番号		氏名		評点	／100

1

(1)
(2)
(3)
(4)　秒速　　　m
(5)　　　%
(6)　　　枚
(7)　　　通り
(8)　　　度
(9)　　　：
(10)　　　cm

2

(1)
(2)
(3)　　　行目

3

(ア)
(イ)
(ウ)
(エ)
(オ)
(カ)
(キ)

4

(1)　毎分　　　L
(2)　　　分後

(3)

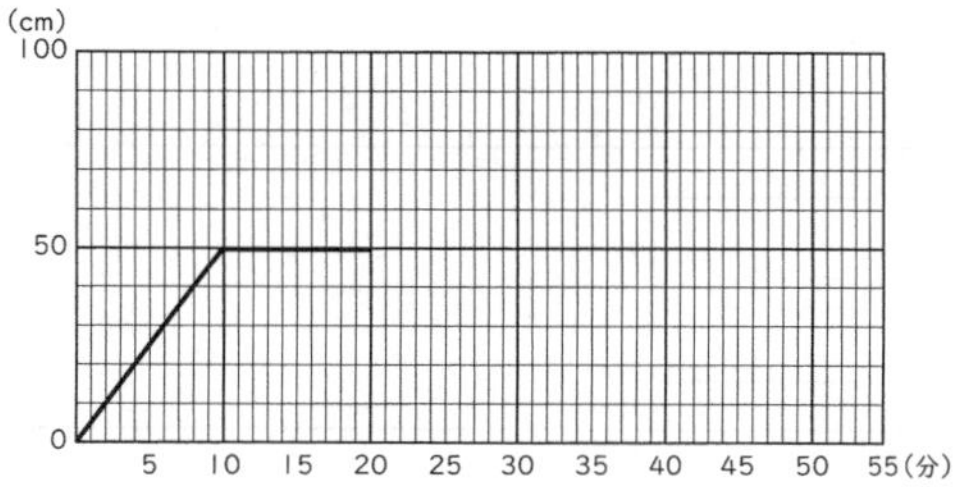

(4)　　　分　　　秒間

5

(1)　　　cm³
(2)　　　cm²

（注）この解答用紙は実物を縮小してあります。Ｂ５→Ａ３(163%)に拡大コピーすると、ほぼ実物大の解答欄になります。

〔算　数〕100点(学校配点)

1　各５点×10　2　各４点×３　3　(ア)，(イ)　各１点×２　(ウ)〜(キ)　各２点×５　4　各４点×４　5　各５点×２

２０２４年度　女子美術大学付属中学校

国語解答用紙　第三回　No. 1

番号　　氏名　　評点　／100

一

問一

問二

問三

問四

問五

問六

問七

問八

問九

問十

２０２４年度　女子美術大学付属中学校

国語解答用紙　第三回　No. 2

問十一	

問十二	

問十三	

二

問一		
① タイド	② キョウソウ	③ キゴ
④ ウツる	⑤ 断片	

問二	
①	②

問三	
①	②

（注）この解答用紙は実物を縮小してあります。B５→A３（163%）に拡大コピーすると、ほぼ実物大の解答欄になります。

〔国　語〕100点（学校配点）

一 問１　６点　問２　８点　問３　３点　問４，問５　各５点×２　問６　３点　問７　６点　問８　５点　問９　３点　問10　10点　問11　４点　問12　８点　問13　12点　二 問１　各２点×５　問２，問３　各３点×４

２０２３年度　女子美術大学付属中学校

算数解答用紙　第１回

番号		氏名		評点	／100

1

(1)	
(2)	
(3)	
(4)	円
(5)	%
(6)	個
(7)	通り
(8)	度
(9)	cm^2
(10)	cm

2

(1)	本
(2)	個
(3)	個

3

(ア)
(イ)
(ウ)
(エ)
(オ)
(カ)
(キ)

4

(1) 毎分	L
(2)	分

(3)

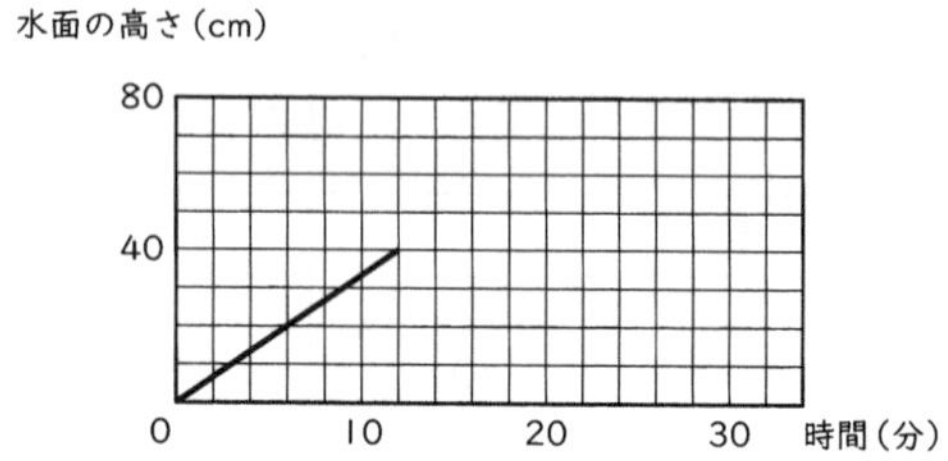

(4)	cm

5

(1)	cm^3
(2)	cm^2

（注）この解答用紙は実物を縮小してあります。Ｂ５→Ａ３(163%)に拡大コピーすると、ほぼ実物大の解答欄になります。

〔算　数〕100点(学校配点)

1　各５点×10　2　各４点×３　3　（ア）１点　（イ）２点　（ウ）１点　（エ）～（キ）各２点×４　4　各４点×４　5　各５点×２

２０２３年度　女子美術大学付属中学校

社会解答用紙　第１回

番号		氏名		評点	／50

漢字のあるものは、特に指定がない限り、全て正しい漢字で書きなさい。

1

(1)	(2)	(3)
(4)	(5)	

2

(1)			
(2)	(3) ①	②	③

3

(1) a	b
(2)	
(3)	(4)

4

(1)＜日本の様子＞	＜世界の様子＞	(2)
(3)	(4)	

5

(1)	(2)	(3)	(4)
(5)			

（注）この解答用紙は実物を縮小してあります。Ｂ５→Ｂ４（141％）に拡大コピーすると、ほぼ実物大の解答欄になります。

〔社　会〕50点(学校配点)

1～5　各２点×25

２０２３年度　　女子美術大学付属中学校

理科解答用紙　第１回

番号		氏名		評点	／50

1

問1	豆電球はどうなるか	
	理由	
問2	LED はどうなるか	
	理由	
問3		

2

問1	(1)	
	(2)	
	(3)	
問2		

3

問1			
問2			
問3	〔mL〕		
問4			
問5	①	②	③
問6			
問7	〔%〕		

4

問1	
問2	
問3	
問4	
問5	
問6	
問7	

(注) この解答用紙は実物を縮小してあります。Ｂ５→Ｂ４(141%)に拡大コピーすると、ほぼ実物大の解答欄になります。

〔理　科〕50点(学校配点)

1　各２点×５　2　問１　(1), (2)　各２点×２　(3)　３点　問２　３点＜完答＞　3　問１～問４　各２点×４　問５　各１点×３　問６, 問７　各２点×２　4　問１～問６　各２点×６　問７　３点

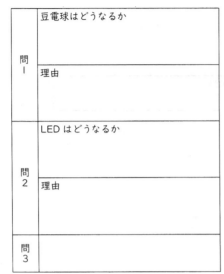

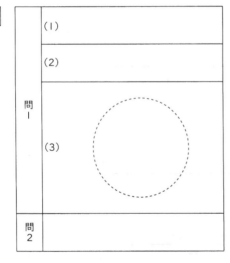

二〇二三年度　女子美術大学付属中学校

国語解答用紙　第一回　No. 1

番号　　氏名　　評点 /100

一

問一

問二

問三

問四

問五

問六

問七

問八

問九

問十

二〇二三年度　女子美術大学付属中学校

国語解答用紙　第一回　No. 2

問十一	

問十二	

問十三	

二

問一				
①	アズ　けた	②	サイク	
③	コウコウ	④	因果	

問二	①		②	

問三	①		②		③		④	

（注）この解答用紙は実物を縮小してあります。B５→A３（163%）に拡大コピーすると、ほぼ実物大の解答欄になります。

〔国　語〕100点(学校配点)

一　問１　５点　問２　８点　問３　６点　問４　５点　問５　３点　問６，問７　各８点×２　問８　４点　問９　３点　問10　６点　問11　４点　問12，問13　各10点×２　二　各２点×10

２０２３年度　女子美術大学付属中学校

算数解答用紙　第３回

番号		氏名		評点	／100

1

(1)	
(2)	
(3)	
(4)	km²
(5)	%
(6)	cm²
(7)	通り
(8)	度
(9)	cm²
(10)	cm

2

(1)	
(2)	
(3)	番目

3

(ア)
(イ)
(ウ)
(エ)
(オ)
(カ)
(キ)
(ク)

4

(1) 時速		km
(2)	時	分
(3)	時	分

(4)

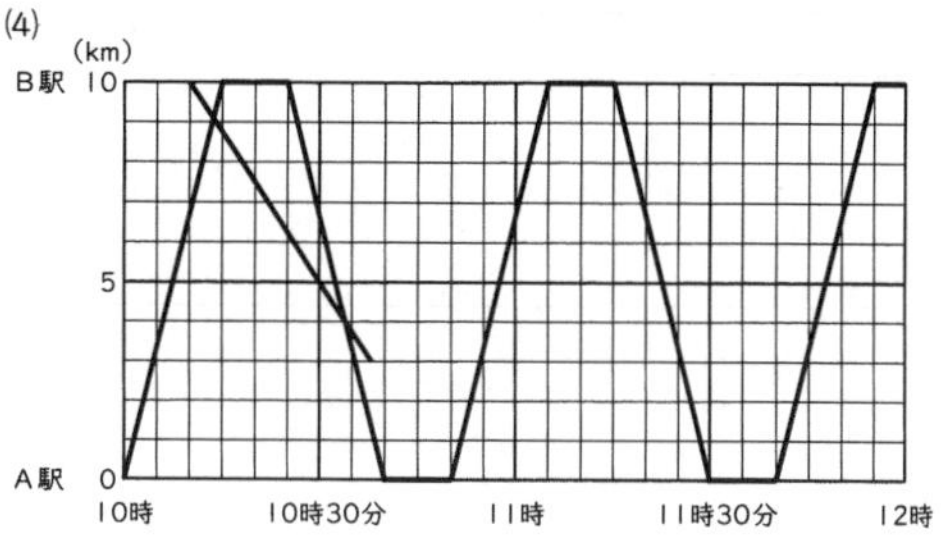

(5) 分速	m

5

(1)	cm³
(2)	cm²

（注）この解答用紙は実物を縮小してあります。Ｂ５→Ａ３(163%)に拡大コピーすると、ほぼ実物大の解答欄になります。

〔算　数〕100点(学校配点)

1　各５点×10　2　各４点×３　3　(ア)～(エ)　各１点×４　(オ)～(ク)　各２点×４　4　(1)～(4)各３点×４　(5)　４点　5　各５点×２

二〇二三年度　女子美術大学付属中学校

国語解答用紙　第三回　No. 1

番号

氏名

評点　/100

一

問一

問二　あ　う

問三

問四

問五

問六

問七

問八

問九

問十

二〇二三年度　　女子美術大学付属中学校

国語解答用紙　第三回　No.2

問十一	

問十二	

問十三	

二

問一				
①	テイキョウ		②	スイリ
③	ヒロう		④	潮時

問二	①		②	

問三	①		②		③		④	

（注）この解答用紙は実物を縮小してあります。179%拡大コピーをすると、ほぼ実物大の解答欄になります。

〔国　語〕100点(学校配点)

一　問1　5点　問2　各3点×2　問3　6点　問4，問5　各4点×2　問6　5点　問7　4点　問8　6点　問9，問10　各4点×2　問11　12点　問12　8点　問13　12点　二　各2点×10

２０２２年度　女子美術大学付属中学校

算数解答用紙　第１回

番号		氏名	

評点	／100

1

(1)
(2)
(3)
(4)　分の１
(5)　%
(6)　個
(7)　通り
(8)　度
(9)　cm^2
(10)　cm

2

(1)
(2)
(3)　段目の　面

3

(ア)
(イ)
(ウ)
(エ)
(オ)
(カ)
(キ)

4

(1)　分速　m
(2)　時　分

(3)
(5)

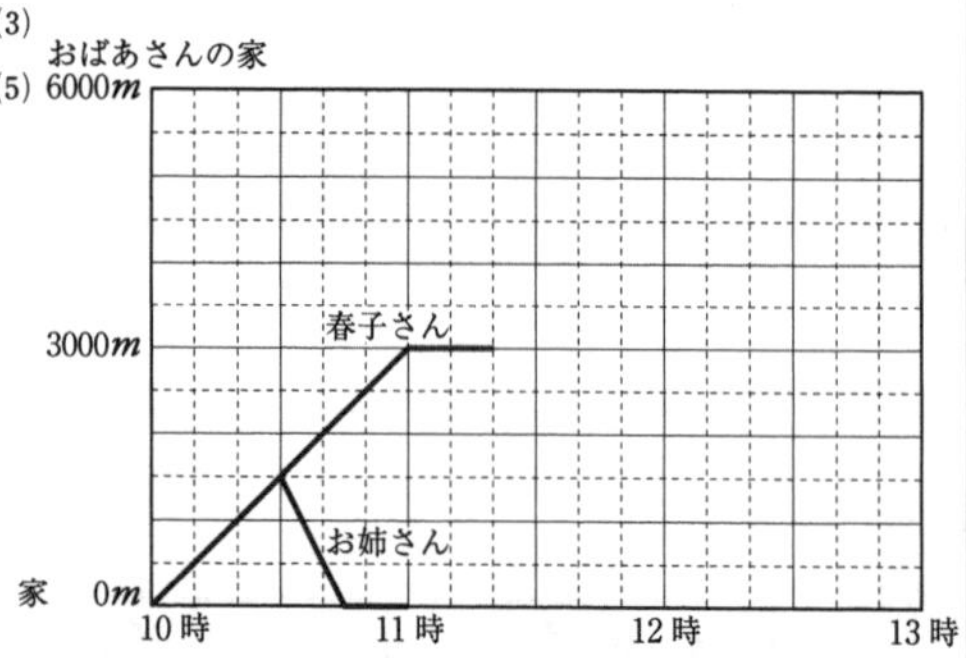

(4)　時　分

5

(1)　cm^3
(2)　cm^2

（注）この解答用紙は実物を縮小してあります。Ｂ５→Ａ３(163%)に拡大コピーすると、ほぼ実物大の解答欄になります。

〔算　数〕100点(学校配点)

1　各５点×10　2　各４点×３　3　(ア)，(イ)　各１点×２　(ウ)～(キ)　各２点×５　4　(1)～(3)各３点×３　(4)　４点　(5)　３点　5　各５点×２

２０２２年度　　女子美術大学付属中学校

社会解答用紙　第１回

番号		氏名	

評点	／50

漢字のあるものは、特に指定がない限り、全て正しい漢字で書きなさい。

1

(1)	(2)　　　　県	(3)	(4)
(5)			

2

(1)	(2)	(3)
(4)	(5)	

3

(1) A	B	
(2)　　　　市	(3)	

(4)

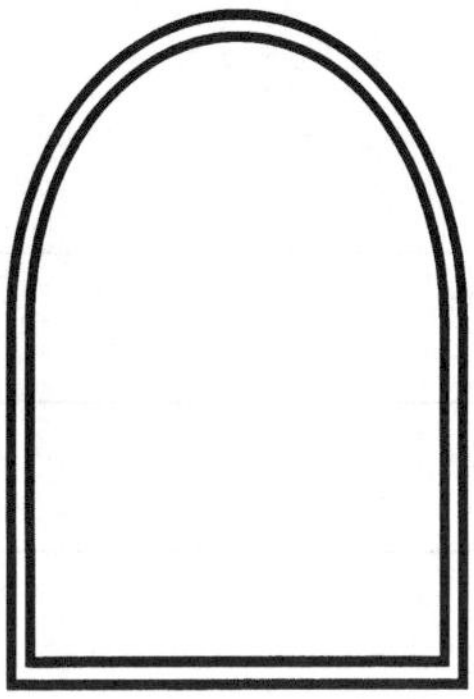

4

(1)	(2)	(3)
(4)	(5)	

5

(1)①	②	③
(2)	(3)	

（注）この解答用紙は実物を縮小してあります。Ｂ５→Ｂ４（141％）に拡大コピーすると、ほぼ実物大の解答欄になります。

〔社　会〕50点（学校配点）

1～5　各２点×25

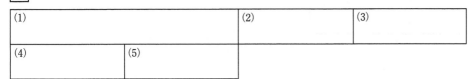

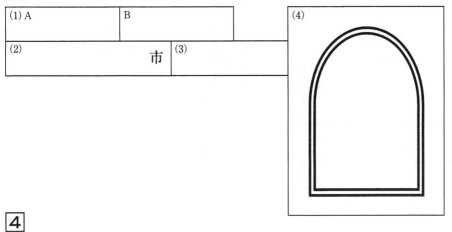

２０２２年度　女子美術大学付属中学校

理科解答用紙　第１回

番号		氏名	

評点	／50

1

問1	
問2	装置
	A地点
問3	[g]
問4	[cm]
問5	

2

問1	記号
	理由
問2	
問3	
問4	

3

問1		
問2	B	C
問3		
問4		
問5	[g]	

4

問1	(1)	
	(2)	
	(3)	
問2		
問3		
問4		
問5		

(注) この解答用紙は実物を縮小してあります。Ｂ５→Ｂ４(141%)に拡大コピーすると、ほぼ実物大の解答欄になります。

〔理　科〕50点(学校配点)

1　問１，問２　各１点×３　問３，問４　各３点×２　問５　１点　2　各２点×５　3　問１～問４　各２点×６　問５　３点　4　問１　(1)，(2)　各２点×２　(3)　３点　問２～問５　各２点×４<問３は完答>

二〇二二年度　女子美術大学付属中学校

国語解答用紙　第一回　No.1

番号

氏名

評点　/100

一

問一

問二

問三　初め　終わり

問四

問五

問六

問七

問八

国語解答用紙　第一回　No.2

問九	

問十	

問十一	

問十二	い		う	

問十三	

問十四

ア	ムチュウ	イ	トウロク	ウ	気配

エ	フシギ	オ	ゼッタイ

二

① ア		イ		② ア		イ	

（注）この解答用紙は実物を縮小してあります。B５→A３（163%）に拡大コピーすると、ほぼ実物大の解答欄になります。

〔国　語〕100点(学校配点)

一　問1　5点　問2　6点　問3, 問4　各5点×2　問5　4点　問6　6点　問7　9点　問8　4点　問9　5点　問10　8点　問11　5点　問12　各3点×2　問13　10点　問14　各2点×5　二　各3点×4

2022年度　　女子美術大学付属中学校

算数解答用紙　第3回

番号		氏名		評点	／100

1

(1)	
(2)	
(3)	
(4)	m^2
(5)	%
(6)	枚
(7)	通り
(8)	度
(9)	cm^2
(10)	cm

2

(1)	枚
(2)	
(3)	段目

3

(ア)
(イ)
(ウ)
(エ)
(オ)

4

(1) 毎秒	cm
(2)	cm

(3)

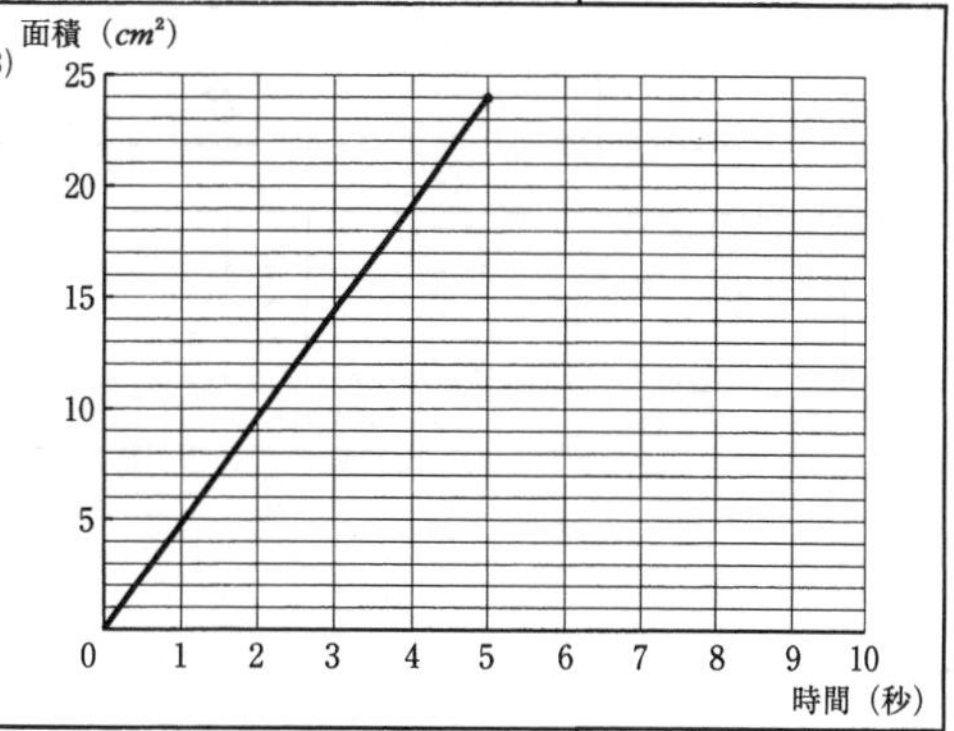

(4)	秒後

5

(1)	cm^3
(2)	cm^2

（注）この解答用紙は実物を縮小してあります。Ｂ５→Ａ３（163%）に拡大コピーすると、ほぼ実物大の解答欄になります。

〔算　数〕100点(学校配点)

1　各５点×10　2　各４点×3　3　（ア）　２点　（イ）～（オ）　各３点×4　4　(1)，(2)　各３点×2　(3)，(4)　各４点×2　5　各５点×2

二〇二二年度　女子美術大学付属中学校

国語解答用紙　第三回　No. 1

番号

氏名

評点　／100

一

問一

問二

問三

問四

問五

問六

問七　初め　終わり

問八

問九

問十

二〇二三年度　女子美術大学付属中学校

国語解答用紙　第三回　No.2

問十一

問十二

問十三

問十四

問十五

問十六

ア	イ	ウ
サイナン	ショウタイ	ヘる

エ	オ
シュルイ	探る

二

① ア	① イ	② ア	② イ

（注）この解答用紙は実物を縮小してあります。B５→A３（163%）に拡大コピーすると、ほぼ実物大の解答欄になります。

〔国　語〕100点（学校配点）

一　問１，問２　各５点×２　問３　４点　問４　６点　問５　４点　問６　３点　問７　４点　問８　６点　問９　４点　問10　６点　問11　３点　問12，問13　各６点×２　問14　10点　問15　６点　問16　各２点×５　二　各３点×４

２０２１年度　女子美術大学付属中学校

算数解答用紙　第１回

番号		氏名		評点	／100

1

(1)	
(2)	
(3)	
(4)	分　秒
(5)	%
(6)	個
(7)	通り
(8)	度
(9)	cm^2
(10)	cm

2

(1)	
(2)	
(3)	段目

3

(ア)	
(イ)	
(ウ)	
(エ)	
(オ)	
(カ)	
(キ)	
(ク)	
(ケ)	

4

(1)	毎分　L
(2)	cm
(3)	分後

(4)

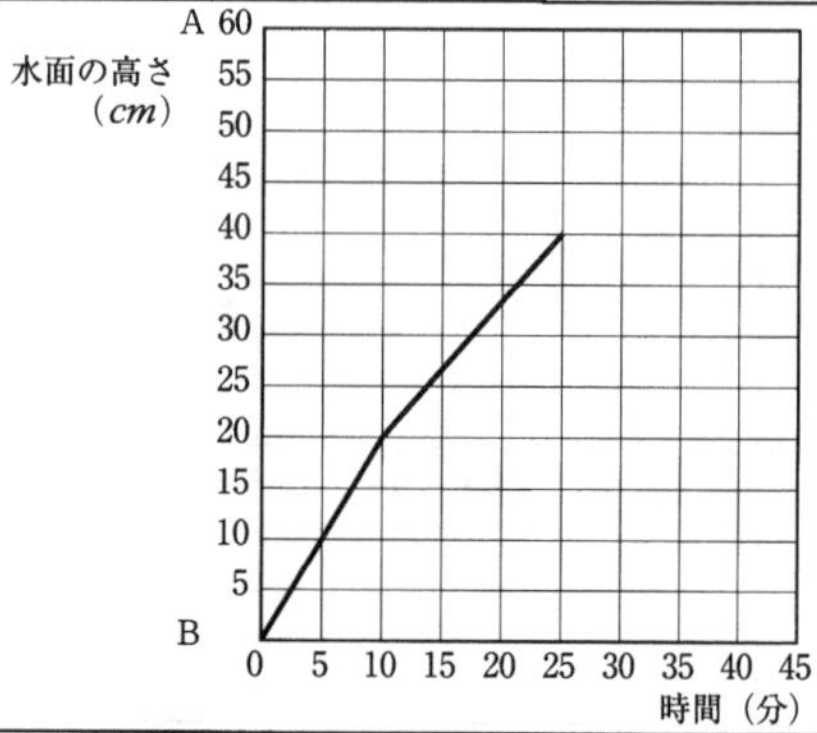

5

(1)	cm^3
(2)	cm^2

（注）この解答用紙は実物を縮小してあります。Ｂ５→Ａ３（163%）に拡大コピーすると、ほぼ実物大の解答欄になります。

〔算　数〕100点(学校配点)

1 各５点×10　2 各４点×３　3 (ア)～(エ)　各１点×４　(オ)～(ケ)　各２点×５　4 (1)　３点　(2), (3)　各４点×２　(4)　３点　5 各５点×２

２０２１年度　女子美術大学付属中学校

社会解答用紙　第１回

番号		氏名		評点	／50

漢字のあるものは、特に指定がない限り、全て正しい漢字で書きなさい。

1

(1)	(2)	(3)
(4)		
(5)		

2

(1) Aさん	Bさん	Cさん	
(2)①	②	③	④

3

(1) ２番目	４番目	(2)①	②	③	④
(3)①	②	③	④		

4

(1)	(2)	(3)
(4)		
(5)		

5

(1)①	②	(2)
(3)	(4)	

（注）この解答用紙は実物を縮小してあります。Ｂ５→Ｂ４(141%)に拡大コピーすると、ほぼ実物大の解答欄になります。

〔社　会〕50点(学校配点)

1　各２点×５　2　(1)　各２点×３　(2)　各１点×４　3　各１点×10　4, 5　各２点×10

2021年度　　女子美術大学付属中学校

理科解答用紙　第1回

番号		氏名		評点	／50

1

問1	(1)	
	(2)	
	(3)	
問2	(1)	
	(2)	

2

問1	〔%〕
問2	
問3	〔cm^3〕
問4	
問5	
問6	〔cm^3〕

3

問1		
問2	①	
	②	
問3		
問4		

4

問1	
問2	
問3	
問4	
問5	
問6	
問7	

（注）この解答用紙は実物を縮小してあります。B５→B４（141%）に拡大コピーすると、ほぼ実物大の解答欄になります。

〔理　科〕50点(学校配点)

1　各２点×5　2　問１，問２　各２点×2　問３，問４　各３点×2＜問４は完答＞　問５　２点　問６　３点　3　各２点×5　4　問１～問３　各２点×3　問４　３点　問５　２点　問６　１点　問７　３点

二〇二二年度　女子美術大学付属中学校

国語解答用紙　第一回　No. 1

番号

氏名

評点　/100

一

問一

問二

問三　あっち　こっち

問四

問五

問六

問七

問八

（注）この解答用紙は実物を縮小してあります。Ｂ５→Ａ３（163%）に拡大コピーすると、ほぼ実物大の解答欄になります。

二〇二二年度　女子美術大学付属中学校

国語解答用紙　第一回　No.2

問九

問十

問十一

問十二

問十三

ア	コンラン	
イ	貧弱	
ウ	ヨッキュウ	
エ	キョウミ	
オ	ホウコク	

二

①		②		③		④		⑤	

〔国　語〕100点(学校配点)

一　問1　8点　問2　4点　問3　各6点×2　問4　4点　問5　5点　問6　4点　問7　5点　問8　8点　問9　4点　問10，問11　各8点×2　問12　10点　問13　各2点×5　二　各2点×5

２０２１年度　女子美術大学付属中学校

算数解答用紙　第３回

番号		氏名	

評点	／100

1

(1)	
(2)	
(3)	
(4)	L
(5)	g
(6)	枚
(7)	通り
(8)	度
(9)	cm^2
(10)	cm^2

2

(1)	
(2)	
(3)	個

3

(ア)
(イ)
(ウ)
(エ)
(オ)
(カ)
(キ)

4

(1)　毎分	L
(2)　毎分	L

(3)

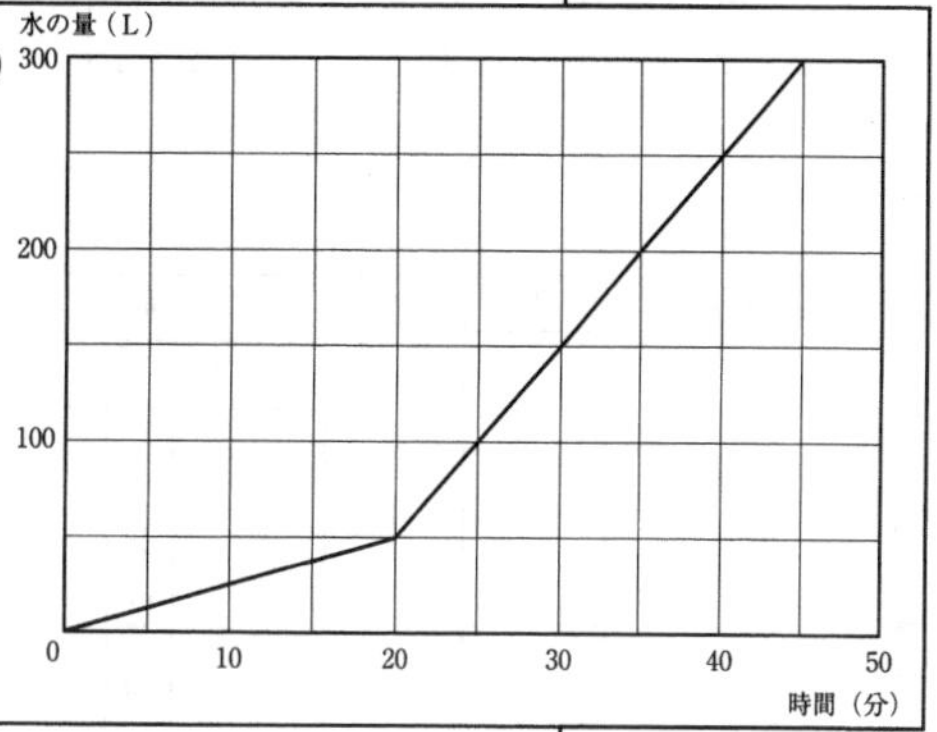

(4)　毎分	L

5

(1)	cm^3
(2)	cm^2

（注）この解答用紙は実物を縮小してあります。Ｂ５→Ａ３（163%）に拡大コピーすると、ほぼ実物大の解答欄になります。

〔算　数〕100点(学校配点)

1　各５点×10　2　各４点×3　3　各２点×7　4　(1)　３点　(2)　４点　(3)　３点　(4)　４点　5　各５点×2

二〇二一年度　女子美術大学付属中学校

国語解答用紙　第三回　No.1

番号

氏名

評点　/100

一

問一

問二

問三

問四

問五

問六

問七

問八

問九　・　・　・

二〇二一年度　女子美術大学付属中学校

国語解答用紙　第三回　No.2

問十

ぼく	谷川くん

問十一

問十二

ア	イ	ウ	エ	オ
タンニン	ジュンビ	黄土色	カンビョウ	カクニン

二

①

②

③

④

⑤

〔国　語〕100点(学校配点)

一　問1，問2　各5点×2　問3，問4　各8点×2　問5～問7　各5点×3　問8　4点　問9　各3点×3　問10　各8点×2　問11　10点　問12　各2点×5　二　各2点×5

中学スーパー過去問　抜群の解説・解答!!　声の教育社版

合格必需品

定価2,200円～2,970円（税込）

都立中高一貫校
適性検査問題集

定価1,320円（税込）

首都圏版
中学受験案内

定価2,310円（税込）

「今の説明、もう一回」を何度でも
web過去問
ストリーミング配信による入試問題の解説動画

もっと古いカコモンないの？
中学
カコ過去問
「さらにカコの」過去問をHPに掲載（DL）

①優秀な解説・解答スタッフが執筆!!　②くわしい出題傾向分析と対策　③解答用紙が別冊、自己採点ができる!!

●東京都
ア 23 青山学院中等部
2 麻布中学校
73 足立学園中学校
51 跡見学園中学校
54 郁文館中学校
65 穎明館中学校
113 江戸川女子中学校
8 桜蔭中学校
98 桜美林中学校
76 鷗友学園女子中学校
45 大妻中学校
122 大妻多摩中学校
131 大妻中野中学校
12 お茶の水女子大附属中学校
カ 19 海城中学校
3 開成中学校
150 開智日本橋学園中学校
94 かえつ有明中学校
38 学習院中等科
20 学習院女子中等科
61 吉祥女子中学校
149 共栄学園中学校
48 暁星中学校
44 共立女子中学校
130 共立女子第二中学校
5 慶應義塾中等部
55 京華中学校
56 京華女子中学校
77 恵泉女学園中学校
71 光塩女子学院中等科
136 工学院大附属中学校
34 攻玉社中学校
91 麴町学園女子中学校
69 佼成学園中学校
97 佼成学園女子中学校
31 香蘭女学校中等科
70 国学院大久我山中学校
118 国士舘中学校
121 駒込中学校
99 駒沢学園女子中学校
4 駒場東邦中学校
サ 135 桜丘中学校
126 サレジアン国際学園中学校
79 サレジアン国際学園世田谷中学校
139 実践学園中学校
24 実践女子学園中学校
35 品川女子学院中等部
27 芝中学校
87 芝浦工業大附属中学校
95 芝国際中学校
103 渋谷教育学園渋谷中学校
40 十文字中学校
86 淑徳中学校
93 淑徳巣鴨中学校
124 順天中学校
30 頌栄女子学院中学校
117 城西大附属城西中学校
85 城北中学校
25 昭和女子大附属昭和中学校
7 女子学院中学校
90 女子聖学院中学校
127 女子美術大付属中学校
49 白百合学園中学校
41 巣鴨中学校
89 聖学院中学校
60 成蹊中学校
21 成城中学校
75 成城学園中学校
132 青稜中学校
82 世田谷学園中学校
タ 105 高輪中学校
83 玉川学園（中）
106 玉川聖学院中等部
64 多摩大附属聖ケ丘中学校
134 多摩大目黒中学校
120 中央大附属中学校
108 千代田国際中学校
11 筑波大附属中学校
1 筑波大附属駒場中学校
88 帝京中学校
151 帝京大学中学校
78 田園調布学園中等部
14 東京学芸大世田谷中学校
13 東京学芸大竹早中学校
50 東京家政学院中学校
115 東京家政大附属女子中学校
26 東京女学館中学校
100 東京成徳大中学校
160 東京大学附属中等教育学校
112 東京電機大中学校
119 東京都市大等々力中学校
80 東京都市大付属中学校
145 東京農業大第一高校中等部
59 桐朋中学校
109 桐朋女子中学校
28 東洋英和女学院中学部
58 東洋大京北中学校
33 トキワ松学園中学校
110 豊島岡女子学園中学校
53 獨協中学校
153 ドルトン東京学園中等部
ナ 128 中村中学校
133 日本工業大駒場中学校
129 日本学園中学校
92 日本大第一中学校
68 日本大第二中学校
84 日本大第三中学校
52 日本大豊山中学校
116 日本大豊山女子中学校
ハ 147 八王子学園八王子中学校
144 広尾学園中学校
152 広尾学園小石川中学校
74 富士見中学校
63 藤村女子中学校
9 雙葉中学校
32 普連土学園中学校
146 文化学園大杉並中学校
57 文京学院大女子中学校
101 文教大付属中学校
62 法政大中学校
148 宝仙学園中学校理数インター
42 本郷中学校
マ 114 三田国際学園中学校
143 明星学園中学校
46 三輪田学園中学校
16 武蔵中学校
96 武蔵野大学中学校
104 明治学院中学校
72 明治大付属中野中学校
123 明治大付属八王子中学校
43 明治大付属明治中学校
66 明星中学校（府中）
125 目黒学院中学校
22 目白研心中学校
ヤ 140 八雲学園中学校
102 安田学園中学校
29 山脇学園中学校
ラ 37 立教池袋中学校
67 立教女学院中学校
36 立正大付属立正中学校
ワ 17 早稲田中学校
18 早稲田実業学校中等部
81 早稲田大高等学院中学部
47 和洋九段女子中学校

【東京都立・区立６年制中高一貫校】
161 九段中等教育学校
162 白鷗高校附属中学校
163 両国高校附属中学校
164 小石川中等教育学校
165 桜修館中等教育学校
166 武蔵高校附属中学校
167 立川国際中等教育学校
168 大泉高校附属中学校
169 三鷹中等教育学校
170 富士高校附属中学校
171 南多摩中等教育学校

●神奈川県
320 青山学院横浜英和中学校
304 浅野中学校
301 栄光学園中学校
332 神奈川学園中学校
343 県立相模原・平塚中等教育学校
316 神奈川大附属中学校
328 鎌倉学園中学校
322 鎌倉女学院中学校
331 カリタス女子中学校
344 市立川崎高校附属中学校
314 関東学院中学校
339 公文国際学園中等部
321 慶應義塾湘南藤沢中等部
6 慶應義塾普通部
311 サレジオ学院中学校
325 自修館中等教育学校
315 湘南学園中学校
336 湘南白百合学園中学校
327 逗子開成中学校
303 聖光学院中学校
323 聖セシリア女子中学校
337 清泉女学院中学校
310 洗足学園中学校
341 中央大附属横浜中学校
335 鶴見大附属中学校
302 桐蔭学園中等教育学校
318 東海大付属相模高校中等部
317 桐光学園中学校
330 藤嶺学園藤沢中学校
306 日本女子大附属中学校
309 日本大中学校（日吉）
340 日本大藤沢中学校
10 フェリス女学院中学校
308 法政大第二中学校
347 聖園女学院中学校
312 森村学園中等部
313 山手学院中学校
342 横須賀学院中学校
307 横浜共立学園中学校
305 横浜国立大横浜・鎌倉中学校
326 横浜女学院中学校
345 市立南中学校
346 市立横浜サイエンスフロンティア中学校
324 横浜翠陵中学校
333 横浜創英中学校
319 横浜富士見丘学園中学校
329 横浜雙葉中学校

●千葉県
352 市川中学校
361 光英VERITAS中学校
355 国府台女子学院中学部
360 芝浦工業大柏中学校
354 渋谷教育学園幕張中学校
369 秀明八千代中学校
365 昭和学院中学校
362 昭和学院秀英中学校
363 西武台千葉中学校
359 専修大松戸中学校
364 千葉県立千葉・東葛飾中学校
368 千葉市立稲毛国際中等教育学校
356 千葉日本大第一中学校
357 東海大付属浦安高校中等部
351 東邦大付属東邦中学校
358 麗澤中学校
353 和洋国府台女子中学校

●埼玉県
413 浦和明の星女子中学校
418 浦和実業学園中学校
415 大妻嵐山中学校
416 大宮開成中学校
406 開智中学校
425 開智未来中学校
414 春日部共栄中学校
428 川口市立高校附属中学校
424 埼玉県立伊奈学園中学校
412 埼玉栄中学校
419 さいたま市立浦和中学校
427 さいたま市立大宮国際中等教育学校
401 埼玉大附属中学校
407 埼玉平成中学校
404 栄東中学校（Ａ・東大Ⅰ）
426 栄東中学校（Ｂ・東大Ⅱ）
417 淑徳与野中学校
402 城西川越中学校
422 昌平中学校
411 城北埼玉中学校
403 西武学園文理中学校
405 聖望学園中学校
421 東京農業大第三高校附属中学校
410 獨協埼玉中学校
409 星野学園中学校
420 本庄東高校附属中学校
408 立教新座中学校

●茨城県
452 茨城中学校
458 茨城キリスト教学園中学校
459 茨城県立中等教育学校・中学校
451 江戸川学園取手中学校
455 常総学院中学校
454 土浦日本大中等教育学校
456 水戸英宏中学校
453 茗溪学園中学校

●栃木県
503 国学院大栃木中学校
504 作新学院中等部
501 佐野日本大中等教育学校
502 白鷗大足利中学校

●兵庫・鹿児島県
601 灘中学校
602 ラ・サール中学校

●算数の過去問25年分
701 筑波大附属駒場中学校
702 麻布中学校
703 開成中学校

声の教育社　〒162-0814 東京都新宿区新小川町8-15
https://www.koenokyoikusha.co.jp
TEL 03（5261）5061㈹　FAX 03（5261）5062